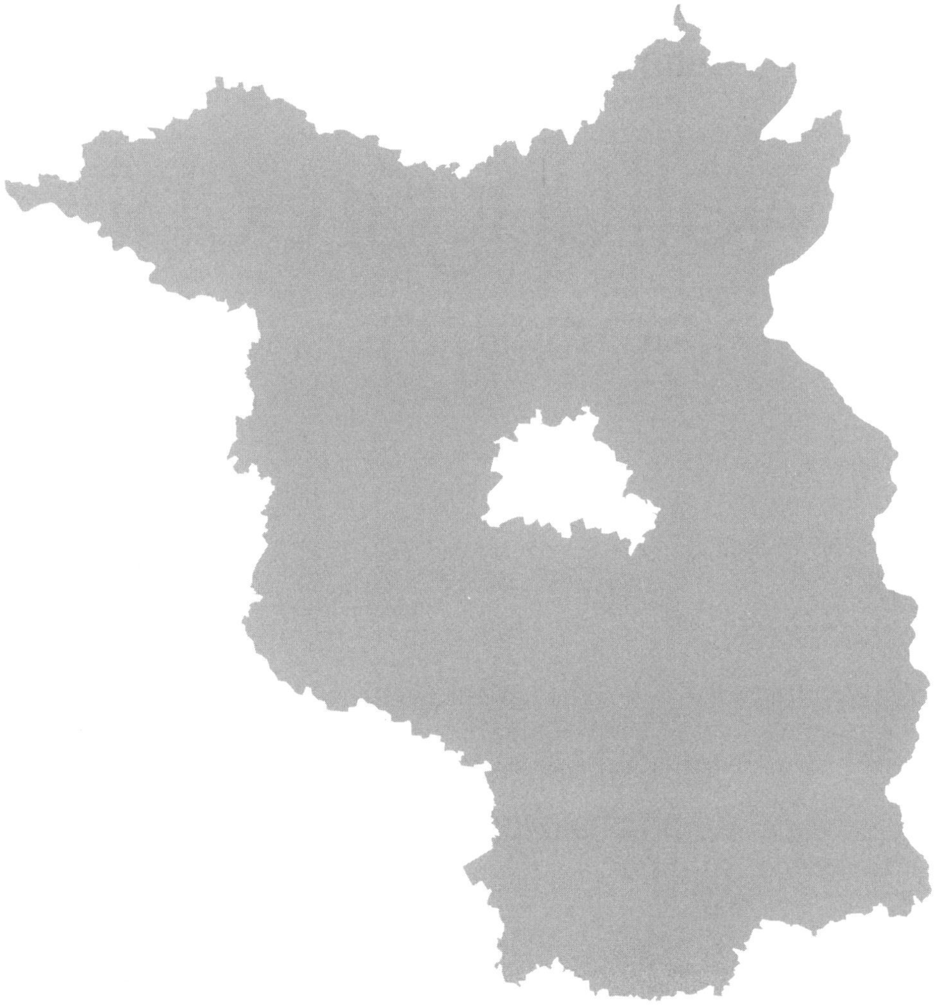

Verwaltungsrecht
Brandenburg

Torsten F. Barthel
Michael Kreis
Heike Ruhloff-Kreis
René Schütze

Verwaltungsrecht
Brandenburg

Schriftenreihe der Brandenburgischen
Kommunalakademie
Band 3

Maximilian Verlag
Hamburg

Bibliografische Information der Deutschen Nationalbibliothek
Die Deutsche Nationalbibliothek verzeichnet diese Publikation
in der Deutschen Nationalbibliografie; detaillierte bibliografische
Daten sind im Internet über https://portal.dub.de abrufbar.

3. Auflage

Redaktionsstand: 01.06.2020

ISBN 978-3-7869-1234-7

© 2020 by Maximilian Verlag GmbH & Co. KG, Hamburg
Ein Unternehmen der TAMMMEDIA
Alle Rechte vorbehalten

Layout und Produktion: Sarah Winter
Umschlaggrafik: Nicole Laka
Druck und Bindung: Medienhaus Plump GmbH

Printed in Germany

Zu den Verfassern

Prof. Dr. Torsten F. Barthel, LL.M., hat Rechtswissenschaften an der Universität Göttingen studiert, im Fach Politikwissenschaft promoviert und einen juristischen Masterabschluss erworben. Er war tätig als hauptberuflicher Dozent bei einem Studieninstitut sowie als Richter am Verwaltungsgericht und lehrt nun als Professor für Allgemeines Verwaltungsrecht an der Hochschule für Verwaltung in Niedersachsen (HSVN) in Hannover. Zudem arbeitet Barthel als Rechtsanwalt in eigener Kanzlei mit Schwerpunkt im Verwaltungsrecht in Berlin. Daneben hat er Lehrbücher, Kommentare sowie über zahlreiche Fachaufsätze publiziert. Er ist nebenamtlicher Dozent an der Brandenburgischen Kommunalakademie, Prüfer am Juristischen Prüfungsamt Berlin-Brandenburg und Vorsitzender des Prüfungsausschusses für den Höheren allgemeinen Verwaltungsdienst beim Institut für Verwaltungsmanagement (IVM) in Berlin sowie Justiziar eines Verbandes.

Michael Kreis, B. A., Dipl.-Verwaltungswirt (FH) und Verw. Dipl. Beamter, Leitender Verwaltungsdirektor; seit 1991 Aufbau des kommunalen Studieninstituts für kommunale Verwaltung in Brandenburg; danach bis 2007 Leiter der Brandenburgischen Kommunalakademie in Potsdam; Lehrerfahrungen in Aus- und Fortbildungslehrgängen aller Qualifizierungsebenen; Mitglied in verschiedenen Prüfungsausschüssen an der BKA, u. a. Vorsitzender des Prüfungsausschusses für die Abnahme der Verwaltungsfachwirtprüfung.

Heike Ruhloff-Kreis, Studium der Rechtswissenschaften an der Universität Trier und an der Westfälischen Wilhelms-Universität Münster, seit 1992 hauptamtliche Dozentin beim damaligen Studieninstitut für kommunale Verwaltung Brandenburg; seit 2002 hauptamtliche Dozentin und Studienreferentin bei der Brandenburgischen Kommunalakademie; Fachkoordinatorin für die Rechtsgebiete des Öffentlichen Rechts, Lehrbeauftragte der Technischen Fachhochschule Wildau; Mitglied in verschiedenen Prüfungsausschüssen.

René Schütze, Dipl.-Verwaltungswirt (FH) und Magister Artium (M. A.), städtischer Amtsleiter, seit vielen Jahren in der öffentlichen Verwaltung tätig, studierte für die kommunale Ebene an der Fachhochschule für öffentliche Verwaltung Nordrhein-Westfalen, Abteilung Münster sowie dem Institut für Verwaltungsmanagement der Verwaltungsakademie Berlin, außerdem Politik, Rechtswissenschaften und Geschichte an der FernUniversität Hagen; Verfasser von Fachaufsätzen zum öffentlichen Baurecht; lehrt als nebenamtlicher Dozent an der Brandenburgischen Kommunalakademie in Potsdam.

Inhalt

Kapitel 2
Verwaltungsorganisationsrecht **77**

Kapitel 6
Verwaltungsrechtsschutz **236**

Vorwort

Dieses Buch stellt die Grundlagen des Allgemeinen Verwaltungs- und Verwaltungsverfahrensrechts, ergänzt um den Verwaltungsrechtsschutz, systematisch dar. Der Schwerpunkt liegt auf dem Verwaltungshandeln, insbesondere dem Verwaltungsakt, und den wichtigsten damit zusammenhängenden Fragen. Die Verfasser haben den aktuellen Stand der Gesetzgebung und Rechtsprechung eingearbeitet, aber auf umfangreichere wissenschaftliche Nachweise verzichtet. Ergänzt wird die systematische Darstellung um Wiederholungsfragen, Aufgaben, Schemata, Schaubilder und praktische Fälle, um dem gestellten didaktischen Anspruch gerecht zu werden.

Das Buch ist vor allem für die Lehrgangsteilnehmerinnen und -teilnehmer der Lehrgänge an der Brandenburgischen Kommunalakademie (BKA), den Studieninstituten und den (Verwaltungs-)Hochschulen konzipiert und dient der Vor- und Nachbereitung des jeweiligen Lehrgangsstoffes, um die Prüfungen gut bestehen zu können. Das Werk hilft aber auch dem Verwaltungspraktiker, sich rasch in das Verwaltungsrecht einzuarbeiten, selbst wenn er als »Quereinsteiger« in die Verwaltung gekommen ist.

Für die Auswahl der Themen waren zum einen die Unterrichtsinhalte und Lernziele maßgeblich, die in den Lehr- und Stoffverteilungsplänen in der Verwaltungsausbildung, insbesondere der Verwaltungfachangestellten (VFA), den AI-Lehrgängen und der Verwaltungsfachwirte (VFW), festgelegt sind. Zum anderen orientiert sich die inhaltliche Schwerpunktsetzung an der berufspraktischen Relevanz.

Wir wünschen allen Nutzern, dass sie die gestellte Aufgabe bzw. Frage mithilfe unseres Buches erfolgreich und mit Freude lösen können.

Anregungen, Verbesserungsvorschläge, aber auch Lob sind jederzeit sehr willkommen und können den Autoren unter der E-Mail-Adresse mail@torsten-barthel.de zugeleitet werden.

Berlin/Potsdam, im August 2020

Torsten F. Barthel
Michael Kreis
Heike Ruhloff–Kreis
René Schütze

Kapitel 1
Grundlagen des Verwaltungsrechts

1.1 Begriff der Verwaltung

1.1.1 Definitionsspektrum

Die staatliche, öffentliche Verwaltung begleitet die Menschen ein Leben lang. Sie berührt viele Bereiche des Alltags. Beispielsweise wird die Geburt eines Kindes durch eine amtliche Geburtsurkunde dokumentiert. Der Besuch eines kommunalen Kindergartens oder einer staatlichen Schule stellt genauso einen Verwaltungsvorgang dar wie die Beantragung eines Reisepasses, die Zulassung eines Autos für den Straßenverkehr, eine Eheschließung vor dem Standesamt, die Aufforderung des Finanzamtes zu einer Steuernachzahlung, die Einbürgerung eines Ausländers, eine Baugenehmigung, eine Gewerbeerlaubnis oder eine Verkehrskontrolle durch die Polizei.

1

Entsprechend weitgefächert erweist sich der Begriff der öffentlichen Verwaltung. Je nach Betrachtungs- und Herangehensweise liefert er unterschiedliche Inhalte. Es verwundert deshalb kaum, dass er bislang weder abschließend noch verbindlich definiert ist. Näher bestimmen lässt er sich jedoch vor allem aus organisatorischer und materieller Sicht.

2

1.1.2 Organisatorisch

Im organisatorischen Sinne umfasst die öffentliche Verwaltung sämtliche Verwaltungsorgane und deren Untergliederungen, die allein vom Staat getragen werden, d. h., hinter denen der Staat steht.

3

Ihre rechtliche Organisationsgrundlage bildet in erster Linie das **Grundgesetz**. Demnach besteht die Bundesrepublik aus dem Bund und den Ländern. Zu ihnen gehören vor allem **juristische Personen des öffentlichen Rechts**, d. h. rechtlich verselbstständigte Organisationen, die ihre Existenz der staatlichen Rechtsordnung verdanken und denen besondere Aufgaben, Kompetenzen und Pflichten zugeschrieben werden. Im Einzelnen sind das vor allem **Körperschaften**, **Anstalten** und **Stiftungen**, daneben ausnahmsweise Rechtsträger des Privatrechts.

4

Die organisatorische Definition zielt somit auf die Verwaltung als Institution.

5

1.1.3   Materiell

6   Im materiellen Sinne meint »öffentliche Verwaltung« die Staatstätigkeit, die sich mit der Wahrnehmung von Staats- bzw. Verwaltungsaufgaben befasst.

7   Dabei handelt es sich nur dann um eine Staatsaufgabe, wenn das Tätigwerden eines bestimmten Aufgabenträgers organisatorisch dem Staat zugerechnet werden kann. Die Tätigkeit des Verwaltens lässt sich positiv und negativ abgrenzen.

8   Die positive Sicht umschreibt typische Merkmale der öffentlichen Verwaltung, etwa die planmäßige Lösung konkreter Aufgaben oder die Herbeiführung verbindlicher Entscheidungen.

9   Negativ definieren lässt sich »öffentliche Verwaltung« mit den Staatstätigkeiten, die weder der **Gesetzgebung** (Legislative) noch der **Rechtsprechung** (Judikative) zugeordnet sind. Hier liegt der Blick auf dem Prinzip der **Gewaltenteilung**.

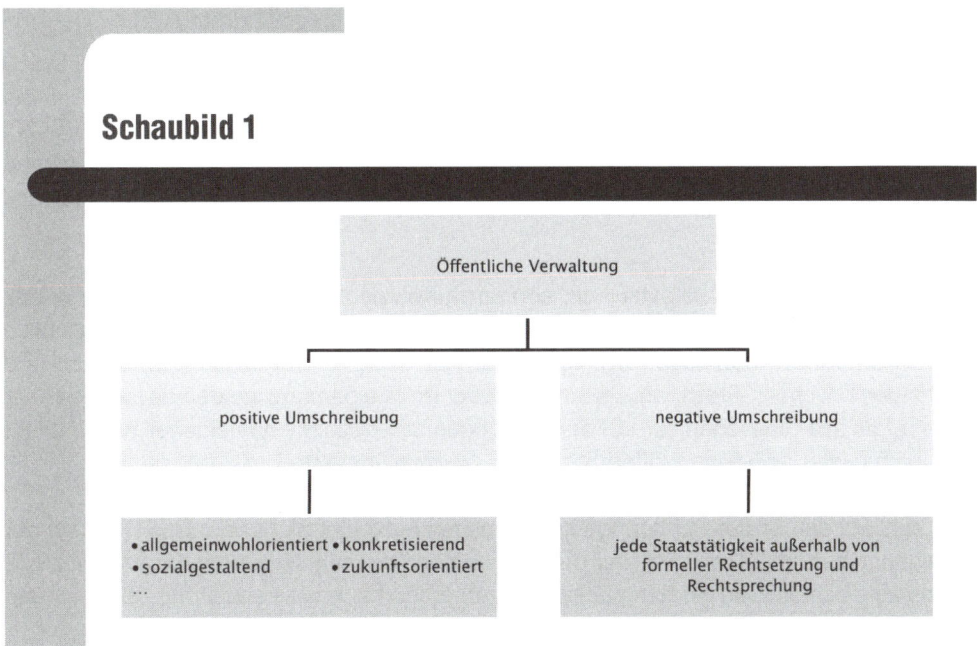

Schaubild 1

Öffentliche Verwaltung

positive Umschreibung

- allgemeinwohlorientiert • konkretisierend
- sozialgestaltend   • zukunftsorientiert
...

negative Umschreibung

jede Staatstätigkeit außerhalb von formeller Rechtsetzung und Rechtsprechung

10   Allerdings weist sowohl die positive als auch die negative Begriffsabgrenzung Schwächen auf. Zum einen lässt sich aus der Vielfältigkeit der Verwaltungsaufgaben keine trennscharfe, einheitliche Definition ableiten. Zum anderen ist die öffentliche Verwaltung (Administrative) nicht gänzlich identisch mit der **vollziehenden Gewalt** (Exekutive). Letzterer gehört auch die eher politik- als verwaltend-orientierte Regierung (Gubernative) an. Im Übrigen wird das Prinzip der Gewaltenteilung an manchen Stellen durchbrochen. So ist die Verwal-

tung ausnahmsweise an der Gesetzgebung beteiligt (Art. 76 Abs. 1, 113 Abs. 1 GG) und ermächtigt, **Rechtsverordnungen** zu erlassen (Art. 80 Abs. 1 GG).

Im Ergebnis wird der Versuch einer abschließenden und aussagekräftigen Definition – oder eher einer Umschreibung – der öffentlichen Verwaltung stets von einer gewissen Unschärfe begleitet werden.

11

In jedem Fall abgrenzen lässt sich der Begriff aber von der nichtstaatlichen, d. h. privaten Verwaltung, etwa der eines Wirtschaftsunternehmens (z. B. AG, GmbH). Beide Arten von Verwaltung unterscheiden sich in ihren spezifischen Zielen und Aufgaben. Beispielsweise fehlt der öffentlichen Verwaltung die Absicht der Gewinnerzielung. Auch hat sie gerade die Bedürfnisse zu berücksichtigen, die sich nicht über den freien Markt befriedigen lassen. Daneben verfügt die öffentliche Verwaltung über eine besondere Qualität ihrer Mittel, etwa bei »befehlenden« **Verwaltungsakten**, die sie einseitig durchsetzen, d. h. vollstrecken, kann.

12

1.2   Ausrichtung der Verwaltung

1.2.1   Ziele

Ähnlich differenziert wie das Definitionsspektrum gestalten sich die Ziele der öffentlichen Verwaltung. Zentral ist jedoch die Ausrichtung am **Wohl der Allgemeinheit** (öffentliches bzw. Gemeinwohl).

13

Die Verwaltung ist kein Selbstzweck, sondern unverzichtbar für das Funktionieren des Staates. Sie beschäftigt sich nicht um ihrer selbst willen, sondern dient ausschließlich dem **öffentlichen Interesse**, d. h. dem Interesse aller. Im Gegensatz zu privaten und höchstpersönlichen Gütern, wie Gesundheit oder Privateigentum, werden davon die Güter erfasst, die alle Menschen zum Leben benötigen, aber allein – aus eigener Kraft – nicht geschaffen werden können (öffentliche bzw. Gemeinwohlgüter).

14

Das schließt die Berücksichtigung der Interessen Einzelner nicht aus. Das Handeln der Verwaltung beruht jedoch allein auf dem **Gesetz** und dessen Vorgaben; darauf ist ihr Wirkungskreis beschränkt. Anders als eine Privatperson kann die Verwaltung überwiegend gerade nicht frei entscheiden und sich beliebig Ziele setzen.

15

Im öffentlichen Interesse liegen beispielsweise Umweltschutzmaßnahmen (z. B. Ausweisung von Landschaftsschutzgebieten) oder Maßnahmen zum Schutz des Grundwassers. Auch die Auflösung einer gewalttätigen Demonstration durch die Polizei oder das Verbot krimineller Vereinigungen erfolgt aus Gründen des Allgemeinwohls. Das Gleiche gilt für den Bau von Straßen, kommunalen Kindergärten und staatlichen Schulen oder die Förderung kommunaler Kultureinrichtungen (z. B. Theater). Nicht zuletzt dient auch die Erhebung von Steuern dem öffentlichen Interesse.

16

17   Dabei kann es vorkommen, dass einzelne Ziele in Konflikt geraten. In derartigen Fällen ist die Verwaltung aufgerufen, möglichst allen Erfordernissen angemessen gerecht zu werden, auch wenn am Ende einzelnen Gesichtspunkten ein höheres Gewicht beigemessen wird als anderen. Wichtig bleibt, dass Verwaltungsentscheidungen transparent gestaltet und nachvollziehbar begründet werden – unter strikter Gemeinwohl- und Gesetzesorientierung.

1.2.2 Aufgaben

18   Vom Grundsatz her steht »Verwalten« für Vorbereiten, Entscheiden, Ausführen und Vollziehen. Zu den Aufgaben der öffentlichen Verwaltung zählen alle Angelegenheiten, die ihr gesetzlich übertragen wurden oder die sie zulässigerweise selbst übernommen hat. Letzteres ergibt sich häufig aus der Natur der Sache, d. h. einem inhaltlichen Zusammenhang mit dem Wohl der Allgemeinheit. Dabei ist zu berücksichtigen, dass die Verwaltung nur solche Aufgaben sachgerecht wahrzunehmen vermag, für die ihr die erforderlichen Mittel zur Verfügung stehen.

19   Der Aufgabenbestand der öffentlichen Verwaltung variiert, er ist nicht für alle Zeiten festgeschrieben. Beispielsweise können fehlende finanzielle Ressourcen oder eine Verschiebung von Prioritäten bisher wahrgenommene Aufgaben entfallen lassen. Umgekehrt können aus veränderten gesellschaftlichen oder wirtschaftlichen Entwicklungen neue Aufgaben erwachsen, z. B. auf den Gebieten des Datenschutzes, des Natur- und Umweltschutzes oder des Verbraucherschutzes.

20   Als beständig erweisen sich die Gefahrenabwehr und -vorsorge. Diese zur **Eingriffsverwaltung** gehörenden Verwaltungstätigkeiten greifen in die Rechte der Bürger ein, indem sie zu einem bestimmten Handeln auffordern oder etwas verbieten, auch gegen den Willen und gegebenenfalls zwangsweise. Darunter fällt die Gewährleistung der öffentlichen Sicherheit im Innern, u. a. durch die Verfassungsschutzbehörden, die Gesundheits-, Lebensmittelüberwachungs- und Umweltschutzbehörden sowie die Polizei. Auch die Verhängung von Bußgeldern bei Verstößen gegen die Straßenverkehrsordnung zählt dazu. Ferner dürfen beispielsweise Demonstrationen nur stattfinden, wenn sie zuvor angemeldet wurden. Die Verwaltung kann dann prüfen, ob sie die Versammlung unter Umständen verbietet. Eine Prüfpflicht besteht zudem bei Gewerbeanmeldungen und Bauanträgen. Hier erfordern die Aufnahme des Gewerbes bzw. der Beginn der Bauarbeiten jedoch eine vorherige Genehmigung der Verwaltung, um Rechtsverstößen vorzubeugen.

21   Ausgeprägt sind zudem der Bereich der **Leistungsverwaltung** bzw. die leistende Verwaltungstätigkeit. Hier erbringt die Verwaltung Leistungen für den Bürger. Wesentlich sind die Bereitstellung öffentlicher Einrichtungen (z. B. Krankenhäuser, Kultur- und Sportstätten, Schulen, Straßen, Universitäten) sowie die Unterstützung einzelner Personen, etwa durch die Gewährung von Kindergeld, Sozialhilfe oder Wohngeld. Die Aufgaben der Daseinsvorsorge, d. h. die Versorgung der Bevölkerung mit Energie, Wasser u. Ä., liegen heute allerdings nichts mehr durchgängig bzw. allein in der Hand der öffentlichen Verwaltung, sondern werden mittlerweile auch durch Private bzw. in privatrechtlicher Form wahrgenommen.

Die inhaltliche Trennung zwischen Eingriffs- und Leistungsverwaltung ist nur grober   22
Natur. So sind Leistungen in der Eingriffsverwaltung ebenso möglich wie Eingriffe in der
Leistungsverwaltung. Beispielsweise beinhaltet die Gefahrenabwehr des Bauordnungsrechts nicht nur belastende Maßnahmen (z. B. Baustopp), sondern auch die Erteilung
begünstigender Baugenehmigungen. Andererseits handelt es sich um einen Eingriff, wenn
die Sozialverwaltung eine den Bürger begünstigende Leistung (z. B. Wohngeldbescheid)
aufhebt.

Neben diesen beiden zentralen Aufgabenbereichen ist die öffentliche Verwaltung auf vielen   23
weiteren Gebieten tätig. Dazu zählen u. a. die nach außen gerichtete Verteidigungs- und
Sicherungsverwaltung (z. B. Bundeswehr, Nachrichtendienste), die **Abgabenverwaltung**,
die für die Beschaffung staatlicher Geldmittel sorgt (z. B. Steuern, Gebühren, Beiträge), die
Bedarfsverwaltung, die für die Beschaffung persönlicher und sachlicher Mittel zuständig
ist, die **Vermögensverwaltung**, die der Pflege, Ausnutzung und Verwertung staatlichen
Eigentums dient, die **Wirtschaftsverwaltung**, die ähnlich wie private Unternehmen am
Markt teilnimmt, und die **planende Verwaltung**, die sich u. a. mit bestimmten Fachpla-
nungen beschäftigt, wie dem Bau von Autobahnen oder Flughäfen.

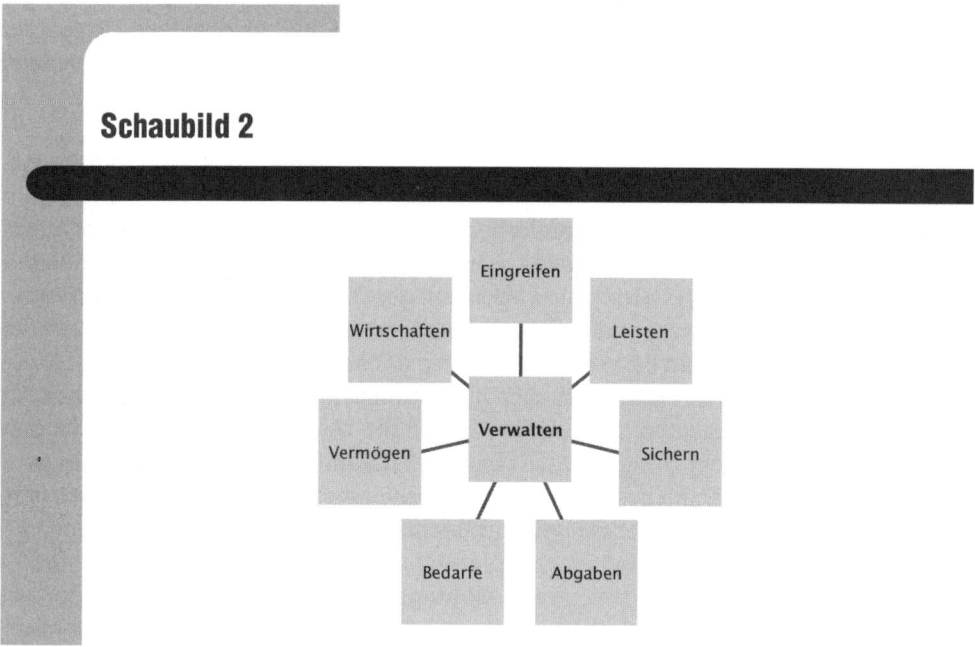

Schaubild 2

Im Ergebnis nimmt die öffentliche Verwaltung umfangreiche Informations-, Ordnungs-,   24
Steuerungs- und Vollzugsaufgaben wahr. Sie sichert öffentliche Leistungen und betreibt
eine Daseins- und Gefahrenvorsorge für die Bürger.

1.2.3   Handlungsgrundsätze

25   Es entspricht dem Anforderungsprofil der öffentlichen Verwaltung, dass sie bei ihrer Aufgabenwahrnehmung vielfältige Handlungsmaßstäbe zu beachten hat.

26   Zentral ist die strikte **Bindung an Recht und Gesetz** (Art. 20 Abs. 3 GG). Die Verwaltung ist verpflichtet, rechtmäßig zu handeln, d. h. rechtssichere, in Einklang mit den gesetzlichen Vorgaben stehende Entscheidungen zu treffen. Soweit ihr dabei ein Spielraum eingeräumt wird, soll sie auch die beste Lösung anstreben. Sie hat also gleichermaßen Zweckmäßigkeitsgesichtspunkte zu berücksichtigen, d. h. rational, praktikabel und sachangemessen zu entscheiden, mit Augenmaß. Das macht Verwaltungsentscheidungen häufig zu komplexen und komplizierten Vorgängen.

27   Ausfluss dessen ist auch ein **verhältnismäßiges Vorgehen.** Die Verwaltung ist verpflichtet, im Rahmen ihrer Aufgabenerfüllung nur geeignete, erforderliche und angemessene Maßnahmen zu ergreifen.

28   Da sie sich insbesondere aus Steuergeldern speist, ist sie ferner aufgerufen, **wirtschaftlich** zu handeln (z. B. § 63 Abs. 2 BbgKVerf). Sie soll entweder mit vorhandenen Mitteln einen größtmöglichen Nutzen erreichen (Maximalprinzip bzw. Effektivitätsgebot) oder einen bestimmten Nutzen unter geringstem Aufwand erzielen (Minimalprinzip bzw. Effizienzgebot). Ein verschwenderisches Verhalten wäre demgegenüber rechtswidrig.

29   Zu den weiteren gesetzlich verankerten, insbesondere aus der Verfassung resultierenden Handlungsmaximen zählen die Grundsätze der **Gleichbehandlung** (Willkürverbot, Art. 3 Abs. 1 GG) und der Fairness gegenüber dem Bürger, außerdem ein berechenbares, verlässliches Verhalten (Vertrauensschutz), Transparenz sowie ein vorausschauendes, umweltverträgliches, wirksames Agieren (Art. 20a GG). Auch hat sich die Verwaltung um Akzeptanz beim Bürger zu bemühen. Zudem soll sie für Veränderungen offen sein und soziale Gesichtspunkte berücksichtigen. Beispielsweise wird erwartet, dass sie in besonderen Notlagen schnelle und unbürokratische Hilfe leistet, etwa bei der Versorgung von Menschen, die durch Naturkatastrophen Hab und Gut verloren haben. Schließlich gilt auch für die öffentliche Verwaltung der im Privatrecht verankerte Grundsatz von **Treu und Glauben** (§§ 157, 242 BGB). Danach darf die Verwaltung von keiner Rechtsposition Gebrauch machen, die treuwidrig ist oder ihrem Zweck widerspricht.

1.2.4   Public Management

30   Dezentrale Ressourcenverantwortung, Effizienzsteigerung, Ergebnisorientierung, Kundenorientierung, Wettbewerb – das sind wesentliche Aspekte der wiederholt geführten Diskussionen um die Modernisierung des Staates und seiner Institutionen unter dem Leitbild privatwirtschaftlicher Managementmodelle. Vorrangig geht es um die Erhöhung der **Effektivität** (bessere Zielerreichung) und **Effizienz** (billigere Zielerreichung) der öffentlichen Verwaltung.

In den Debatten wird häufig argumentiert, die öffentliche Verwaltung entspräche in ihrer   31
traditionellen bürokratisch-zentralistischen Ausrichtung, die durch strikte Vorschriften- und
Verfahrensorientierung, Amtshierarchie, Trennung von Fach- und Ressourcenverantwortung, Aktenmäßigkeit und reaktives Verhalten gekennzeichnet ist, weder den heutigen noch
den Anforderungen der Zukunft. Nicht zuletzt wegen der Verknappung der öffentlichen
Handlungsspielräume vor allem auf kommunaler Ebene ging es zum einen um den Umfang staatlicher Aufgabenerledigung und zum anderen um die effektivere und effizientere
Verwendung der dabei zur Verfügung stehenden Mittel.

Zusammenfassen lassen sich die Modernisierungsbestrebungen unter dem Begriff des   32
(New) **Public Management**. Im Kern handelt es sich um eine speziell für die öffentliche
Verwaltung konzipierte Form des Organisationsmanagements, das in hohem Maße auf
privatwirtschaftliche Konzepte und Instrumente zurückgreift. So werden vermehrt be-
triebswirtschaftliche Konzepte, Methoden und Techniken in die Strukturen der Verwaltung
integriert, um eine leistungsfähigere, effizientere und dienstleistungsorientiertere Organisation zu schaffen.

Von wesentlicher Bedeutung für die kommunale Ebene in Brandenburg ist dabei eine   33
produktorientierte Haushaltswirtschaft (**Doppik**). Sie hat das traditionelle kameralistische
Haushaltswesen abgelöst.

Früher teilte die Gemeindevertretung der Verwaltung die zur Verfügung stehenden Res-   34
sourcen über kleinste Einnahme- und Ausgabehaushaltsstellen zu, ohne gleichzeitig einen
präzisen Handlungsauftrag zu formulieren. Der Haushaltsplan stellte lediglich dar, wie viel
Geld für die einzelnen Maßnahmen im Haushaltsjahr zur Verfügung stand (Inputsteuerung).
Sieht man von der generellen Verpflichtung wirtschaftlichen Handelns ab, wurde nicht
danach gefragt, wie mit den Ressourcen umzugehen war, d. h., in welchem Umfang und
in welcher Qualität die Aufgaben zu erledigen und welche Auswirkungen damit verbunden
waren. Entscheidend blieb allein, dass der vorgegebene Finanzrahmen nicht überzogen
wurde. Kam es dennoch zu einer Überschreitung, bestand prinzipiell eine Vermehrbarkeit
der Ressourcen auch ohne strikte Bedarfsnachweise.

In der Doppik geht es nicht mehr nur um Einnahmen und Ausgaben. Vielmehr werden   35
Kosten ganzheitlich Leistungen zugeordnet und das Ergebnis zu **Produkten** zusammengefasst. Statt einer inputorientierten Detailsteuerung nach Regeln und Ressourcen erfolgt
eine kombinierte input- und outputorientierte Budgetierung mit Ressourcenverantwortung. Dabei ist das **Budget** grundsätzlich nicht beliebig vermehrbar. Die zur Verfügung
stehenden Mittel werden mit konkreten Leistungen und den Auswirkungen (Outcome)
ihres Einsatzes verknüpft. Das ermöglicht eine wirkliche, weil ergebnisorientierte Kontrolle
der Zielerreichung.

Das produktorientierte Haushaltswesen mit seinen Aufwendungen und Erträgen allein   36
reicht indes nicht aus für die Messbarkeit (Operationalisierung) kommunaler Leistungen.
Deshalb tritt mit dem **Controlling** und dem **Berichtswesen** ein kontinuierliches Informa-
tionsmanagement hinzu. Dank einer Informationsversorgung, die sich an den Kriterien

37 von Aktualität (Rechtzeitigkeit), Kontinuität (Regelmäßigkeit), Konzentration (Überschaubarkeit) und Zielgerichtetheit orientiert, werden die Entscheidungträger jederzeit in die Lage versetzt, die Kommune veränderten Rahmenbedingungen anzupassen. Dies erfolgt regelmäßig in Form von Berichten, u. a. zu dem Stand der Zielerreichung, Vergleichen (Benchmarking), Korrekturvorschlägen sowie Prognosen für die Zukunft.

38 Ein weiteres Kernproblem betrifft das Verhältnis zwischen der Gemeindevertretung auf der einen und der administrativen Führung der Gemeinde – dem Bürgermeister als Hauptverwaltungsbeamten – auf der anderen Seite. Analog des Auftraggeber-Auftragnehmer-Modells der Privatwirtschaft sollen beide nachprüfbare Vereinbarungen schließen können, die klar definierte Leistungen (Produkte) und Ressourcen (Mittel/Budgets) über einen bestimmten Zeitraum zum Gegenstand haben (Kontraktmanagement durch **Zielvereinbarungen**). Die Gemeindevertretung ist dabei für die strategische Steuerung der Kommune zuständig, stellt die Ressourcen zur Verfügung und kontrolliert ergebnis- und wirkungsorientiert die Zielerreichung. Dem Bürgermeister obliegt mit »seiner« Verwaltung die Erstellung der Leistungen in eigener Regie und Verantwortung.

39 Neben der Erhöhung von Effektivität und Effizienz zielt das auf eine Verbesserung des Dienstleistungscharakters der Verwaltung, sowohl nach innen – dem eigenen Personal gegenüber – wie nach außen – dem Bürger gegenüber. Das Verhältnis zu den Verwaltungsmitarbeitern erfolgt auf Grundlage eines veränderten Personal- und Fortbildungsmanagements. Dies beinhaltet neue Formen der Leistungserbringung und -messung (z. B. Zielvereinbarungen) sowie der Leistungsentlohnung (z. B. leistungsorientierte Bezahlung). Daneben soll der Bürger als Kunde wahrgenommen werden. Das gilt gleichermaßen für die Eingriffs- wie die Leistungsverwaltung.

40 Trotzdem ist zu beachten, dass die öffentliche Verwaltung hinsichtlich ihrer Aufgabenerfüllung nicht aus individuellen, marktorientierten, rationalen Interessen der Gewinnerzielung oder Marktbeherrschung entscheidet und handelt, sondern ausschließlich dem Allgemeinwohl verpflichtet ist. Sie unterliegt u. a. den Verfassungsgrundsätzen der Gesetzmäßigkeit und der Gleichbehandlung. Die Verwaltung erbringt zwar Dienstleistungen vielfältiger Art, sie ist aber kein Unternehmen im eigentlichen Sinne, sondern Teil des staatlichen, d. h. politischen Systems der Bundesrepublik.

41 Im Übrigen wird das Verhältnis zwischen der Gemeindevertretung und dem Bürgermeister nicht nur durch ein dualistisches Nebeneinander mit klar abgegrenzten Kompetenzen charakterisiert. Beide sind auch in vielfältiger Weise miteinander verflochten. So ist der Bürgermeister zwar Kopf der kommunalen Verwaltung und für das operative Tagesgeschäft zuständig, arbeitet aber andererseits der Gemeindevertretung zu, bereitet deren Beschlüsse vor und gehört ihr als einfaches Mitglied oder Vorsitzender an. Er wirkt also gleichermaßen an der Formulierung wie dem Vollzug von Verwaltungsaufgaben mit.

42 Bei allem Für und Wider ist es den Public-Management-Ansätzen zu verdanken, das seit jeher gesetzlich verankerte Wirtschaftlichkeitsprinzip der öffentlichen Verwaltung verstärkt in das Bewusstsein zu rufen, es mit sinnvollen privatwirtschaftlichen Mitteln

anzureichern und die Verwaltung im Rahmen ihres Gemeinwohlauftrags flexibler und moderner auszurichten.

In jüngerer Zeit ergeben sich weitere Modernisierungsimpulse aus dem Blickwinkel der Informationsgesellschaft. Die öffentliche Verwaltung reagiert darauf mit einer neuen Informationstechnik, dem **Electronic Government** (»elektronische Akte«). Verwaltungshandeln soll zunehmend papierlos, auf »kurzem« elektronischem Wege erfolgen. Das wirkt sich nicht nur auf die Beziehungen zum Bürger aus, sondern auch auf die interne Struktur der Verwaltung. So können beispielsweise Bauanträge einfacher und zügiger beschieden werden. Die Beteiligung dritter Stellen erfolgt nicht mehr zeitaufwendig durch Übersendung der Papierakte, sondern »mit einem Klick« durch Zugriff auf die elektronischen Antragsunterlagen. Dadurch lassen sich sämtliche Verfahrensbeteiligte vernetzen.

43

Verwaltungsintern erfordert die moderne Informationstechnik jedoch organisatorische Vorkehrungen zur Datensicherheit, Dokumentation und Archivierung (z. B. Dokumentenmanagementsysteme). Dabei ist eine Vielzahl deutscher und europäischer Datenschutzbestimmungen zu beachten.

44

1.3   Befugnisse der Verwaltung

1.3.1   Verfassungsrechtliche Vorgaben

Die öffentliche Verwaltung unterliegt in Wahrnehmung ihrer Befugnisse bestimmten Beschränkungen und rechtlichen Bindungen. So ist das Verwaltungsrecht insbesondere verfassungsabhängig. Dies resultiert vor allem aus der Einbindung der Verwaltung in die gewaltenteilige Struktur der Bundesrepublik, ihrer Grundrechtsbindung sowie dem Erfordernis gesetzmäßigen Handelns.

45

1.3.1.1   Gewaltenteilung

Die Bundesrepublik zeichnet sich durch ein hohes Maß an Macht- und Aufgabenverteilung zwischen den am politischen Prozess Beteiligten aus. Die innere Stabilität des Staates wird einerseits gewährleistet durch die klassische **horizontale** Gewaltenteilung zwischen Legislative, Exekutive sowie Judikative nach Art. 20 Abs. 2 Satz 2 GG. Andererseits besteht im Bereich der Verwaltung – als Ausfluss des Föderalismus – eine **vertikale** Dreiteilung der Staatsaufgaben zwischen Bund, Ländern und Kommunen (Dezentralisation). Die Gemeinden und Gemeindeverbände sind dabei staatsorganisatorisch Bestandteile der Länder; bei ihnen liegt das Schwergewicht des Aufgabenvollzugs. So führen die Länder beispielsweise nach Art. 83 GG die Gewerbeordnung aus, bei der es sich um ein Bundesgesetz handelt.

46

Die Gewaltenteilung stellt ein tragendes Organisations- und Funktionsprinzip des Rechtsstaates dar. Sie bewirkt eine Mäßigung der Staatsmacht, verhindert also eine Machtkonzentration bei einzelnen **Organen**, indem sie ein System der gegenseitigen Hemmung,

47

Kontrolle und Abhängigkeit vorschreibt. Darüber hinaus fördert sie eine sinnvolle Arbeitstei-lung, indem sie den Organen bestimmte Aufgaben und Funktionen zuweist (Art. 70 ff. GG für die Gesetzgebung, Art. 62 ff., 83 ff. GG für die vollziehende Gewalt und Art. 92 GG für die Rechtsprechung).

48   Die **Legislative** erlässt in Gestalt des Parlaments die rechtlichen Normen. Die **Exekutive** entwickelt durch die Regierung einerseits politische Ziel- und Handlungsvorgaben – ist also für die Leitung des Staates zuständig – und bereitet außerdem die Gesetze vor. Zum anderen obliegt ihr durch die öffentliche Verwaltung die Gesetzesanwendung im konkreten Einzelfall. Die **Judikative** entscheidet durch die Gerichte über Rechtsstreitigkeiten und verhängt Strafen. Alle drei Gewalten agieren grundsätzlich unabhängig voneinander, d. h., sie können sich gegenseitig keine Weisungen erteilen.

49   Andererseits bestehen vielfältige **Verflechtungen**. Vereinzelt wird das Prinzip der Gewalten-teilung auch durchbrochen. Beispielsweise steuert und bindet die Gesetzgebung die Exeku-tive und die Rechtsprechung. Letztere wiederum kontrolliert u. a. die Verfassungsmäßigkeit der Gesetze und die Rechtmäßigkeit des Verwaltungshandelns. Ferner ist das Bundesver-fassungsgericht befugt, Gesetze aufzuheben. Der Verwaltung werden über Art. 80 GG sogar eigene Rechtsetzungsbefugnisse durch den Erlass von Rechtsverordnungen eingeräumt.

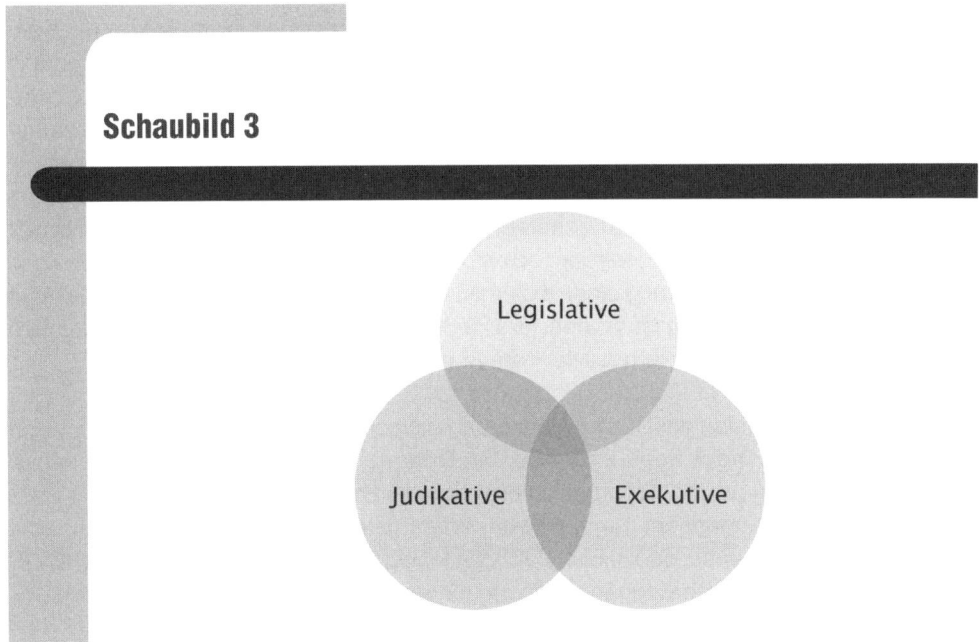

Schaubild 3

Legislative

Judikative   Exekutive

50   Trotz – oder gerade wegen – des daraus resultierenden Spannungsverhältnisses hat sich das System der gegenseitigen Kontrolle und Abhängigkeit sowie des Zusammenwirkens der drei Gewalten in der Bundesrepublik bewährt.

1.3.1.2   Grundrechte

Die öffentliche Verwaltung wird darüber hinaus besonders durch die **Grundrechte** aus   51
Art. 1 – 19 GG gebunden. Sie hat diese bei jeder Entscheidung zu berücksichtigen.

Als Abwehrrechte schützen sie den Bürger vor ungerechtfertigten Eingriffen des Staa-   52
tes. Dabei ist zu bedenken, dass bereits jede den Bürger irgendwie belastende bzw.
einschränkende Verwaltungsmaßnahme mindestens einen Eingriff in dessen allgemeine
Handlungsfreiheit aus Art. 2 Abs. 1 GG darstellt. Letztlich kommt es aber darauf an, ob
ein solcher Eingriff gerechtfertigt ist.

Das ist nicht der Fall bei Eingriffen, die ohne gesetzliche **Ermächtigungsgrundlage** erfol- 53
gen oder unverhältnismäßig sind. Letzteres liegt vor, wenn das Handeln der Verwaltung
ungeeignet, nicht erforderlich oder unangemessen ist, um den angestrebten Zweck zu
erreichen. So ist es den allgemeinen Ordnungsbehörden gemäß § 13 Abs. 1 OBG erlaubt,
zur Abwehr von Gefahren für die öffentliche Sicherheit Grundstücke zu betreten. Das
Betreten oder gar die Durchsuchung einer durch Art. 13 GG geschützten Wohnung darf
jedoch nur unter besonderen Voraussetzungen erfolgen. Ferner haben Gewerbebehörden
u. a. bei der Untersagung eines Gewerbes wegen Unzuverlässigkeit des Gewerbetreibenden nach § 35 Abs. 1 Satz 1 GewO stets die durch Art. 12 Abs. 1 Satz 2 GG geschützte
Freiheit der Berufsausübung zu beachten.

Von wesentlicher Bedeutung für die tägliche Verwaltungsarbeit ist außerdem der all-   54
gemeine **Gleichheitsgrundsatz** (Art. 3 Abs. 1 GG). Er verlangt im Kern, wesentlich
Gleiches gleich und wesentlich Ungleiches unterschiedlich zu behandeln (Rechtsan-
wendungsgleichheit). Zentraler Aspekt ist somit die Ungleichbehandlung einzelner
Sachverhalte.

In streitigen Fällen ist zunächst zu ermitteln, welche Sachverhalte ungleich gehandhabt   55
werden. Anschließend ist zu überlegen, ob es dafür einen sachlichen Grund gibt. Er kann
darin liegen, dass die Verwaltung einen legitimen Zweck verfolgt und dieser zur Erreichung
des Zwecks verhältnismäßig ist. Andernfalls ist die Entscheidung rechtswidrig. Betroffen
sind u. a. willkürliche, nicht nachvollziehbare Maßnahmen.

Demgegenüber kann sich der Bürger nicht erfolgreich auf Art. 3 Abs. 1 GG berufen, wenn   56
er im Falle rechtswidriger Begünstigungen an Dritte geltend macht, ebenso fehlerhaft
behandelt werden zu wollen. Erteilt beispielsweise die Bauaufsichtsbehörde einem Bau-
antragsteller eine Baugenehmigung, obwohl deren gesetzliche Voraussetzungen nicht
vorliegen, hat der ebenso bauwillige Nachbar keinen Anspruch darauf, dass auch er
deshalb eine rechtswidrige Baugenehmigung für sein Vorhaben erhält.

Der Gleichbehandlungsgrundsatz gilt somit nicht im Unrecht. Niemand hat Anspruch auf   57
eine gleichmäßige Fehlerwiederholung durch die Verwaltung. Andernfalls läge ein Verstoß
gegen den Grundsatz der Gesetzmäßigkeit vor.

1.3.1.3   Gesetzmäßigkeit

58   Der Grundsatz der Gesetzmäßigkeit nach Art. 20 Abs. 3 GG bindet die öffentliche Verwaltung an Recht und Gesetz. Er verpflichtet sie, sich rechtstreu zu verhalten. Die Beschreitung rechtsfreier Räume ist der Verwaltung untersagt.

59   Der auch aus den Grundrechten und dem Demokratie- und Rechtsstaatsgedanken ableitbare Grundsatz beinhaltet zwei Prinzipien: den Vorrang und den Vorbehalt des Gesetzes. Der Begriff des Gesetzes ist dabei umfassend zu verstehen. Er meint sämtliche Rechtsquellen, insbesondere auch Rechtsverordnungen und **Satzungen**.

60   Das Prinzip vom **Vorrang des Gesetzes** – die Gesetzmäßigkeit im negativen Sinne – bedeutet, dass die Verwaltung nicht gegen die Gesetze handeln darf. Das Gesetz geht also jeglichen Willensäußerungen der Verwaltung vor. Mit Blick darauf hat die Verwaltung gleichermaßen ein Anwendungsgebot und ein Abweichungsverbot zu beachten.

61   Einerseits muss sie genau so handeln, wie es das Gesetz vorschreibt. Besitzt jemand etwa einen gesetzlichen Anspruch auf Sozialhilfeleistungen, darf die Verwaltung deren Gewährung nicht mit dem Hinweis auf ihre vermeintlich defizitäre Haushaltslage verweigern. Ferner ist eine Baugenehmigung zu erteilen, wenn das beantragte Vorhaben in Einklang mit den öffentlich-rechtlichen Vorschriften steht (§ 72 Abs. 1 Satz 1 BbgBO). Verstößt andererseits jemand gegen ein gesetzliches Verbot und hat die Verwaltung deshalb aus dem Gesetz heraus entsprechende Maßnahmen gegen ihn anzuordnen, dann muss sie von diesen auch Gebrauch machen.

62   Auf der anderen Seite darf die Verwaltung, wenn sie handelt, nicht gegen das Gesetz verstoßen. Jegliches Verwaltungshandeln, unabhängig davon, ob es für den Bürger begünstigend oder belastend ist, muss demnach mit dem geltenden Recht in Einklang stehen. Der Verwaltung ist es untersagt, Maßnahmen zu treffen, die sich als unvereinbar mit den gesetzlichen Regelungen erweisen. Schreibt das Gesetz beispielsweise die Erhebung einer Verwaltungsgebühr vor, darf die Verwaltung im konkreten Einzelfall nicht darauf verzichten.

63   Das Prinzip vom **Vorbehalt des Gesetzes** – die Gesetzmäßigkeit im positiven Sinne – besagt, dass die Verwaltung nicht ohne Gesetz, d. h. nicht ohne eine gesetzliche Grundlage, tätig werden darf. Sie darf also nur handeln, wenn sie durch ein Gesetz ausdrücklich dazu ermächtigt wurde. Staatliches Handeln bleibt somit zunächst der Legislative vorbehalten. Die Verwaltung wirkt »lediglich« vollziehend. Ihr ist es verboten, sich selbst Befugnisse zu eröffnen.

64   Dies resultiert aus dem Grundkonzept des demokratischen Rechtsstaats. Sämtliche Entscheidungen des Staates gegenüber dem Bürger müssen sich letztlich wieder auf den Bürger zurückführen lassen. Dieser wählt das Parlament (Art. 20 Abs. 2 Satz 1 GG), das dadurch legitimiert wird, Gesetze zu erlassen, die wiederum durch die Verwaltung gegenüber dem Bürger ausgeführt werden.

65   Je nach Art der Verwaltungstätigkeit bestehen unterschiedliche Auffassungen über den Umfang des Gesetzesvorbehalts.

Die Ansicht vom **Totalvorbehalt** unterstellt, dass die Verwaltung für jedes Handeln eine   66
gesetzliche Grundlage benötigt, unabhängig davon, ob sie dem Bürger eine Begünstigung
gewährt (z. B. Wohngeldbewilligung) oder eine Belastung auferlegt (z. B. Steuerbescheid).

Demgegenüber geht die Lehre vom **Eingriffsvorbehalt in abgeschwächter Form** davon   67
aus, dass die Verwaltung zumindest für alle den Bürger belastenden Maßnahmen einer
Ermächtigungsgrundlage bedarf. Das betrifft vor allem den Bereich der Eingriffsverwaltung, z. B. eine Gewerbeuntersagung. Gemäß § 1 Abs. 1 GewO ist nämllch jedermann
die Ausübung eines Gewerbes gestattet. Gäbe es hier weder § 35 Abs. 1 Satz 1 GewO
noch eine andere Ermächtigungsnorm, wäre der Verwaltung die Anordnung einer Gewerbeuntersagung verwehrt. Auch die behördliche Anordnung eines Baustopps erfordert als
belastende Maßnahme gegenüber dem Bauherrn eine gesetzlichen Grundlage. Schließlich
ist der Gebrauch des Eigentums nach Art. 14 Abs. 1 Satz 1 GG verfassungsrechtlich
geschützt.

Nach einer dritten Auffassung – der **Wesentlichkeitstheorie** des Bundesverfassungs-   68
gerichts – benötigt die Verwaltung für alle aus Sicht des Bürgers belastenden und sonst
für die Gesellschaft wesentlichen Maßnahmen eine gesetzliche Grundlage. Derartige
Entscheidungen sollen nicht der Verwaltung überlassen werden. Erfasst sind einerseits
Eingriffe in Grundrechte, andererseits für die Wahrnehmung von Grundrechten bedeutsame Entscheidungen. Je wichtiger eine Sache aus Sicht der Bürger, desto stärker wirkt
der Gesetzesvorbehalt. Als wesentlich in diesem Sinne gilt etwa die zivile Nutzung von
Kernenergie.

Alle drei Auffassungen unterscheiden sich letztlich nur geringfügig, da der Gesetzgeber   69
auf jeden Fall wesentliche Entscheidungen selbst zu treffen hat.

Relativ umstritten sind Art und Umfang des Gesetzesvorbehalts dagegen in der Leis-   70
tungsverwaltung, beispielsweise bei der Gewährung von **Subventionen**. Dabei handelt
es sich um vermögenswerte Zuwendungen, die die Verwaltung privaten Personen oder
Unternehmen zur Förderung bestimmter öffentlicher Interessen gewährt und die nicht
zurückgezahlt werden müssen (verlorene Zuschüsse). So fördert der Staat etwa Bau-
herren, die auf die Nutzung erneuerbarer Energien zurückzugreifen wollen bzw. müssen,
durch Zuschüsse für den Einbau moderner Heizungsanlagen. Für den abgeschwächten
Gesetzesvorbehalt genügt hier regelmäßig – aber auch mindestens – eine Bewilligung
in dem betreffenden Haushaltsgesetz bzw. der Haushaltssatzung. Findet sich dort eine
Grundlage bzw. ein konkretes, zweckbestimmtes Sachkonto und gehört die Mittelvergabe
zu den Aufgaben der Verwaltung, wird dem Gesetzesvorbehalt entsprochen. Das Wie der
Leistungsgewährung unterliegt dann keinen gesetzlichen Vorgaben. Für die Abwicklung
genügen vielmehr verwaltungsinterne Richtlinien (**Verwaltungsvorschriften**).

Ausdrücklich normiert ist der Vorbehalt des Gesetzes dagegen in § 31 SGB I. Danach   71
dürfen Rechte und Pflichten in den Sozialleistungsbereichen des Sozialgesetzbuchs
nur begründet, festgestellt, geändert oder aufgehoben werden, soweit ein Gesetz dies
vorschreibt oder zulässt.

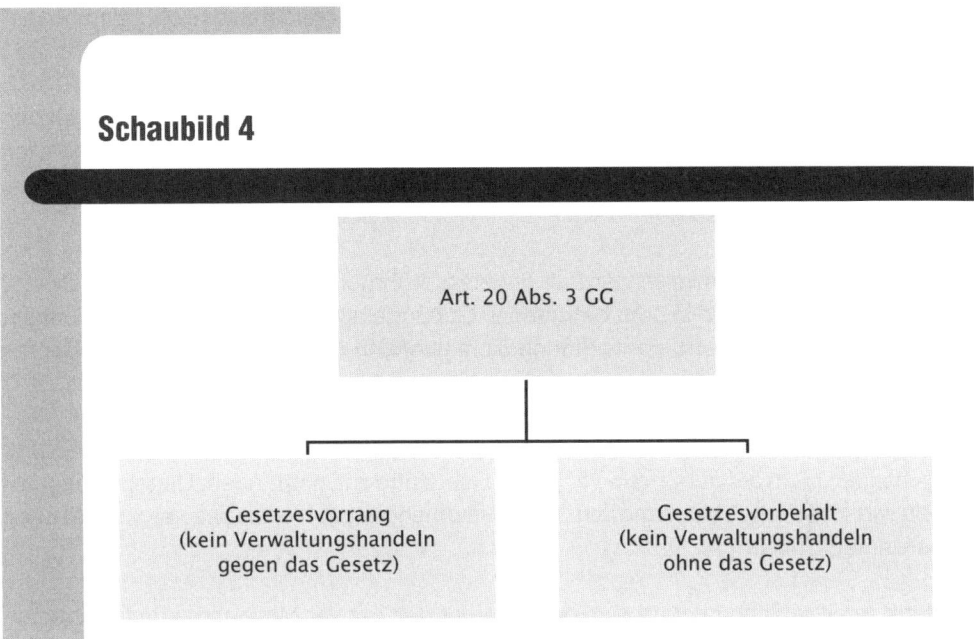

Schaubild 4

Art. 20 Abs. 3 GG

Gesetzesvorrang
(kein Verwaltungshandeln
gegen das Gesetz)

Gesetzesvorbehalt
(kein Verwaltungshandeln
ohne das Gesetz)

1.3.1.4   Verhältnismäßigkeit

72   Zu den wesentlichen, aus dem Rechtsstaatsprinzip resultierenden Handlungsmaßstäben der öffentlichen Verwaltung zählt auch der Grundsatz der Verhältnismäßigkeit. Die Verwaltung hat ihn stets zu beachten, bei allen Maßnahmen. Wählt sie jedoch die Form eines Verwaltungsakts, ist für eine Verhältnismäßigkeitsprüfung nur dort Raum, wo der Verwaltung ein **Ermessen** eingeräumt wird.

73   Bei rechtlich **gebundenen Entscheidungen** bedarf es also regelmäßig keiner gesonderten Verhältnismäßigkeitsprüfung mehr. Der Gesetzgeber hat diese bereits mit der Ausgestaltung der betreffenden Norm vorgenommen und bindende Standards vorgegeben. Allenfalls bei der Auslegung **unbestimmter Rechtsbegriffe** auf der Tatbestandsseite einer Rechtsnorm kann es vorkommen, dass die Norm nur mit einer bestimmten, verfassungskonformen Auslegung verhältnismäßig ist. So ist nach § 35 Abs. 1 Satz 1 GewO ein Gewerbe wegen Unzuverlässigkeit des Gewerbetreibenden zu untersagen (gebundene Entscheidung), allerdings muss die Unzuverlässigkeit (unbestimmter Rechtsbegriff) grundrechtskonform derart ausgelegt werden, dass die Untersagung u. a. erst ab einer gewissen Intensität der Unzuverlässigkeit infrage kommt.

74   Speziell normiert ist der Grundsatz der Verhältnismäßigkeit z. B. in § 14 OBG. Danach muss jedenfalls jede den Bürger belastende Maßnahme der Verwaltung einen bestimmten, legitimen Zweck verfolgen und dafür geeignet, erforderlich sowie angemessen sein.

75   Ein wichtiges Anwendungsfeld für die Prüfung der Verhältnismäßigkeit bildet somit die Eingriffsverwaltung, und daraus resultierend die Verwaltungsvollstreckung. Im Bereich

der Leistungsverwaltung geht es vor allem darum, dem Missbrauch von Leistungsgewährungen zu begegnen.

Zunächst gilt es, die konkrete **Maßnahme** der Verwaltung zu ermitteln. Liegt diese für den   76
Bürger in einem Tun oder Unterlassen, muss sie für ihn tatsächlich möglich und rechtlich
zulässig sein. Die Verwaltung darf den Bürger also nicht zu einer Handlung verpflichten,
die diesem unmöglich ist.

Das wäre aber beispielsweise der Fall bei einer Abbruchverfügung gegen den Grund-   77
stückseigentümer, sofern in dem betroffenen Gebäude noch rechtmäßig Mieter wohnen.
Hier kann der Eigentümer der Anordnung nicht nachkommen, ohne zugleich die Rechte
der Mieter aus dem Mietvertrag zu verletzen.

Dasselbe gilt für die unmögliche Aufforderung an einen Gastwirt, den von seinen Gästen   78
ausgehenden Lärm auf der Straße vor seiner Gaststätte zu unterbinden. Dagegen begründet ein wirtschaftliches Unvermögen (z. B. »Geldmangel«) aufseiten des Verantwortlichen
keine Unmöglichkeit.

In einem zweiten Schritt richtet sich der Blick auf den mit der Maßnahme beabsichtigten   79
Zweck. Je nach rechtlicher Grundlage der Maßnahme kann dieser ausdrücklich im Gesetz
genannt sein, beispielsweise in § 1 Abs. 1 OBG. Ansonsten ist er durch Auslegung zu
ermitteln. So geht es in der Eingriffsverwaltung allgemein um die Abwehr von Gefahren
für die öffentliche Sicherheit.

Erst wenn Maßnahme und Zweck zweifelsfrei bestimmt sind, erfolgt die gestufte Prüfung   80
von Geeignetheit, Erforderlichkeit und Angemessenheit. Dabei erhöhen sich mit jeder
Stufe die Anforderungen an die Rechtmäßigkeit der Maßnahme. Die Verwaltung muss
deren Vor- und Nachteile sorgfältig abwägen. Die Freiheit des Einzelnen darf nur so weit
beschränkt werden, wie es im Interesse des Allgemeinwohls unabdingbar ist.

Eine Maßnahme ist **geeignet**, wenn sie den gewünschten Erfolg herbeizuführen vermag,   81
mindestens aber fördert. Eine vollständige Zweckerreichung muss damit also nicht verbunden sein. Es genügt vielmehr, dass die Maßnahme einen Beitrag dazu leistet, d. h.
zwecktauglich ist und quasi einen Schritt in die richtige Richtung darstellt.

Die Schwelle der Geeignetheit ist damit relativ niedrig. Sie ist bereits genommen, wenn die   82
Maßnahme der Verwaltung sinnvoll, d. h. nicht völlig ungeeignet, ist, den beabsichtigten
Zweck zu erreichen. Das eröffnet der Verwaltung einen relativ breiten Handlungsspielraum.

Demgegenüber führt beispielsweise die Tötung eines gefährlichen Hundes im Sinne   83
von § 8 HundehV ohne weiteres dazu, die von ihm ausgehenden Gefahren dauerhaft zu
beseitigen. Andererseits wäre etwa der Erlass einer bloßen Nutzungsuntersagung für ein
illegal errichtetes und nicht baugenehmigungsfähiges Wochenendhaus in einem Land-
schaftsschutzgebiet zur Wiederherstellung rechtmäßiger Zustände ungeeignet, da sich
diese allein durch eine Beseitigung des Hauses erreichen ließen.

84   Für ihre Verhältnismäßigkeit muss die geeignete Maßnahme darüber hinaus **erforder-
      lich** sein. Die Verwaltung darf von mehreren möglichen und geeigneten Maßnahmen nur
      diejenige treffen, die den Einzelnen und die Allgemeinheit voraussichtlich am wenigsten
      belastet, aber dennoch erfolgversprechend ist (Gebot des geringstmöglichen Eingriffs
      bzw. **mildesten Mittels**).

85   Hier gilt es zunächst, sämtliche Maßnahmen zu ermitteln, auf die die Verwaltung grundsätz-
      lich zurückgreifen könnte. Erst in einem zweiten Schritt erfolgt die Bewertung der einzelnen
      Maßnahmen auf ihre Erforderlichkeit hin. So können infrage kommende Maßnahmen bereits
      ungeeignet sein oder – im Falle ihrer Geeignetheit – eine unterschiedliche Eingriffsintensi-
      tät beim Bürger hervorrufen. In diesem Fall darf die Verwaltung allein von der geeigneten
      Maßnahme Gebrauch zu machen, die am wenigsten intensiv in die Rechte des Betroffenen
      eingreift. Alle übrigen Maßnahmen wären nicht erforderlich und damit unverhältnismäßig.

86   So wäre beispielsweise die Tötung eines gefährlichen Hundes nicht erforderlich, wenn
      bereits die Anordnung eines Maulkorb- und Leinenzwangs in der Öffentlichkeit genügt,
      um gefahrenfreie Zustände zu erreichen. Dasselbe gilt für die Ablehnung einer Bauge-
      nehmigung, wenn dem Bauantrag mit Einschränkungen, d. h. Nebenbestimmungen,
      stattgegeben werden könnte. Ebenso wenig wäre die Aufhebung einer Gewerbeerlaubnis
      gerechtfertigt, wenn sich bereits durch eine Auflage oder Abmahnung sicherstellen ließe,
      dass das Gewerbe künftig ordnungsgemäß betrieben wird. Auch ein Versammlungsverbot
      könnte vermieden werden, wenn die öffentliche Sicherheit schon durch eine entsprechen-
      de Nebenbestimmung gewährleistet wird.

87   Letztlich muss die geeignete und erforderliche Maßnahme der Verwaltung **angemessen**
      sein (Zumutbarkeit bzw. Verhältnismäßigkeit im engeren Sinne). Sie darf nicht zu einem
      Nachteil führen, der zu dem erstrebten Erfolg erkennbar außer Verhältnis steht. Vielmehr
      muss sie proportional sein. Denn jede belastende Maßnahme der Verwaltung wirkt per se
      nachteilig für den Bürger. Mit anderen Worten: Eine Maßnahme ist dann unangemessen
      und unzumutbar, wenn die Schwere der Belastung für den Bürger außer Verhältnis zu
      dem Nutzen für den mit der Maßnahme verfolgten Zweck steht, sie also disproportional
      ist (**Übermaßverbot**).

88   Hierbei sind Anlass, Zweck und Ausmaß vernünftig abzuwägen (Kosten-Nutzen-Relation).
      Die Verwaltung muss die privaten und öffentlichen Interessen nach ihrer konkreten Be-
      troffenheit im jeweiligen Einzelfall gewichten. Dabei gilt der Grundsatz, dass der Bürger
      umso stärkere Nachteile in Kauf zu nehmen hat, je größer die abzuwehrenden Gefahren
      sind. Überwiegt demnach das öffentliche Interesse, ist die Maßnahme angemessen.

89   Dagegen kann es unverhältnismäßig sein, einen Leistungsbescheid (z. B. Wohngeldbe-
      willigung) im Falle eines objektiv lediglich geringfügigen Verstoßes des Antragstellers
      vollständig statt nur teilweise aufzuheben. Dasselbe betrifft im Grundsatz den Rückbau
      eines Gebäudes, das den gesetzlichen Mindestgrenzabstand zum Nachbargrundstück
      von 3 m um lediglich 4 cm unterschreitet. Hier steht der Nachteil des Bauherrn außer
      Verhältnis zu dem Nachteil und dessen Behebung aufseiten des Nachbarn.

1.3.2   Handlungsformen

Entsprechend ihrer vielfältigen Ziele und Aufgaben sowie der betroffenen Personenkreise   90
erfährt das Handeln der öffentlichen Verwaltung unterschiedliche Ausprägungen. Die
Verwaltung entscheidet setzt um, kann erlauben, feststellen, genehmigen, zahlen, zu-
rückfordern, verbieten, aufheben, warnen, sanktionieren, ausnahmsweise Recht setzen
und vieles andere mehr.

Wegen der verfassungsrechtlichen Vorgaben zentral bleiben förmliche, vom Gesetz be-   91
stimmte Verfahren. Die Verwaltung wird überwiegend als Staat gegenüber dem Bürger
tätig. Dabei kann sie u. a. regelnd oder tatsächlich (faktisch), einseitig diktierend oder mit
Zustimmung des Bürgers sowie allgemein oder konkret vorgehen.

Regelungen sind Entscheidungen bzw. Entschlüsse der Verwaltung. Sie führen un-   92
mittelbar, d. h. zielgerichtet eine bestimmte Rechtsfolge herbei, ohne dass sich in der
Wirklichkeit zunächst etwas ändert. Aus ihnen können sich u. a. Rechte oder Pflichten
für den Bürger ergeben. Diese sind entweder normativ – durch eine im weitesten Sinne
gesetzliche Regelung (**Rechtsquelle**) – verankert und betreffen damit eine Vielzahl von
Fällen. Oder sie beziehen sich durch einen konkreten Rechtsakt (Verwaltungsakt) lediglich
auf einen bestimmten Einzelfall. Die Straßenverkehrsordnung beinhaltet beispielsweise
eine Vielzahl von Ge- und Verboten, die sämtliche Straßenverkehrsteilnehmer zu beachten
haben. Anders verhält es sich bei einem Steuerbescheid des Finanzamtes. Dieser richtet
sich allein an den einzelnen Steuerzahler bzw. -schuldner.

Demgegenüber fehlt faktischen Verwaltungsmaßnahmen (**Realakten**) das Element einer   93
Rechtsfolge. Derartiges schlichtes Verwaltungshandeln bzw. schlicht hoheitliches Handeln
enthält keine Regelung, sondern zielt auf die Herbeiführung eines tatsächlichen Erfolgs,
durch den die Wirklichkeit unmittelbar verändert wird. Dazu gehören das Aushändigen
eines Formulars oder eines Geldbetrags an den Bürger, Absichtserklärungen, Anhörungen, Auskünfte, Belehrungen, Beratungen, Berichte, Empfehlungen, Amtshilfeersuchen,
Hinweise oder die Abwicklung einer zuvor getroffenen Verwaltungsentscheidung. Im
Bereich der kommunalen Abfallentsorgung liegt eine Regelung beispielsweise in der
Aufforderung an den Bürger, seine Abfallgebühren zu bezahlen. Die anschließende
Leerung der Mülltonnen durch die Abfallabfuhr ist lediglich ausführender, die Realität
verändernder, tatsächlicher Art. Letzteres ist auch bei behördlichen Warnungen anzutreffen. Warnt die Verwaltung etwa vor der Nutzung eines bestimmten gewerblichen oder
landwirtschaftlichen Produkts, wirkt sich das nur aus, wenn die Bürger tatsächlich auf
dieses Produkt verzichten.

Daneben kann Verwaltungshandeln über **Verwaltungsvorschriften** auch an die Verwaltung   94
selbst – nach innen – gerichtet sein, d. h. verwaltungsintern bzw. innerdienstlich wirken.
In derartigen Fällen handelt es sich um Erlasse, Dienstanweisungen, Richtlinien u. Ä.
Beispielsweise bietet eine Gemeinde ihren Mitarbeitern bestimmte Arbeitszeitmodelle an
bzw. schreibt diese vor. Die außerhalb der Verwaltung stehenden Bürger werden davon
weder erfasst noch betroffen.

95   Schließlich kann oder muss die Verwaltung in Fällen tätig werden, die nicht über öffentliche,
      die Allgemeinheit betreffende Rechtsvorschriften abgewickelt werden, sondern über das
      Privatrecht (**privatrechtliches Handeln der öffentlichen Verwaltung**). So erfordert die
      Anschaffung eines neuen Dienstwagens für eine Landrätin zunächst z. B. den Abschluss
      eines privaten Kaufvertrags nach § 433 BGB mit einem Autoverkäufer, der nur zustande
      kommt, wenn ihm beide Seiten freiwillig zustimmen.

96   Davon abzugrenzen ist die freiwillige Zustimmung des Bürgers im Rahmen eines
      Verwaltungsvertrags nach §§ 54 ff. VwVfG. Zwar kommen auch derartige Verträ-
      ge nur durch ein übereinstimmendes »Ja« beider Vertragspartner – der öffentlichen
      Verwaltung auf der einen und des Bürgers auf der anderen Seite – zustande. Anders
      als private Kaufverträge beruhen sie jedoch auf öffentlichen Rechtsvorschriften bzw.
      Erfordernissen. Ein Beispiel bilden öffentlich-rechtliche Stellplatzablöseverträge, in
      denen der Bürger (Bauherr) der Verwaltung (Baugenehmigungsbehörde) freiwillig die
      Zahlung eines Ablösebetrags für den Bau von Pkw-Stellplätzen anbietet, um damit den
      gesetzlichen Anforderungen der Bauordnung bei der Errichtung bestimmter baulicher
      Anlagen zu entsprechen.

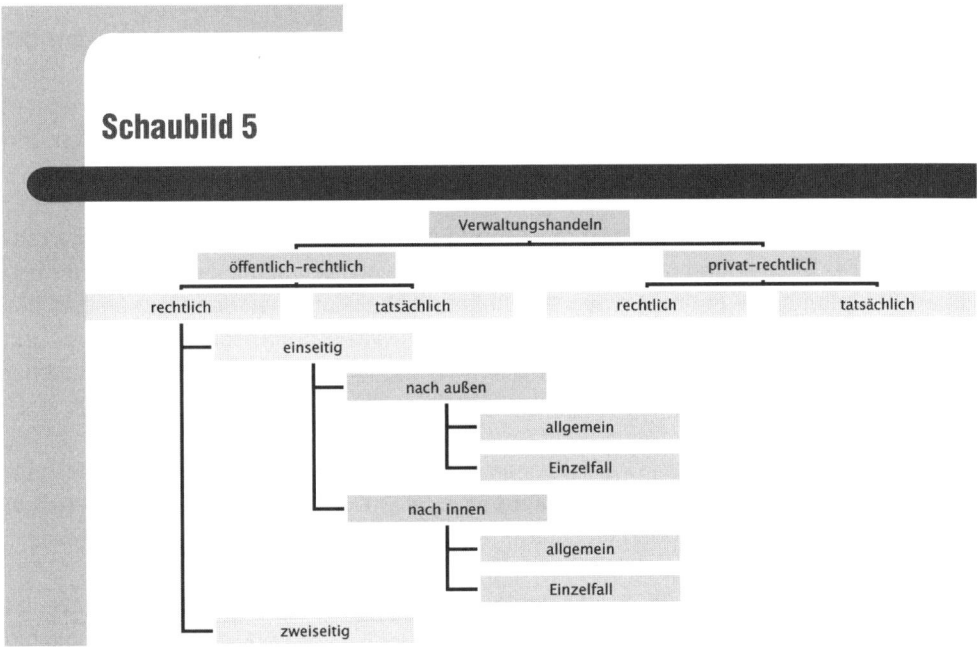

Schaubild 5

97   Zunehmend gewinnen auch informelle, rechtlich nicht geregelte, vor allem auf einver-
      nehmliche Kooperation gerichtete Handlungsformen der Verwaltung an Bedeutung (z. B.
      Public Private Partnership). Diese dürfen zwar nicht mit freier Verhandelbarkeit oder
      einer »Basarmentalität« auf der privaten Vertragsebene gleichgesetzt werden, können
      in konfliktträchtigen Verwaltungsverfahren aber wichtige Hilfsmittel und Impulse bei der

Suche nach einer angemessenen Lösung für alle Beteiligten bieten. Anwendungsgebiete finden sich u. a. in der Bau- und Straßenverwaltung, der planenden Verwaltung sowie der Umweltverwaltung.

1.3.3   Kommunale Selbstverwaltung

In der föderalen Staatstruktur der Bundesrepublik stehen sich der Bund als Gesamt-staat und die Länder als Gliedstaaten sowie die Länder untereinander gegenüber. Die Gemeinden und Gemeindeverbände sind den Ländern eingegliedert, bilden also keine eigenständige Säule. Ob und welche Aufgaben ihnen übertragen werden, entscheiden die Länder. Zwischen den Kommunen und dem Bund bestehen grundsätzlich keine un-mittelbaren Rechtsbeziehungen.   98

Andererseits bestehen vielfache Verflechtungen, wenn es um die Planung und den Vollzug öffentlicher Aufgaben geht. Verwiesen sei u. a. auf die Regelungen zur Bun-desgesetzgebung und zur Finanzverfassung. Das schlägt sich im Verwaltungsaufbau nieder. Hier stellen die Kommunen neben dem Bund und den Ländern eine dritte – die unterste – Stufe dar.   99

Die drei Ebenen sind jedoch nicht gleichberechtigt. Dazu ist die Rechtsstellung der Gemeinden und Gemeindeverbände zu schwach. Im Gegensatz zum Bund und zu den Ländern besitzen sie keine Bestandsgarantie, keine Rechtsprechungsorgane und nur ein beschränktes Normsetzungsrecht. Zudem sind sie der Staatsaufsicht unterworfen und in ihrer Finanzhoheit beschränkt.   100

Demgegenüber erweist sich die Verwaltungsbefugnis der Kommunen als relativ um-fangreich. Die Gemeinden und Gemeindeverbände sind die wichtigsten Träger der ört-lichen Verwaltung. Sie nehmen eine Vielzahl öffentlicher Aufgaben des eigenen und des übertragenen Wirkungskreises wahr. Sie vollziehen den größten Teil der Bundes- und Landesgesetze. Ohne ihre Unterstützung bei der Planung und dem Vollzug staatlicher Programme stünden übergeordnete Zielvorgaben quasi auf wackligen Füßen.   101

Wo verschiedene Ebenen mit jeweils eigenen Interessen zusammenwirken, bleiben Span-nungen nicht aus. So streben die Kommunen – historisch bedingt – eine weitgehende Eigenständigkeit an, sind andererseits aber auf staatliche Unterstützung angewiesen.   102

Diese Eigenständigkeit – die kommunale Selbstverwaltung – hat Tradition. Sie ist ausgerichtet auf die Aktivierung der Beteiligten für ihre eigenen Angelegenheiten, die die in der örtlichen Gemeinschaft lebendigen Kräfte des Volkes zur eigenverantwortlichen Erfüllung öffentlicher Aufgaben der engeren Heimat zusammenschließt mit dem Ziel, das Wohl der Einwohner zu fördern und die geschichtliche und heimatliche Eigenart zu wahren (BVerfGE 11, 266 ff.). Darin spiegelt sich sowohl ein politischer als auch ein rechtlicher Aspekt. Selbstverwaltung wird nicht allein vom Inhalt und vom Umfang der Aufgaben bestimmt, die den Kommunen obliegen, sondern auch durch die Art und Weise – das Wie – der Aufgabenerfüllung.   103

104   Die kommunale Selbstverwaltung besitzt insoweit zwei wesentliche Funktionen. Zum ei-
       nen räumt sie dem Bürger die Möglichkeit ein, sich aktiv an der Gestaltung von Politik zu
       beteiligen (Partizipationsfunktion). Zum anderen ermöglicht sie eine dezentrale Aufgaben-
       wahrnehmung im Bereich der Verwaltung. Das entlastet überörtliche Verwaltungsebenen
       (gewaltenteilende Funktion).

105   Die kommunale Selbstverwaltung ist in Art. 28 Abs. 2 GG (sowie in Art. 97 Abs. 1 Satz 1
       der Verfassung des Landes Brandenburg) verfassungsrechtlich verankert. Die Gemeinden
       und Gemeindeverbände haben danach das Recht, alle Angelegenheiten der örtlichen
       Gemeinschaft im Rahmen der Gesetze in eigener Verantwortung zu regeln.

106   Die Norm hat Grundrechtscharakter. Das kommt in einer unmittelbar verfassungsmäßigen
       Abwehrmöglichkeit gegen staatliche Eingriffe zum Ausdruck. Die Kommunen besitzen nach
       Art. 93 Abs. 1 Nr. 4b GG das Recht, vor dem Bundesverfassungsgericht Kommunalver-
       fassungsbeschwerde zu erheben, sofern sie sich in ihrer Selbstverwaltung verletzt sehen.

107   Art. 28 Abs. 2 GG beinhaltet vier Schutzbereiche bzw. Garantien: Eine Instituts- bzw.
       Rechtssubjektgarantie, eine Aufgabengarantie, das Postulat der Eigenverantwortlichkeit
       und eine subjektiv-rechtliche Rechtsposition.

108   Die **Institutsgarantie** gewährleistet, dass es im Rahmen der Staatsorganisation der Bun-
       desrepublik überhaupt Gemeinden und Gemeindeverbände gibt. Einzelne Kommunen
       sind durch sie aber nicht bestandsgeschützt. Es ist möglich, dass Kommunen – z. B.
       im Zuge gesetzlich legitimierter Gebietsreformen – in ihrer bisherigen Form nicht mehr
       weiterbestehen, zusammengelegt oder geteilt werden (vgl. etwa Art. 98 Verfassung des
       Landes Brandenburg, § 6 BbgKVerf). Folglich handelt es sich um ein institutionelles, nicht
       aber um ein individuelles Recht.

109   Die **Aufgabengarantie** ermöglicht die Regelung aller Angelegenheiten der örtlichen
       Gemeinschaft. Welche dazu gehören, steht weder abschließend noch gleichermaßen
       für sämtliche Gemeinden und Gemeindeverbände fest. Es handelt sich um einen unbe-
       stimmten Rechtsbegriff, der auszulegen ist.

110   Das Bundesverfassungsgericht zählt dazu solche Aufgaben, die in der örtlichen Gemeinschaft
       wurzeln oder auf sie einen spezifischen Bezug haben und von der örtlichen Gemeinschaft
       eigenverantwortlich und vollständig bewältigt werden können (BVerfGE 8, 122 f.). Das betrifft
       Bedürfnisse und Interessen, die den Gemeindebewohnern gerade als solchen gemeinsam
       sind, indem sie das Zusammenleben und -wohnen der Menschen in der Kommune betreffen
       (BVerfGE 79, 127). Dabei orientiert man sich einerseits an historischen Erfahrungen und ande-
       rerseits an der gesellschaftlichen Wirklichkeit. In dem Maße, wie sich diese wandelt, unterliegt
       auch der Umfang gemeindlicher Aufgaben Änderungen. Ursprüngliche Selbstverwaltungs-
       aufgaben können somit im Laufe der Zeit wegfallen, neue Aufgaben können hinzutreten.

111   Ungeachtet dessen beinhaltet Art. 28 Abs. 2 GG (sowie Art. 97 Abs. 2 der Verfassung des
       Landes Brandenburg) eine Zuständigkeits- und Regelvermutung zugunsten der Kommu-

nen. Die Gemeinden und Gemeindeverbände sind danach generell für die Erledigung aller sie betreffenden Angelegenheiten zuständig, soweit keine anderweitigen gesetzlichen Regelungen existieren. Begrenzt wird dieser **Grundsatz der Allzuständigkeit** zudem durch die Leistungs- und Finanzkraft der einzelnen Kommune.

Heute gibt es nur noch wenige Aufgabenbereiche, die gänzlich frei der Autonomie des   112
Art. 28 Abs. 2 GG unterliegen. Zu ihnen zählen vor allem die sog. Gemeindehoheiten, wie die Gebiets-, Satzungs-, Organisations-, Personal-, Finanz- und Planungshoheit sowie die Daseinsvorsorge.

Unter der **Gebietshoheit** ist die Befugnis der Kommune zu verstehen, in ihrem räumlichen   113
Gebiet die Hoheitsrechte auszuüben. Jede Person oder Sache, die sich im Gemeindegebiet befindet, ist danach der Rechtsmacht der Kommune unterworfen (Territorialprinzip).

Aufgrund ihrer **Satzungs-** bzw. **Rechtsetzungshoheit** können die Gemeinden und   114
Gemeindeverbände allgemeine Normen für ihr Gebiet festlegen (vgl. etwa § 3 Abs. 1 Satz 1 BbgKVerf). Diese entfalten für die Betroffenen die gleichen Bindungswirkungen wie Gesetze.

Die **Organisationshoheit** umfasst die Befugnis der Kommune, ihre innere Organisation   115
zu regeln. Sie ermöglicht die eigenständige Gestaltung der Art und Weise der Aufgabenerfüllung. Hierzu zählen die Aufbau- und die Ablauforganisation der Verwaltung, die sich mit der Einrichtung von Behörden sowie der Aufstellung von Geschäftsverteilungsplänen befassen.

Aufgrund ihrer **Personalhoheit** können Gemeinden und Gemeindeverbände eine eigene   116
Personalpolitik betreiben. Sie haben das Recht, die Zahl ihrer Verwaltungsmitarbeiter zu bestimmen, Einstellungen vorzunehmen, zu befördern oder zu entlassen. Daneben können sie Maßnahmen der Dienst- und Disziplinaraufsicht gegenüber ihren Mitarbeitern treffen.

Die kommunale Selbstverwaltung ist unmöglich ohne hinreichende Finanzmittel. Die **Finanz-**   117
hoheit räumt den Kommunen eine eigenverantwortliche Einnahme- und Ausgabewirtschaft innerhalb des gesetzlich festgelegten Haushaltswesens ein. Die Gemeinden und Gemeindeverbände können beispielsweise örtliche Steuerquellen erschließen, etwa eine Zweitwohnungsteuer (vgl. Art. 99 Verfassung des Landes Brandenburg).

Die **Planungshoheit** ist vielfältiger Natur. Sie betrifft in erster Linie das Recht der Bauleitpla-   118
nung nach dem Baugesetzbuch (§ 1 Abs. 3 Satz 1 BauGB). Mit dieser ordnet und gestaltet die Kommune die bauliche und sonstige Nutzung von Grund und Boden ihres Hoheitsgebiets. Die Hauptinstrumente sind der Flächennutzungsplan und der Bebauungsplan.

Ein typisches kommunales Hoheitsrecht stellt schließlich die **Daseinsvorsorge** dar. Sie   119
umfasst das Recht, gemeindliche Einrichtungen zum Wohle der Einwohner zu unterhalten (z. B. Bibliothek, Schwimmbad).

Schaubild 6

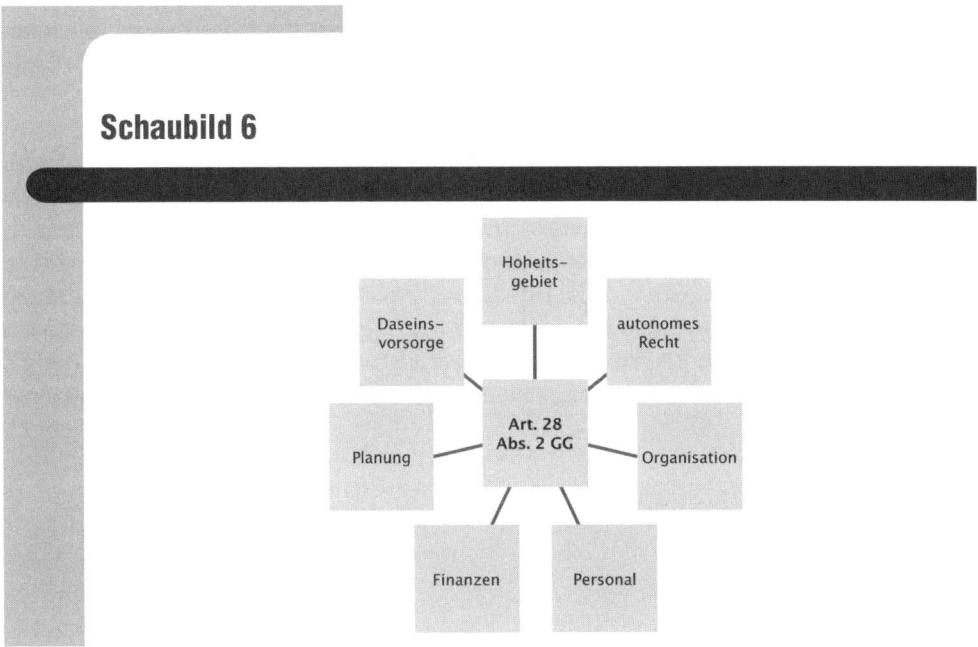

20   Aus der dritten Garantie kommunaler Selbstverwaltung – dem Postulat der **Eigenver-
      antwortlichkeit** – besitzen die Gemeinde und Gemeindeverbände eine Ermessens-,
      Gestaltungs- und Weisungsfreiheit. Sie allein entscheiden über das Ob, das Wie und das
      Warum ihrer Aufgabenerfüllung. Die unabhängig davon bestehende Staatsaufsicht ist auf
      eine Rechtsaufsicht beschränkt.

21   Letztlich verfügen die Kommunen über ein **subjektiv-rechtliches Abwehrrecht** gegen
      Eingriffe des Bundes, der Länder oder anderer Träger öffentlicher Gewalt. In Betracht
      kommt eine Kommunalverfassungsbeschwerde (Art. 93 Abs. 1 Nr. 4b GG) oder eine
      sonstige Klagebefugnis nach § 42 Abs. 2 VwGO. In beiden Fällen muss die Kommune
      geltend machen, durch den Eingriff in ihrem Recht auf Selbstverwaltung verletzt zu sein.

22   Das Selbstverwaltungsrecht wird allerdings nur im Rahmen der Gesetze gewährleistet. Es
      handelt sich um einen Gesetzesvorbehalt im Sinne von Art. 20 Abs. 3 GG, der den Staat
      zu Eingriffen ermächtigt. Die Gemeinden und Gemeindeverbände sind keine rechtsfreien
      Räume. Sie haben sich wie jedermann an Recht und Gesetz zu halten.

23   Eingegriffen werden kann in die Zuständigkeit sowie die Art und Weise der Aufgabenerle-
      digung. Je nachdem, wie weit der Eingriff reicht, wird zwischen Randbereich, Mittelbereich
      und Kernbereich kommunaler Selbstständigkeit unterschieden. Auch dabei handelt es
      sich um unbestimmte Rechtsbegriffe, die durch Auslegung zu konkretisieren sind.

24   Im **Randbereich** ist der Staat weitgehend frei von Beschränkungen. Hier ist er befugt,
      das Selbstverwaltungsrecht generell zu regeln und näher auszugestalten.

In den **Mittelbereich** darf der Staat nur eingreifen, wenn dies durch übergeordnete Inter-   125
essen gerechtfertigt ist, vor allem aus Gründen des öffentlichen Wohls. Der Eingriff muss
zudem auf das sachlich Notwendige beschränkt sein.

Der **Kernbereich** als eigentlicher Wesensgehalt kommunaler Eigenständigkeit ist für   126
den Staat tabu. Hier sind Eingriffe prinzipiell unzulässig. Zum Kernbereich zählt alles,
was unter Berücksichtigung der gesellschaftlichen Entwicklung für die Eigenständigkeit und Besonderheit der jeweiligen Kommune von wesentlicher Bedeutung ist, d. h.
sämtliche institutionellen Standards, Hoheitsrechte und Aufgaben, die nach heutigen
Verhältnissen für die Kommune unverzichtbar sind. Art. 28 Abs. 2 GG wäre demnach
wirkungslos, soweit die kommunale Selbstverwaltung durch den Eingriff innerlich
ausgehöhlt werden und die betreffende Kommune nur mehr ein Schattendasein führen
würde.

1.4 Recht der Verwaltung

1.4.1 Wesen des Rechts

27 »Recht« verfügt über eine enorme Definitionsbreite. Der Begriff ist in sämtlichen Lebens-
bereichen präsent und deshalb nicht abschließend fassbar. Er kann allenfalls seinem
Wesen und seinen Aufgaben nach umschrieben werden.

28 »Recht« beinhaltet Vorgaben, die das menschliche Verhalten und Zusammenleben gestalten und regeln sollen. Sie sind überall dort erforderlich, wo das Miteinander nicht
von selbst – durch gegenseitige Einsicht, Rücksichtnahme und selbstverständliches
Handeln – gesteuert wird. Dies soll einen geregelten Ausgleich zwischen Individualinte-
ressen gewährleisten.

29 »Recht« kann normativ festgeschrieben oder allgemein anerkannt sein. In jedem Fall
erzeugt es eine Bindungswirkung, wirkt also verbindlich. Das bedeutet, dass seine
Anerkennung gegenüber jedermann beansprucht wird. Darin unterscheidet es sich von
»Sitte« und **»Moral«**. Diese Begriffe drücken subjektive Wertvorstellungen aus, deren
Durchsetzung sich im Gegensatz zu »Recht« nicht erzwingen lässt. Unter »Sitte« fallen
äußere Anstandsregeln und Gebräuche. »Moral« bezieht sich auf innere, ethische Werte.

30 »Recht« zielt auf Wirksamkeit. Es dient nicht seiner selbst willen, sondern soll nachhaltig,
praxisrelevant, sinnvoll und im täglichen Leben umsetzbar, insbesondere einklagbar sein.
Andernfalls wäre es wirkungslos und weitgehend überflüssig.

31 In engem Zusammenhang damit steht **»Gerechtigkeit«**. Sie lässt sich als das Recht
begreifen, wie es sein sollte. Das muss nicht unbedingt mit dem Recht übereinstimmen,
das tatsächlich ist. Daher lässt sich auch dieser Begriff nicht abschließend definieren. Ein
Versuch, ihn handhabbar zu machen, findet sich in Art. 3 Abs. 1 GG, dem allgemeinen
Gleichheitsgrundsatz.

1.4.2 Rechtsgebiete

32 Die Rechtsordnung der Bundesrepublik ist zweigeteilt. Sie unterscheidet öffentliches
von privatem Recht.

33 Für den Staat und die öffentliche Verwaltung sollen und müssen – historisch bedingt –
andere Anforderungen gelten als für den Einzelnen und die Einzelnen untereinander.
Staatliches Handeln beruht auf Kompetenzen und ist auf Rechtfertigung angewiesen,
besonders dem Wohl der Allgemeinheit. Dafür bleiben dem Staat bestimmte Aufgaben
und Befugnisse vorbehalten.

34 Privatpersonen agieren dagegen grundsätzlich autonom, d. h. unabhängig in ihrem Handeln. Sie sind darüber niemandem rechenschaftspflichtig. Nach dem Grundsatz der
Privatautonomie kann jeder Mensch seine Lebensverhältnisse in eigener Verantwortung

selbst gestalten. Ein wesentliches Element bildet die Vertragsfreiheit mit der Abschluss- und Gestaltungsfreiheit beim Eingehen von Verträgen. Dies wird allgemein durch Art. 1 und 2 GG und besonders durch Art. 14 GG geschützt.

Innerhalb des öffentlichen Rechts lässt sich der Bereich des Verwaltungsrechts weiterhin trennen in allgemeines und besonderes Verwaltungsrecht sowie privatrechtliches Handeln der öffentlichen Verwaltung. **135**

1.4.2.1   Öffentliches Recht

Das öffentliche Recht befasst sich mit den Beziehungen zwischen Staat und Bürger sowie den staatlichen Organen untereinander. Erstere werden häufig gekennzeichnet durch eine Überordnung des Staates und eine korrespondierende Unterordnung des Bürgers. Der Staat kann einseitig Anordnungen treffen, die der Bürger zu befolgen hat. Beispielsweise darf die Verwaltung einem Gewerbetreibenden den Weiterbetrieb seines Gewerbes verbindlich untersagen, wenn dieser unzuverlässig ist (§ 35 Abs. 1 Satz 1 GewO). Deshalb steht hier die Frage der Rechtmäßigkeit des Verwaltungshandelns im Vordergrund. **136**

Zum öffentlichen Recht zählen u. a. das internationale, insbesondere das zwischenstaatliche Völkerrecht (z. B. Charta der Vereinten Nationen, Wiener Vertragsrechtskonvention), das Recht der Europäischen Union (z. B. Vertrag über die Europäische Union), das Staats- und Verfassungsrecht (z. B. Grundgesetz), das Verwaltungsrecht (z. B. Verwaltungsverfahrensgesetz), das Strafrecht (z. B. Strafgesetzbuch) und das Recht der Ordnungswidrigkeiten (z. B. Ordnungswidrigkeitengesetz). Letzteres befasst sich mit der Verhängung von Bußgeldern zur Ahndung von Verstößen gegen gesetzliche Vorschriften. Es weist insoweit eine Besonderheit auf, als die Aufforderung, ein Bußgeld zu zahlen (Bußgeldbescheid), von der Verwaltung erlassen wird (§§ 35 ff., 65 OWiG), der mögliche Einspruch des Betroffenen jedoch nicht vor dem Verwaltungsgericht verhandelt wird, sondern vor dem Amtsgericht (§ 68 Abs. 1 OWiG). **137**

Auch die wichtigen Bereiche des Prozess- und Verfahrensrechts (z. B. Gerichtsverfassungsgesetz, Strafprozessordnung, Verwaltungsgerichtsordnung, Zivilprozessordnung) gehören dem öffentlichen Recht an. Für das Verwaltungsrecht hat insbesondere die Verwaltungsgerichtsordnung eine erhebliche Bedeutung. **138**

1.4.2.2   Privates Recht

Das private »Jedermannsrecht« befasst sich demgegenüber mit den Beziehungen zwischen Privatpersonen. Hier herrschen keine Über- und Unterordnung, sondern eine Gleichordnung. Man begegnet sich gleichberechtigt »auf Augenhöhe«. Hier werden keine einseitigen Anordnungen getroffen, sondern Vereinbarungen geschlossen. Es gelten die Grundsätze der Vertragsautonomie und der Vertragsfreiheit. Beispielsweise kann der Eigentümer einer Wohnung frei darüber befinden, an wen und zu welchen Konditionen er diese vermietet. Ebenso frei ist der Mietinteressent, die Wohnung anzumieten oder sich nach einem anderen Objekt umzuschauen. Hier geht es in erster Linie um Ansprüche. **139**

140   Zum Privatrecht zählen u. a. das »eigentliche« Zivilrecht in Gestalt des Bürgerlichen Gesetzbuchs, das Arbeitsrecht (z. B. § 611 ff. BGB, Kündigungsschutzgesetz) sowie das Handels- und Wirtschaftsrecht (z. B. Handelsgesetzbuch).

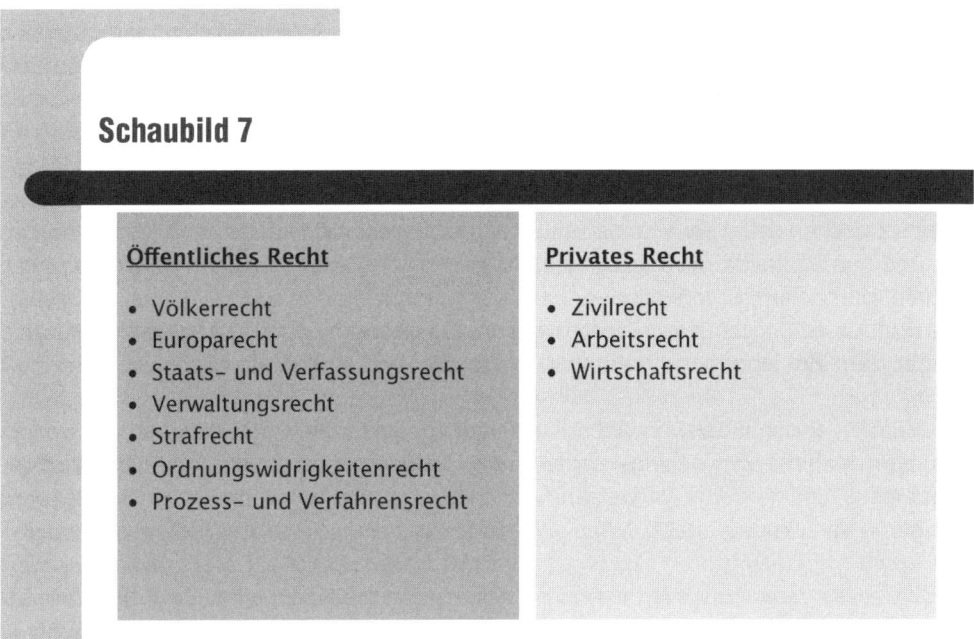

Schaubild 7

Öffentliches Recht	Privates Recht
• Völkerrecht	• Zivilrecht
• Europarecht	• Arbeitsrecht
• Staats- und Verfassungsrecht	• Wirtschaftsrecht
• Verwaltungsrecht	
• Strafrecht	
• Ordnungswidrigkeitenrecht	
• Prozess- und Verfahrensrecht	

141   Ungeachtet der generellen Dualität der Rechtsordnung gelten bestimmte Grundsätze des Zivilrechts auch unmittelbar im öffentlichen Recht. Dazu zählen u. a. § 133 BGB (Auslegung) und §§ 157, 242 BGB (Treu und Glauben einschließlich Verwirkung von Rechten). Deshalb ist auch die öffentliche Verwaltung beispielsweise verpflichtet, das Schreiben eines Bürgers im Zweifel auf dessen konkreten Inhalt auszulegen. Unterlässt es andererseits jemand, etwa die Baugenehmigung seines Nachbarn unverzüglich mit einem Widerspruch anzufechten, nachdem er Kenntnis vom Beginn der Bauarbeiten erlangt, sondern wartet »sehenden Auges« weitere Bauarbeiten ab, kann der Betreffende sein Widerspruchsrecht verwirken.

1.4.2.3   Allgemeines Verwaltungsrecht

142   Das allgemeine Verwaltungsrecht strahlt auf sämtliche Zweige der öffentlichen Verwaltung aus. Es beinhaltet generelle Regelungen und Prinzipien, die zur Anwendung gelangen, wenn das besondere Verwaltungsrecht Entsprechendes weder bereithält noch speziell vorsieht. Dies dient der Vereinheitlichung von Verfahrensbestimmungen, einer möglichst einheitlichen Rechtsanwendung sowie der Gleichbehandlung der Bürger. Andererseits entwickelt sich das allgemeine Verwaltungsrecht erst im Zusammenspiel mit den konkreten Erfordernissen in den besonderen Verwaltungszweigen.

Die allgemeinen Regelungen beschäftigen sich u. a. mit den Aufgaben und der Organisation der Verwaltung, ihren Handlungsmöglichkeiten und Zuständigkeiten, Verfahrensaspekten, der Vollstreckung von Verwaltungsakten sowie der Staatshaftung. 143

Von zentraler Bedeutung ist das **Verwaltungsverfahrensgesetz**. Es gilt für die öffentlich-rechtliche Verwaltungstätigkeit von Behörden, also weder für verfassungsrechtliches Handeln noch eine privatrechtliche Betätigung des Staates. In ihm sind wichtige formelle und materielle Grundsätze des behördlichen Entscheidungsprozesses normiert, etwa zum Verwaltungsakt (§ 35 Satz 1 VwVfG) sowie über dessen Wirksamkeit (§ 43 i. V. m. § 44 VwVfG) und Aufhebung (§§ 48, 49 VwVfG). 144

Es wird zwischen dem Verwaltungsverfahrensgesetz des Bundes, das für Bundesbehörden gilt, und den Verwaltungsverfahrensgesetzen der Länder, die für Länder- und Kommunalbehörden gelten, unterschieden. Letztere gehen Ersterem nach § 1 Abs. 3 VwVfGB des Bundes selbst bei der Ausführung von Bundesrecht durch Länderbehörden vor, entsprechen ihm jedoch weitgehend in inhaltlicher und struktureller Sicht. 145

Die meisten Länder haben Verwaltungsverfahrensgesetz-Vollgesetze erlassen, nur wenige begnügen sich mit Verweisungsgesetzen, die die Regelungen des Bundesverwaltungsverfahrensgesetzes durch Verweisung als Landesgesetz übernehmen. In Brandenburg erfolgt die Verzahnung über § 1 Abs. 1 VwVfGBbg. 146

Den Kern des Verwaltungsverfahrensgesetzes bilden die Vorschriften über den **Verwaltungsakt** (§§ 35–53 VwVfG) und den **öffentlich-rechtlichen Vertrag** (§§ 54–62 VwVfG). Das verwundert nicht, schließlich handelt es sich bei einem Verwaltungsverfahren im Sinne des Verwaltungsverfahrensgesetzes um die nach außen wirkende Tätigkeit der Behörden, die auf die Prüfung der Voraussetzungen, die Vorbereitung und den Erlass eines Verwaltungsakts oder auf den Abschluss eines öffentlich-rechtlichen Vertrags gerichtet ist (§ 9 VwVfG). 147

Über eigene Verfahrensgesetze verfügen die Sozialverwaltung (Sozialgesetzbuch X) und die Abgabenverwaltung (Abgabenordnung). Allerdings finden sich die Regelungen des Verwaltungsverfahrensgesetzes dort in weiten Teilen inhaltsgleich – teilweise wortgetreu – wieder. Ebenso wenig gilt das Verwaltungsverfahrensgesetz für die Strafverfolgung und die Verfolgung und Ahndung von Ordnungswidrigkeiten (§ 2 VwVfG). 148

Ein weiteres zentrales Gesetz des allgemeinen Verwaltungsrechts ist die Verwaltungsgerichtsordnung. Sie befasst sich mit den aus Art. 19 Abs. 4 GG resultierenden effektiven Rechtsschutzmöglichkeiten des Bürgers gegen Maßnahmen der öffentlichen Verwaltung und regelt u. a. das Widerspruchsverfahren sowie den Prozess vor den Verwaltungsgerichten. 149

1.4.2.4 Besonderes Verwaltungsrecht

Anders als das allgemeine Verwaltungsrecht mit seinen grundlegenden, übergreifenden Bestimmungen befasst sich das besondere Verwaltungsrecht mit speziellen Tätigkeitsbe- 150 reichen der öffentlichen Verwaltung. Gerade deshalb erfordert es konkrete Regelungen. Andernfalls würde man der Vielfalt einzelner Fallgestaltungen nicht hinreichend gerecht.

151   Speziell geregelt sind u. a. das Ausländerrecht (z. B. Aufenthaltsgesetz, Asylgesetz), das Beamtenrecht (z. B. Beamtenstatusgesetz), das Gewerberecht (z. B. Brandenburgisches Gaststättengesetz, Gewerbeordnung), das Kommunalrecht (z. B. Brandenburgische Kommunalverfassung), das öffentliche Baurecht (z. B. Brandenburgische Bauordnung), das Polizei- und Ordnungsrecht (z. B. Ordnungsbehördengesetz, Brandenburgisches Polizeigesetz), das Schulrecht (z. B. Brandenburgisches Schulgesetz), das Sozialrecht (z. B. Sozialgesetzbücher I und X), das Steuerrecht (z. B. Abgabenordnung, Kommunalabgabengesetz), das Straßenrecht (z. B. Brandenburgisches Straßengesetz), das Umweltrecht (z. B. Bundesnaturschutzgesetz) und das Wasserrecht (z. B. Brandenburgisches Wassergesetz).

1.4.2.5 Privatrechtliches Handeln der öffentlichen Verwaltung

152   Auch wenn das weit überwiegende Betätigungsfeld der Verwaltung im Bereich des öffentlichen Rechts, d. h. der hoheitlichen Aufgabenerfüllung, liegt, bleibt es dem Staat unbenommen, in Organisation und Handlungsform ausnahmsweise am Privatrechtsverkehr teilzunehmen (Fiskalverwaltung). Er begibt sich dann auf die Ebene der Gleichordnung, besitzt also keine Sonderstellung oder Hoheitsrechte gegenüber dem Bürger und muss sich wie jede Privatperson behandeln lassen.

153   Die Verwaltung kann beispielsweise **privatrechtliche Hilfsgeschäfte** abschließen, um ihre Sachgüterbedarfe zu decken (Bedarfs- bzw. Beschaffungsverwaltung). So erfolgt der Erwerb von Büromaterial (Kopiergeräte, Kopierpapier, Druckerpatronen u. Ä.) ebenso über Kaufverträge nach § 433 BGB wie die Anschaffung behördlicher Dienstwagen. Für die Anmietung von Büroräumen muss die Verwaltung wie jede Privatperson Mietverträge nach § 535 BGB schließen. Der Verkauf staatlicher Grundstücke erfolgt im Rahmen privater Grundstückskaufverträge. Selbst die Arbeitsverhältnisse der Verwaltungsangestellten werden – anders als die Dienst- und Treueverhältnisse von Beamten – privatrechtlich geschlossen (§ 611 BGB).

154   Daneben kann sich die öffentliche Verwaltung ganz oder teilweise **erwerbswirtschaftlich** am Wirtschaftsleben beteiligen und entsprechende Einnahmen generieren. Die Einnahmeerzielung dient lediglich mittelbar dem öffentlichen Interesse. In derartigen Fällen agiert der Staat quasi wie ein privates, an betriebswirtschaftlichen Grundsätzen ausgerichtetes Unternehmen. Beispielsweise unterhält die Verwaltung Banken (Landesbanken, Sparkassen), Lotterien und Versicherungen. Das Land Niedersachsen ist an der Volkswagen AG beteiligt; hier tritt der Staat sogar als Aktionär auf.

155   Im Übrigen kann die Verwaltung – jedenfalls in begrenztem Umfang – dem Bürger gegenüber unmittelbar öffentliche Aufgaben in privatrechtlicher Form erfüllen, ohne dass daraus eine absolute Privatautonomie resultieren würde (**Verwaltungsprivatrecht**). Hier fallen Handlungszweck und Handlungsform also auseinander. Der Verwaltung stehen zwar privatrechtliche Organisationsformen zur Verfügung, ansonsten unterliegt ihr Handeln jedoch den Bindungen des öffentlichen Rechts, d. h. den verfassungs-

rechtlichen Anforderungen (z. B. Gesetzmäßigkeit, mittelbare Grundrechtswirkung, Verhältnismäßigkeit).

So können Kommunen Teile der Daseinsvorsorge (z. B. Gas-, Strom-, Wärme- und   156
Wasserversorgung, Krankenhäuser, öffentlicher Personennahverkehr) nicht nur in Eigenregie (Eigenbetriebe) gewährleisten, sondern über von ihr beherrschte GmbHs
o. Ä. Organisations- und Handlungsformen des Privatrechts. Die Benutzungs- und
Leistungsverhältnisse sind dann öffentlich-rechtlich oder privatrechtlich gestaltet. Im
Einzelnen ergeben sich die wirtschaftlichen Betätigungsformen der Kommunen vor
allem aus §§ 91 ff. BbgKVerf.

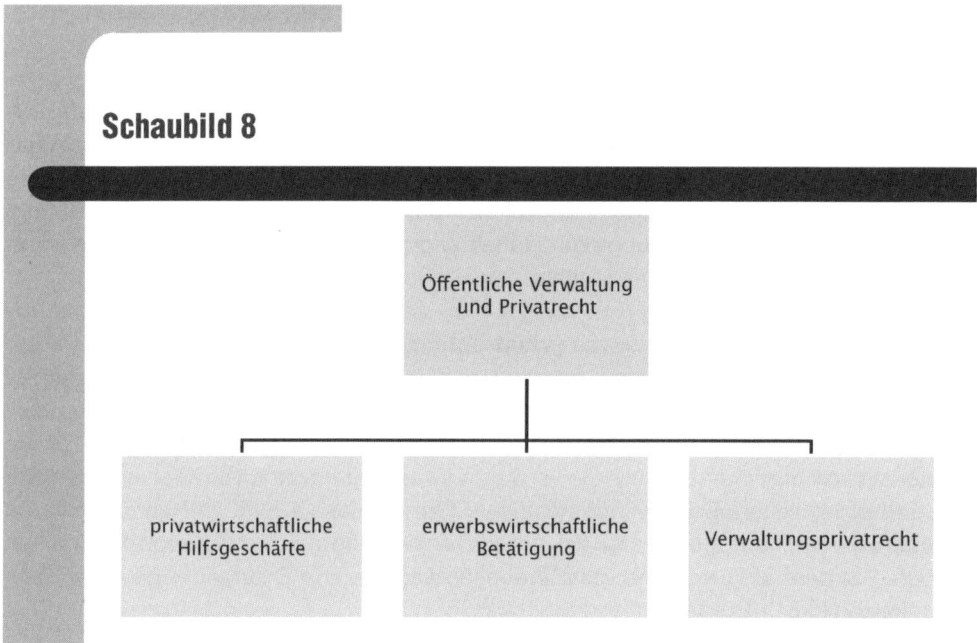

Schaubild 8

Öffentliche Verwaltung und Privatrecht

- privatwirtschaftliche Hilfsgeschäfte
- erwerbswirtschaftliche Betätigung
- Verwaltungsprivatrecht

Das bedeutet jedoch nicht, dass die Verwaltung stets frei wählen kann, ob sie öffentlich-   157
rechtlich oder privatrechtlich tätig wird. Lässt sich etwa eine privatrechtliche Organisationsform nicht mit den öffentlich-rechtlichen Vorgaben vereinbaren, darf die Verwaltung von
ihr keinen Gebrauch machen. Ebenso unzulässig ist eine »Flucht« in das Privatrecht allein
aus Gründen, bestimmte öffentlich-rechtliche Anforderungen (wie etwa den Gleichheitsgrundsatz, Art. 3 Abs. 1 GG) nicht beachten zu wollen. Auch wenn er ausnahmsweise am
Privatrechtsverkehr teilnimmt, bleibt der Staat letztlich Staat, und seine Bindung an das
öffentliche Recht entfällt zu keiner Zeit vollständig. Jegliches Handeln der Verwaltung –
auch ein privatrechtliches – muss dem öffentlichen Interesse dienen.

Von den Möglichkeiten des privatrechtlichen Handelns der öffentlichen Verwaltung   158
gänzlich ausgenommen ist der Bereich der Eingriffs- bzw. Ordnungsverwaltung. Die
Wahrnehmung bestimmter hoheitlicher Befugnisse darf nicht Privaten übertragen bzw.

in privatrechtlicher Form wahrgenommen werden. Derartige Befugnisse müssen alleiniges Recht des Staates bleiben, weil sie zu seinen elementaren Bestandteilen zählen. Dementsprechend lassen sich u. a. die Aufgaben der Abgabenverwaltung und der Polizei nicht privatisieren.

1.4.3   Abgrenzungen zwischen öffentlichem und privatem Recht

159   Die Dualität der Rechtsordnung bezieht sich auf Rechtsnormen. Im Rahmen ihrer Anwendung ist zu ermitteln, ob sie öffentlich-rechtlicher oder privatrechtlicher Natur sind.

160   Diese Frage hat nicht nur eine theoretische Bedeutung, sondern erhebliche Auswirkungen für die Rechtspraxis. Sie resultiert vor allem daraus, dass die öffentliche Verwaltung sowohl in dem einen wie dem anderen Rechtsgebiet tätig ist, tätig sein darf bzw. tätig sein muss.

161   Die Abgrenzung kann auf verschiedene Art und Weise erfolgen. Im Wesentlichen haben sich drei **Abgrenzungstheorien** herausgebildet: die Interessentheorie, die Subordinationstheorie und die Sonderrechtstheorie. Diese schließen sich weder aus, noch unterliegen sie einer bestimmten Rangfolge. Vielmehr stehen sie alternativ nebeneinander und können kombiniert werden.

1.4.3.1   Hintergrund

162   Ein wesentlicher Grund für die Abgrenzung zwischen öffentlichen und privaten Rechtsnormen liegt zunächst darin, dass es unterschiedliche Rechtswege gibt. Das ist u. a. von Bedeutung, weil die Wahl eines in der Sache unzuständigen Gerichts Kosten verursachen kann. Auch können dadurch Fristen für die Einlegung von Rechtsbehelfen oder Rechtsmitteln versäumt werden.

163   Für den Rechtsstaat der Bundesrepublik ist es selbstverständlich, dass der Bürger überhaupt unabhängige Gerichte anrufen darf. Entsprechend ihres gewaltenteiligen Verfassungsauftrags ist die Judikative aufgerufen, Rechtsstreitigkeiten zu entscheiden und etwa Maßnahmen des Staates gegenüber dem Bürger zu kontrollieren. Die Kontrolle der Gerichte selbst erfolgt intern, d. h. durch das Vorhandensein unterschiedlicher Gerichtsebenen (Instanzen). Dies gewährleistet, untergerichtliche Entscheidungen bis zu einem gewissen Grad durch eine höhere, übergeordnete Instanz erneut prüfen zu lassen. Für den Bereich des öffentlichen Rechts sichert Art. 19 Abs. 4 GG dem Bürger einen effektiven Rechtsschutz.

164   Gemäß Art. 95 Abs. 1 GG gibt es fünf Gerichtszweige, die Arbeitsgerichtsbarkeit, die Finanzgerichtsbarkeit, die ordentliche Gerichtsbarkeit, die Sozialgerichtsbarkeit und die Verwaltungsgerichtsbarkeit. Hinzu tritt noch – zentral – die Verfassungsgerichtsbarkeit. Diese sind jeweils auf der Ebene des Bundes (Bundesgerichte) und der Länder (Ländergerichte) angesiedelt.

165   Die **Gerichte für Arbeitssachen** sind u. a. zuständig für bürgerliche Rechtsstreitigkeiten zwischen Tarifvertragsparteien aus Tarifverträgen sowie zwischen Arbeitnehmern und Arbeitgebern aus dem Arbeitsverhältnis (§ 2 Abs. 1 ArbGG).

Der **Finanzrechtsweg** ist u. a. gegeben in öffentlich-rechtlichen Streitigkeiten über Ab-   166
gabenangelegenheiten, soweit die Abgaben der Gesetzgebung des Bundes unterliegen
und durch Bundes- oder Landesfinanzbehörden verwaltet werden (§ 33 Abs. 1 FGO). Ist
der Bürger beispielsweise mit der Aufforderung seines Finanzamtes nicht einverstanden,
Einkommensteuer nachzuzahlen, kann er beim zuständigen Finanzgericht Klage einrei-
chen, wenn das Finanzamt seinen Einspruch zurückgewiesen hat.

Vor die ordentlichen **Zivil- und Strafgerichte,** d. h. die Amts-, Land- und Oberlandesge-   167
richte, sowie den Bundesgerichtshof gehören u. a. bürgerliche Rechtsstreitigkeiten (z. B.
Vertragsangelegenheiten), Familiensachen und grundsätzlich Strafsachen (§ 13 GVG).

Die **Sozialgerichtsbarkeit** entscheidet über öffentlich-rechtliche Streitigkeiten u. a. in   168
Angelegenheiten der gesetzlichen Renten- und Krankenversicherung sowie der Sozialhilfe
und des Asylbewerberleistungsgesetzes (§ 51 Abs. 1 SGG).

Der Rechtsweg zu den **Verwaltungs- und Oberverwaltungsgerichten** bzw. Verwaltungs-   169
gerichtshöfen sowie dem Bundesverwaltungsgericht ist in allen öffentlich-rechtlichen
Streitigkeiten nichtverfassungsrechtlicher Art eröffnet, soweit die Streitigkeiten nicht
ausdrücklich einem anderen Gericht zugewiesen sind, z. B. den Finanz- oder den Sozialgerichten (§ 40 Abs. 1 Satz 1 VwGO). Hier geht es beispielsweise um die Prüfung der
Rechtmäßigkeit einer Gewerbeuntersagung, eines Abfallgebührenbescheids oder eines
abgelehnten Bauantrags.

Verfassungsrechtliche Streitigkeiten gehören allein vor das **Bundesverfassungsgericht.**   170
Diese können einen staatsorganisatorischen Hintergrund haben – etwa zu strittigen
Gesetzgebungsfragen zwischen dem Bund und den Ländern (Art. 70 ff. GG) – oder sich
mit Eingriffen des Staates in die Grundrechte der Bürger beschäftigen (Art. 93 GG, § 13
BVerfGG).

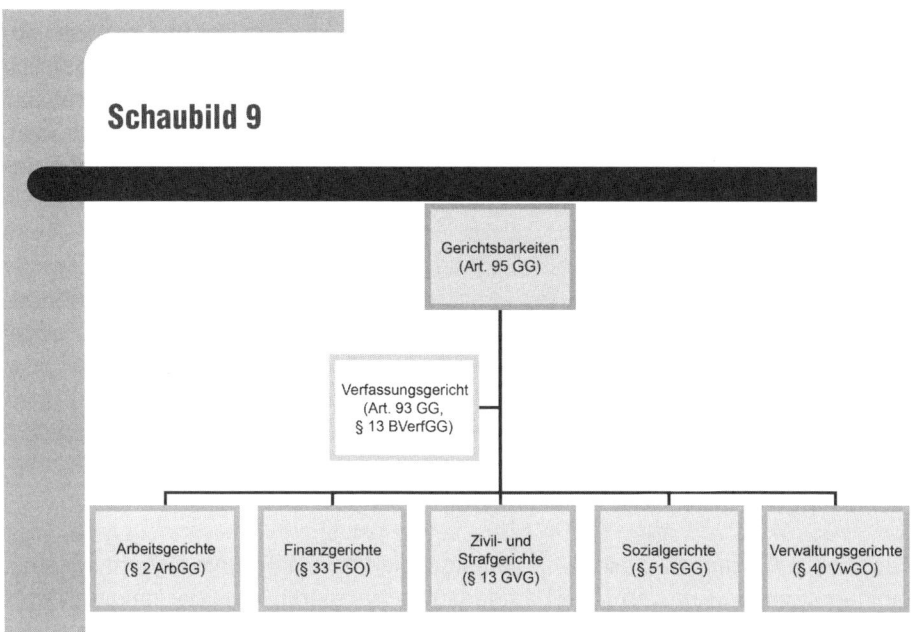

Schaubild 9

Gerichtsbarkeiten
(Art. 95 GG)

Verfassungsgericht
(Art. 93 GG,
§ 13 BVerfGG)

| Arbeitsgerichte (§ 2 ArbGG) | Finanzgerichte (§ 33 FGO) | Zivil- und Strafgerichte (§ 13 GVG) | Sozialgerichte (§ 51 SGG) | Verwaltungsgerichte (§ 40 VwGO) |

171   Die Trennung öffentlich-rechtlicher und privatrechtlicher Normen spielt zudem eine Rolle bei der Frage, ob jemand durch einseitiges Handeln – allein von sich aus – den von ihm gewünschten Erfolg herbeizuführen vermag oder ob er dabei auf die Mithilfe bzw. Zustimmung eines anderen angewiesen ist.

172   Dabei ist außerdem die jeweilige Handlungsform in den Blick zu nehmen. So kennt das öffentliche Recht insbesondere mit dem Verwaltungsakt andere, besondere Handlungsmöglichkeiten als das private Recht.

173   In diesem Zusammenhang ist ferner von Bedeutung, ob die Verwaltung ihre Maßnahme selbstständig – und relativ zügig – im Wege der Verwaltungsvollstreckung, d. h. zwangsweise, durchsetzen darf oder zunächst – über einen langwierigeren Weg – einen gesonderten gerichtlichen Vollstreckungstitel (z. B. Urteile, Prozessvergleiche, vollstreckbare Urkunden, einstweilige Anordnungen, Mahnbescheide) erwirken muss. Ersteres ist unmittelbar auf Grundlage des öffentlich-rechtlichen Verwaltungsvollstreckungsgesetzes zulässig. Für Letzteren muss die Verwaltung dagegen wie jede Privatperson den ordentlichen Rechtsweg vor den Zivilgerichten beschreiten.

174   Besonderheiten ergeben sich darüber hinaus bei der Frage nach der Geltung bzw. Beachtung der Grundrechte. Art. 1 Abs. 3 GG sieht vor, dass die Grundrechte die Verwaltung als unmittelbar geltendes Recht binden, nicht aber den Bürger im Rahmen seiner Privatautonomie.

Aus dem Grundgesetz resultiert zudem ein bestimmter Funktionsvorbehalt zugunsten des   175
öffentlichen Rechts. Dieser schreibt vor, dass die Ausübung hoheitsrechtlicher Befugnisse
als ständige Aufgabe regelmäßig Angehörigen des öffentlichen Dienstes zu übertragen
ist, die in einem öffentlich-rechtlichen Dienst- und Treueverhältnis zum Staat stehen, d. h.
Beamten (Art. 33 Abs. 4 GG). Demgegenüber stehen die Angestellten der öffentlichen
Verwaltung in einem privatrechtlich ausgestalteten arbeitsvertraglichen Dienstverhältnis
zum Staat.

Daneben ist für die Unterscheidung beider Rechtsgebiete wesentlich, ob etwa die Verfah-   176
rens- und Formgrundsätze des Verwaltungsverfahrensgesetzes anwendbar sind, z. B. über
die Anhörung eines Beteiligten (§ 28 VwVfG), das Akteneinsichtsrecht (§ 29 VwVfG) oder
das Begründungserfordernis (§ 39 VwVfG). Das ist allein bei einer öffentlich-rechtlichen
Verwaltungstätigkeit der Fall, die auf Erlass eines Verwaltungsakts gerichtet ist (§§ 1, 9
VwVfG). In privatrechtlichen Fragen gelten hingegen die Verfahrensregeln der zivilrechtlichen Gesetze (z. B. Bürgerliches Gesetzbuch).

Schließlich hat die Abgrenzung einen haftungsrechtlichen Hintergrund. Begeht etwa ein   177
Beamter in Ausübung seines Amtes eine unerlaubte Handlung, kann der davon Betrof-
fene gegen die Verwaltung unter Umständen einen Amtshaftungsanspruch nach § 839
BGB i. V. m. Art. 34 GG geltend machen. Damit ist zugleich ein direkter Anspruch gegen
den Beamten nach § 823 BGB ausgeschlossen. Etwas anderes gilt, wenn der Beamte
privatrechtlich tätig geworden ist, d. h. nicht in Ausübung seines Amtes. In diesem Fall
kann der Betroffene persönlich gegen den Beamten aus § 823 BGB vorgehen.[1]

1.4.3.2   Interessentheorie

Zu den gängigen Theorien bei der Abgrenzung zwischen öffentlichem und privatem Recht   178
zählt zunächst die Interessentheorie. Sie bezieht sich auf den Inhalt der betreffenden
Rechtsnorm und fragt danach, in wessen Interesse die Norm überwiegend erlassen
wurde, d. h., wer durch sie geschützt werden soll.

Dementsprechend handelt es sich um öffentliches Recht, wenn die Norm in erster Linie   179
dem Allgemeinwohl dient (z. B. Überholverbot nach der Straßenverkehrsordnung zur Sicherheit im Straßenverkehr). Dagegen zählen Normen, die vorwiegend Einzelinteressen
dienen, zum Privatrecht (z. B. Darlehensvertrag gemäß § 488 BGB aus wirtschaftlichem
Gewinninteresse).

Allerdings wird bereits an den Grundrechten deutlich, dass auch der Schutz von Indivi-   180
dualinteressen im öffentlichen Interesse liegen kann. Im Übrigen erfolgt die Abwicklung
privatrechtlicher Hilfsgeschäfte der Verwaltung, beispielsweise die Anschaffung neuer
Büromöbel für die Rathausmitarbeiter, über privatrechtliche Verträge, obwohl deren Arbeit – und damit auch deren Arbeitsausstattung – in der Erfüllung allgemeinwohlorientierter
Aufgaben liegen. Deshalb reicht die Interessentheorie für eine sachgerechte Abgrenzung
zwischen öffentlichem und privatem Recht häufig nicht aus.

---

[1]   Siehe Kapitel 8 (Staatshaftungsrecht).

1.4.3.3   Subordinationstheorie

181 Die Subordinationstheorie stellt auf die Ausgewogenheit des Rechtsverhältnisses zwischen den Beteiligten ab, d. h. deren Rangverhältnis.

182 Demnach liegt grundsätzlich öffentliches Recht vor, wenn sich aus der betreffenden Norm ein Verhältnis der Überordnung des Staates bei gleichzeitiger Unterordnung des Bürgers ableiten lässt. Das wirft die Frage auf, ob die Verwaltung gegenüber dem Bürger einseitige Anordnungen treffen und diese notfalls selbst durchsetzen, d. h. vollstrecken, kann (z. B. Gewerbeuntersagung gemäß § 35 Abs. 1 Satz 1 GewO). Dagegen gehören Gleichordnungsverhältnisse zwischen den Beteiligten grundsätzlich dem Privatrecht an (z. B. Kreditvertrag nach § 491 Abs. 3 BGB über Hausbaufinanzierung).

183 Die Schwäche der Subordinationstheorie liegt u. a. darin, dass auch im öffentlichen Recht Bereiche der Gleichordnung bestehen können, beispielsweise bei den Regelungen zum öffentlich-rechtlichen Vertrag (§§ 54 ff. VwVfG). Andererseits gibt es auch im Privatrecht Fälle von Hierarchien, etwa das Weisungsrecht des Arbeitgebers gegenüber dem Arbeitnehmer (z. B. § 106 GewO) oder das Sorgerechtsverhältnis zwischen Eltern und ihren Kindern (§§ 1626 ff. BGB).

1.4.3.4   Sonderrechtstheorie

184 Eine dritte Abgrenzungstheorie ist die Sonderrechtstheorie (auch genannt »modifizierte Subjektstheorie«). Bei ihr richtet sich die Unterscheidung der beiden Rechtsgebiete nach dem Zuordnungssubjekt der Rechtsnorm. Sie fragt danach, an wen sich die betreffende Rechtsnorm wendet, d. h., wen sie ermächtigt oder verpflichtet.

185 Dementsprechend handelt es sich um öffentliches Recht, wenn die Norm allein an den Staat gerichtet ist und diesem bestimmte Rechte und Pflichten zubilligt. Normen des Staats- und Verfassungsrechts sowie des Verwaltungsrechts sind danach ausnahmslos solche des öffentlichen Rechts. Beispielsweise darf die Einbürgerung eines Ausländers ausschließlich durch den Staat auf Grundlage des Staatsangehörigkeitsrechts (Staatsangehörigkeitsgesetz) erfolgen. Dasselbe betrifft die Erteilung oder den Entzug einer Fahrerlaubnis nach dem Straßenverkehrsgesetz. Zum Privatrecht gehören dagegen Normen, aus denen jedermann Rechte und Pflichten ableiten kann. Dies betrifft Rechtsverhältnisse, in denen entweder gar kein Hoheitsträger beteiligt ist oder aber der Staat auf Basis einer allgemeinen Rechtsnorm handelt (z. B. § 433 BGB Kaufvertrag).

186 Auch die Sonderrechtstheorie weist Defizite auf. So kann es Rechtssätze geben, die zwar in erster Linie an jedermann adressiert sind, aber auch für den öffentlichen Bereich gelten bzw. sich an den Staat wenden (z. B. § 242 BGB). Ferner handelt es sich bei Beliehenen, die vom Staat zur eigenständigen Wahrnehmung bestimmter öffentlicher Aufgaben ermächtigt sind, um natürliche oder juristische Personen des Privatrechts (z. B. Schornsteinfeger).

1.4.3.5   Spezialfälle

187 Das Für und Wider der Abgrenzungstheorien verdeutlicht, dass eine deutliche Zuordnung von Maßnahmen der Verwaltung zum öffentlichen oder zum privaten Recht nicht immer problemlos möglich ist.

So kann u. a. ein **vertragliches Vorgehen** der Verwaltung Zuordnungsschwierigkeiten   188
bereiten. Richtet man den Blick vor allem auf den Gegenstand eines Vertrags, ist dieser
insgesamt öffentlich-rechtlicher Natur, wenn sich sein Inhalt auf öffentlich-rechtlich geregelte Sachverhalte bezieht. Ansonsten kommt es wesentlich darauf an, in welcher Weise
sich die Verwaltung nach außen erkennbar vertraglich binden möchte.

Realakte teilen in der Regel die Rechtsnatur der Norm, auf deren Grundlage sie vollzo-   189
gen werden. Sie sind dann öffentlich-rechtlicher Art, soweit sie nicht in engem Zusammenhang mit der Erfüllung privatrechtlicher Aufgaben stehen. Nimmt beispielsweise ein
Beamter in seiner Funktion als Polizist am Straßenverkehr teil (z. B. Blaulichtfahrt zum
Einsatzort), handelt er öffentlich-rechtlich. Fährt er dagegen in den Urlaub und verursacht
dabei einen Verkehrsunfall, so ist das eine reine Privatrechtsfrage. Ebenso öffentlich-
rechtlicher Natur ist der Lärm, der von einer öffentlich-rechtlichen Sportanlage ausgeht,
im Gegensatz zu dem Lärm eines privaten Spielplatzes. Anders – nämlich privatrechtlich –
wirkt die Erklärung einer Bürgermeisterin, die diese als Aufsichtsratsvorsitzende einer
kommunalen Gesellschaft abgibt.

Problematisch kann auch die **Ausübung des Hausrechts** erscheinen. Verweist etwa ein   190
Bürgermeister einen laut und aggressiv auftretenden Besucher aus dem Rathaus, könnte
man die Zuordnung des Rechtsbereichs vom Zweck des Besuchs abhängig machen.
Lag dem Besuch die Erledigung eines Amtsgangs zugrunde, etwa die Beantragung
eines Reisepasses, könnte der Hausverweis als öffentlich-rechtlich einzuordnen sein.
Diente der Besuch dagegen dem Treffen mit einem Bekannten (Verwaltungsmitarbeiter)
aus privaten Wiedersehensgründen, wäre das eine Privatangelegenheit. Sachgerechter
erscheint es, den Schwerpunkt auf den Zweck des Hausverbots, etwa die Abwehr von
Störungen für den laufenden Verwaltungsbetrieb, zu legen. Dieser dient letztlich immer
dem öffentlichen Wohl. Daher ist die Ausübung des Hausrechts in derartigen Fällen i. d. R.
als öffentlich-rechtlich zu qualifizieren.

Von praktischer Bedeutung sind schließlich Fälle, in denen der Bürger **kommunale Einrich-**   191
tungen nutzt. Die Kommunen können grundsätzlich wählen, auf welche Weise sie den Betrieb ihrer Einrichtungen regeln wollen. Das ist ausschließlich öffentlich-rechtlich, zweistufig
(öffentlich- und privatrechtlich) oder nur privatrechtlich möglich. Allerdings müssen sie
ihre öffentlich-rechtlichen Befugnisse von ihren privaten Befugnissen auseinanderhalten.

Die **Zwei-Stufen-Lehre**[2] trennt die erste Stufe, das Ob der Benutzung (Bewilligungs- bzw.   192
Grundverhältnis), von der zweiten Stufe, dem Wie der Benutzung (Abwicklungs- bzw.
Erfüllungsverhältnis). Erstere soll öffentlich-rechtlicher Art sein, die Zweite kann auch
privatrechtlich gestaltet werden. Diese Aufspaltung ist nicht unproblematisch, da sie
einen Sachverhalt in zwei unterschiedliche Rechtsverhältnisse trennt. Darüber hinaus
gestaltet sich eine eindeutige Abgrenzung oft als schwierig, weil beispielsweise mit der
Entscheidung über das Ob zugleich wesentliche inhaltliche Leistungsbedingungen verbunden sein können.

---

[2]   Siehe hierzu auch Kapitel 7.3.4 (S. 299 ff.).

193   Für Grenzfälle bleiben letztlich der allgemein anerkannte Rechtscharakter des angewand-
       ten Gesetzes sowie die Würdigung des gesamten Funktions- und Sachzusammenhangs
       entscheidend. Letzteres gilt auch für Fälle, in denen keine konkrete Rechtsnorm als
       Grundlage ersichtlich ist oder gleichermaßen öffentlich-rechtliche wie privatrechtliche
       Rechtsgrundlagen einschlägig sein könnten.

194   So handelt es sich etwa bei der Brandenburgischen Bauordnung, dem Branden-
       burgischen Gaststättengesetz sowie dem Ordnungsbehördengesetz zweifellos um
       öffentlich-rechtliche Rechtsquellen. Auch die Verwendung bestimmter Begriffe, wie
       »Bescheid«, »Ordnungsverfügung«, »Rechnung« oder »Vertrag«, kann ein Indiz liefern.
       Steht dabei überwiegend öffentliches Recht – das Wohl der Allgemeinheit bzw. eine
       öffentlich-rechtliche Aufgabenwahrnehmung – im Vordergrund, sind privatrechtliche
       Aspekte in der Hauptsache ausgeschlossen bzw. treten in den Hintergrund (Vermu-
       tungsregel). Selbst dann bleibt es jedoch möglich, dass Gerichte in Streitfällen anders
       entscheiden.

1.4.4   Rechtsquellen

195   Die öffentliche Verwaltung als Teil der Exekutive ist mit der Anwendung von »Recht«
       betraut. Dieses wiederum besteht aus einzelnen Rechtsnormen bzw. Rechtssätzen und
       speist sich aus Rechtsquellen.

196   Man kann u. a. zwischen **schriftlichen** und **mündlichen** Rechtsquellen unterscheiden. Zu
       Ersteren zählen das Völkerrecht (allgemeine Regeln des Völkerrechts, z. B. »pacta sunt
       servanda« / Verträge sind einzuhalten, und völkerrechtliche Verträge, z. B. Menschen-
       rechtskonvention), das Europarecht, das Grundgesetz, Gesetze, Rechtsverordnungen
       sowie Satzungen. Mündlich überliefert ist das **Gewohnheitsrecht**.

197   Die Bundesrepublik ist ein Rechtsstaat, in dem mittlerweile (fast) alles schriftlich geregelt
       zu sein scheint. Deshalb mehren sich die Stimmen nach einem Abbau von Bürokratie bzw.
       einer Deregulierung staatlicher Normen. Begründet wird dies mit diversen Schwierigkeiten,
       die gleichermaßen den Bürger wie die drei Gewalten betreffen.

198   Die Vielzahl an Rechtsnormen führt zu einer gewissen Orientierungslosigkeit und Über-
       forderung bei vielen Beteiligten. Ein Beispiel bilden die Vorschriften des Steuerrechts,
       die von komplexen und komplizierten, kaum mehr überschaubaren Grund- und Ausnah-
       meregelungen durchdrungen sind. Daraus können verzögerte und fehlerhafte Verwal-
       tungsentscheidungen sowie eine fehlende Berechenbarkeit – und damit eine mangelnde
       Akzeptanz – staatlichen Handelns resultieren.

199   Ein Mehr an Rechtsvorschriften kann ferner zu erhöhten Personal- und Sachkosten vor
       allem aufseiten der Exekutive und Judikative führen. Andererseits zählt ein funktionie-
       rendes, ausgeprägtes Rechtssystem zu den wesentlichen Stützen eines demokratischen
       und rechtsstaatlichen Staatswesens.

In dieser Gemengelage gilt es, Auswüchse einzudämmen, d. h. einen angemessenen   200
Mittelweg zu finden.

Schaubild 10

Schriftliche Rechtsquellen	Mündliche Rechtsquellen
• Völkerrecht • Europarecht • Grundgesetz • Gesetze • Rechtsverordnungen • Satzungen	• Gewohnheitsrecht

1.4.4.1   Europarecht

Das Recht der seit 1992 bestehenden Europäischen Union (EU) – 1951 zunächst als Eu-   201
ropäische Gemeinschaft für Kohle und Stahl (EGKS) gegründet, 1957 um die Europäische
Wirtschaftsgemeinschaft (EWG) sowie die Europäische Atomgemeinschaft (EURATOM)
erweitert und ab 1965 als Europäische Gemeinschaft (EG) bezeichnet – lässt sich in primäre
und daraus abgeleitete sekundäre Quellen einteilen. Zu Ersteren gehören die Gründungsverträge (u. a. Vertrag über die Europäische Union, Vertrag über die Arbeitsweise der Europäischen Union) und ungeschriebene allgemeine Rechtsgrundsätze. Das Sekundärrecht
umfasst Verordnungen, Richtlinien, Beschlüsse, Empfehlungen sowie Stellungnahmen.

Der **Vertrag über die Europäische Union** beinhaltet die Grundlagen der Union, das   202
auswärtige Handeln sowie eine gemeinsame Außen- und Sicherheitspolitik.

Der **Vertrag über die Arbeitsweise der Europäischen Union** ist auf wirtschaftliche   203
Aufgaben und Ziele fokussiert, insbesondere die Einrichtung eines europäischen Binnen-
markts sowie einer Wirtschafts- und Währungsunion.

Zu den vom Europäischen Gerichtshof aus der Unionsrechtsordnung abgeleiteten **allge-**   204
meinen Rechtsgrundsätzen zählen beispielsweise die Gesetzmäßigkeit der Verwaltung,
das Verhältnismäßigkeitsprinzip und der Anspruch des Bürgers auf rechtliches Gehör. Sie

entsprechen Rechtssätzen, die den Rechtsordnungen der Mitgliedstaaten gemeinsam sind.

205   **EU-Verordnungen** entsprechen in etwa den Gesetzen nach deutschem Recht. Sie gelten allgemein, d. h. für eine unbestimmte Zahl von Personen. Sie sind in allen Teilen verbindlich und wirken in jedem Mitgliedstaat unmittelbar, also ohne besondere Umsetzung in Gestalt nationalen Rechts. Verstößt ein Mitgliedstaat gegen eine Verordnung, richten sich die Folgen nach dem Recht des Mitgliedstaats. Beispielsweise ist ein Verwaltungsakt, der gegen eine EU-Verordnung verstößt, rechtswidrig, jedoch nur unter den Voraussetzungen des § 44 VwVfG unwirksam.

206   **EU-Richtlinien** – das wesentlichste Handlungsinstrument der Europäischen Union – verfolgen ein konkretes Ziel. Sie dienen insbesondere der Rechtsangleichung innerhalb der Union. Sie sind daher (nur) hinsichtlich ihres jeweiligen Ziels für die Mitgliedstaaten verbindlich. Diese können über Form und Mittel der Zielerreichung eigenständig entscheiden. Deshalb erfordern EU-Richtlinien innerhalb einer bestimmten Frist grundsätzlich eine förmliche Umsetzung in das nationale Recht der Mitgliedstaaten. Treten dabei Hindernisse auf, sind diese zwingend und allein auf Ebene der Union zu beseitigen und nicht eigenmächtig durch den einzelnen Mitgliedstaat.

207   **EU-Beschlüsse** (früher: Entscheidungen) werden vor allem zur Wahrnehmung EU-eigener Vollzugs- bzw. Exekutivaufgaben verwendet. Sie entsprechen in etwa den Verwaltungsakten nach deutschem Recht, können jedoch nicht nur Einzelfälle regeln, d. h. bestimmte Adressaten betreffen, sondern auch allgemein verbindlich – als Gesetzgebungsakt – wirken. Insoweit überschneiden sie sich mit EU-Verordnungen und EU-Richtlinien.

208   Bei **Empfehlungen** und **Stellungnahmen** der Europäischen Union handelt es sich demgegenüber um unverbindliche, gerichtlich nicht nachprüfbare Realakte. Erstere legen den Adressaten ein bestimmtes Verhalten nahe, Zweitere sind hingegen Meinungsäußerungen. Ihnen kommt weniger eine rechtliche als vielmehr eine politische Bedeutung zu, um bestimmte Wertvorstellungen der Union zu vermitteln.

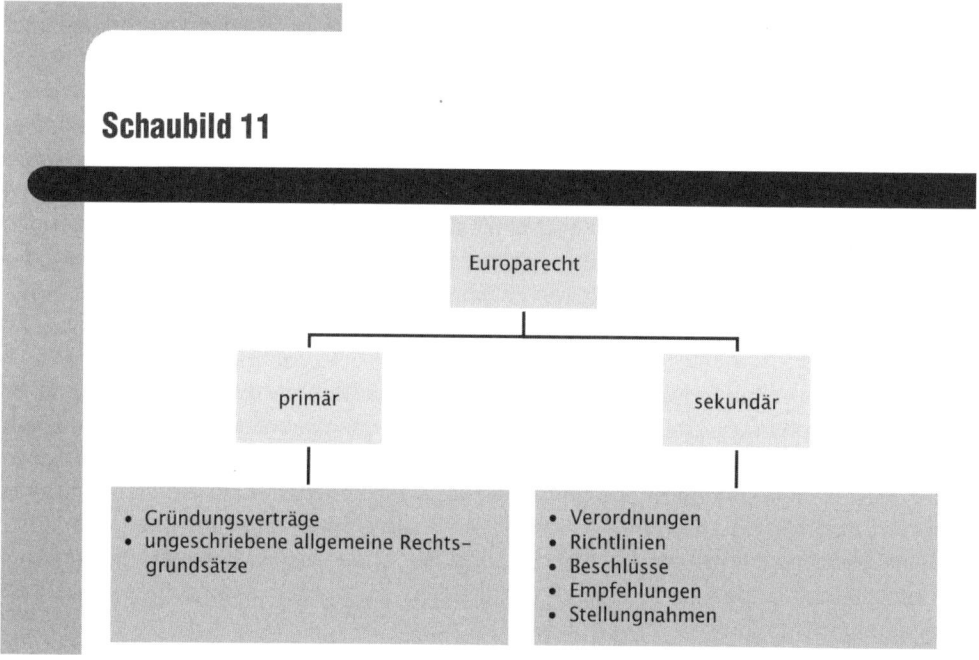

Schaubild 11

Europarecht

primär — sekundär

primär:
- Gründungsverträge
- ungeschriebene allgemeine Rechtsgrundsätze

sekundär:
- Verordnungen
- Richtlinien
- Beschlüsse
- Empfehlungen
- Stellungnahmen

1.4.4.2   Grundgesetz

Das Grundgesetz von 1949 bildet die verfassungsrechtliche Basis der Bundesrepublik. Es ist die zentrale, bedeutendste Rechtsquelle für den Staat und dessen Verhältnis zu seinen Bürgern.   209

In der Verfassung spiegeln sich die objektiven Werte wider, denen sich die Bundesrepublik verpflichtet sieht. Zu ihnen zählen fundamentale Anschauungen, wie die Menschenwürde, das Leben, innere Sicherheit, individuelle Freiheit, rechtliche Gleichheit, soziale Gerechtigkeit, Volkssouveränität und Demokratie. Daneben strahlen mit den Rechten auf Privatsphäre, Ehe und Familie, religiöse und weltanschauliche Überzeugungsfreiheit, wirtschaftliche Handlungsfreiheit, Kommunikationsfreiheit, Pluralismus, politische Partizipation sowie Bürgerverantwortung viele Werte auf die Lebenswelt und die Gesellschaft aus. Schließlich werden der Staat und die Politik durch eine gemäßigte Herrschaft, weltanschauliche Neutralität, Rechtsschutz, eine wehrhafte Ordnung, das Gemeinwohl, Frieden, Umwelt sowie Bildung und Kultur geprägt.   210

Die dadurch zum Ausdruck kommende **verfassungsmäßige Ordnung** ist – historisch bedingt – besonders geschützt. Die Hürden für etwaige Änderungen sind entsprechend hoch (Art. 79 Abs. 1, 2 GG). Eine gänzliche Aufhebung des Grundgesetzes ist ausgeschlossen (Art. 79 Abs. 3 GG).   211

Wesentlich ist der Grundrechtskatalog in Art. 1–19 GG, der dem Bürger in erster Linie Freiheiten garantiert. Zu den Freiheitsrechten zählen u. a. das allgemeine Persönlichkeitsrecht.   212

213   (Art. 2 Abs. 1 GG), die Meinungsfreiheit (Art. 5 Abs. 1 Satz 1 GG), die Versammlungsfreiheit (Art. 8 Abs. 1 GG), die Berufsfreiheit (Art. 12 Abs. 1 Satz 1 GG) und die Eigentumsfreiheit (Art. 14 Abs. 1 Satz 1 GG).

214   Daneben regelt das Grundgesetz, wie die Bundesrepublik als Staat beschaffen ist und wie er funktioniert (Staatsrecht bzw. Staatsorganisationsrecht). Es beschreibt das föderale Verhältnis zwischen Bund und Ländern, befasst sich mit den obersten Verfassungsorganen (u. a. Bundestag, Bundesrat, Bundespräsident, Bundesregierung), ordnet die Gesetzgebungskompetenzen und trifft Aussagen zur Rechtsprechung sowie zum Finanzwesen.

215   Dass das Grundgesetz bei seiner Entstehung nicht explizit als Verfassung bezeichnet wurde, wie es seinem normativen Gehalt hätte entsprechen können, lag daran, dass es sich als vorläufige Regelung bis zur Wiedervereinigung Deutschlands verstand. Dies wurde durch die Präambel a. F. deutlich, in der das gesamte Volk aufgefordert war, in freier Selbstbestimmung die Einheit und Freiheit Deutschlands zu vollenden, sowie in der Formulierung von Art. 146 GG a. F., wonach das Grundgesetz nach Inkrafttreten einer vom deutschen Volk in freier Entscheidung beschlossenen Verfassung seine Gültigkeit verlieren sollte.

1.4.4.3   Gesetze

216   Gesetze im juristischen Sinn bestehen aus abstrakt-generellen Rechtsnormen. Sie gelten für eine unbestimmte Zahl an Sachverhalten und eine ebenso unbestimmte Zahl an Personen.

217   Man unterscheidet u. a. formelle und materielle Gesetze, wobei die meisten formellen Gesetze zugleich materieller Art sind (z. B. Bürgerliches Gesetzbuch, Zivilprozessordnung, Baugesetzbuch, Gewerbeordnung, Brandenburgisches Gaststättengesetz, Ordnungsbehördengesetz, Verwaltungsgerichtsordnung, Verwaltungsverfahrensgesetz). Ausschließlich formelle Gesetze stellen indessen das Haushaltsgesetz nach Art. 110 Abs. 2 Satz 1 GG und die Zustimmungsgesetze zu völkerrechtlichen Verträgen gemäß Art. 59 Abs. 2 Satz 1 GG dar.

218   **Formelle Gesetze** kommen in dem von der Verfassung vorgesehenen Gesetzgebungsverfahren zustande (Art. 76 ff. GG bzw. Art. 75 ff. Verfassung des Landes Brandenburg), ohne dass es auf deren Inhalt ankäme. Sie knüpfen somit an die äußere Form und das Verfahren an, in denen ein Hoheitsakt zustande kommt. Erlassen werden sie ausschließlich durch die Legislative – den Bundestag oder die Landtage. Deshalb heißen sie auch Parlamentsgesetze.

219   Der Bundesrat ist kein Gesetzgebungsorgan. Er wirkt bei der Gesetzgebung über Einspruchs- und Zustimmungsgesetze zwar mit (Art. 50 GG), beschlossen werden Bundesgesetze jedoch allein vom Bundestag (Art. 77 Abs. 1 Satz 1 GG) bzw. Landesgesetze von den Landtagen (z. B. Art. 81 Abs. 1 Verfassung des Landes Brandenburg).

220   **Materielle Gesetze** stellen abstrakt-generelle Regelungen mit verbindlicher Außenwirkung gegenüber dem Bürger dar. Sie begründen bzw. beeinflussen Rechte oder Pflichten, knüpfen also an das Wesen eines erlassenen Hoheitsakts an.

1.4.4.4   Rechtsverordnungen

Rechtsverordnungen wirken zwar ebenso abstrakt-generell wie Gesetze, werden jedoch   221
von einem anderen Normgeber – der Exekutive – aufgrund einer formell-gesetzlichen
Ermächtigung der Legislative (Bundes- oder Landesgesetz) erlassen (Art. 80 Abs. 1
Satz 1 GG für Verordnungen des Bundes, Art. 80 Verfassung des Landes Brandenburg
für Verordnungen des Landes Brandenburg). Man spricht daher von delegierter Rechtsetzungsgewalt. Von Parlamentsgesetzen unterscheiden sich Rechtsverordnungen ferner
durch ihre regelmäßig geringere Bedeutung.

Andererseits übersteigt ihre Zahl die der formellen Gesetze zum Teil erheblich. Hintergrund   222
ist eine arbeitsteilige Entlastung der Legislative. Zudem ermöglichen Verordnungen eine
zügige staatliche Reaktion auf veränderte gesellschaftliche Verhältnisse, Notwendigkeiten
oder Gefahrenlagen, weil sie kein aufwendiges Gesetzgebungsverfahren durchlaufen
müssen. Ferner kann man mit ihnen regionalen Besonderheiten besser gerecht werden.
Sie dienen somit einerseits als Rechtsnorm, andererseits stellen sie ein wesentliches und
wirksames Handlungsinstrument der Verwaltung dar.

Vor Erlass einer Rechtsverordnung ist vor allem danach zu fragen bzw. abzuwägen,   223
welches Ziel mit ihr verfolgt werden soll, ob sie tatsächlich notwendig ist, welcher Aufwand und Nutzen mit ihr verbunden sind, welche Auswirkungen für den Bürger und die
Verwaltung bestehen und wie sich die Verordnung praktisch durchsetzen lässt.

Zum Erlass von Rechtsverordnungen ermächtigt sind grundsätzlich nur die Bundesre-   224
gierung, ein Bundesminister oder die Landesregierungen (Art. 80 Abs. 1 Satz 1 GG). Der
entsprechende Art. 80 der Verfassung des Landes Brandenburg sieht dagegen keine
derartige Beschränkung vor. Deshalb dürfen in Brandenburg beispielsweise auch untere
Verwaltungsbehörden Rechtsverordnungen erlassen, etwa eine ordnungsbehördliche Verordnung nach §§ 24 ff. OBG. Dabei müssen Inhalt, Zweck und Ausmaß der Ermächtigung
in dem betreffenden Gesetz – unter Umständen im Wege der Auslegung – hinreichend
bestimmt sein (Art. 80 Abs. 1 Satz 2 GG). Das Bestimmtheitsgebot resultiert u. a. aus
Demokratie- und Gewaltenteilungsgesichtspunkten und ist umso stärker zu beachten, je
schwerwiegender die Auswirkungen der betreffenden Verordnung sind.

Zudem sind gemäß Art. 80 Abs. 1 Satz 3 GG die Rechtsgrundlage (Ermächtigungsnorm)   225
und der Verordnungsadressat (Bundesregierung, Bundesminister, Landesregierung) in
der Verordnung detailliert und vollständig anzugeben (Zitiergebot); ein Verstoß dagegen
macht die Rechtsverordnung unwirksam. Dadurch wird gewährleistet, dass alle wesentlichen Entscheidungen in der Hand der Legislative verbleiben. So werden beispielsweise
die Baunutzungsverordnung über § 9a BauGB, die Straßenverkehrsordnung über § 6
Abs. 1 StVG, die Brandenburgische Gaststättengesetzzuständigkeitsverordnung über
§ 11 BbgGastG sowie die Gewerberechtszuständigkeitsverordnung über § 155 Abs. 2
GewO legitimiert.

Schließlich bedürfen Rechtsverordnungen ebenso wie Gesetze und jede andere Rechts-   226
norm zu ihrer Wirksamkeit der Ausfertigung und öffentlichen Bekanntmachung. Die

Verordnungen des Bundes werden u. a. im Bundesgesetzblatt sowie im Bundesanzeiger verkündet, die des Landes Brandenburg im Gesetz- und Verordnungsblatt.

1.4.4.5   Satzungen

227   Satzungen sind von einem Selbstverwaltungsträger (z. B. Gemeinden) aufgrund einer allgemeinen Übertragung von Satzungsautonomie (z. B. § 3 Abs. 1 Satz 1 BbgKVerf) erlassene Rechtsnormen zur Regelung eigener Angelegenheiten. Sie sind Ausprägung eines demokratischen Willensbildungsprozesses innerhalb des Selbstverwaltungsträgers.

228   Nach außen gerichtet – gegenüber einem durch die Selbstverwaltung abgegrenzten Personenkreis – wirken sie ebenfalls abstrakt-generell, etwa Bebauungspläne (§ 10 Abs. 1 BauGB), Erschließungsbeitragssatzungen, Friedhofssatzungen oder Stellplatzherstellungssatzungen. Damit werden nicht berührte, unbeteiligte Dritte nicht von ihnen erfasst. Im Gegensatz zu Rechtsverordnungen spricht man allerdings von eigener Rechtsetzungsgewalt bzw. autonomem Recht. Weitere Unterschiede liegen in dem umfangreicheren Adressatenkreis von Rechtsverordnungen sowie deren größerer Bedeutung.

229   Wie die Haupt- und die Haushaltssatzungen von Kommunen (§§ 4 Abs. 1 Satz 1, 65 Abs. 1 BbgKVerf) zeigen, können Satzungen aber auch nach innen gerichtet sein.

230   In jedem Fall haben sie sich an die Grundsätze vom Vorrang und Vorbehalt des Gesetzes zu orientieren. Sie müssen ebenso wie Rechtsverordnungen formell ordnungsgemäß zustande gekommen sein und in materieller Hinsicht mit höherrangigem Recht übereinstimmen. Andernfalls sind sie unwirksam.

231   Da es sich um niederrangiges Recht handelt, bedürfen Satzungen häufig einer Genehmigung durch die zuständige Aufsichtsbehörde bzw. sind dieser mindestens anzuzeigen. Letzteres betrifft kommunale Haushaltssatzungen (§ 67 Abs. 4 Satz 1 BbgKVerf). Ferner sind sie auszufertigen und öffentlich bekannt zu machen, um wirksam werden zu können, etwa im Amtsblatt (§ 67 Abs. 5 Satz 1 BbgKVerf).

1.4.4.6   Gewohnheitsrecht

232   Gewohnheitsrecht beruht auf einer von der Rechtsüberzeugung getragenen Übung und kann je nach seinem Ursprung von universeller oder regionaler Bedeutung sein. Es entsteht durch eine lange, ständige, gleichmäßige, allgemein anerkannte Ausübung durch die Betroffenen in dem (stillschweigenden) Bewusstsein und der Überzeugung, dass dies rechtens sei. Es ist somit durch eine fortgesetzte Anwendung und Duldung entstanden und überliefert.

233   Wird beispielsweise ein Weg, der über fremde Grundstücke führt, regelmäßig auch durch andere als den Grundstückseigentümer genutzt, ohne dass dieser Einwände erhebt, die Nutzung also entweder ausdrücklich oder stillschweigend gestattet, kann daraus im Laufe der Zeit ein gesichertes Wegerecht für die Dritten erwachsen. Ähnliches gilt für private Wasserrechte.

Abgesehen von Aspekten des Staatshaftungsrechts, z. B. beim Folgenbeseitigungsan-   234
spruch, beim Aufopferungsanspruch, beim öffentlichrechtlichen Erstattungsanspruch
oder bei enteignungsgleichen Eingriffen, kommt dem Gewohnheitsrecht im öffentlich-
rechtlichen Bereich heute keine große praktische Bedeutung mehr zu.

1.4.5   Normenhierarchie

Die Vielzahl der Rechtsquellen kann in bestimmten Fällen dazu führen, dass sich Normen   235
widersprüchlich verhalten. So können zu einem Sachverhalt mehrere Normen anwendbar sein, die kollidieren. Andererseits können Normen in derselben Sache inhaltsgleiche
Regelungen aufweisen. In derartigen Fällen ist zu entscheiden, welche Norm letztlich zur
Lösung beiträgt, d. h. einschlägig ist.

Normwidersprüche und -konkurrenzen sind mit Blick auf die Einheitlichkeit und Wider-   236
spruchsfreiheit der Rechtsordnung aufzulösen. Damit wird verhindert, dass bei der Entscheidung eines Sachverhalts der Betroffene durch eine Norm begünstigt und zugleich
durch eine andere Norm belastet würde. Rechtsnormen dürfen sich im konkreten Ergebnis
nicht widersprechen.

Die Beachtung dieses Grundsatzes löst manchmal Schwierigkeiten aus. Als hilfreich   237
erweist sich ein Rückgriff auf die Rangordnung der Rechtsquellen. Dabei ist zwischen
dem Geltungs- und dem Anwendungsvorrang zu unterscheiden.

1.4.5.1   Geltungsvorrang

Nach dem Geltungsvorrang geht eine höherrangige Norm einer niederrangigen Norm vor.   238
Letztere darf gegen die Erstere nicht verstoßen; sie muss mit dieser in Einklang stehen.

Deutlich wird das beispielsweise an Art. 24 Abs. 1 i. V. m. Art. 23 Abs. 1 Satz 1 und 3 GG,   239
aus dem sich die (nicht schrankenlose) Möglichkeit der Übertragung deutscher Hoheitsrechte auf die Europäische Union ableitet. Das genügt auch der Rechtsprechung des
Europäischen Gerichtshofs, die von einem strikten Vorrang des Unionsrechts gegenüber
dem Recht der Mitgliedstaaten ausgeht. Entsprechendes sehen der EU-Vertrag von Lis-
sabon von 2007 und die zugehörige Erklärung Nr. 17 vor.

Innerhalb des EU-Rechts stehen die primären Rechtsquellen im Rang über den sekun-   240
dären Rechtsquellen.

Daneben bestimmt Art. 25 GG, dass den allgemeinen Regeln des Völkerrechts ein dem   241
innerstaatlichen Verfassungsrecht gleicher und dem einfachen Gesetz vorgehender Rang
innewohnt. Derartige Regeln stehen somit im Rang zwischen dem Grundgesetz und den
Bundesgesetzen.

Bezüglich der völkerrechtlichen Verträge sieht Art. 59 Abs. 2 Satz 1 GG vor, dass diese   242
über ein Bundesgesetz in nationales Recht (erst) umgesetzt werden müssen. Daher handelt
es sich um Bundesgesetze, denen auch der Rang eines Bundesgesetzes innewohnt. Sie
stehen somit unter den allgemeinen Regeln des Völkerrechts.

243 Ferner regelt Art. 31 GG, dass sämtliches Bundesrecht jegliches Landesrecht bricht. Im Fall einer Normkollision geht somit jede Rechtsquelle des Bundes der jeweiligen Rechtsnorm des Landes vor.

244 Auch innerhalb des Bundes- oder des Landesrechts – im Verhältnis zwischen den jeweiligen Verfassungen, Gesetzen, Rechtsverordnungen und Satzungen – werden Normkollisionen derart gelöst, als die ranghöhere der rangniederen Norm vorgeht. Gewohnheitsrechte und Richterrecht sind dabei auf jeder Stufe möglich. Bundesverfassungsgewohnheitsrecht steht also auf der Stufe des Grundgesetzes, landesgesetzliches Gewohnheitsrecht im Rang eines Landesgesetzes und autonomes Gewohnheitsrecht auf der Stufe einer Satzung.

245 Anschaulich wird das an einer **Normenpyramide**. An ihrer Spitze steht – als ranghöchste Rechtsquelle – das Europarecht mit ihren Gründungsverträgen als dem auf dieser Stufe vorrangigen primären Recht, sodann mit den Verordnungen, Richtlinien und dem sonstigen sekundären EU-Recht. Darunter findet sich das Grundgesetz, gefolgt von dem gesamten Bundesrecht, angefangen mit Bundesgesetzen als dem auf dieser Stufe ranghöchsten Recht, gefolgt von Bundesrechtsverordnungen und -satzungen. Die Allgemeinen Regeln des Völkerrechts stehen zwischen dem Grundgesetz und den Bundesgesetzen, die völkerrechtlichen Verträge befinden sich auf derselben Stufe wie Bundesgesetze. Erst danach gilt das gesamte Landesrecht, ebenso hierarchisch gegliedert in Landesverfassungen, -gesetze, -rechtsverordnungen und -satzungen. Das rangniedrigste Recht bilden die Satzungen der Gemeinden und Gemeindeverbände.

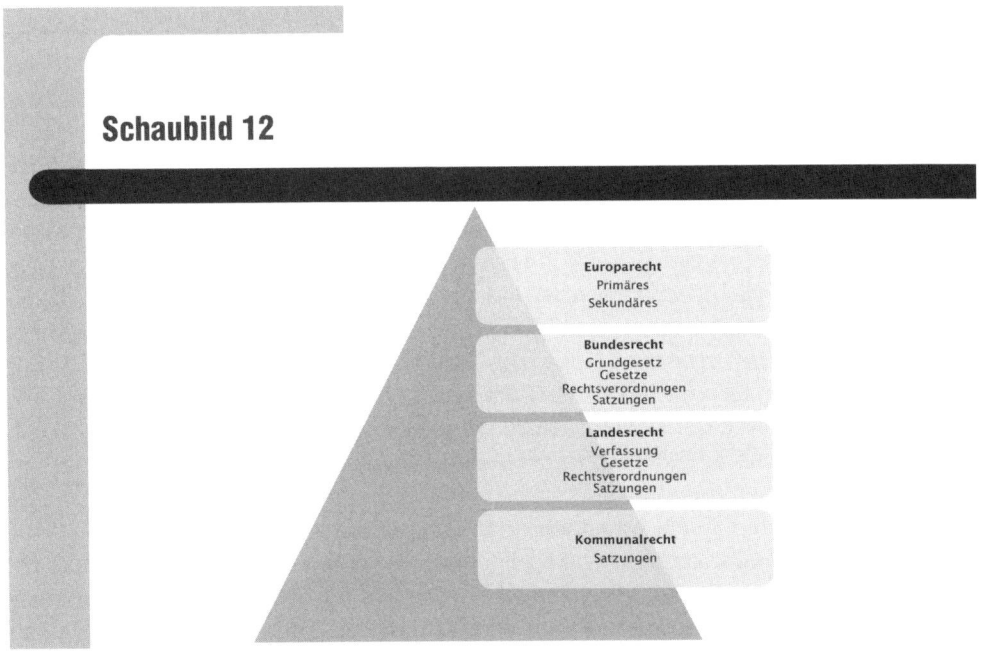

Schaubild 12

Europarecht
Primäres
Sekundäres

Bundesrecht
Grundgesetz
Gesetze
Rechtsverordnungen
Satzungen

Landesrecht
Verfassung
Gesetze
Rechtsverordnungen
Satzungen

Kommunalrecht
Satzungen

1.4.5.2   Anwendungsvorrang

Für die Praxis der Rechtsanwendung bedeutsamer ist hingegen der Anwendungsvorrang   246
einer Norm. Manchmal ist er dem Gesetz ausdrücklich zu entnehmen, etwa in § 1 Abs. 1
Satz 2 VwVfGBbg.

Bietet in einer Fallfrage sowohl ein höherrangiges als auch ein niederrangiges Recht eine   247
identische Antwort und ist das niederrangige mit dem höherrangigen Recht vereinbar,
so ist stets die rangniedere Norm anzuwenden, weil sie dem Sachverhalt in der Regel
inhaltlich nähersteht. Sie erweist sich als spezieller, d. h. konkreter, als die ranghöhere
Norm (Spezialitätsregel bzw. **Grundsatz der Subsidiarität**). Dasselbe gilt (erst recht) bei
ranggleichen Normen. Auch hier geht die spezielle der allgemeinen Norm zunächst vor.
Die allgemeinen Vorschriften gelangen erst dann zur Anwendung, wenn spezielle Rege-
lungen unvollständig sind, fehlen oder sie ergänzend auf allgemeine Normen verweisen.
Danach ist beispielsweise § 30 VwVfG in der Frage der Geheimhaltung persönlicher
Daten gegenüber des trotz seiner Geltung nach höherrangigen Art. 14 GG in der kon-
kreten Fallanwendung vorrangig. Dasselbe gilt für § 4 OBG, der bezüglich der örtlichen
Zuständigkeit von Ordnungsbehörden spezieller als § 3 VwVfG ist, sowie generell für das
Brandenburgische Gaststättengesetz, das sich im Gegensatz zu der sämtliche Gewerbe
umfassenden Gewerbeordnung allein mit dem Betrieb eines Gaststättengewerbes befasst.

Daneben verdrängt das »jüngere« (spätere) Recht das »ältere« (frühere) Recht. Nach   248
dieser »Altersregel« sind Rechtsquellen stets in ihrer jeweils aktuellsten Fassung anzuwenden. Handelt es sich um kollidierende Normen desselben Rangs mit einem jeweils
speziellen Anwendungsbereich, so ist die Norm anzuwenden, die später erlassen wurde.
Sie beinhaltet den aktuelleren Stand der Rechtslage.

1.4.6   Verwaltungsvorschriften

Verwaltungsvorschriften haben in der Praxis der öffentlichen Verwaltung eine erhebliche   249
Bedeutung. Es handelt sich um abstrakt-generelle Regeln innerhalb einer Verwaltungsorganisation, die durch übergeordnete Verwaltungsinstanzen bzw. Vorgesetzte aus eigenem Recht, d. h. ohne eine gesetzliche Ermächtigung, an untergeordnete Stellen bzw.
Verwaltungsmitarbeiter erlassen werden und von diesen zu beachten sind (Geschäftslei-
tungs- bzw. innere Organisationsgewalt). Wird ein entsprechendes Erfordernis gesehen,
können sie die innere Organisation oder den inneren Dienstbetrieb der Verwaltung oder
das Verhalten der Mitarbeiter betreffen. Bezeichnet werden sie u. a. als Ausführungsbe-
stimmungen, Arbeits- oder Dienstanweisungen, (Rund-)Erlasse, Geschäftsordnungen,
Richtlinien oder Rundverfügungen.

Das Verfahren zu ihrem Erlass bzw. ihrer Änderung oder Aufhebung gestaltet sich relativ   250
frei. Es bestehen weder bestimmte Beteiligungs- und Anhörungsrechte noch Former-
fordernisse. Verwaltungsvorschriften brauchen – anders als Gesetze, Rechtsverordnungen und Satzungen – insbesondere nicht veröffentlicht zu werden, um Wirksamkeit zu
erlangen. Aus inhaltlicher Sicht müssen sie jedoch die Grundsätze aus Art. 20 Abs. 3
GG beachten.

251 Gegenüber Gesetzen, Rechtsverordnungen und Satzungen unterscheiden sich Verwaltungsvorschriften zudem in ihrer grundsätzlich fehlenden Außenwirkung. Sie entfalten unmittelbar keine Rechte und Pflichten für den Bürger, sondern haben allein verwaltungsinterne Bindungswirkung. Deshalb handelt es sich um keine Rechtsquellen. Die Verwaltung kann sich im Außenverhältnis zum Bürger – ebenso wenig wie umgekehrt – nicht unmittelbar auf Verwaltungsvorschriften berufen.

252 Ausnahmsweise ist eine mittelbare Außenwirkung jedoch über den Grundsatz der Gleichbehandlung möglich, wenn durch die Verwaltungsvorschrift die ständige Verwaltungspraxis gesteuert wird. In derartigen Fällen hat sich die Verwaltung bei der Entscheidung in gleich gelagerten Fällen auf ein bestimmtes Vorgehen festgelegt, d. h. gebunden (Selbstbindung). Der Bürger kann dann darauf verweisen, dass die Verwaltung unter Beachtung von Art. 3 Abs. 1 GG auch in seinem Fall bei ihrer durch die Verwaltungsvorschrift vorgegebenen Verwaltungspraxis bleibt.

253 Etwas anderes gilt bei Vorliegen atypischer Umstände, denn Ungleiches darf nicht nur, sondern muss auch ungleich behandelt werden, wenn es dafür einen sachlichen Grund gibt. Darüber hinaus besitzt der Bürger kein Recht darauf, dass die Verwaltung rechtswidrige Verwaltungsvorschriften auch in seinem Fall anwendet. Schließlich besteht keine Gleichheit im Unrecht. Ferner ist es der Verwaltung nicht verwehrt, ihre Rechtspraxis aus nachvollziehbaren sachgerechten Gründen künftig zu ändern. Ein Vertrauen des Bürgers auf das Fortbestehen von Verwaltungsvorschriften ist somit im Grundsatz nicht schutzwürdig. Letztlich können etwa Subventionen nur gewährt werden, solange die entsprechenden Haushaltsmittel vorhanden, also nicht verbraucht, sind.

254 Mit Blick auf die Verhaltenssteuerung der Verwaltung wird u. a. zwischen organisatorischen, ermessenslenkenden, gesetzesauslegenden bzw. norminterpretierenden, gesetzes- bzw. normkonkretisierenden sowie gesetzesvertretenden Verwaltungsvorschriften unterschieden.

255 **Organisatorische** Verwaltungsvorschriften regeln die Aufbau- und die Ablauforganisation sowie den Dienstbetrieb der Verwaltung, beispielsweise über eine Allgemeine Geschäftsanweisung.

256 **Ermessenslenkende** Verwaltungsvorschriften helfen der Verwaltung, den Gestaltungsspielraum bei Ermessensentscheidungen – das Ob und das Wie von Verwaltungshandeln – pflichtgemäß auszufüllen.

257 **Gesetzesauslegende** Verwaltungsvorschriften unterstützen die Verwaltung bei der Auslegung von Rechtsnormen, insbesondere unbestimmten Rechtsbegriffen ohne Beurteilungsspielraum, um eine weitgehend einheitliche Anwendung der Gesetze auch durch verschiedene Entscheidungsstellen zu gewährleisten. Sie finden sich vor allem auf dem Gebiet des Steuerrechts in Form von Steuerrichtlinien.

258 **Gesetzeskonkretisierende** Verwaltungsvorschriften dienen der Ausfüllung unbestimmter Rechtsbegriffe mit Beurteilungsspielraum oder unvollständiger Rechtsnormen. Beispiels-

weise wurden zur Konkretisierung des Begriffs der schädlichen Umwelteinwirkungen im Sinne von § 3 Abs. 1 BImSchG auf Grundlage des § 48 Abs. 1 BImSchG die Technischen Anleitungen »TA Lärm« und »TA Luft« als Verwaltungsvorschriften erlassen. Deshalb wird ihnen durch die Rechtsprechung mittlerweile ausnahmsweise eine unmittelbare Außenwirkung zugebilligt.

Gesetzesvertretende Verwaltungsvorschriften finden sich in gesetzesfreien Verwaltungsbereichen, in denen die Verwaltung ohne eine gesetzliche Grundlage tätig ist und tätig sein darf, etwa bei der Gewährung von Subventionen über Subventionsrichtlinien.   259

1.4.7   Richterrecht

Entsprechend ihres gewaltenteiligen Auftrags hat die Judikative über Rechtsstreitigkeiten   260
zu befinden. Sie kann sich dieser Aufgabe nicht entziehen, indem sie nicht entscheidet (Art. 20 Abs. 3 GG). Entschieden wird stets nur der einzelne konkrete Streitfall zwischen den Verfahrensbeteiligten, also nicht allgemeinverbindlich.

Anders als im US-amerikanischen Recht (Case Law) sind dem deutschen Recht Prä-   261
judizien (beispielgebende Urteile und Beschlüsse, die künftig bei Entscheidungen über ähnliche Streitfälle unmittelbar zu berücksichtigen sind) grundsätzlich fremd. Ungeachtet dessen wirkt der Inhalt von Gerichtsentscheidungen auch hierzulande häufig über den jeweiligen Einzelfall hinaus. Schließlich geht es um die Anwendung, die **Auslegung** sowie die Konkretisierung abstrakt-genereller Rechtsnormen und eine gewisse praktische Anleitung auch für künftige, ähnlich gelagerte Verfahren. Besonders die Obergerichte, wie das Bundesverfassungsgericht, das Bundesverwaltungsgericht oder die Oberverwaltungsgerichte bzw. Verwaltungsgerichtshöfe der Länder, können daher eine ständige, höchstrichterliche Rechtsprechung entwickeln. Die Untergerichte (Verwaltungsgerichte) und die Verwaltungsbehörden sollten von dieser nur abweichen, wenn neue, bislang unberücksichtigte und gewichtige Sachentscheidungsgründe vorliegen. Normenkontrollentscheidungen des Bundesverfassungsgerichts besitzen ausnahmsweise sogar Gesetzeskraft (§ 31 Abs. 2 Satz 1 BVerfGG).

Allerdings kann die Rechtsanwendung, -auslegung und -konkretisierung der Judikative   262
nicht an die Stelle der Rechtsetzung treten. Letztere obliegt ausschließlich der Legislative. Die Grenze verläuft jedoch oft fließend. Deshalb ist es strittig, inwieweit die zum Teil rechtsfortbildenden Entscheidungen der Gerichte eigenständige Rechtsquellen darstellen.

Betrachtet man Rechtsquellen allein mit ihrer normativen Geltung im Sinne einer allgemei-   263
nen Verbindlichkeit, so obliegt ihre Schaffung allein der Legislative. Bezieht man jedoch Faktoren ein, die bei der Fortentwicklung von »Recht« mitwirken, gilt das Richterrecht ebenfalls als Rechtsquelle.

Fest steht, dass Richterrecht eine herausragende Bedeutung in der Praxis entwickeln   264
kann, sowohl für die Bürger als auch die Verwaltung und die Gerichte selbst. In ähnlich gelagerten Fällen ist eine Berufung auf frühere, nach wie vor aktuelle Entscheidungen

nicht nur erlaubt, sondern auch sinnvoll und hilfreich. Entscheidungen der Gerichte sind Rechtserkenntnisquellen (u. a. bei der Auslegung unbestimmter Rechtsbegriffe), erzeugen Rechtssicherheit und können dazu dienen, Rechtsstreitigkeiten ohne erneute Anrufung der Gerichte beizulegen (Entlastungsfunktion). Dementsprechend hat das Bundesverfassungsgericht das Richterrecht anerkannt.

265   Gleichwohl sind auch die Gerichte an Recht und Gesetz gebunden, insbesondere an das Grundgesetz. Eine Rechtsfortbildung ist also nur dort zulässig, wo das Gesetz nicht abschließend, d. h. lückenhaft, ist. Im Übrigen ist das Richterrecht weder befugt noch in der Lage, Vorrang und Vorbehalt des Gesetzes zu unterlaufen.

1.5   Ermächtigungsgrundlagen

266   Insbesondere der Gesetzesvorbehalt aus Art. 20 Abs. 3 GG bedingt es, dass die öffentliche Verwaltung jedenfalls für belastende Maßnahmen gegenüber dem Bürger stets eine Rechtsgrundlage benötigt. Es kommen nur solche Normen in Betracht, die die Verwaltung entsprechend ermächtigen.

267   Derartige Ermächtigungsgrundlagen liefern unmittelbar eine Antwort auf die zu entscheidende Fallfrage. Sie weisen eine bestimmte Struktur auf und bestehen – wie die meisten Rechtsnormen – aus zwei Teilen, der Tatbestands- sowie der Rechtsfolgenseite.

268   Geeignet ist die Ermächtigungsgrundlage, die eine entsprechende Rechtsfolge bereithält. Gültig ist zudem die Ermächtigungsgrundlage, die mit höherrangigem Recht in Einklang steht, in Kraft getreten und nicht durch eine später erlassene Rechtsnorm außer Kraft gesetzt worden ist.

269   Der **Tatbestand** umfasst die Voraussetzungen, die vorliegen müssen, damit die Rechtsfolge eintritt (1. Stufe/»wenn«). Die **Rechtsfolge** beinhaltet das, was bei Vorliegen des Tatbestands passieren soll; ihr sind also die rechtlichen Auswirkungen und Konsequenzen der Norm zu entnehmen (2. Stufe/»dann«).

270   Beispielsweise regelt § 35 Abs. 1 Satz 1 GewO die Frage der Unzuverlässigkeit eines Gewerbetreibenden. § 13 Abs. 1 OBG gibt eine Antwort im Umgang mit Gefahren für die öffentliche Sicherheit. Dadurch unterscheiden sich Antwortnormen u. a. von Hilfs- und von Gegennormen.

271   Mit **Hilfsnormen** definiert die Legislative von vornherein (»legal«) abstrakt-generelle Tatbestandsmerkmale bzw. Rechtsbegriffe, beispielsweise »Unzuverlässigkeit« in § 3 Abs. 3 BbgGastG, »Behörde« in § 1 Abs. 2 VwVfGBbg, »Verwaltungsakt« in § 35 Satz 1 VwVfG oder »fahrlässig« in § 276 Abs. 2 BGB. Das ist eine zwingende Voraussetzung, um entscheiden zu können, ob das abstrakt-generelle Gesetz tatsächlich den konkreten Einzelsachverhalt erfasst bzw. umgekehrt, ob sich der Einzelfall im Gesetz wiederfindet (Subsumtion).

Die Zahl an Hilfsnormen ist relativ überschaubar. Deshalb ist es regelmäßig Sache der   272
Verwaltung, unbestimmte Tatbestandsmerkmale bzw. Rechtsbegriffe auszulegen bzw.
die Rechtsprechung und Kommen-tarliteratur zurate zu ziehen.

Gegennormen bewirken, dass sich die Rechtsfolge von Antwortnormen ändert. Sie stellen   273
dem Grundsatz der Antwortnorm quasi eine Ausnahmeregelung entgegen, die ihrerseits
ebenfalls aus einem Tatbestand und einer Rechtsfolge besteht.

So bestimmt etwa § 28 Abs. 1 VwVfG, wann die Verwaltung den Bürger anzuhören hat.   274
§ 28 Abs. 2 und Abs. 3 VwVfG lassen jedoch Ausnahmen zu, in denen von einer Anhörung
abgesehen werden kann bzw. muss.

1.5.1   Tatbestand

1.5.1.1   Merkmale

Die Tatbestandsseite einer Rechts- bzw. Ermächtigungsgrundlage setzt sich in der Regel   275
aus mehreren Merkmalen zusammen. Diese müssen entweder alternativ oder kumulativ
vorliegen, um die Rechtsfolge auszulösen.

Im **alternativen** Fall braucht nur eines von mehreren Merkmalen erfüllt zu sein, um die   276
Rechtsfolge eintreten zu lassen. Im Wortlaut der Norm wird dies bei der Aufzählung der
einzelnen Tatbestandsmerkmale vor allem an dem Wort »oder« deutlich. Manchmal erscheint auch ein alternatives »und«, das eigentlich ein »oder« beinhaltet. Das ergibt sich
aus dem Sach- und Sinnzusammenhang der Norm, d. h. ihrem logischen Verständnis.

Im **kumulativen** Fall müssen sich dagegen sämtliche Tatbestandsmerkmale des Gesetzes   277
in dem zu entscheidenden Sachverhalt wiederfinden. Dies ist häufig an den Wörtern »und«
oder »sowie« erkennbar. Andernfalls greift die Norm mit ihrer Rechtsfolge nicht und darf
durch die Verwaltung nicht angewendet werden.

Beispielsweise bestimmt § 28 Abs. 1 VwVfG, dass, bevor ein Verwaltungsakt erlassen wird,   278
der in die Rechte eines Beteiligten eingreift, diesem Gelegenheit zu geben ist, sich zu den
für die Entscheidung erheblichen Tatsachen zu äußern. Die Tatbestandsseite setzt sich
hier kumulativ aus einem »Verwaltungsakt«, einem »Beteiligten« sowie einem »Eingriff in
dessen Rechte« zusammen. Obwohl es im Wortlaut der Norm nicht ausdrücklich auftaucht,
ist bei der Aufzählung dieser drei Tatbestandsmerkmale das Wort »und« sinngemäß und
notwendigerweise hinzuzudenken.

Dasselbe gilt bei § 79 Abs. 1 Satz 1 BbgBO. Danach kann die Bauaufsichtsbehörde die   279
Einstellung von Bauarbeiten anordnen, wenn (bauliche) Anlagen im Widerspruch zu öffentlich-rechtlichen Vorschriften errichtet, geändert oder beseitigt werden. Der Tatbestand
besteht aus drei Merkmalen: »Anlagen« (1.), die »im Widerspruch zu öffentlich-rechtlichen
Vorschriften« (3.) entweder »errichtet oder geändert« (2.) werden. Das Wort »oder« beim
letzten (2.) Tatbestandsmerkmal wirkt lediglich innerhalb dieses Tatbestandsmerkmals
alternativ, nicht aber in Bezug auf die beiden übrigen Tatbestandsmerkmale (1.) und (3.).

1.5.1.2   Unbestimmte Rechtsbegriffe und ihre Auslegung

280   Der abstrakt-generelle Charakter von Gesetzen bedingt es zwangsläufig, dass Rechtsbegriffe besonders mehrdeutig und deshalb auslegungs- bzw. interpretationsbedürftig sein
können, d. h. näher zu bestimmen sind. Selbst identische Wörter haben je nach Verortung
im Rechtsquellensystem unterschiedliche Bedeutung.

281   Derartige unbestimmte Rechtsbegriffe, für die weder eine Hilfsnorm noch eine andere De-
finitionsquelle zur Verfügung steht (z. B. Verwaltungsvorschriften), finden sich überwiegend
auf der Tatbestandsseite einer Norm. Dazu zählen u. a. »verfassungsmäßige Ordnung«
(Art. 2 Abs. 1 GG), »gute Sitten« (§ 138 Abs. 1 BGB), »Treu und Glauben« (§ 242 BGB),
»unbillige Härte« (§ 80 Abs. 4 Satz 3 VwGO), »Wohl der Allgemeinheit« (§ 31 Abs. 2 Nr. 1
BauGB), »Unzuverlässigkeit« (§ 35 Abs. 1 Satz 1 GewO), »Betreten einer Wohnung« (§ 58
Abs. 4 Satz 1 BbgBO), »öffentliche Sicherheit« (§ 13 Abs. 1 OBG), »Gefahr im Verzug«
(§ 28 Abs. 2 Nr. 1 VwVfG) und »öffentliches Interesse« (§ 48 Abs. 2 Satz 1 VwVfG).

282   Ihre Auslegung durch die Verwaltung – die durch die Gerichte wegen der Rechtsschutzgarantie aus Art. 19 Abs. 4 Satz 1 GG vollständig nachprüfbar ist und deshalb auch ersetzt
werden kann – zielt darauf, aus den verschiedenen Deutungsmöglichkeiten den eigentlichen, tatsächlichen, einzig wahren Sinngehalt der Norm und ihrer Begriffe zu ermitteln. Das
ist Voraussetzung für ihre korrekte Anwendung auf einen konkreten Lebenssachverhalt.

283   Die Auslegung erfolgt nicht beliebig, sondern hat in einer gesicherten, methodisch
nachprüfbaren Weise zu geschehen. Als hilfreich erweisen sich vier wesentliche Inter-
pretationsmethoden (Auslegungskriterien): die grammatikalische, die historische, die
systematische und die teleologische Auslegung. Sie stehen in keiner starren Rangfolge, aber ebenso wenig beziehungslos nebeneinander. Vielmehr handelt es sich um
Gesichtspunkte mit unterschiedlichem Gewicht, die sich gegenseitig unterstützen, um
den tatsächlichen Inhalt einer Norm zu ermitteln. Am Ende kann es nur eine richtige
Entscheidung geben.

284   Gemeinsam ist den Kriterien, dass sie **verfassungskonform** – am Grundgesetz – ausgerichtet sein müssen. Von mehreren Auslegungsmöglichkeiten ist deshalb stets diejenige
zu wählen, die mit der Verfassung am ehesten vereinbar ist.

285   Beispielsweise wird die Teilnahme an einer durch die Verwaltung aufgelösten Versammlung
gemäß § 29 Abs. 1 Nr. 2 VersG als Ordnungswidrigkeit eingestuft. Nach dem Wortlaut
der Norm ist unklar, ob ihre Ahndung von der Rechtmäßigkeit oder der Rechtswidrigkeit
der Auflösung abhängt. Die verfassungskonforme Auslegung von § 29 Abs. 1 Nr. 2 VersG
ergibt mit Blick auf das betroffene Grundrecht aus Art. 8 Abs. 1 GG, dass die Ahndung
derartiger Ordnungswidrigkeiten allein bei Verstößen gegen rechtmäßige Auflösungsver-
fügungen zulässig ist, nicht dagegen bei rechtswidrigen Verfügungen.

286   Jede Auslegung sollte indes mit dem **Wortlaut** der Norm beginnen, d. h. der Bedeutung
eines Ausdrucks, da dieser zugleich die möglichen Auslegungen begrenzt. In der Regel
ist der Wortsinn mehrdeutig und lässt Raum für zahlreiche Bedeutungsvarianten. Ist er

ausnahmsweise eindeutig, darf er nicht verändert werden, und eine Auslegung entfällt. Ein eindeutiger Wortsinn ist also verbindlich.

Maßgeblich ist nicht die alltagssprachliche Bedeutung von Begriffen, sondern zunächst   287
deren fachsprachlicher, juristischer Sinngehalt. So dürfte es in der alltagssprachlichen Verwendung der Wörter »Besitz« und »Eigentum« kaum einen Unterschied geben. Aus juristischer Sicht – in der Sprache des Bürgerlichen Gesetzbuchs – wird zwischen beiden begriffen jedoch strikt getrennt. Besitzer ist jemand, der die tatsächliche Gewalt über eine Sache erworben hat. Eigentümer ist derjenige, dem eine Sache gehört. Erst wenn sich fachsprachlich kein befriedigendes Ergebnis ableiten lässt, kann auf die Umgangssprache zurückgegriffen werden.

Unterstützend wirken Hilfsnormen (z. B. »Deutscher« in Art. 116 Abs. 1 GG, »unverzüg-   288
lich« in § 121 Abs. 1 BGB, »fahrlässig« in § 276 Abs. 2 BGB, »Verwaltungsakt« in § 35 Satz 1 VwVfG). Derartige Legaldefinitionen gelten allerdings nur im Zusammenhang des jeweiligen Gesetzes, d. h. grundsätzlich nicht darüber hinaus.

Die historische Methode berücksichtigt den Willen des Gesetzgebers im Zeitpunkt der   289
Entstehung der Rechtsnorm (Entstehungsgeschichte). Dazu kann auf die Gesetzesentwürfe und -begründungen, Beratungs- und Sitzungsprotokolle u. Ä. zurückgegriffen werden. Ihnen sollte in der Regel zu entnehmen sein, welche Motive der Gesetzgeber mit der Norm verfolgt.

Andererseits kann aufgrund des permanenten gesellschaftlichen Wandels der heutige,   290
aktuelle Sinn von Normen nicht unberücksichtigt bleiben. So hat beispielsweise der Begriff der guten Sitten (§ 138 Abs. 1 BGB, § 44 Abs. 2 Nr. 6 VwVfG) im Laufe der Zeit Änderungen erfahren. Aus diesem Grund sollten auch beide Ausprägungen der historischen Methode in die Auslegung einfließen. Entscheidend ist der objektive Wille des Gesetzgebers, nicht die subjektive Vorstellung einzelner, am Gesetzgebungsverfahren beteiligter Organe.

Die systematische Auslegung nimmt nicht nur die betreffende Norm in den Blick, son-   291
dern auch deren Verortung im Gesetz, d. h. den Gesetzeszusammenhang, insbesondere das Verhältnis zu anderen Vorschriften (Gesetzeskontext). Danach erschließt sich der Sinn einer Rechtsnorm oft erst bzw. besser, wenn man ihn als Bestandteil der Regelung betrachtet, der er angehört.

Dieser Bedeutungszusammenhang orientiert sich am Grundsatz der Widerspruchsfreiheit   292
der Rechtsord-nung, nach dem jede Vorschrift mit der Gesamtregelung des Rechts in Einklang stehen muss. Die Auslegung darf also u. a. nicht dazu führen, dass die betref-fende Norm gegen höherrangiges Recht verstößt.

So werden etwa die Grundrechte zu Beginn – im ersten Abschnitt – des Grundgesetzes   293
aufgeführt, wodurch ihre herausragende Bedeutung und ihre Ausstrahlungswirkung für sämtliches nachgeordnetes Recht erkennbar werden. § 13 Abs. 1 OBG findet sich in Teil II »Befugnisse der Ordnungsbehörden« unter Abschnitt 1 »Ordnungsverfügungen«, steht also in Zusammenhang mit weiteren dort verankerten Normen, wie § 14 OBG (Grund-

satz der Verhältnismäßigkeit), § 15 OBG (Ermessen), §§ 16 ff. (Ordnungspflichtige) und § 19 OBG (Form von Anordnungen der Ordnungsbehörden). Die Anordnung der sofortigen Vollziehung eines Verwaltungsakts (§ 80 Abs. 2 Satz 1 Nr. 4 VwGO) steht in unmittelbarem systematischen Sachzusammenhang mit der aufschiebenden Wirkung eines Widerspruchs nach § 80 Abs. 1 VwGO. Mit diesem wiederum meint der Gesetzgeber lediglich einen Anfechtungswiderspruch, weil er innerhalb der Norm ausdrücklich auch und ausschließlich von der aufschiebenden Wirkung einer Anfechtungsklage spricht. Damit erfasst § 80 Abs. 1 VwGO weder einen Verpflichtungswiderspruch noch eine Verpflichtungsklage.

294   Daneben kommt es u. a. auf die sachliche Übereinstimmung von Rechtsnormen an. Aus § 44 VwVfG lässt sich systematisch ableiten, dass zunächst die absoluten Nichtigkeitsgründe nach Abs. 2 geprüft werden. Sofern diese nicht vorliegen, erfolgt die Prüfung der in Abs. 3 aufgeführten Gründe, die nicht zur Nichtigkeit, sondern »nur« zur Rechtswidrigkeit des Verwaltungsakts führen. Erst wenn auch diese nicht einschlägig sein sollten, richtet sich Nichtigkeit nach den relativen Nichtigkeitsgründen in Abs. 1 (Grundsatz der Subsidiarität).

295   Die in der Praxis neben der grammatikalischen häufig überzeugendste teleologische Methode orientiert sich am gegenwärtigen Sinn und Zweck der Norm, auf den der Gesetzgeber vernünftigerweise abstellt (Ratio bzw. Regelungszweck). Verfolgt die Norm mehrere Grundgedanken, sollten möglichst alle bei der Einzelfalllösung berücksichtigt werden. Ansonsten ist auf den für die Lösung optimalsten Zweck abzustellen.

296   Zunächst ist der allgemeine Normzweck zu ermitteln, d. h. danach zu fragen, welche Interessen mit welchem Gewicht die Vorschrift generell verfolgt. Dieser ergibt sich manchmal direkt aus dem Gesetz (z. B. § 1 BImSchG, § 1 Abs. 1 OBG). In einem zweiten Schritt ist zu prüfen, ob dieser Zweck in dem konkret zu entscheidenden Lebenssachverhalt vorliegt.

297   Der Sinn und Zweck kann entweder weiter oder enger ausgelegt werden, jedoch stets im Kontext der jeweiligen Rechtsquelle. So taucht etwa der Begriff der Wohnung in mehreren Gesetzen auf (z. B. Art. 13 GG, § 58 Abs. 4 BbgBO). Seine teleologische Auslegung hat dann je nach Zielsetzung des Gesetzes zu erfolgen. »Wohnung« im Sinne von Art. 13 GG beinhaltet jeden räumlich abgegrenzten Teil der Privatsphäre, also auch ein Hotelzimmer oder ein Zelt. Der Begriff «Wohnung» im Sinne von § 58 Abs. 4 BbgBO kann auch Geschäftsräume, ein Wochenendhaus oder einen Wohnwagen umfassen.

298   Lässt eine Norm Ausnahmen zu, sind diese in der Regel eng auszulegen. Beispielsweise bestimmt § 67 BbgBO, dass Abweichungen (Ausnahmen) von gesetzlichen Erfordernissen zugelassen werden können. Ließe man allerdings jede Ausnahme bedenkenlos zu, handelte es sich gerade nicht mehr um Ausnahmen, sondern die Ausnahmen würden gleichsam zur Regel. Dies widerspräche jedoch der Zielrichtung der Norm bzw. der Bauordnung. Ausnahmen und Regel bildeten dann eine nicht gerechtfertigte Einheit. Ausnahmen sind im wahrsten Sinne des Wortes Ausnahmen und eben nicht die Regel. Deshalb kommen sie nur ausnahmsweise in Betracht. Ansonsten bräuchte man sie neben der Regel nicht ausdrücklich im Gesetz zu erwähnen, weil sie Bestandteil der Regel wären.

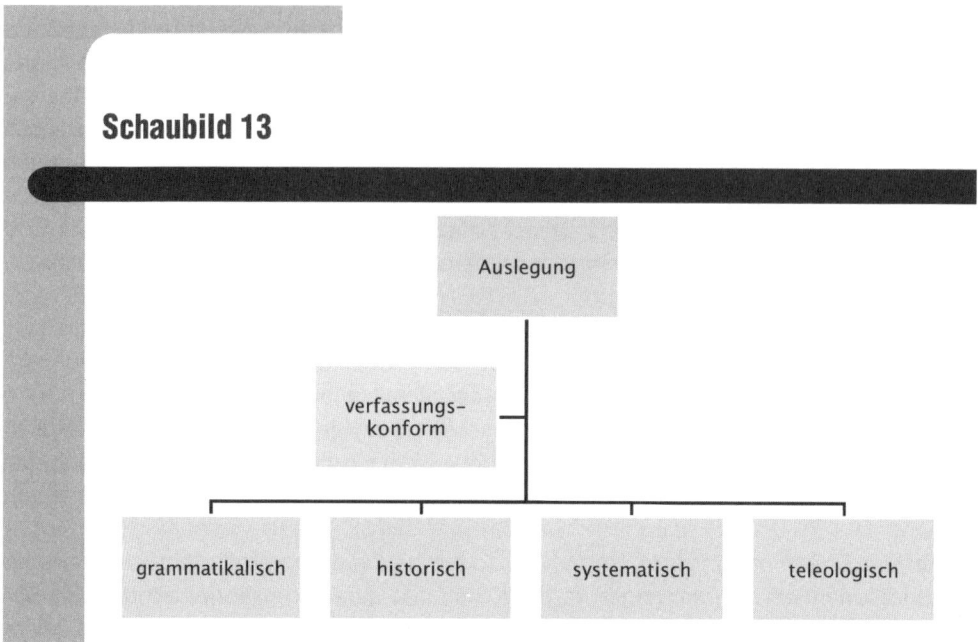

Schaubild 13

Auslegung

verfassungs-
konform

grammatikalisch   historisch   systematisch   teleologisch

Auch die Auslegung dient dazu, »Gerechtigkeit« zu verwirklichen. Die einzelnen Inter-   299
pretationsmethoden sollen eine gerechte Fallentscheidung herbeiführen. Auch wenn
eindeutige Ergebnisse bei der Rechtsanwendung unbestimmter Rechtsbegriffe selten
sind, weil es »die eine« Auslegung, für alle Zeiten Gültigkeit besitzt, nicht gibt, haben
die Entscheidungen der öffentlichen Verwaltung stets sachlich begründet, systematisch
nachvollziehbar und vertretbar zu sein.

Neben Gesetzen bzw. unbestimmten Rechtsbegriffen können auch privatrechtliche   300
Willenserklärungen und Verträge ausgelegt werden. Bei der Auslegung von **Willenser-**
klärungen ist der wirkliche Wille zu erforschen und nicht am buchstäblichen Sinn des
Ausdrucks zu haften (§ 133 BGB). **Verträge** sind so auszulegen, wie es Treu und Glauben
mit Rücksicht auf die Verkehrssitte erfordern (§ 157 BGB). Beide Normen müssen ebenfalls
im Zusammenhang gesehen werden, sind also gleichermaßen bei Willenserklärungen
und Verträgen anzuwenden.

1.5.1.3   Beurteilungsspielräume
Einen Unterfall von unbestimmten Rechtsbegriffen stellen behördliche Beurteilungs-   301
spielräume dar. Sie räumen der Verwaltung auf der Tatbestandsseite einer Norm eine
Bandbreite möglicher Entscheidungen ein, gewähren ihr also ein Letztentscheidungsrecht.
Es ist nicht nur – wie bei der Auslegung unbestimmter Rechtsbegriffe – eine bestimmte
Antwort richtig, sondern es können mehrere Entscheidungen vertretbar sein. Deshalb sind
Beurteilungsspielräume – anders als unbestimmte Rechtsbegriffe – lediglich eingeschränkt
durch die Gerichte nachprüfbar.

02   Zu den besonderen, weil schwierigen oder komplexen Sachverhalten, bei denen der
       Verwaltung ausnahmsweise ein Beurteilungsspielraum zugebilligt wird, zählen u. a. prü-
       fungsähnliche Entscheidungen (z. B. Versetzung eines Schülers in die nächsthöhere
       Klassenstufe), Prüfungsentscheidungen (z. B. Abschlusszeugnisse) sowie dienstrechtliche
       Beurteilungen von Beamten (z. B. Befähigungs-, Leistungs- oder Verhaltensbeurteilungen).
       Es handelt sich per se um höchstpersönliche, für Dritte zu einem späteren Zeitpunkt nur
       schwer rekonstruierbare Situationen und Verfahren bei Prüfungs- bzw. Bewertungsleis-
       tungen, deren Richtigkeit nicht eindeutig bestimmbar ist. Auf der einen Seite sind sie mit
       spezifischen, relativen Bewertungen des Prüfers bzw. Bewertenden verbunden. Auf der
       anderen Seite besteht ein Antwortspielraum mit vertretbaren Lösungen des Prüflings
       bzw. Bewerteten.

03   So muss dem gesetzlich legitimierten **Prüfer** etwa in juristischen Zwischen- oder Ab-
       schlussprüfungen zwangsläufig ein Bewertungsspielraum zustehen, weil die Antworten
       des Prüflings und deren sachgerechte Bewertung durch den Prüfer in eine besondere,
       einzigartige Prüfungssituation eingebunden sind. Gerade juristische Fallprobleme lassen
       sich oft nicht mit einem eindeutigen Ja oder Nein beantworten. Entscheidend ist hier
       weniger das Auswendiglernen von Fachwissen als vielmehr die Fähigkeit zur sachgerech-
       ten, nachvollziehbaren und systematischen Argumentation. Diese kann unterschiedlich
       ausfallen, ohne falsch zu sein.

04   Dasselbe gilt für den **Dienstvorgesetzten** bei turnusmäßigen Leistungsbeurteilungen
       seiner Mitarbeiter. Auch hier sind verschiedene Aufgaben untereinander zu gewichten
       und die Qualität der Aufgabenerfüllung für einen zurückliegenden Zeitraum zu bewerten.
       Dies kann nur einzelfallspezifisch erfolgen, weil sich sowohl die Mitarbeiter als auch die
       Arbeitsaufgaben und deren Erledigung von Fall zu Fall unterscheiden. Die Bestenauslese
       nach Art. 33 Abs. 2 GG bleibt damit ein wertender Erkenntnisakt.

05   Den Gerichten obliegt lediglich die Prüfung, ob sich die Verwaltung im Rahmen ihres
       Beurteilungsspielraums bewegt ob sie oder diesen rechtswidrig überschritten, d. h. Be-
       urteilungsfehler begangen hat. Entscheidend ist eine Überschreitung aber nur, wenn sich
       der Beurteilungsfehler auch tatsächlich auf das Gesamtergebnis ausgewirkt hat. Folglich
       ist zwischen Beurteilungsvorgang und Beurteilungsergebnis zu trennen.

06   **Beurteilungsfehler** können u. a. daraus resultieren, dass der Prüfer Verfahrensvorschrif-
       ten missachtet, etwa kein standardisiertes Protokoll über den Verlauf einer schriftlichen
       Prüfung angefertigt hat. Darüber hinaus handelt ein Prüfer rechtswidrig, wenn er seiner
       Entscheidung einen unzutreffenden Sachverhalt zugrunde gelegt oder Tatbestandsmerk-
       male – etwa den Wert einer bestimmten Note – falsch ausgelegt hat. Dasselbe gilt bei
       der Heranziehung sachfremder Erwägungen (z. B. Abstammung des Prüflings) sowie für
       Fälle, in denen die Prüfungsinhalte nicht von den Prüfungsbestimmungen gedeckt sind.
       Auch ein Verstoß gegen die Chancengleichheit (Art. 3 Abs. 1 GG) macht das Beurteilen
       fehlerhaft, wenn den Kandidaten beispielsweise nicht dieselbe Prüfungsdauer zur Verfü-
       gung gestellt, sie in einem Fall also unterschritten und in einem anderen Fall überschritten
       wurde. Ebenso wenig ist es hinnehmbar, wenn ein Prüfer die Leistungen eines Kandidaten

während der Prüfung in herablassender Weise kommentiert, den Kandidaten lächerlich macht oder ihn gar verspottet (Gebot der Fairness).

Im Ergebnis besitzen die Prüflinge in einem Prüfungsverfahren zumindest das Recht, substantiierte Einwände gegen die Prüfungsentscheidung vorzutragen, um dem Prüfer Gelegenheit zu geben, seine Bewertung zu überdenken.

307

1.5.2   Rechtsfolge

Die Rechtsfolge tritt ein, wenn der Tatbestand erfüllt ist. Sie folgt im wahrsten Sinne des Wortes den Tatbestandsmerkmalen und beinhaltet entweder eine gebundene oder eine Ermessensentscheidung.

308

Auch sie kann mehrere Teile aufweisen, die entweder in einem alternativen oder einem kumulativen Verhältnis stehen.

309

1.5.2.1   Gebundene Entscheidungen
Gebundene Rechtsfolgen zeichnen sich dadurch aus, dass nur eine ganz bestimmte Entscheidung in Betracht kommt. Die öffentliche Verwaltung hat also allein die Rechtsfolge zu treffen, die der Gesetzgeber in der Norm vorgesehen hat. Eine Wahlmöglichkeit, etwa von der Rechtsfolgeentscheidung abzusehen oder diese zu modifizieren, steht der Verwaltung nicht zu.

310

Gebundene Entscheidungen sind häufig an den Worten »hat«, »ist« oder »muss« im Gesetz erkennbar. Beispielsweise »ist« die Ausübung eines Gewerbes nach § 35 Abs. 1 Satz 1 GewO zu untersagen, wenn der Gewerbetreibende unzuverlässig ist. Ebenso »ist« eine Baugenehmigung zu erteilen, wenn die betreffende (bauliche) Anlage den öffentlich-rechtlichen Vorschriften entspricht (§ 72 Abs. 1 Satz 1 BbgBO).

311

1.5.2.2   Ermessensentscheidungen
Bei Rechtsfolgen, die ein Ermessen einräumen, besitzt die Verwaltung dagegen in mehrfacher Hinsicht einen Entscheidungsspielraum. Der Gesetzgeber ermächtigt die Verwaltung hier, zwischen verschiedenen Verhaltensweisen bzw. Rechtsfolgen zu wählen.

312

Der Verwaltung wird eine Letztentscheidungsbefugnis eingeräumt. Das dient der Flexibilität und **Einzelfallgerechtigkeit.** Ermessen ermöglicht eine auf den konkreten Sachverhalt abgestimmte gerechte Entscheidung, die dessen Besonderheiten berücksichtigt.

313

Gerade in der Eingriffsverwaltung kann der Gesetzgeber von vornherein nicht alle Regelungsdetails festlegen. Dazu ist die gesellschaftliche Realität zu vielfältig. Stattdessen rechtfertigen verschiedene Sachverhalte unterschiedliche Entscheidungen. Die Verwaltung soll die beste Entscheidung treffen und von unnötigen Eingriffen absehen. Der Bürger besitzt grundsätzlich keinen Anspruch auf eine bestimmte Entscheidung.

314

15   Andererseits kann mit der Einräumung und Ausübung von Ermessen Rechtssicherheit verloren gehen. Dem Bürger ist es grundsätzlich nicht möglich abzuschätzen, wie sich die Verwaltung in seinem Fall verhalten wird.

16   Dieser Nachteil wird durch die Rechtsschutzgarantie des Art. 19 Abs. 4 Satz 1 GG ausgeglichen, indem der Bürger die Verwaltungsentscheidung gerichtlich nachprüfen lassen kann. Das ist gleichbedeutend mit einem Anspruch auf fehlerfreie Ausübung von Ermessen, der sich etwa aus § 39 Abs. 1 Satz 2 SGB I ergibt.

17   Erkennbar wird Ermessen – sofern es nicht ausdrücklich als solches formuliert ist – u. a. an den Wörtern »darf« oder »kann« im Gesetz. Anders als tatbestandliche unbestimmte Rechtsbegriffe einschließlich solcher, die einen Beurteilungsspielraum enthalten, findet sich das Ermessen stets auf der Rechtsfolgenseite einer Ermächtigungsgrundlage.

18   Die Wahlmöglichkeiten erstrecken sich sowohl auf das Ob als auch das Wie des Verwaltungshandelns (Zweistufigkeit).

19   Zunächst verfügt die Verwaltung bei der Frage, ob sie in dem jeweiligen Sachverhalt einschreiten möchte oder nicht, über ein **Entschließungsermessen**. Dies hängt im Bereich der Eingriffsverwaltung u. a. von der Intensität der Gefahrenlage und der Dringlichkeit ihrer Behebung ab (Opportunitätsprinzip).

20   Entscheidet sich die Verwaltung für ein Einschreiten, steht ihr darüber hinaus ein **Auswahl-** bzw. **Gestaltungsermessen** zu. Dieses erstreckt sich sowohl auf die konkrete Maßnahme als auch den betroffenen Adressaten. Auch hier spielen in der Eingriffsverwaltung u. a. Art und Umfang der Gefahrenlage eine Rolle. Außerdem ist zu entscheiden, an wen sich die Maßnahme richten soll. Betroffen sein kann eine einzelne Person, z. B. ein Grundstückseigentümer. Denkbar sind aber auch mehrere Betroffene, etwa Eheleute, die Mitglieder einer Erbengemeinschaft oder Nachbarn.

21   Bei der konkreten Auswahl hat die Verwaltung Verhältnis- und Zweckmäßigkeitsgesichtspunkte zu beachten. Beispielsweise ist abzuwägen, wer von den infrage kommenden Personen am ehesten und schnellsten in der Lage ist, die Maßnahme zu befolgen, z. B. die Gefahr zu beseitigen, die von einem einsturzgefährdeten Gebäude ausgeht. Zu berücksichtigen sind darüber hinaus die Auswirkungen der Maßnahme für den Verpflichteten (»Störer«). Ferner kann eine Rolle spielen, welchen Anteil der Betroffene an der Gefahrenlage hat, auch wenn im allgemeinen Ordnungsrecht der Grundsatz der Verschuldensunabhängigkeit gilt.

22   Trotz ihrer Entscheidungsspielräume ist die Verwaltung nicht gänzlich frei in ihrem Handeln. Ein »freies« bzw. willkürliches Ermessen steht ihr nicht zu. Vielmehr hat sie ihr Ermessen **pflichtgemäß**, d. h. fehlerfrei, auszuüben (vgl. § 15 OBG für die allgemeine Ordnungsverwaltung). Dabei hat sie sich nach **§ 40 VwVfG** einerseits am Zweck der gesetzlichen Ermächtigung zu orientieren, d. h. innere Ermessensgrenzen zu beachten. Andererseits sind die gesetzlichen Grenzen einzuhalten, d. h. äußere Ermessensgrenzen zu beachten. Ansonsten handelt die Verwaltung in materieller Hinsicht rechtswidrig.

Die Letztentscheidungsbefugnis der Verwaltung bedingt es, dass die konkrete Ermessens-   323
entscheidung selbst keiner gerichtlichen Kontrolle unterliegt. Die Verwaltungsgerichte können die Entscheidung der Verwaltung also nicht ersetzen; eine Zweckmäßigkeitsprüfung
findet nicht statt. Die Gerichte prüfen jedoch die Fehlerfreiheit, d. h. die Rechtmäßigkeit
der behördlichen Ermessensausübung (§ 114 Satz 1 VwGO). Dementsprechend hebt
das Gericht im Fall einer erfolgreichen Verpflichtungsklage den ermessensfehlerhaften
Verwaltungsakt auf und verpflichtet die Verwaltung, gegenüber dem Kläger einen neuen
Bescheid zu erlassen, der die gerichtliche Rechtsauffassung – nunmehr aber ermessensfehlerfrei – berücksichtigt (Bescheidungsurteil).

Allerdings bleibt es der Verwaltung gemäß § 114 Satz 2 VwGO unbenommen, ihre Ermes-   324
senserwägungen auch noch im verwaltungsgerichtlichen Verfahren zu ergänzen. Diese
Möglichkeit des Nachschiebens von Gründen, die den Verwaltungsakt in seinem Wesen
jedoch nicht verändern darf, dient der Verfahrensbeschleunigung. Nicht davon begünstigt
ist eine erstmalige Ermessensbetätigung der Verwaltung im Gerichtsverfahren.

Die Prüfungskompetenz der Verwaltungsgerichte bezieht sich auf drei herkömmliche   325
Ermessensfehler: den Ermessensfehlgebrauch (Ermessensmissbrauch), den Ermessensnichtgebrauch (Ermessensausfall bzw. -mangel bzw. -unterschreitung) und die Ermessensüberschreitung. In Anlehnung an § 40 VwVfG und § 114 Satz 1 VwGO können
Fehl- und Nichtgebrauch auch einheitlich betrachtet werden.

Von einem **Ermessensfehlgebrauch** ist die Rede, wenn die Verwaltung zweckwidrig   326
entscheidet, sie also den Zweck der Ermächtigungsgrundlage missachtet (Fehler beim
Vorgang der Ermessensausübung). Dazu zählen Fälle, in denen sich die Verwaltung auf
sachfremde Erwägungen stützt, wesentliche Gesichtspunkte in der Sache übersieht
(Abwägungsdefizit), die unterschiedlichen Belange ihrer Entscheidung nicht bzw. nicht
hinreichend gewichtet (Abwägungsdisproportionalität) oder gegen die Grundsätze der
Gleichheit und Verhältnismäßigkeit verstößt. Daran wird erkennbar, wie wichtig eine
möglichst fehlerfreie und lückenlose Sachverhaltsaufklärung im Vorfeld einer Verwaltungsentscheidung ist (§ 24 VwVfG).

Ermessensfehlerhaft wäre es deshalb beispielsweise, wenn die Verwaltung die im Ermes-   327
sen stehende Erlaubnis zur Aufstellung eines Verkaufsstandes auf einem Weihnachtsmarkt
von der Zahlung ausstehender Müllgebühren abhängig machte. Hier steht die Forderung
einer zurückliegenden Müllgebühr in keinem sachlichen Zusammenhang mit der aktuellen
Standerlaubnis. Dasselbe gilt für die Ablehnung der Erlaubnis aus persönlichen Motiven,
weil der zuständige Sachbearbeiter mit dem Aufsteller in eine privatrechtliche Auseinan-
dersetzung verwickelt ist.

Eine **Ermessensunterschreitung** liegt vor, wenn die Verwaltung von ihrem Ermes-   328
sen keinen oder nur unzureichenden Gebrauch macht. Beispielsweise erkennt die
Verwaltung ihr Ermessen nicht und ist irrtümlicherweise der Auffassung, sie sei durch
die Ermächtigungsgrundlage gebunden. So besteht keine zwingende Verpflichtung,
eine Versammlung, die die öffentliche Sicherheit gefährdet, verbieten zu müssen;

die Entscheidung liegt vielmehr im Ermessen der zuständigen Behörde (§ 15 Abs. 1 VersG). Ferner läge ein Ermessensmangel vor, wenn die Verwaltung einen von mehreren festgestellten und infrage kommenden Ordnungspflichtigen ohne vorherige Ermessensausübung in Anspruch nehmen würde. Auch die Weigerung der allgemeinen Ordnungsbehörde, gegen einen Grundstückseigentümer vorzugehen, dessen ruinöses Haus auf die öffentliche Verkehrsfläche zu stürzen droht, zählt hierzu, wenn sich die Behörde dabei auf die ausschließliche Zuständigkeit der Sonderordnungsbehörde (Bauaufsicht) beriefe.

329   Schließlich **überschreitet** die Verwaltung ihr **Ermessen** in Fällen, in denen sie eine andere als die vom Gesetz vorgesehene Rechtsfolge wählt oder sie fälschlicherweise davon ausgeht, es läge ein Tatbestand vor, der ein Ermessen zur Folge habe (Fehler im Ergebnis der Ermessensausübung). Auch die Nichtbeachtung des Grundsatzes der Verhältnismäßigkeit zählt hierzu. Sehen gebührenrechtliche Vorschriften für bestimmte Amtshandlungen der Verwaltung etwa einen Gebührenrahmen von 100 € – 500 € vor, innerhalb dessen sich die Verwaltung bei der Erhebung einer konkreten Gebühr bewegen darf, wäre die Festsetzung einer Gebühr von 50 € ebenso fehlerhaft wie die einer von 1.000 €.

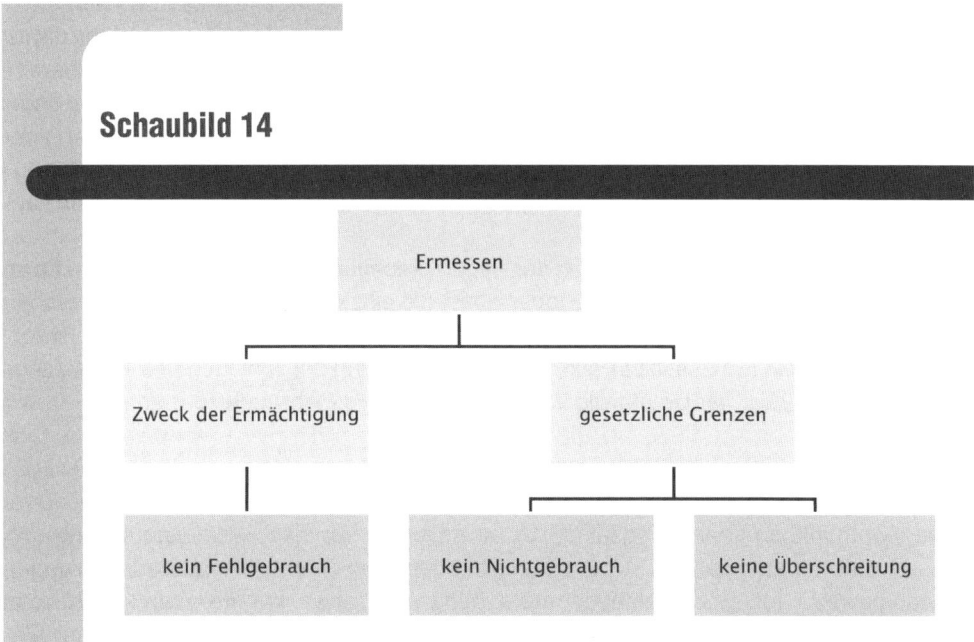

Schaubild 14

330   Bei der Prüfung von Ermessensfehlern wird das Verwaltungsgericht vor allem die Begründung der Verwaltungsmaßnahme in den Blick nehmen. Die verfahrensrechtliche Umsetzung pflichtgemäßer Ermessensbetätigung erfolgt somit generell über § 39 Abs. 1 VwVfG. Danach sind schriftliche oder elektronische Verwaltungsakte zu begründen, wobei die wesentlichen tatsächlichen und rechtlichen Gründe mitzuteilen sind, die die Verwaltung zu ihrer Entscheidung bewogen haben. Ferner ist vorgeschrieben, dass die

Begründung von Ermessensentscheidungen auch die Gesichtspunkte erkennen lassen soll, von denen die Verwaltung bei der Ausübung ihres Ermessens ausgegangen ist.

Trotz dieser formellen Anforderungen räumt der Gesetzgeber der Verwaltung die Möglichkeit ein, eine erforderliche, zunächst aber unterbliebene Begründung nachzuholen (§ 45 Abs. 1 Nr. 2 VwVfG). Gleichwohl dürfte die gänzlich (auch in den Verwaltungsvorgängen) fehlende Begründung einer Ermessensentscheidung auf eine – in materiellerer Hinsicht – bedeutsame Ermessensunterschreitung schließen lassen.   331

Um besondere Formen des Ermessens handelt es sich bei der Ermessensreduzierung bzw. -schrumpfung auf Null sowie dem intendierten Ermessen.   332

Im Fall einer **Ermessensreduktion** besitzt die Verwaltung ausnahmsweise (doch) keine Letztentscheidungskompetenz mehr. Stattdessen erweist sich im konkreten Sachverhalt faktisch nur eine einzige Entscheidung als ermessensfehlerfrei. Das betrifft etwa Fälle, in denen sich die Verwaltung über ermessenslenkende Verwaltungsvorschriften und den Gleichbehandlungsgrundsatz für die Zukunft gebunden hat. Denkbar sind ferner Sachverhalte, in denen unmittelbare Gefahren für höherrangige Rechtsgüter (Leben, Gesundheit, Eigentum) bestehen und die deshalb ein sofortiges und bestimmtes Einschreiten erfordern. So kann die Verwaltung im Rahmen ihres Entschließungsermessens nicht davon absehen, eine Fliegerbombe aus dem Zweiten Weltkrieg zu bergen bzw. zu entschärfen, die bei Straßenbauarbeiten entdeckt wird. Auf welche verhältnismäßige Weise sie dabei vorgeht, bleibt ihr jedoch überlassen (Absperrung der Gefahrenstelle, Evakuierung der Anwohner, Sprengung vor Ort, Abtransport der Bombe o. Ä.). Schließlich folgt auch aus einer Zusicherung im Sinne von § 38 Abs. 1 VwVfG eine Ermessensreduzierung auf Null.   333

In eine ähnliche Richtung weist die von der Rechtsprechung entwickelte **intendierte Form** des Ermessens. Hier hat der Gesetzgeber quasi die einzig infrage kommende Entscheidung der Verwaltung in eine bestimmte, generell vorgesehene Richtung gelenkt. Obwohl das Gesetz also ein Ermessen einräumt, hat die Verwaltung bei Vorliegen des Tatbestands und fehlender atypischer Umstände von der Rechtsfolge Gebrauch zu machen.   334

Beispiele finden sich in § 79 Abs. 1 Satz 1 BbgBO (Einstellung von Bauarbeiten), § 80 Abs. 1 Satz 2 BbgBO (Nutzungsuntersagung) und § 49 Abs. 3 Satz 1 Nr. 2 VwVfG (Widerruf eines rechtmäßigen Verwaltungsakts, der eine Geld- oder eine Sachleistung gewährt). Ein besonderer, atypischer Grund, trotz Vorliegens der Tatbestandsvoraussetzungen ausnahmsweise von einer Nutzungsuntersagung abzusehen, könnte darin liegen, dass der Bauherr bereits einen Bauantrag für die Nutzung gestellt hat und sich deren Genehmigungsfähigkeit offensichtlich aufdrängt.   335

Schließlich kann es Fälle geben, in denen der Wortlaut des Gesetzes weder ein Muss noch ein Kann, sondern ein **Soll** in der Rechtsfolge vorsieht. Derartige Vorschriften geben in der Regel ebenfalls eine bestimmte Entscheidung vor, tendieren also in Richtung einer gebundenen Entscheidung, lassen aber ausnahmsweise – bei atypischen Konstellationen – Abweichendes zu.   336

337   Verwiesen sei auf § 20 Abs. 2 Satz 1 BImSchG. Danach »soll« die zuständige Behörde anordnen, dass eine Anlage, die ohne die erforderliche Genehmigung errichtet, betrieben oder wesentlich geändert wird, stillzulegen oder zu beseitigen ist. Hier bedeutet »soll« regelmäßig »muss«. Nur aus besonderen, einzelfallbezogenen Gründen wäre »kann« zu erwägen. Man spricht daher auch von einem rechtlich gebundenen Ermessen.

1.6   Rechtsfortbildung

338   Bei der Auslegung einer Rechtsnorm ihrem Wortlaut nach bildet die Bedeutung eines Ausdrucks gleichermaßen den Ausgangspunkt wie die Grenze der Auslegungstätigkeit. Eine Deutung, die nicht mehr vom möglichen Wortsinn gedeckt ist, sondern diesen überschreitet, ist keine Auslegung mehr, sondern eine Ergänzung oder Umdeutung der Norm.

339   Derartige Korrekturen des Gesetzeswortlauts entsprechend dem Gesetzeszweck fallen in den Bereich der Rechtsfortbildung. Sie resultiert aus dem Umstand, dass die Rechtsordnung ein sich ständig weiterentwickelndes System von Regelungen darstellt. Kein Gesetz ist in der Lage, für alle Zeiten feststehend sämtliche denkbaren Lebenssachverhalte zu erfassen. Vielmehr können sich – entsprechend den gesellschaftlichen Entwicklungen – zwangsläufig Regelungslücken ergeben, die nicht vorhersehbar waren.

340   Die Rechtsfortbildung dient somit der Ausbildung und Aufnahme neuer Rechtsgedanken. Zu ihren Instrumenten zählen u. a. die Analogie, der Erst-recht-Schluss und der Umkehrschluss.

1.6.1   Analogie

341   Bei der analogen Rechtsanwendung geht es um die **entsprechende Anwendung** einer einzelnen Rechtsnorm (Gesetzesanalogie) oder mehrerer Bestimmungen (Rechtsanalogie). Es handelt sich um ein Rechtsgewinnungsverfahren, bei dem Normen auf einen Sachverhalt angewendet werden, der von ihnen nicht unmittelbar erfasst wird.

342   Das setzt einen bestimmten Konfliktfall voraus, der gelöst werden muss, aber augenscheinlich nicht gelöst werden kann, weil eine gesetzliche Regelung fehlt. Es bedarf insoweit einer planwidrigen, »echten«, vom Gesetzgeber ungewollten, übersehenen **Lücke im Gesetz**. »Unechte«, vom Gesetzgeber bewusst belassene Lücken fallen nicht hierunter.

343   Um herauszufinden, ob und welche Art von Lücke vorliegt, sind die gängigen Auslegungsmethoden anzuwenden. Darüber hinaus muss der Normzweck der analog anzuwendenden Norm auf den ungeregelten Konfliktfall passen. Der normierte und der nicht ausdrücklich geregelte Sachverhalt müssen insoweit einander ähneln.

344   Der gemeinsame Zweck, der beide Fälle verbindet, wird in erster Linie im Wege der systematischen Auslegung ermittelt. Dabei ist zunächst der **Zweck der Norm** zu bestimmen,

die analog angewendet werden soll (a). Sodann ist die Interessenlage des zu entschei-
denden Falls zu analysieren, für den keine Norm unmittelbar greift (b). Schließlich wird der
Normzweck zu a) mit der **Interessenlage** zu b) verglichen. Ergibt sich eine wesentliche
Ähnlichkeit, ist eine analoge Rechtsanwendung gerechtfertigt.

Beispiele stellen § 49 Abs. 2 Satz 1 Nr. 5 VwVfG sowie § 42 Abs. 2, § 80 Abs. 2 Satz 1   345
Nr. 2 VwGO dar. Wenn nach § 49 Abs. 2 Satz 1 Nr. 5 VwVfG ein rechtmäßig begünstigender Verwaltungsakt widerrufen werden kann, um schwere Nachteile für das Gemeinwohl zu verhüten, so gilt das entsprechend bei ernsthaften Gefahren von Leben
und Gesundheit Einzelner. § 42 Abs. 2 VwGO betrifft zwar lediglich die Statthaftigkeit
von Anfechtungs- und Verpflichtungsklagen, gilt aber analog für Widersprüche, da
der mit der Vorschrift bezweckte Ausschluss von Popularrechtsbehelfen auch Popu-
larwidersprüche erfassen soll. § 80 Abs. 2 Satz 1 Nr. 2 VwGO gilt zwar ausdrücklich
nur für Maßnahmen der Polizei, wegen ihrer Funktionsgleichheit jedoch analog für
Verkehrsschilder.

Manche Normen bestimmen auch ausdrücklich eine entsprechende Anwendung, wie   346
§ 31 Abs. 1, § 49 Abs. 2 Satz 2 VwVfG sowie § 176 Abs. 5 Satz 2 und Abs. 6 BauGB.

Die analoge Rechtsanwendung ist ein Anwendungsfall des Gleichheitssatzes aus Art. 3   347
Abs. 1 GG. Als dessen Folge stellt sie einen Unterfall der systematischen Auslegung
dar. Unzulässig bleibt sie allerdings bei Straftatbeständen zulasten des Täters (Art. 103
Abs. 2 GG, § 1 StGB).

1.6.2   Erst-recht-Schluss

Verwandt mit der Analogie ist der Erst-recht-Schluss (argumentum a fortiori). Auch er ist   348
eine Methode der Rechtsfortbildung zur Herstellung systematischer Zusammenhänge
und rechtfertigt sich aus dem Gleichbehandlungsgebot.

Danach muss, wenn eine Rechtsnorm für einen Tatbestand eine bestimmte Rechtsfolge   349
vorsieht, diese erst recht für einen ähnlichen Tatbestand gelten. Es wird entweder von
einer weitergehenden Regelung auf eine engere Regelung geschlossen (argumentum a
maiore ad minus) oder umgekehrt (argumentum a maiore ad maius).

Beispiele für den ersten Fall bilden § 44 Abs. 2 Nr. 5 VwVfG und § 35 Satz 1 BeamtStG.   350
Ist danach ein Verwaltungsakt unwirksam, der eine Straftat verlangt, gilt das erst recht für
Verwaltungsakte, die eine Straftat erlauben (§ 44 VwVfG). Haben Beamte ihre Vorgesetzen
zu beraten und zu unterstützen, so haben sie erst recht mit ihnen zusammenzuarbeiten
(§ 35 BeamtStG)

Umgekehrt, von einer engeren auf eine weitergehende Regelung, kann man u. a. bei Art. 14   351
Abs. 3 GG schließen. Sind danach Entschädigungen für rechtmäßige Enteignungen zu
leisten, gilt das erst recht bei rechtswidrigen Enteignungen.

1.6.3   Umkehrschluss

352   Der Umkehrschluss (argumentum e contrario) dient ebenfalls der Herstellung systematischer Zusammenhänge. Er steht der Analogie und dem Erst-recht-Schluss jedoch gegenüber, weil er bestimmt, dass eine Rechtsfolge, die (nur) an einen bestimmten Tatbestand
geknüpft ist, für andere, auch ähnliche Sachverhalte gerade nicht gilt.

353   Hier ist die Nichtregelung im Gesetz nicht als Lücke zu verstehen, sondern als negative Antwort. Von unterschiedlichen Voraussetzungen wird auf unterschiedliche Folgen
geschlossen. Auch dies ist – wie bei der Analogie und dem Erst-recht-Schluss – durch
Auslegung zu ermitteln.

354   Sieht beispielsweise § 72 Abs. 1 Satz 1 BbgBO vor, dass eine Baugenehmigung zu erteilen ist, wenn das Vorhaben in Einklang mit den öffentlich-rechtlichen Vorschriften steht,
so ist umgekehrt daraus zu schließen, dass die Genehmigung zu versagen ist, wenn
das Vorhaben den öffentlich-rechtlichen widerspricht. Haben nach Art. 8 Abs. 1 GG alle
Deutschen das Recht, sich ohne Anmeldung oder Erlaubnis friedlich und ohne Waffen zu
versammeln, dann gilt dieses Recht gerade nicht für gewalttätige Versammlungen. Belegt
§ 43 Abs. 3 VwVfG nichtige Verwaltungsakte mit ihrer Unwirksamkeit, sind »lediglich«
rechtswidrige Verwaltungsakte demgegenüber wirksam (vgl. auch § 44 Abs. 3 VwVfG).

1.7   Übungsfälle

355   1.   Welchem Grundsatz und welchen Prinzipien ist die öffentliche Verwaltung aus
Art. 20 Abs. 3 GG verpflichtet?

356   2.   Was sind Realakte? Worin unterscheiden sie sich von Regelungen der öffentlichen Verwaltung?

357   3.   Wodurch ist ein öffentlich-rechtlicher Vertrag gekennzeichnet?

358   4.   Was macht die kommunale Selbstverwaltung aus?

359   5.   Was kennzeichnet öffentliches Recht, was privates Recht?

360   6.   Wie lassen sich öffentliches und privates Recht abgrenzen?

361   7.   Auf welche Weise kann die öffentliche Verwaltung am privaten Rechtsverkehr
teilnehmen? Welche Folgen ergeben sich daraus?

362   8.   Weshalb ist die Unterscheidung zwischen öffentlichem und privatem Recht von
Bedeutung?

9.   Wodurch unterscheiden sich Rechtsverordnungen von formellen Gesetzen,   363
        Satzungen und Verwaltungsvorschriften?

10.   Ordnen Sie die Rechtsnormen entsprechend ihres Geltungsvorrangs, beginnend   364
        mit der ranghöchsten!

        a.   § 4 Abs. 1 BauNVO
        b.   § 242 BGB
        c.   § 10 Abs. 1 HundehV
        d.   Art. 8 Abs. 1 Satz 1 Verfassung des Landes Brandenburg
        e.   § 25a Abs. 1 Satz 1 OBG
        f.   Art. 2 Abs. 2 Satz 1 GG
        g.   § 4 Abs. 1 Stellplatzsatzung der Landeshauptstadt Potsdam
        h.   Art. 3 Abs. 4 Vertrag über die Europäische Union

11.   Wann ist eine Rechtsnorm spezieller als eine andere? Was bedeutet das für   365
        das Anwendungsverhältnis der Normen?

12.   Was ist unter »Richterrecht« zu verstehen?   366

13.   Was bedeutet es, dass belastende Maßnahmen der öffentlichen Verwaltung   367
        gegenüber dem Bürger stets auch erforderlich sein müssen?

14.   Um welche Art von Rechtsnorm handelt es sich: Ermächtigungsgrundlage,   368
        Hilfsnorm, Gegennorm oder Verbotsnorm?

        a. § 7 Nr. 2 BbgGastG
        b. § 87 Abs. 6 Satz 1 BbgWG
        c. § 10 Abs. 2 Satz 1 Nr. 4 LImSchG
        d. § 3 Abs. 3 BbgGastG
        e. § 15 Satz 1 LImSchG
        f. § 25a Abs. 2 Satz 3 OBG
        g. § 28 Abs. 2 Nr. 1 VwVfG
        h. § 20 Abs. 1 Satz 1 BbgStrG
        i. § 1 Abs. 2 VwVfGBbg
        j. § 13 Satz 1 BNatSchG
        k. § 14 Abs. 1 BNatSchG

15.   Benennen Sie fünf bis acht Ermächtigungsgrundlagen aus folgenden Rechts-   369
        quellen: Brandenburgische Bauordnung, Brandenburgisches Gaststättengesetz,
        Gewerbeordnung, Ordnungsbehördengesetz, Verwaltungsvollstreckungsgesetz
        Brandenburg! Ermitteln Sie jeweils die Tatbestandsmerkmale und die Rechts-
        folge!

16.   Was versteht man unter unbestimmten Rechtsbegriffen? Nennen Sie drei Bei-   370
        spiele!

371   **17.**   Was bedeutet es, die Verwaltung müsse Ermessen stets pflichtgemäß ausüben?

372   **18.**   Worauf erstreckt sich ein Ermessen der Verwaltung?

373   **19.**   Worin liegen Vor- und Nachteile von Ermessensentscheidungen?

374   **20.**   Welche juristischen Arbeitstechniken helfen beim Umgang mit unbestimmten Rechtsbegriffen und Lücken im Gesetz?

375   **21.**   Werden von § 17 Abs. 1 i. V. m. § 20 BMG auch Wochenendhäuser erfasst?

376   **22.**   Können Behörden im Rahmen des § 42 VwVfG allein *offenbare* Schreibfehler berichtigen, oder bezieht sich die Norm auf jeden Schreibfehler?

Kapitel 2
Verwaltungsorganisationsrecht

Wesentliches Kennzeichen des Rechts- und Bundesstaats der Bundesrepublik ist nicht $\quad$ 377
nur eine horizontale Gewaltenteilung zwischen Legislative, Exekutive und Judikative
(Art. 20 Abs. 2 Satz 2 GG). Hinzu tritt eine pluralistische Organisation der administrativen
Exekutive auf vertikaler Ebene. Diese **Dezentralisation** beinhaltet die Teilung von Aufga-
ben und Kompetenzen zwischen Bund und Ländern einschließlich der Gemeinden und
Gemeindeverbände sowie verschiedenen weiteren Verwaltungsträgern.

Die **Gesetzgebungskompetenzen** dafür werden durch Art. 70 Abs. 1 GG regelmäßig den $\quad$ 378
Ländern zugewiesen, soweit die Verfassung nicht dem Bund entsprechende Befugnisse
verleiht. Hinsichtlich der Verwaltungsorganisation auf Länderebene besitzt der Bund nur
ausnahmsweise Kompetenzen. Das betrifft den Vollzug der Bundesgesetze durch die
Länder als eigene Angelegenheit (Art. 84 Abs. 1 GG) und den Vollzug von Bundesgesetzen
im Auftrag des Bundes (Bundesauftragsverwaltung, Art. 85 Abs. 1 GG). Anders als im
zweiten Fall sind die Länder im Rahmen von Art. 84 Abs. 1 GG grundsätzlich berechtigt,
abweichende Organisationsvorschriften zu erlassen.

Die Verteilung der **Verwaltungskompetenzen** zwischen Bund und Ländern richtet sich $\quad$ 379
dagegen nach Art. 83 ff. GG. Danach sind die Zuständigkeiten grundsätzlich getrennt. Die
Länder führen die Bundesgesetze als eigene Angelegenheit aus, soweit die Verfassung
nicht anderes bestimmt oder zulässt. Damit werden die Länder vor einem Eindringen des
Bundes in die ihnen vorbehaltenen exekutiven Bereiche geschützt. Ein direkter Zugriff
des Bundes auf die Gemeinden und Gemeindeverbände ist ohnehin unzulässig (Art. 84
Abs. 1 Satz 7 GG). Besonderheiten gelten für die Finanzverwaltung (Art. 108 GG) und
den Lastenausgleich (Art. 120a GG).

Im Rahmen der Aufteilung von **Verwaltungskompetenzen** wird zwischen vier Verwal- $\quad$ 380
tungstypen unterschieden: der Eigen- bzw. originären Landesverwaltung (Art. 84 GG),
der Auftragsverwaltung (Art. 85 GG, z. B. Bundesstraßenwasserverwaltung Art. 89 Abs. 2
Satz 3 GG), der originären Bundesverwaltung (Art. 86 GG, z. B. Bundesfinanzverwaltung
Art. 87 Abs. 1 Satz 1 GG) sowie der Landesverwaltung.

Daneben können zwischen Bund und Ländern (z. B. Oberfinanzdirektionen) sowie den $\quad$ 381
Ländern untereinander (z. B. Stiftung für Hochschulzulassung, früher bekannt als Zentral-
stelle für die Vergabe von Studienplätzen) gemeinsame Verwaltungseinrichtungen auf
Grundlage von Staatsverträgen und Verwaltungsabkommen geschaffen werden.

382   Die Vorteile einer derartigen arbeitsteiligen Struktur liegen neben der vertikalen Gewal-
       tenteilung u. a. in einer Entlastung der unmittelbaren Staatsverwaltung, einer größeren
       Sach- und Bürgernähe von Verwaltungsentscheidungen, kürzeren Dienstwegen sowie
       einer erhöhten Flexibilität von Verwaltungshandeln. Als nachteilig können sich eine
       verringerte Effizienz und Leistungsfähigkeit, die Gefahr divergierender Entscheidungen,
       Kompetenzkonflikte sowie Steuerungs- und Kontrollverluste erweisen.

2.1   Begriff der Verwaltungsorganisation

383   Materielle Verwaltungstätigkeit – die inhaltliche Umsetzung von Recht – erfordert einen
       institutionellen Rahmen. Ohne entsprechende Organe hinge »Verwalten« quasi in der
       Luft. Das Definitionsspektrum der öffentlichen Verwaltung beinhaltet deshalb zunächst
       einen organisatorischen Kern.

384   Dieser befasst sich mit den Organen und der Organisation der staatlichen Verwaltung.
       Die Organisationsgewalt beinhaltet das Recht, Verwaltungsträger und **Behörden** einzu-
       richten, zu ändern und aufzuheben; sie beschäftigt sich mit deren Aufbau, Ausstattung
       und Zuständigkeiten sowie ihren Beziehungen untereinander.

385   Das hat nicht nur einen theoretischen Hintergrund, sondern ist in konkreten Verwaltungsver-
       fahren von Bedeutung. Die Frage nach der handelnden Behörde stellt sich etwa bei Erlass
       eines Verwaltungsakts (z.B. Widerspruchsbescheid); dieser ist durch die zuständige Behörde
       zu erlassen (§ 73 Abs. 1 VwGO). Wer diese Behörde ist, wo sie im Staatsaufbau angesiedelt
       ist, wie sie strukturiert ist, wem sie unter- oder überstellt ist, welche Kompetenzen sie be-
       sitzt – all dies ist Gegenstand des Verwaltungsorganisationsrechts und ergibt sich in erster
       Linie aus dem Grundgesetz sowie den Gesetzen, etwa dem Landesorganisationsgesetz.

386   Entsprechend der Vielschichtigkeit der öffentlichen Verwaltung geht auch der Begriff der
       Verwaltungsorganisation von verschiedenen Ansätzen aus. Überwiegend wird zwischen
       einer institutionellen und einer instrumentellen Sichtweise differenziert.

2.1.1   Institutionell

387   Der institutionelle Ansatz betrachtet die Verwaltung als eine Organisation, d.h. eine tat-
       sächlich existierende Einheit, bestehend aus personellen und sachlichen Ressourcen.

2.1.2   Instrumentell

388   Nach der instrumentellen Sichtweise dient die Institution »Verwaltung« der Erfüllung
       bestimmter Aufgaben, aus denen verschiedene Verwaltungsstrukturen resultieren. Dazu
       zählen nur solche Aufgaben, die dem Staat zugerechnet werden können. Der Staat muss
       letztverantwortliches Zurechnungssubjekt sein. Damit richtet sich der Blick zugleich auf
       die unterschiedlichen Funktionen der Verwaltung.

Zunächst stellt sie eine Entscheidungs- und Handlungseinheit dar. Das macht sich u. a. an   389
ihrer **Aufbauorganisation** und ihrer Ablauforganisation fest. Erstere hat die Verteilung von
Aufgaben und Kompetenzen auf verschiedene Teile der Gesamtorganisation zum Inhalt.
Als »Gerüst« existieren verschiedene Arten von **Geschäftsverteilungsplänen**, die stets
hierarchisch gegliedert sind. Die Entscheidungsstruktur kann zentral oder dezentral bzw.
monokratisch oder kollegial ausgerichtet sein. Die Weisungsstruktur kann als Linienor-
ganisation mit Stäben und Linien bzw. als Matrixorganisation erfolgen. Zum klassischen
Aufbau einer Stadtverwaltung gehören beispielsweise Querschnitts- und Fachaufgaben,
d. h. Bereiche der inneren Verwaltung (z. B. Fachbereiche »Organisation und Personal«,
»Finanzen«), solche mit Außenwirkung gegenüber dem Bürger (z. B. Fachbereiche »Ju-
gend, Soziales, Gesundheit«, »Kultur«, »Ordnung und Sicher-heit«, »Bauen und Umwelt«)
sowie Stabsstellen, Referenten und Beauftragte.

Die **Ablauforganisation** betrifft demgegenüber das innere Verfahren von Verwaltungsor-   390
ganisationen, d. h. den büromäßigen Geschäftsablauf. Sie überschneidet sich teilweise
mit dem Verwaltungsverfahrensrecht. Hier sollen auch die Eigenverantwortung der
Beschäftigten gestärkt sowie die Gleichstellung von Frauen und Männern verwirklicht
werden (§ 2 LOG). Hinzu treten koordinierende Mechanismen, die die einzelnen Organisa-
tionsteile durch Anordnungen (z. B. Allgemeine Geschäftsanweisungen, Rundschreiben,
Rundverfügungen), Vereinbarungen (z. B. Dienstvereinbarung über gleitende Arbeitszeiten)
u. Ä. verbinden.

Ungeachtet ihrer internen Querschnittsaufgaben dienen Verwaltungsorganisationen stets   391
und letztlich dem nach außen gerichteten Wohl der Allgemeinheit. Dabei haben sie auch
Wirtschaftlichkeits-, d. h. Effektivitäts- und Effizienzgesichtspunkte, zu beachten (Art. 114
Abs. 2 Satz 1 GG, § 2 LOG).

Darüber hinaus sind sie Steuerungsobjekte. Sie koordinieren die durch die Legislative   392
vorgegebenen oder die eigenen, selbstverwaltenden Zielvorgaben.

Zentral ist schließlich der exekutive Vollzug materiellen Rechts. Dieser umfasst unter-   393
schiedliche Bereiche und reicht von der leistenden über die eingreifende bis hin zur
abgabenrechtlichen und planenden Verwaltung.

Jede dieser Funktionen wirkt sich auf die Verwaltungsorganisation und das Organisations-   394
recht aus. Betroffen sind gleichermaßen die unmittelbare wie die mittelbare Staatsverwaltung. Beide zeichnen sich durch ein hohes Maß an vor allem vertikaler Dekonzentration
aus. Die einzelnen Verwaltungsbefugnisse werden also auf verschiedene Behörden von
oben nach unten verteilt (Verwaltungsunterbauten).

Für eine derartige Dekonzentration sprechen vor allem die größere Fachkompetenz der   395
unteren Verwaltungsorganisationen sowie die Bürgernähe ihrer Entscheidungen. Als nach-
teilig können sich die erschwerte Durchsetzbarkeit politischer Zielvorgaben, eine geringere
Effizienz bei einer erhöhten Kostenlast, die übermäßige Betonung von Spezialinteressen
(»Tunnelblick«) sowie ein erhöhter Koordinierungsbedarf und -aufwand erweisen.

2.2   Unmittelbare Staatsverwaltung

396   Zur unmittelbaren Staatsverwaltung gehören die Verwaltungsorganisationen, die nicht selbst Verwaltungsträger sind, sondern als Organe eines Verwaltungsträgers dessen Aufgaben wahrnehmen. Träger der Verwaltung ist also der Staat im engeren Sinne selbst. Er führt bestimmte Aufgaben durch eigene Behörden aus.

397   Entsprechend des föderalen Aufbaus der Bundesrepublik umfasst die unmittelbare Staatsverwaltung den **Bund** und die **Länder**. Daraus resultieren die Bundeseigenverwaltung sowie 16 Ländereigenverwaltungen, jeweils mit unterschiedlichen Ebenen bzw. Instanzen. Ausübung und Erfüllung der staatlichen Befugnisse und Aufgaben sind Sache der Länder, soweit das Grundgesetz keine andere Regelung trifft oder zulässt (Art. 30 GG).

2.2.1   Bund

398   Die wichtigsten Gegenstände der bundeseigenen Verwaltung beinhaltet Art. 87 GG. Zu ihnen gehören u. a. der Auswärtige Dienst und die Bundesfinanzverwaltung.

399   Mit Blick auf die vertikale Ausrichtung des Verwaltungsaufbaus wird unterschieden zwischen obersten Bundesbehörden, Bundesoberbehörden, Bundesmittelbehörden und örtlichen Bundesbehörden (Unterstufe). Es handelt sich nicht um allgemeine Verwaltungsbehörden, da diese nach der Verteilung der Verwaltungskompetenzen bei den Ländern liegen (Art. 83 ff. GG), vielmehr um Sonderverwaltungsbehörden für spezielle, nur dem Bund zugeordnete Aufgaben.

400   **Oberste Bundesbehörden** sind u. a. der Bundespräsident mit dem Bundespräsidialamt, die Bundesregierung, der Bundeskanzler mit dem Bundeskanzleramt und die Bundesminister mit den Bundesministerien (z. B. Bundesministerium des Innern, Bundesministerium der Finanzen, Auswärtiges Amt). Sie besitzen jeweils Verfassungsrang und unterstehen keinen anderen Behörden. Die sonstigen Bundesbehörden leiten sich aus ihnen ab.

401   Nachgeordnet – den Ministerien also untergeordnet – sind zunächst die **Bundesoberbehörden** (z. B. Bundesamt für Verfassungsschutz, Bundeskriminalamt, Kraftfahrt-Bundesamt, Statistisches Bundesamt, Umweltbundesamt). Deren Zuständigkeit betrifft das gesamte Bundesgebiet, die Aufgabenwahrnehmung erfolgt zentral. Deshalb verfügen sie in der Regel über keinen eigenen Verwaltungsunterbau. Eine Ausnahme bildet u. a. das dem Bundesminister des Innern nachgeordnete Bundespolizeipräsidium, dem die Bundespolizeidirektionen als Unterbehörden nachgeordnet sind.

402   Anders dagegen bei den **Bundesmittelbehörden** (z. B. Bundesagentur für Arbeit, Oberfinanzdirektionen, Wasser- und Schifffahrtsdirektionen) sowie den **unteren Bundesbehörden** (z. B. Hauptzollämter, Wasser- und Schifffahrtsämter). Deren Errichtung ist nur auf bestimmten Verwaltungsgebieten zulässig. Bezogen auf die obersten Bundesbehörden ist hier zudem ein Verwaltungsunterbau vorhanden. Ihnen obliegt – wie den Gemeinden

und Gemeindeverbänden auf Länderebene – der Hauptteil der Verwaltungstätigkeiten
auf Bundesebene.

Daneben gibt es bestimmte **unselbstständige Einrichtungen**, die sich in den v. g.   403
Verwaltungsaufbau schwer einordnen lassen. Dazu zählen u. a. die Bundeszentrale für
politische Bildung sowie der Generalbundesanwalt.

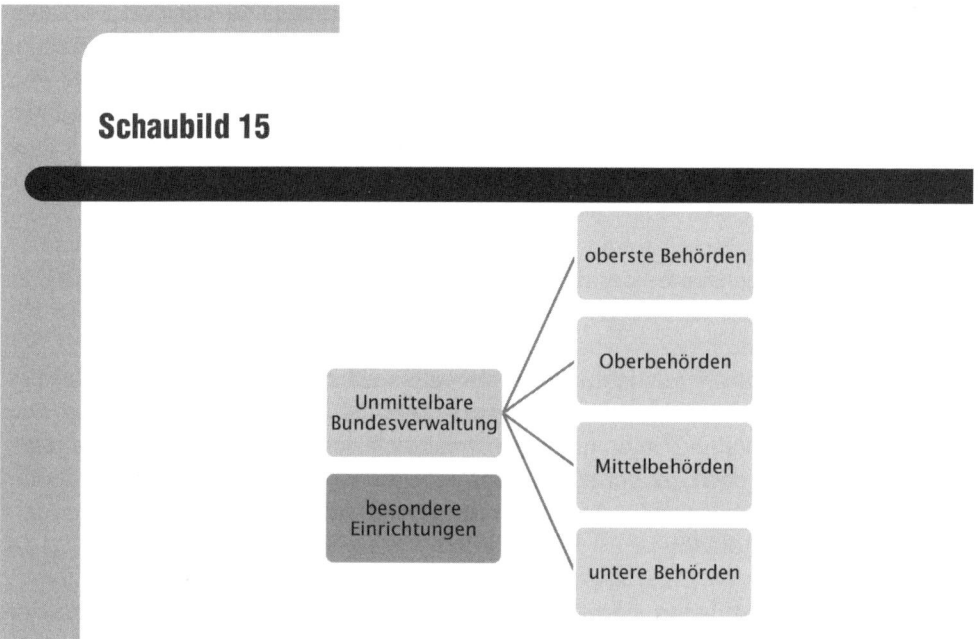

Schaubild 15

2.2.2 Länder

Den überwiegenden Teil der Verwaltungsaufgaben weist das Grundgesetz den Ländern   404
zu. Dazu zählen u. a. die Bereiche des allgemeinen Polizei- und Ordnungsrechts sowie
des Bauordnungsrechts (»Baupolizeirecht«), außerdem diverse Aufgaben aus dem Na-
turschutz-, dem Wasser- und dem Wirtschaftsverwaltungsrechts.

Trotz einiger organisatorischer und örtlicher Besonderheiten innerhalb der Länder wird mit   405
Blick auf die vertikale Ausrichtung des Verwaltungsaufbaus regelmäßig zwischen obersten
Landesbehörden, Landesoberbehörden, Landesmittelbehörden (nicht in Brandenburg)
und unteren Landesbehörden (Unterstufe) unterschieden.

Im Gegensatz zum Bund haben die Länder ihren Verwaltungsaufbau gesetzlich geregelt.   406
Für die Behörden und Einrichtungen des Landes Brandenburg ist neben der Brandenburgischen Kommunalverfassung das Landesorganisationsgesetz maßgebend. Hiernach
ergibt sich ein **zweistufiger Verwaltungsaufbau** aus Ober- und Unterstufe (§ 3 Abs. 1 LOG).

407 Andere Bundesländer verfügen mit einer zusätzlichen Mittelstufe (z. B. Regierungspräsidien) über einen dreistufigen Verwaltungsaufbau.

408 **Oberste Landesbehörden** in Brandenburg sind gemäß § 5 Abs. 1 LOG die Landesregierung, der Ministerpräsident sowie die Landesminister bzw. -ministerien (z. B. Ministerium des Innern und für Kommunales, Ministerium der Finanzen, Ministerium für Infrastruktur und Landesplanung). Sie unterstehen keinen anderen Behörden. Die sonstigen Landesbehörden – die zweite Organisationsstufe im Land Brandenburg – leiten sich aus ihnen ab.

409 **Nachgeordnet** sind gemäß § 7 Abs. 1 LOG zunächst die **Landesoberbehörden** (z. B. Landesämter für Arbeitsschutz, Bauen und Verkehr, Soziales und Versorgung sowie für Umwelt, Polizeipräsidium, Zentrale Ausländerbehörde). Sie nehmen als Sonderverwaltungsbehörden bestimmte Aufgaben für das gesamte Landesgebiet wahr. Anders als die Bundesoberbehörden können sie über einen eigenen Verwaltungsunterbau in Form von **besonderen unteren Landesbehörden** verfügen (z. B. Finanzämter, Schulämter § 8 Abs. 2 LOG).

410 Die **allgemeinen unteren Landesbehörden** unterstehen ebenfalls einer obersten Landesbehörde und sind für Teile des Landes zuständig (§ 8 Abs. 1 LOG). Über sie geschieht eine Verknüpfung staatlicher Aufgaben mit der kommunalen Ebene (Dezentralisation). Folglich werden sie durch die Landräte und die Oberbürgermeister der kreisfreien Städte als untere staatliche Verwaltungsbehörden repräsentiert. Diese bekleiden somit demnach über eine Doppelstellung. Einerseits sind sie gewählte Organe der Selbstverwaltungskörperschaft »Landkreis« bzw. »Stadt«, andererseits handelt es sich um als allgemeine untere Landesbehörden bestellte Organe der Staatsverwaltung.

411 Daneben verfügen auch die Länder über bestimmte, rechtlich unselbstständige, organisatorisch **gesonderte Einrichtungen**. Zu ihnen zählen etwa die Brandenburgische Landeszentrale für politische Bildung, die Fachhochschulen der Polizei und für Finanzen des Landes Brandenburg, die Justizvollzugsanstalten sowie der Landesbetrieb Straßenwesen Brandenburg, der Bundesautobahnen sowie Bundes- und Landesstraßen plant, baut und betreibt (§ 9 LOG).

Schaubild 16

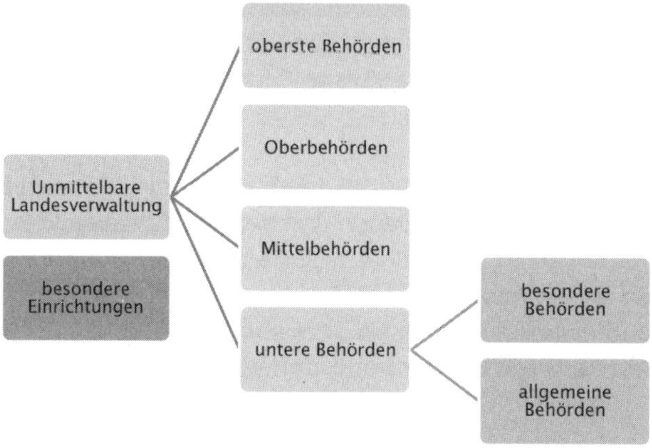

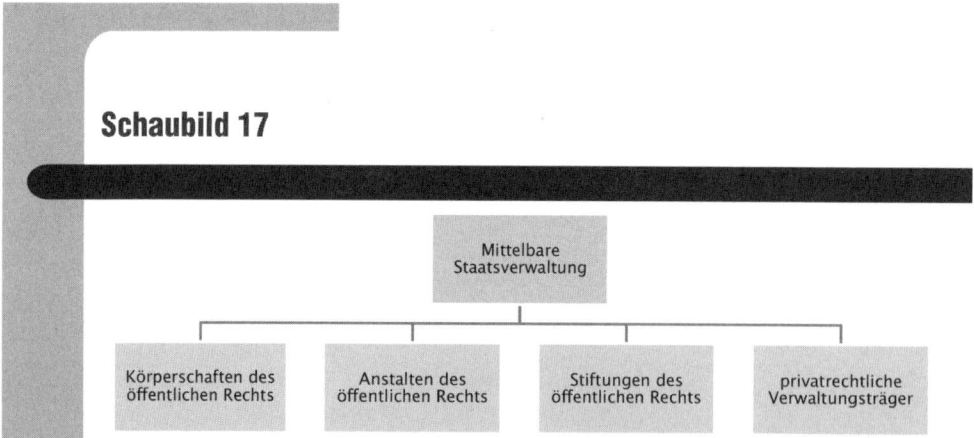

2.3   Mittelbare Staatsverwaltung

Zur mittelbaren Staatsverwaltung gehören die Verwaltungsorganisationen, die selbst Verwaltungsträger sind, d. h. mittelbar dem Bund oder den Ländern angehören. Sie treten als **Körperschaften, Anstalten** und **Stiftungen** des öffentlichen Rechts auf, aber auch als **Beliehene** sowie sonstige natürliche oder juristische Personen des Privatrechts, die dem Staat zugerechnet werden. Unterschieden wird zudem zwischen Verwaltungsträgern mit Selbstverwaltungsbefugnissen und solchen ohne Selbstverwaltungsbefugnisse. Der Staat bedient sich für die Aufgabenerfüllung hier also dritter, rechtlich selbstständiger Organisationseinheiten.

412

Schaubild 17

413   Gegenstand von Selbstverwaltung ist die Wahrnehmung eigener Angelegenheiten im Sinne von Sonderinteressen durch rechtsfähige, mitgliedschaftlich organisierte Verwaltungsträger unter Rechtsaufsicht des Staates. Ihre bedeutendste Erscheinungsform stellt die kommunale Selbstverwaltung dar (Art. 28 Abs. 2 GG, Art. 97 Abs. 1 Satz 1 der Verfassung des Landes Brandenburg).

414   Daneben verfügen Verwaltungsträger aus den unterschiedlichsten Bereichen über eigene Entscheidungsbefugnisse in ihren Angelegenheiten. Zu ihnen gehören die universitäre Selbstverwaltung, die Kammern der freien Berufe (z. B. Ärzte- und Rechtsanwaltskammern) sowie die Wirtschaftskammern wie die Industrie-, Handels-, Handwerks- und Landwirtschaftskammern. Einen speziellen Fall bilden die Träger der sozialen Selbstverwaltung nach § 29 Abs. 1 SGB IV (z. B. Krankenkassen und Kassenärztliche Vereinigungen).

2.3.1   Körperschaften

415   Körperschaften des öffentlichen Rechts werden durch einen (staatlichen) Hoheitsakt geschaffen. Sie haben **Mitglieder**, sind von deren wechselnder Besetzung aber unabhängig (Personenzusammenschlüsse). Ihr Zweck ist es, bestimmte öffentliche Aufgaben zu erfüllen, regelmäßig mit hoheitlichen Verwaltungsmitteln. Dabei unterliegen sie einer staatlichen Aufsicht.

416   Unterschieden wird zwischen Gebiets-, Personal-, Real- und Verbandskörperschaften.

417   **Gebietskörperschaften** sind solche Körperschaften des öffentlichen Rechts, die mit Gebietshoheit ausgestattet sind und bei denen sich die Mitgliedschaft aus dem Wohnsitz im Gebiet der Körperschaft ergibt, sodass jedermann, der sich auf ihrem Gebiet dauerhaft aufhält, der Herrschaftsgewalt der Körperschaft unterworfen ist. Im Unterschied zu sonstigen Körperschaften tritt außerdem die unmittelbare Wahl einer eigenen demokratischen Vertretung hinzu. Neben dem Bund und den Ländern zählen zu ihnen die Gemeinden und die Gemeindeverbände (vgl. § 1 Abs. 1 Satz 3, § 122 Abs. 1 BbgKVerf).

418   Bei **Personalkörperschaften** ist entweder der erklärte Wille einer Person (z. B. Beitrittserklärung) Voraussetzung für die Mitgliedschaft oder eine bestimmte Eigenschaft (z. B. Berufsgruppenzugehörigkeit). Zu ihnen gehören u. a. die Architekten- und die Rechtsanwaltskammern sowie die Sozialversicherungsträger.

419   Bei **Realkörperschaften** ist zwischen Liegenschaftskörperschaften, die auf eine Rechtsbeziehung zu einem Grundstück oder einem Wasserlauf abstellen (z. B. Wasser- und Bodenverbände), und Betriebskörperschaften, die auf einen Betrieb bestimmter Art abstellen (z. B. Industrie- und Handelskammern), zu unterscheiden. Die Zugehörigkeit zu ihnen resultiert also aus dem Innehaben einer konkreten Sache oder Sachberechtigung.

420   Um **Verbandskörperschaften** handelt es sich, wenn die Mitglieder mehrerer ausschließlich juristische Personen sind, die eine öffentliche Aufgabe aus Gründen einer gesteigerten Leistungsfähigkeit und -kraft gemeinsam wahrnehmen. Zu ihnen zählen beispielsweise kommunale Zweckverbände.

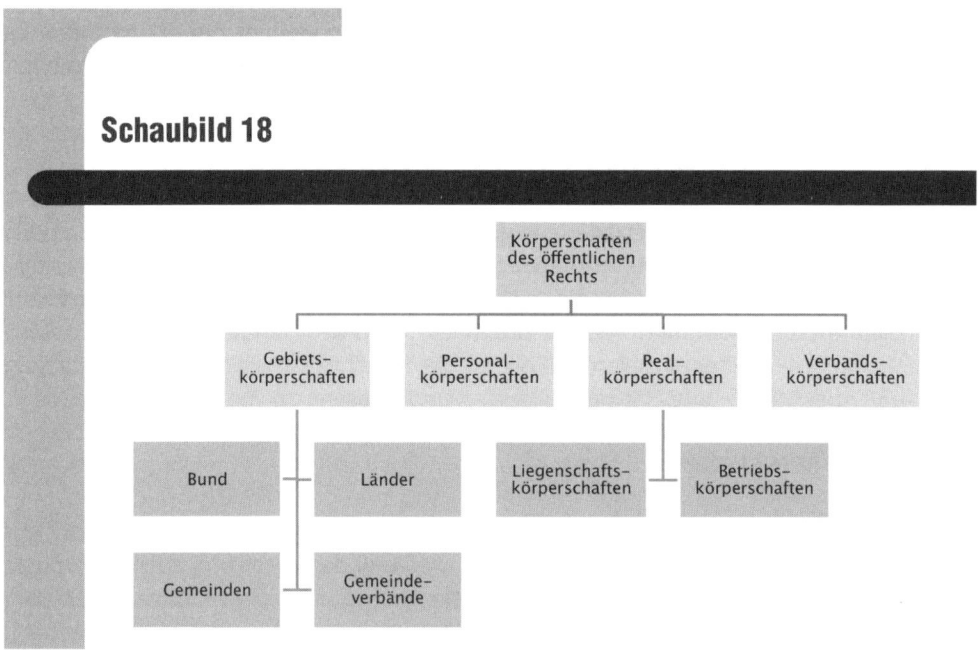

Schaubild 18

2.3.2   Anstalten

Anstalten des öffentlichen Rechts sind zu Rechtspersonen erhobene Organisationen,   421
die mit eigenen personellen und sachlichen Mitteln in der Hand eines Trägers der
öffentlichen Verwaltung liegen. Auch sie dienen dauerhaft einem besonderen öffentlichen Zweck (Anstaltszweck). Der Staat möchte seine Aufgabe hier aber ebenso wenig
eigene Organe und Behörden erfüllen, sondern richtet dafür besondere Organisationen
mit einer gewissen Selbstständigkeit ein. Anders als Körperschaften werden Anstalten
nicht von Mitgliedern getragen. Bei benutzbaren Anstalten spricht man vielmehr von
Benutzern.

Zu den **rechtsfähigen**, d. h. über eigene Rechte und Rechtspflichten verfügenden An-   422
stalten zählen u. a. öffentlich-rechtliche Kreditinstitute (z. B. Sparkassen), die öffentlich-
rechtlichen Rundfunkanstalten (z. B. RBB) und die Bundesanstalt für Post und Telekommunikation (Art. 87 Abs. 3 GG). **Nichtrechtsfähige** Anstalten, deren Selbstständigkeit
gegenüber dem Staat weniger ausgeprägt ist, sind etwa kommunale Badeanstalten
(Frei- und Stadtbäder).

2.3.3   Stiftungen

Bei Stiftungen des öffentlichen Rechts handelt es sich um rechtsfähige Organisationsein-   423
heiten, die von einem Stifter übergebene, zweckgebunden zu verwendende Vermögenswerte verwalten. Sie verfügen also über eine Vermögensmasse aus Kapital und Sachen,
verfolgen einen öffentlichen Stiftungszweck und haben **Nutznießer**.

424   Abzugrenzen sind sie von privatrechtlichen Stiftungen nach §§ 80 ff. BGB. Ein bedeutendes
       Beispiel stellt die »Stiftung Preußische Schlösser und Gärten Berlin-Brandenburg« dar.

2.3.4   Privatrechtliche Verwaltungsträger

425   Privatrechtliche Organisationen zählen dann zu Verwaltungsträgern, wenn ihre Tätigkeit letzt-
       lich dem Staat zuzurechnen ist, sie also Aufgaben des Staates für den Staat wahrnehmen.
       Dies kann in Form von Organisationsprivatisierungen, funktionalen Privatisierungen oder
       Aufgabenprivatisierungen geschehen. Der Grad der staatlichen Erfüllungsverantwortung
       ist bei Organisationsprivatisierungen am stärksten und bei Aufgabenprivatisierungen am
       schwächsten ausgeprägt. Bei Letzteren obliegt dem Staat nur mehr eine Gewährleistungs-
       verantwortung. Insgesamt handelt es sich bei allen Ausprägungen nicht um »reine« Private.
       Ihre Privatautonomie bleibt – wenn auch in unterschiedlichem Maße – staatlich beschränkt.

426   Die Grenze zwischen privaten und staatlichen Aktivitäten verläuft oft fließend. Deshalb
       sind derartige Konstrukte mit besonderen Herausforderungen verbunden und relativ
       kompliziert. Das betrifft insbesondere gemischtwirtschaftliche Unternehmen.

427   Privatisierungen resultieren vor allem aus einer Erhöhung in Umfang und Komplexität von
       Staatsaufgaben, demgegenüber begrenzten staatlichen Finanzmitteln sowie veränderten
       politischen und ökonomischen Sichtweisen über die Rollen, Stärken und Schwächen
       von Staat, Gesellschaft und Wirtschaft. Der Staat soll deshalb von bestimmten Aufga-
       ben entlastet bzw. »verschlankt« werden. Im Gegenzug setzt er auf eine Mobilisierung
       gesellschaftlicher und wirtschaftlicher Potenziale. Das bezieht sich sowohl auf das Ob
       als auch das Wie künftiger Aufgaben.

428   Die **Vorteile** liegen u. a. in den größeren Gestaltungsspielräumen Privater bei ihrer personel-
       len, sachlichen und finanziellen Ausstattung. **Nachteilig** können sich die Schwierigkeiten
       bei der Einbindung derartiger Verwaltungsträger in den verfassungsrechtlichen Rahmen,
       die unter Umständen eingeschränkte demokratische Legitimation, eine daraus resultie-
       rende Gratwanderung zwischen öffentlichem und privatem Recht sowie entsprechende
       Steuerungsdefizite auswirken. So besteht das generelle Grundproblem etwa der Verwen-
       dung privatrechtlicher Organisationsformen in dem Auseinanderfallen von Funktion, d. h.
       der staatlichen Aufgabenerfüllung, und Form, die an die Privatautonomie gekoppelt ist.

429   Bei **Organisationsprivatisierungen** wird für die staatliche Aufgabenerfüllung auf pri-
       vatrechtliche Organisationsformen zurückgegriffen. Die betreffende Aufgabe verbleibt in
       überwiegender staatlicher Verantwortung, ihre Wahrnehmung wird aber privaten Dritten
       übertragen. Daraus entstehen privatrechtsförmig organisierte selbstständige Verwal-
       tungseinheiten, die Teil der unmittelbaren Staatsverwaltung sind (formelle Privatisierung).
       Der Grad ihrer Selbstständigkeit bzw. relativen Unabhängigkeit ist dennoch höher als bei
       öffentlich-rechtlich organisierten Verwaltungsträgern.

430   Beispiele finden sich vor allem in den Bereichen der Leistungsverwaltung und der er-
       werbswirtschaftlichen Betätigung der öffentlichen Verwaltung. Auf Bundesebene seien die

Nachfolgeunternehmen der Bundesbahn genannt (Deutsche Bahn AG und Tochterfirmen, Art. 87e Abs. 3 Satz 1 GG). Auf kommunaler Ebene finden sich vorwiegend Unternehmen für die Strom- und Wasserversorgung (z. B. Stadtwerke GmbH), soziale und kulturelle Bereiche (Krankenhäuser, Theater) sowie Verkehrsdienstleistungen (öffentlicher Personennahverkehr).

Liegen private Organisationseinheiten ausschließlich in staatlicher Hand, handelt es sich meist um Eigengesellschaften. Andererseits kann bei privatbeherrschten Organisationen mit lediglich staatlicher Minderheitsbeteiligung nicht mehr von einer Wahrnehmung von Staatsaufgaben die Rede sein. Hier gilt lediglich die Verwaltung des Minderheitsanteils als staatliche Aufgabe.   431

Bei **Beliehenen** – einer Form von Organisationsprivatisierungen – handelt es sich um private natürliche oder juristische Rechtssubjekte, die mit der hoheitlichen Wahrnehmung bestimmter Aufgaben der öffentlichen Verwaltung betraut sind. Das Schwergewicht der hoheitlichen Aufgabenerfüllung verbleibt bei staatlichen Bediensteten; die Erfüllungsverantwortung des Staates besteht hier also fort. Deshalb unterliegen Beliehene auch der staatlichen Rechtsaufsicht (§ 16 Abs. 2 LOG).   432

Im Unterschied zu Behörden (lediglich) unterstützenden Verwaltungshelfern sind Beliehene zur selbstständigen Ausübung öffentlich-rechtlicher Entscheidungsbefugnisse berechtigt. Sie können damit u. a. durch Verwaltungsakt tätig werden und entsprechende Verwaltungsgebühren erheben, zählen also zu Behörden im Sinne von § 1 Abs. 2 VwVfGBbg.   433

Voraussetzung ist jedoch eine gesetzliche Legitimation, durch die den Beliehenen diese öffentlich-rechtlichen Befugnisse förmlich verliehen werden (§ 16 Abs. 1 LOG). Es gilt der Grundsatz »ohne Beleihung keine Befugnisse«. So wird beispielsweise das für die Bauaufsicht zuständige Mitglied der Landesregierung Brandenburg (Ministerium für Infrastruktur und Landesplanung) nach § 86 Abs. 2 BbgBO ermächtigt, durch Rechtsverordnung Vorschriften über die Übertragung von Prüfaufgaben der Bauaufsichtsbehörden auf dadurch beliehene Prüfsachverständige zu übertragen.   434

Weitere Beispiele finden sich bei den Ingenieuren der technischen Überwachungsvereine (TÜV), die die Prüfplakette nach § 29 Abs. 2 Satz 2 StVZO erteilen oder verweigern, den Bezirksschornsteinfegermeistern, die Feuerungsanlagen überprüfen, den Notaren (§ 1 BNotO) sowie den öffentlich-rechtlich bestellten Vermessungsingenieuren, die u. a. amtliche Lagepläne in Bauantragsverfahren erstellen.   435

Bei **funktionalen Privatisierungen** wird den privaten Verwaltungsträgern häufig in Teilen die Verantwortung für die Aufgabenwahrnehmung übertragen (Teilauslagerung). Verändert wird also nicht die Organisationsstruktur, sondern lediglich die Verantwortungsstruktur. Dies entspricht einer Verwaltungshilfe durch **Verwaltungshelfer**, vor allem in Gestalt einer Verfahrenshilfe.   436

Beispielsweise können Gemeinden das Abschleppen verbotswidrig abgestellter Kraftfahrzeuge im Straßenverkehr generell einem privaten Abschleppdienst übertragen. Dieser führt dann – auf Anordnung der Gemeinde – den technischen Vorgang des Abschleppens aus. Ebenso um Verwaltungshilfe handelt es sich bei der Aufstellung von Baustellen-   437 ampeln durch private Firmen im Zuge kommunaler Straßenbaumaßnahmen. Auch die Vorbereitung und Begleitung von Bebauungsplänen durch private Planungsbüros im Auftrag einer Gemeinde zählen hierzu (§ 10 Abs. 1 BauGB). Dasselbe gilt für einzelprojektbezogene PPP-Konstrukte (Public Private Partnership). Diese finden sich vor allem bei Infrastruktur- und Versorgungsaufgaben und beinhalten eine vertragliche Kooperation und Verantwortungsteilung zwischen Staat und privaten Unternehmen, etwa bei dem Bau und der Unterhaltung von Autobahnabschnitten.

438   Demgegenüber bedeuten **Aufgabenprivatisierungen** einen völligen Rückzug des Staates aus seiner Aufgabenerfüllung. Die betreffende Staatsaufgabe wird als öffentliche Aufgabe vollständig durch Private wahrgenommen (materielle Privatisierung). Etwas anderes gilt nur, wenn der Staat durch verfassungsrechtliche oder sonstige Bestimmungen zur Aufgabenerfüllung verpflichtet ist. Das Maß der staatlichen Gewährleistungsverwaltung für das Gemeinwohl ist hier im Gegensatz zu Organisations- und funktionalen Privatisierungen am schwächsten ausgeprägt.

439   Beispiele – zum Teil in Kombination mit Organisationsprivatisierungen – finden sich durch den Abbau ehemals staatlicher Monopole in den Bereichen »Post« (Deutsche Post AG) und »Telekommunikation« (Deutsche Telekom AG). Mit ihnen hat sich der Staat in einen Unternehmensträger verwandelt, neben dem in einem durch staatliche Kartellbehörden (z. B. Bundesnetzagentur) regulierten Markt weitere Mitbewerber konkurrieren. Auf kommunaler Ebene handelt es sich etwa bei der Aufstellung von Vorhaben- und Erschließungsplänen durch private Investoren um eine Aufgabenprivatisierung (§ 12 BauGB).

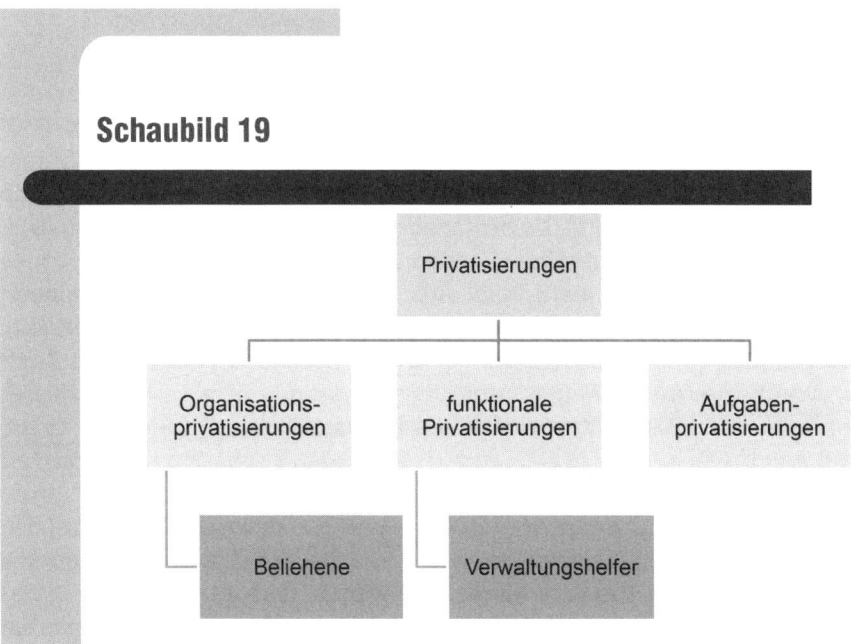

Schaubild 19

2.4   Kommunale Gebietskörperschaften in Brandenburg

Die kommunalen Gebietskörperschaften in Brandenburg gliedern sich in **Gemeinden** und   440
Gemeindeverbände (Landkreise, Ämter, Verbandsgemeinden, mitverwaltende Gemeinden). Wegen ihrer besonderen Bürger- und Ortsnähe sind sie die wichtigsten Träger der
mittelbaren Staatsverwaltung. Sie bilden die Basis allen Verwaltungshandelns.

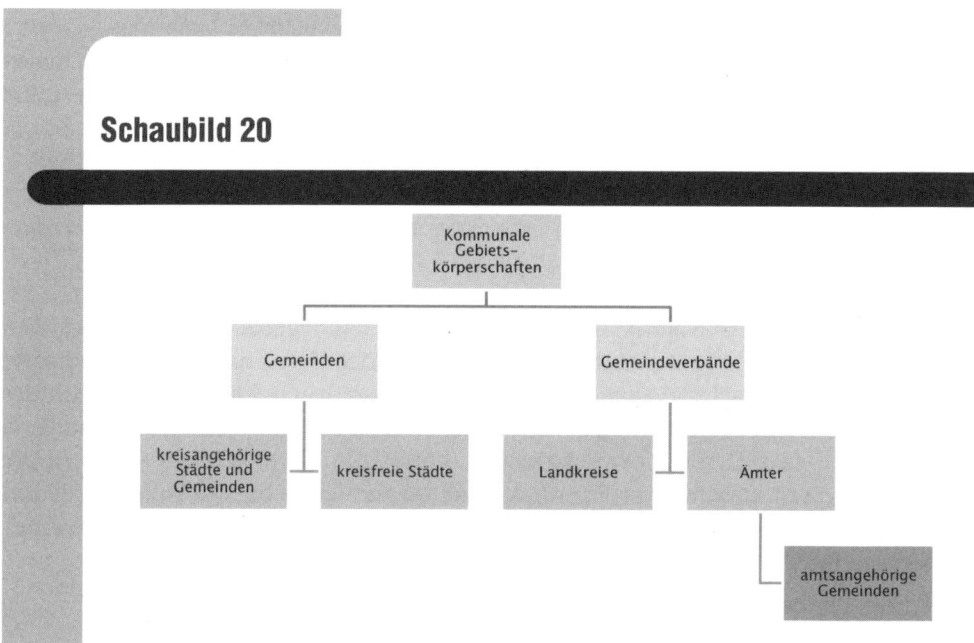

Schaubild 20

2.4.1   Gemeinden

Gemeinden sind die kreisangehörigen Städte und Gemeinden sowie die kreisfreien   441
Städte (§ 1 Abs. 1 Satz 4 BbgKVerf). Sie bestehen aus der **Gemeindevertretung** (§ 27
BbgKVerf) und der **Gemeindeverwaltung**, an deren Spitze in amtsfreien Gemeinden
der **Hauptverwaltungsbeamte** steht (§ 61 Abs. 1 BbgKVerf). Dieser repräsentiert
und vertritt die Gemeinde rechtlich nach außen (§ 53 Abs. 1, § 57 Abs. 1 BbgKVerf).
In amtsfreien Gemeinden führt er den Namen »**Bürgermeister**«, in kreisfreien Städten heißt er »**Oberbürgermeister**« (§ 53 Abs. 1 Satz 1, Abs. 4 Satz 1 BbgKVerf). Der
Oberbürgermeister ist zugleich allgemeine untere Landesbehörde (§ 53 Abs. 4 Satz 2
BbgKVerf, § 8 Abs. 1 LOG).

Die Gemeindevertretung verfügt grundsätzlich über eine Allzuständigkeit in Angelegenhei-   442
ten der örtlichen Gemeinschaft (Universalität, § 28 Abs. 1 BbgKVerf). Dazu zählt auch die
Kontrolle der Verwaltung (§ 29 BbgKVerf). Diese beinhaltet ein grundsätzliches Auskunfts-
und Akteneinsichtsrecht gegenüber dem Hauptverwaltungsbeamten. Ihn wiederum treffen
Unterrichtspflichten bei allen wichtigen Angelegenheiten (§ 54 Abs. 2 BbgKVerf).

443   Darüber hinaus obliegen dem Hauptverwaltungsbeamten vor allem die laufenden Verwaltungsgeschäfte (§ 54 Abs. 1 Nr. 5 BbgKVerf). Er ist für das Funktionieren der Verwaltung sowie eine einheitliche Verwaltungsdurchführung verantwortlich (Leitungsfunktion). Ist er der Auffassung, dass Beschlüsse der Gemeindevertretung rechtswidrig sind, hat er diese förmlich zu beanstanden (§ 55 Abs. 1 Satz 1 BbgKVerf).
Die Gemeinden sind Grundlage des demokratischen Gemeinwesens der Bundesrepublik (§ 1 Abs. 1 Satz 1 BbgKVerf). Sie erfüllen in ihren Gebieten alle Aufgaben der örtlichen Gemeinschaft in eigener Verantwortung und im Rahmen der Gesetze (§ 2 Abs. 1 BbgKVerf). Diese Selbstverwaltung wird ihnen verfassungsrechtlich garantiert (Art. 28 Abs. 2 GG, Art. 97 Abs. 1 Satz 1 Verfassung des Landes Brandenburg).

444   Daneben wirken die Gemeinden bei der Landesverwaltung mit (§ 12 Abs. 1 Satz 1 LOG). Sie können durch das Land verpflichtet werden, bestimmte Aufgaben zu übernehmen (Art. 97 Abs. 3 Satz 1 Verfassung des Landes Brandenburg). Voraussetzung ist, dass gleichzeitig Bestimmungen über die Deckung der daraus resultierenden Kosten getroffen werden. Führen diese Aufgaben zu einer Mehrbelastung der Gemeinden, entspricht es dem **Konnexitätsprinzip**, dafür einen finanziellen Ausgleich zu schaffen (Art. 97 Abs. 3 Satz 2 und 3 Verfassung des Landes Brandenburg, § 2 Abs. 5 Satz 1 und 2 BbgKVerf).

445   Zu den vom Land übertragbaren Aufgaben gehören pflichtige Selbstverwaltungsaufgaben, Pflichtaufgaben zur Erfüllung nach Weisung sowie – ausnahmsweise – Auftragsangelegenheiten (§ 2 Abs. 3 BbgKVerf). In dem besonderen Fall einer **Organleihe** bedient sich der Staat einer anderen Körperschaft, um eigene Aufgaben durch das fremde Organ erledigen zu lassen. Hier ist das fremde Organ vollständig – funktionell und organisatorisch – in die Staatsverwaltung integriert. Ein Beispiel bildet die Tätigkeit eines Oberbürgermeisters als untere Landesbehörde gemäß § 8 Abs. 1 LOG.

446   Bei der Durchführung **pflichtiger Selbstverwaltungsaufgaben**, bei denen die Gemeinden über das »Wie« weiterhin frei entscheiden können, das »Ob« jedoch vom Gesetzgeber abhängt (z. B. Bauleitplanung § 1 Abs. 3 BauGB), sind die Gemeinden »lediglich« an die Gesetze gebunden.

447   Demgegenüber behält sich das Land bei den **Pflichtaufgaben zur Erfüllung nach Weisung** Weisungsrechte vor (z. B. § 121 Abs. 2 BbgKVerf). Eine bedeutende Pflichtaufgabe stellt die Wahrnehmung der Funktion der örtlichen Ordnungsbehörde dar (§ 3 Abs. 1 OBG). Auch die Aufgaben nach der Brandenburgischen Bauordnung stellen Pflichtaufgaben zur Erfüllung nach Weisung dar (§ 58 Abs. 1 Satz 1 BbgBO).

448   Bei der Erfüllung von **Auftragsangelegenheiten**, d. h. fremder, staatlicher Aufgaben, sind die Gemeinden uneingeschränkt an die Weisungen der Aufsichtsbehörden gebunden. Diese können sich auf Recht- und Zweckmäßigkeitsaspekte beziehen (Fachaufsicht § 2 Abs. 4 Satz 4 BbgKVerf).

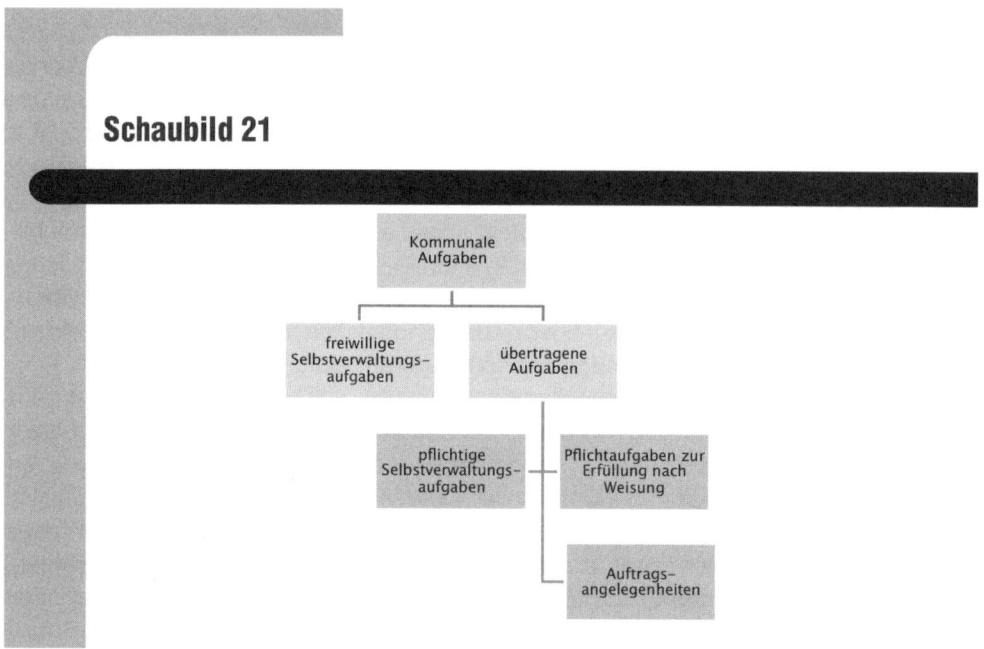

Schaubild 21

2.4.2   Landkreise

Die Landkreise sind Gemeindeverbände und Gebietskörperschaften, bestehend aus der   449
Gesamtheit der zu ihnen gehörenden Gemeinden und gemeindefreien Gebieten (§ 122
Abs. 1, § 123 BbgKVerf). Auch sie sind Grundlage des demokratischen Gemeinwesens
der Bundesrepublik.

Ein Landkreis setzt sich zusammen aus dem **Kreistag** und der **Landkreisverwaltung**   450
mit dem **Landrat** als Hauptverwaltungsbeamten an der Spitze. Dieser repräsentiert und
vertritt den Landkreis rechtlich nach außen. Gleichzeitig fungiert er als allgemeine untere
Landesbehörde (§ 132 Abs. 1 Satz 1 BbgKVerf, § 8 Abs. 1 LOG).

Der Landkreis erfüllt in seinem Gebiet in eigener Verantwortung sämtliche die Leistungsfä-   451
higkeit der kreisangehörigen Gemeinden und Ämter übersteigenden öffentlichen Aufgaben.
Er fördert die kreisangehörigen Gemeinden und Ämter bei der Erfüllung ihrer Aufgaben und
wirkt auf einen angemessenen Ausgleich der unterschiedlichen Belastungen hin (§ 122
Abs. 2 BbgKVerf). Diese Selbstverwaltung ist wie die der Gemeinden verfassungsrechtlich
garantiert (Art. 28 Abs. 2 GG, Art. 97 Abs. 1 Satz 1 Verfassung des Landes Brandenburg).

Daneben wirken auch die Landkreise bei der Landesverwaltung mit (§ 12 Abs. 1 Satz 1   452
LOG). Sie können durch das Land verpflichtet werden, bestimmte Aufgaben zu übernehmen (Art. 97 Abs. 3 Satz 1 Verfassung des Landes Brandenburg). Voraussetzung ist, dass
gleichzeitig Bestimmungen über die Deckung der daraus resultierenden Kosten getroffen
werden. Führen diese Aufgaben zu einer Mehrbelastung der Landkreise, entspricht es dem

Konnexitätsprinzip, dafür einen finanziellen Ausgleich zu schaffen (Art. 97 Abs. 3 Satz 2 und 3 Verfassung des Landes Brandenburg, § 131 i. V. m. § 2 Abs. 5 Satz 1 und 2 BbgKVerf).

453   Zu den vom Land übertragbaren Aufgaben zählen pflichtige Selbstverwaltungsaufgaben, Pflichtaufgaben zur Erfüllung nach Weisung sowie – ausnahmsweise – Auftragsangelegenheiten. Hier gelten dieselben Regelungen wie für die Gemeinden. Auch der besondere Fall einer Organleihe findet sich auf Landkreisebene, wenn der Landrat gemäß § 110 Abs. 1 BbgKVerf und § 8 Abs. 1 LOG als allgemeine untere Landesbehörde tätig wird.

454   Im Übrigen obliegen dem Landrat neben Auskunfts-, Akteneinsichts- sowie Unterrichtungspflichten gegenüber dem Kreistag vor allem die Geschäfte der laufenden Verwaltung. Ist er der Auffassung, dass Beschlüsse des Kreistags rechtswidrig sind, hat er diese förmlich zu beanstanden.

455   Landkreise finanzieren sich zu einem großen Teil über die **Kreisumlage**. Es handelt sich um Finanzmittel, die von den kreisangehörigen Gemeinden zu erheben sind, soweit die sonstigen Finanzmittel des Landkreises den für die Aufgabenerfüllung notwendigen Finanzbedarf nicht decken (§ 130 BbgKVerf). Die Höhe der Umlage wird für jedes Haushaltsjahr durch den Kreistag bestimmt.

2.4.3   Ämter

456   Die Ämter sind Körperschaften des öffentlichen Rechts, die aus aneinandergrenzenden Gemeinden desselben Landkreises bestehen (§ 133 Abs. 1 Satz 1 BbgKVerf). Es handelt sich um einen Zusammenschluss kleinerer Gemeinden innerhalb eines Landkreises, d. h. ebenfalls um Gemeindeverbände. Sie variieren stark in Bezug auf Bevölkerung, Fläche und der daraus resultierenden Bevölkerungsdichte. Jedes Amt soll mindestens 5.000 Einwohner und mindestens drei Gemeinden aufweisen (§ 133 Abs. 2 BbgKVerf).

457   Die amtsangehörigen Gemeinden übertragen die Aufgaben, die von der hauptamtlichen Verwaltung wahrgenommen werden, auf das Amt. Anders hingegen bei den amtsfreien Gemeinden (kreisangehörige Städte und Gemeinden, auch Einheitsgemeinden genannt). Diese verfügen über eine eigene hauptamtliche Verwaltung, an deren Spitze der hauptamtliche Bürgermeister steht (§ 53 Abs. 1 BbgKVerf). Ziel ist eine leistungsfähige, sparsam und wirtschaftlich arbeitende Verwaltung, die eine optimale Aufgabenerfüllung im Bürgerinteresse sicherstellt und in der Lage ist, die gemeinsame Wahrnehmung von Selbstverwaltungsaufgaben zu fördern (§ 133 Abs. 3 Satz 1 BbgKVerf).

458   Die Ämter wurden vor allem geschaffen, um die Leistungsfähigkeit kleinerer Gemeinden zu erhöhen. Sie verwalten diese nicht nur, sondern unterstützen und beraten die amtsangehörigen Gemeinden auch (§ 135 Abs. 2 BbgKVerf).

459   Auf der Ebene der Ämter gibt es keine direkt gewählten Vertretungen. Ein Amt besteht vielmehr aus einem **Amtsausschuss** und dem **Amtsdirektor** als Hauptverwaltungsbeamten (§§ 135 Abs. 4 Satz 1, 138 Abs. 1 Satz 1 BbgKVerf).

Der Amtsausschuss setzt sich aus den ehrenamtlichen Bürgermeistern der amtsangehö-   460
rigen Gemeinden, die wiederum über eine Gemeindevertretung verfügen, und – je nach
Größe der amtsangehörigen Gemeinden – aus weiteren Mitgliedern zusammen (§ 136
Abs. 1 Satz 1 BbgKVerf).

Der Amtsdirektor darf nicht gleichzeitig Bürgermeister oder Mitglied der Gemeindever-   461
tretung einer amtsangehörigen Gemeinde sein, um seine Unabhängigkeit im Interesse
des gesamten Amtes zu wahren (§ 138 Abs. 4 Satz 1 BbgKVerf).

Die Finanzierung der Ämter erfolgt über die **Amtsumlage**, die von den amtsangehörigen   462
Gemeinden zu zahlen ist (§ 139 BbgKVerf). Ansonsten gelten im Wesentlichen dieselben
Vorschriften wie für die kreisangehörigen amtsfreien Gemeinden sowie die Gemeinden
(§ 140 BbgKVerf).

2.4.4   Verbandsgemeinden

Neben den amtsfreien Gemeinden und den Ämtern können auch Verbandsgemeinden   463
Träger einer hauptamtlichen Verwaltung in Brandenburg sein, und damit über nicht un-
erhebliche Handlungs- und Entscheidungsspielräume verfügen (§ 1 Nr. 3 des Gesetzes
zur Einführung der Verbandsgemeinde – VgMvG).

Die Verbandsgemeinde ist ein gebietskörperschaftlicher Gemeindeverband aus dem Zu-   464
sammenschluss unmittelbar aneinandergrenzender Gemeinden desselben Landkreises
(§ 3 Abs. 1 VgMvG). Sie besteht aus mindestens zwei – dann so genannten – Ortsgemeinden und verwaltet, berät und unterstützt diese im Sinne einer gegenseitigen Rücksichtnahme und vertrauensvollen Zusammenarbeit (§§ 2, 4 Abs. 6 VgMvG).

Die Verbandsgemeinde setzt sich aus der **Verbandsgemeindevertretung** mit ihren ehren-   465
amtlich tätigen Verbandsgemeindevertretern und dem hauptamtlichen **Verbandsgemeindebürgermeister** als Hauptverwaltungsbeamten zusammen. Beide werden – anders als
der Amtsausschuss und der Amtsdirektor auf Ebene der Ämter – direkt von den Bürgern
gewählt. Somit ist eine unmittelbare demokratische Legitimation gegeben.

Dem Verbandsgemeindebürgermeister obliegt die Leitung der Verbandsgemeinde sowie   466
deren rechtliche Vertretung und Repräsentanz. Er ist stimmberechtigtes Mitglied der Verbandsgemeindevertretung, darf jedoch nicht gleichzeitig ehrenamtlicher Bürgermeister
einer der Ortsgemeinden sein (§§ 6 Abs. 1, 9 Abs. 1 und Abs. 3 VgMvG).

Zu den von der Verbandsgemeinde wahrgenommenen Selbstverwaltungsaufgaben zäh-   467
len u.a. der Bau und die Unterhaltung von Sport-, Spiel- und Freizeitanlagen sowie die
Flächennutzungsplanung nach § 203 Abs. 2 BauGB, im Übrigen die ihr durch Gesetz
übertragenen **Aufgaben** (§ 4 VgMvG).

Das Haushalts-, Kassen- und Rechnungswesen besorgt die Verbandsgemeinde für die   468
Ortsgemeinden entsprechend der gemeindewirtschaftlichen Regeln der §§ 63 ff. BbgKVerf

(§ 13 Abs. 1 VgMvG). Sie nimmt zudem am kommunalen Finanzausgleich teil. Soweit die sonstigen Finanzmittel nicht ausreichen, erhebt die Verbandsgemeinde eine Umlage von den Ortsgemeinden (Verbandsgemeindeumlage, § 14 Abs. 1 und Abs. 2 VgMvG).

2.4.5   Mitverwaltende Gemeinden

469   Neben den amtsfreien Gemeinden, den Ämtern und den Verbandsgemeinden können schließlich mitverwaltende Gemeinden Träger einer hauptamtlichen Verwaltung in Brandenburg sein (**Mitverwaltung**, § 1 Nr. 4 VgMvG). Auch dies hat die Einsparung einer oder mehrerer hauptamtlicher Verwaltungen zum Hintergrund.

470   Bei dem Mitverwaltungsmodell handelt es sich um eine Organisationsform ohne eigene Rechtspersönlichkeit von aneinandergrenzenden Gemeinden desselben Landkreises. Dabei nimmt die mitverwaltende Gemeinde die Verwaltungsaufgaben für die im Regelfall kleineren und „schwächeren" mitverwalteten Gemeinden wahr (§ 16 Abs. 1 VgMvG). Geregelt wird das über einen auf vertrauensvoller Zusammenarbeit beruhenden öffentlich-rechtlichen Vertrag (**Mitverwaltungsvereinbarung**, § 17 Abs. 1 VgMvG i.V.m. §§ 18, 19 Abs. 5 VgMvG). Mitverwaltende und mitverwaltete Gemeinden bleiben als eigenständige juristische Personen des öffentlichen Rechts jedoch bestehen.

471   Die mitverwaltende Gemeinde erledigt anstelle der mitverwalteten Gemeinden die Auftragsangelegenheiten. Selbstverwaltungsaufgaben und Pflichtaufgaben zur Erfüllung nach Weisung führt die mitverwaltende Gemeinde grundsätzlich für die mitverwalteten Gemeinden in deren Namen durch (§ 19 Abs. 1 VgMvG). Dafür besitzt sie einen Kostenerstattungsanspruch.

472   Die mitverwalteten Gemeinden verfügen jeweils über eine Gemeindevertretung und einen ehrenamtlichen Bürgermeister. Die mitverwaltende Gemeinde besteht ebenfalls aus der Gemeindevertretung sowie dem hauptamtlichen Bürgermeister. Dieser fungiert auch als Hauptverwaltungsbeamter für die mitverwalteten Gemeinden (horizontale **Organleihe**). Er darf jedoch nicht gleichzeitig Bürgermeister oder Mitglied der Gemeindevertretung einer der mitverwalteten Gemeinden sein (§ 16 Abs. 2 VgMvG).

473   Das für die Mitverwaltung gemeinsame, koordinierende Organ der beteiligten Gemeinden ist der **Mitverwaltungsausschuss**. Er besteht aus dem hauptamtlichen Bürgermeister der mitverwaltenden Gemeinde, den ehrenamtlichen Bürgermeistern der mitverwalteten Gemeinden sowie – je nach Einwohnerzahl der Gemeinden – weiteren stimmberechtigten Mitgliedern (§ 21 VgMvG).

474   Die **Zuständigkeit** des Mitverwaltungsausschusses bezieht sich auf die allgemeinen Grundsätze, nach denen die Verwaltung geführt wird, die Personalplanung und Personalentwicklung, die Bestellung des Leiters und der Prüfer des Rechnungsprüfungsamts sowie die erweiterten Aufgaben des Rechnungsprüfungsamts über die Pflichtaufgaben nach § 102 BbgKVerfV hinaus (§ 22 Abs. 1 VgMvG).

Mitverwaltende und mitverwaltete Gemeinden verfügen jeweils über ein Haushalts-, Kas-   475
sen- und Rechnungswesen. Die mitverwaltende Gemeinde besorgt das Haushalts-, Kas-
sen- und Rechnungswesen für die mitverwalteten Gemeinden jedoch mit. Die Erhebung
der Kreisumlage bleibt von der Mitverwaltung unberührt (§ 24 Abs. 1 bis Abs. 3 VgMvG).

2.5   Binnenorganisation

2.5.1   Organ

Juristische Personen des öffentlichen wie des privaten Rechts sind als solche nicht   476
handlungsfähig. Sie benötigen natürliche Personen (Organe), die sie nach außen rechtlich
vertreten und repräsentieren.

Ein Organ ist eine Einrichtung, deren Tätigkeit der juristischen Person zugerechnet   477
wird, für die das Organ handelt. Persönlich treffen das Organ also grundsätzlich keine
Rechte oder Pflichten, es ist also nicht rechtsfähig. Vielmehr »haftet« nach außen die
repräsentierte, rechtsfähige juristische Person, wenn etwa ein Polizeibeamter im Rahmen
seines Dienstes einem Dritten einen Schaden zufügt. Dies muss gesetzlich bestimmt
sein. Im Fall von juristischen Personen des öffentlichen Rechts ist beispielsweise der
Innenminister ein Organ des Landes und der Bürgermeister das Organ einer Stadt. Bei
einem Verein als juristischer Person des Privatrechts gilt der Vorstand als handelndes
Organ (§ 26 BGB).

Die Personen, die die Zuständigkeiten des Organs konkret ausüben, werden **Organwalter**   478
genannt. Fehlt es vorübergehend an einer solchen Person, besteht das Organ dennoch fort.

2.5.2   Behörde

Die Rechte und Pflichten von Verwaltungsträgern werden durch Behörden wahrgenom-   479
men.
Eine Behörde ist jede Stelle, die konkrete Aufgaben der öffentlichen Verwaltung wahrnimmt
(§ 1 Abs. 2 VwVfGBbg). In diesem funktionellen Sinne handelt es sich bei jeder Behörde
um ein Organ. Dagegen ist nicht jedes Organ zugleich eine Behörde.
Die Tätigkeit von Behörden muss auf Außenwirkung gerichtet sein. Deshalb wird eine
Gemeindevertretung (z. B. Stadtverordnetenversammlung), wenn sie im Rahmen ihrer
Willensbildung nur nach innen agiert, nicht vom Behördenbegriff erfasst, obgleich sie
ein Organ der Gemeinde ist.

Behörden finden sich nicht nur im Bereich der Exekutive (Administrative), sondern auch   480
bei der Legislative – beispielsweise dem Bundestag, wenn dieser durch einen Untersu-
chungsausschuss Zwangsmittel festsetzt, oder dem Bundestagspräsidenten, wenn dieser
Beamte und Richter ernennt – und der Judikative, wenn dort verwaltende Tätigkeiten mit
Außenwirkung ausgeübt werden.

481   Die konkrete Bezeichnung von Behörden variiert. Gebräuchlich sind »Amt«, »Direktion«, »Präsidium« u. Ä. Auch »Ministerium« gehört dazu. Maßgeblich bleibt die inhaltliche Ausfüllung des Begriffs, die nur bei der Wahrnehmung von Aufgaben der öffentlichen Verwaltung gegeben ist.

482   Ist allgemein von »Ausländerbehörde«, »Baugenehmigungsbehörde«, »Straßenverkehrs- behörde«, »Vollstreckungsbehörde« oder »Widerspruchsbehörde« die Rede, handelt es sich lediglich um Funktionsbezeichnungen der eigentlichen, im organisationsrechtlichen Sinne zu benennenden Behörde. Trifft man auf derartige Funktionsbezeichnungen, bedarf es für die konkrete Bestimmung der zuständigen Behörde weiterer Regelungen im Gesetz.

2.5.3   Amt

483   Mit »Amt« wird der Aufgabenbereich bezeichnet, der einer bestimmten, für den Staat tätigen natürlichen Person (**Amtswalter**) verwaltungsintern zugewiesen ist. Dazu zählen beispielsweise die Aufgaben des abstrakt, nicht persönlich bezeichneten »Leiters« eines städtischen Bauhofs.

484   Von einem Organ unterscheidet sich das Amt dadurch, dass Letzteres für die Handlungs- fähigkeit der juristischen Person nicht zwingend ist. Ferner basiert das Handeln eines Amtswalters nicht auf einer gesetzlichen Anordnung, sondern lediglich einer behörden- internen Zuweisung.

485   Vom Amt zu trennen ist außerdem der personenbezogene Amtsbegriff im Beamtenrecht. Dort betrifft er die dienstrechtliche Stellung von Bediensteten, das Amt im statusrechtlichen Sinne, also die Zugehörigkeit zu einer bestimmten Laufbahn- und Besoldungsgruppe, sowie die Amtsbezeichnung (z. B. »Amtsrat«).

486   Ein Unterschied besteht ferner zu dem kommunalverfassungsrechtlich besetzten Begriff des Amtes. Dabei handelt es sich – wie gesehen – um Körperschaften des öffentlichen Rechts, die als Träger von Aufgaben der öffentlichen Verwaltung an die Stelle der amts- angehörigen Gemeinden treten.

487   Zudem findet sich der Begriff des Amtes häufig in der allgemeinen Bezeichnung von Be- hörden (z. B. Finanzamt, Landratsamt) und einzelnen Abteilungen (z. B. Bauaufsichtsamt, Umweltamt).

2.6   Zuständigkeiten

488   Zuständigkeiten bzw. Kompetenzen betreffen die Zuordnung von Verwaltungsaufgaben auf bestimmte Verwaltungsträger und -organe einschließlich Behörden. Sie begründen (lediglich) das Recht und die Pflicht zur Wahrnehmung einer bestimmten Aufgabe und

grenzen sich insoweit von besonderen Befugnissen bzw. Eingriffsermächtigungen (Ermächtigungsgrundlagen) ab. Beispielsweise haben die Ordnungsbehörden gemäß § 1 Abs. 1 OBG die Aufgabe, Gefahren für die öffentliche Sicherheit abzuwehren. Die notwendigen Maßnahmen dazu treffen sie jedoch u. a. (erst) nach dem Ordnungsbehördengesetz (§ 1 Abs. 2 Satz 2 OBG).

Die Aufgaben werden entweder durch einen Verwaltungsträger mit entsprechender **Verbandskompetenz** (z. B. Bund, Länder, Gemeinden, Gemeindeverbände) oder eine Behörde wahrgenommen. Ist eine Abteilung oder ein Amt innerhalb einer Behörde zuständig, spricht man von funktioneller Zuständigkeit. Letztere ergibt sich in der Regel aus Verwaltungsvorschriften (z. B. Dienst- bzw. Geschäftsverteilungspläne).   489

Die Festlegung der zuständigen Stelle erfolgt nach den Grundsätzen einer zweckmäßigen, wirtschaftlichen, einfachen und möglichst ortsnahen Verwaltung (§ 3 Abs. 3 Satz 1 LOG). Weder dürfen noch sollen im pluralistischen Staats- und Verwaltungsaufbau der Bundesrepublik sämtliche Verwaltungsaufgaben allein einer einzigen Verwaltungsorganisation obliegen. Sinnvoller, praktikabler und gesetzeskonformer ist stattdessen die Zuordnung bestimmter Aufgaben auf bestimmte Behörden. Beispielsweise erscheint die sachgerechte Wahrnehmung originärer Polizeiaufgaben durch eine dazu nicht ausgebildete und besetzte Straßenbaubehörde wenig erfolgversprechend.   490

Darüber hinaus dient die Festlegung konkreter Zuständigkeiten der Vermeidung von Mehr- bzw. Doppelarbeit und gegensätzlichen Entscheidungen einzelner Behörden in derselben Sache. Außerdem werden klare Verantwortlichkeiten begründet. Der Bürger verfügt über einen bestimmten Ansprechpartner, an den er sich für sein Anliegen wenden kann.   491

In manchen Fällen lässt sich eine Überlagerung von Zuständigkeiten allerdings nicht vermeiden. Bei derartigen Kompetenzkonflikten, in denen sich mehrere Behörden für zuständig erachten (oder andererseits gar keine), entscheidet letztlich die gemeinsame Aufsichtsbehörde, durch wen die öffentliche Aufgabe wahrzunehmen ist. Fehlt eine gemeinsame Aufsichtsbehörde, treffen die fachlich zuständigen Aufsichtsbehörden die Entscheidung gemeinsam (§ 3 Abs. 2 Satz 4 VwVfG). Bei einer Änderung der die ursprüngliche Zuständigkeit begründenden Umstände während eines laufenden Verwaltungsverfahrens kann die bisher zuständige Behörde das Verfahren fortführen, wenn dies sinnvoll erscheint und die nunmehr zuständige Behörde dem zustimmt (§ 3 Abs. 3 VwVfG).   492

Dass nur die zuständige Behörde tätig werden darf, ist eine (erste) Voraussetzung für formell rechtmäßiges Verwaltungshandeln. Die Kompetenz der Behörde muss stets in **sachlicher, instanzieller** und **örtlicher** Hinsicht gegeben sein.   493

2.6.1   Sachlich

Die sachliche Zuständigkeit bezieht sich auf die Zuordnung von Aufgaben, d. h. auf bestimmte inhaltliche Tätigkeitsbereiche. Der Behörde wird eine von ihrem Gegenstand her zu bestimmende Sachaufgabe zugewiesen.   494

95 Bei der Verteilung auf einzelne Verwaltungsträger spricht man von Verbandskompetenz. Die **Ressortkompetenz** betrifft hingegen verschiedene Behördenzweige innerhalb eines Verwaltungsträgers. Das ergibt sich häufig aus fach- bzw. spezialgesetzlichen Vorschriften, etwa der Brandenburgischen Bauordnung, dem Brandenburgischen Gaststättengesetz oder der Gewerbeordnung bzw. den dazu erlassenen Zuständigkeitsverordnungen.

96 In Brandenburg nehmen beispielsweise die Landkreise, die kreisfreien Städte sowie die Großen kreisangehörigen Städte, denen diese Aufgabe übertragen ist, als handelnde juristische Personen des öffentlichen Rechts bzw. Rechtsträger die funktionalen Aufgaben der unteren Bauaufsichtsbehörde wahr (§ 57 Abs. 1 Satz 2 BbgBO). Im Fall einer kreisfreien Stadt ist die zuständige Behörde im organisationsrechtlichen Sinne der Oberbürgermeister (§ 54 Abs. 1 Nr. 3 i. V. m. § 53 Abs. 1 Satz 1 und Abs. 4 Satz 1 BbgKVerf), bei einem Landkreis ist sie der Landrat (§ 131 BbgKVerf).

97 Sind im Bereich der Eingriffsverwaltung keine derartigen spezialgesetzlichen Zuständigkeitsregelungen ersichtlich, ist auf die Generalzuweisung des allgemeinen Ordnungsrechts zurückzugreifen (§ 1 Abs. 1 OBG).

2.6.2   Instanziell

98 Die instanzielle Zuständigkeit – ein Unterfall der sachlichen Zuständigkeit – resultiert aus einer **Mehrstufigkeit** des Verwaltungsaufbaus (Hierarchie). Sie steht in Zusammenhang mit der Aufgabenverteilung innerhalb vertikal dekonzentrierter Verwaltungsorganisationen bzw. zwischen unterschiedlichen Verwaltungsebenen. Das mündet in die Frage, ob zunächst die im Instanzenzug unterste Behörde entscheiden soll oder sofort eine höhere bzw. übergeordnete Behörde.

99 So bestimmt § 73 Abs. 1 Satz 2 Nr. 1 VwGO, dass ein Widerspruchsbescheid grundsätzlich durch die nächsthöhere Behörde zu erlassen ist (Devolutiveffekt). Im Bereich des allgemeinen Ordnungsrechts regelt sich die instanzielle Zuständigkeit dagegen nach § 5 Abs. 1 i. V. m. § 3 Abs. 1 OBG.

2.6.3   Örtlich

00 Die örtliche Zuständigkeit erfasst den räumlich abgegrenzten Bereich, innerhalb dessen die sachliche Zuständigkeit ausgeübt werden darf. Sie ist vor allem zu prüfen, wenn es Behörden gibt, die über eine identische Sachkompetenz verfügen, aber in unterschiedlichen Verwaltungsbezirken bzw. -orten tätig sind.

01 Eine spezialgesetzliche Zuständigkeitsregelung findet sich etwa in § 35 Abs. 7 Satz 1 GewO. Danach ist für den Erlass einer Gewerbeuntersagung wegen Unzuverlässigkeit des Gewerbetreibenden die Behörde örtlich zuständig, in deren Bezirk der Gewerbetreibende seine Niederlassung unterhält. Im Bereich des allgemeinen Ordnungsrechts ergibt sich die örtliche Zuständigkeit aus § 4 Abs. 1 OBG, ansonsten generell aus § 3 VwVfG.

2.7 Aufsicht

Staatliche Aufsicht bedeutet Ausübung von Kontrolle der Exekutive gegenüber Verwaltungsträgern und Behörden (Eigenkontrolle bzw. Verwaltungskontrolle). Sie liegt allein im öffentlichen Interesse und bildet einen notwendigen Gegenpol bzw. Ausgleich zur Dezentralisierung. Erfasst werden nachgeordnete öffentlich-rechtlich organisierte Verwaltungsträger, wie die Länder und die Selbstverwaltungsträger, aber auch die **Binnenaufsicht** innerhalb der Verwaltungsträger.

Abzugrenzen ist die staatliche Aufsicht von der staatsorganisatorischen Kontrolle der Exekutive durch die Legislative, die Judikative sowie die Öffentlichkeit (Fremdkontrolle).

Gesondert zu betrachten ist ferner die Aufsicht durch Bauaufsichts-, Gesundheits-, Gewerbe-, Ordnungs- oder Veterinärämter gegenüber dem Bürger. Anders als bei Maßnahmen der Staatsaufsicht besitzt der Bürger hier einklagbare Rechte. Auch die Wirtschaftsaufsicht (z. B. über das Bankenwesen) unterscheidet sich hiervon.

Schließlich bestehen in gewisser Weise Unterschiede zu Leitungsmaßnahmen durch Dienstvorgesetzte gegenüber Mitarbeitern, auch wenn sich diese im Rahmen von Weisungen teilweise mit staatlichen Aufsichtsmaßnahmen überschneiden. Der Begriff der Dienstaufsicht ist also mehrfach belegt.

Die Staatsaufsicht dient nicht nur der Recht- und Zweckmäßigkeitskontrolle, sondern zugleich der organisationsbezogenen Koordination und Steuerung, um ein möglichst einheitliches Verwaltungshandeln zu gewährleisten. Sie ist vertikal – von oben nach unten – ausgerichtet.

Auf horizontaler Ebene geht es eher um eine Kooperation über Amtshilfe (Art. 35 Abs. 1 GG, §§ 4 ff. VwVfG), Anhörungen, Benehmensherstellungen, Einvernehmensvorbehalte, Vereinbarungen oder die Zustimmung anderer Behörden. Im Gegensatz zum Einvernehmen und zu Zustimmungen bleiben Anhörungen und Benehmen ohne rechtliche Konsequenzen für den Erlass und den Bestand von Verwaltungshandlungen.

2.7.1 Aufsichtsarten

Die Staatsaufsicht weist eine abgestufte Intensität auf. Sie differenziert zwischen Rechts-, Fach- und Dienstaufsicht.

Die **Rechtsaufsicht** beschränkt sich auf die Rechtmäßigkeitskontrolle von Verwaltungshandeln. Das betrifft sowohl die formelle als auch die materielle Rechtsanwendung. Mit ihr wird gegen mögliche Rechtsverletzungen eingeschritten.

Die **Fachaufsicht** berechtigt darüber hinaus zu einer Kontrolle und Steuerung der Zweckmäßigkeit (Ermessen) des Verwaltungshandelns einschließlich der Wirtschaftlichkeit (§ 11

Abs. 3 Satz 1 LOG). Sie ist inhaltlicher Art. Bei ihr können also auch sachpolitische oder andere Zweckmäßigkeitserwägungen der Aufsichtsbehörde einfließen.

11 Die **Dienstaufsicht** erstreckt sich zusätzlich auf den Aufbau, die innere Ordnung, die personelle, materielle und finanzielle Ausstattung, die allgemeine Geschäftsführung sowie die Personalangelegenheiten nachgeordneter Behörden (§ 11 Abs. 2 Satz 1 LOG). Es handelt sich um eine organisatorische Aufsicht (allgemeine Organ- bzw. Behördenaufsicht).

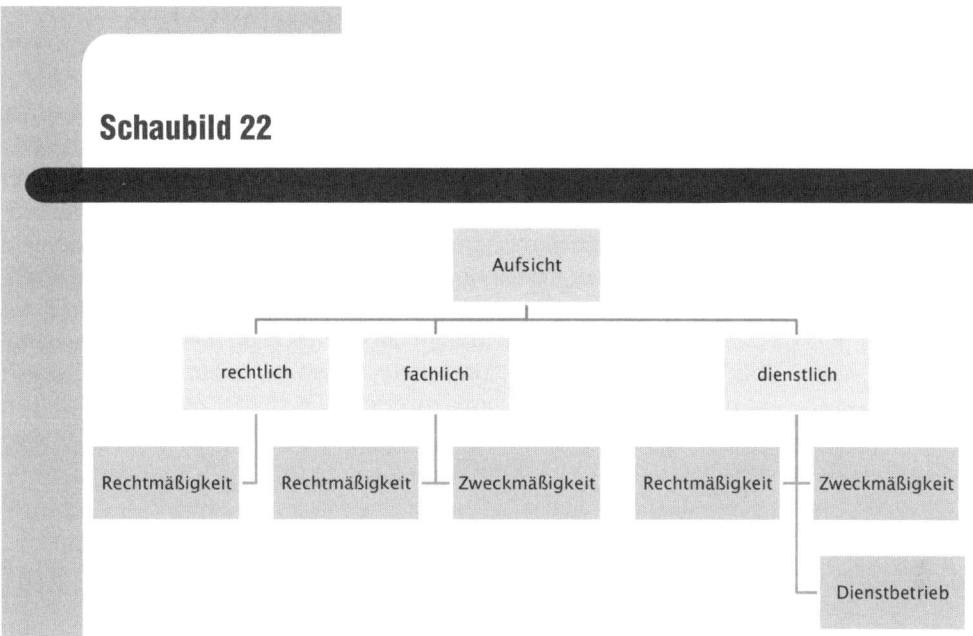

Schaubild 22

2.7.2 Bundesaufsicht

12 Der Bund in Gestalt der Bundesregierung übt die Aufsicht darüber aus, dass die Länder die Bundesgesetze dem geltenden Recht entsprechend ausführen (Art. 84 Abs. 3 Satz 1 GG). Er selbst unterliegt keiner Aufsicht.

13 Für besondere Fälle kann der Bund den obersten Landesbehörden auch fachaufsichtliche Einzelweisungen erteilen. Voraussetzung ist die Legitimierung durch ein zustimmungspflichtiges Bundesgesetz (Art. 84 Abs. 5 GG).

14 Ebenso führt der Bund die Fachaufsicht in Fällen der Landesverwaltung im Bundesauftrag (Bundesauftragsverwaltung), etwa bei der Verwaltung von Bundesautobahnen nach Art. 90 Abs. 2 GG. Zu diesem Zweck besitzt er umfassende Informationsrechte. Der Bund kann die Vorlage von Akten sowie Berichten verlangen. Außerdem ist er befugt, Beauftragte zu entsenden (Art. 85 Abs. 3 und 4 GG).

2.7.3   Landesaufsicht

Die Landesaufsicht umfasst die Aufsicht der Länder über die Gemeinden und Gemeinde-   515
verbände (Kommunalaufsicht). Sie stellt insoweit ein Korrelat der kommunalen Selbstverwaltung dar und steht im Ermessen. Die Aufsichtsbehörden können eingreifen, müssen
es aber nicht (Opportunitätsprinzip). Im Falle eines Einschreitens ist der Verhältnismä-
ßigkeitsgrundsatz zu beachten.

Bei der **Bundesauftragsverwaltung** sind die Gemeinden und Gemeindeverbände unein-   516
geschränkt an die Weisungen der Fachaufsichtsbehörden des Landes gebunden (§ 12
Abs. 2 LOG).

Bei **Pflichtaufgaben zur Erfüllung nach Weisung** ergeben sich die Weisungsbefugnisse   517
der Sonderaufsichtsbehörden jeweils aus dem die spezielle Aufgabe betreffenden Gesetz
(§ 121 Abs. 1 BbgKVerf). So ist die oberste Bauaufsichtsbehörde des Landes Brandenburg
(Ministerium für Infrastruktur und Landesplanung) bei der Wahrnehmung der Aufgaben
nach der Brandenburgischen Bauordnung Sonderaufsichtsbehörde über die Landkreise
und die kreisfreien Städte sowie oberste Sonderaufsichtsbehörde über die Großen kreisangehörigen Städte als jeweils untere Bauaufsichtsbehörden (§ 57 Abs. 3 BbgBO). Dabei
ist das Recht der obersten Bauaufsichtsbehörden, neben den allgemeinen Befugnissen
aus § 121 Abs. 2 BbgKVerf besondere Weisungen zu erteilen, nicht nur auf den Bereich
der Gefahrenabwehr beschränkt, sondern umfassenderer Art (§ 57 Abs. 5 BbgBO). Die
Sonderaufsichtsbehörden können zudem durch die allgemeine Kommunalaufsichtsbehörde unterstützt werden (§ 121 Abs. 4 BbgKVerf).

In **Selbstverwaltungsangelegenheiten** ist die allgemeine Kommunalaufsicht dagegen   518
auf eine reine Rechtsaufsicht beschränkt (Art. 97 Abs. 1 Satz 2 Verfassung des Landes
Brandenburg, § 109 Satz 2 BbgKVerf). Zusätzliche fachaufsichtliche Befugnisse würden
einen nicht gerechtfertigten Eingriff in den Kernbereich der Selbstverwaltung bedeuten
und wären deshalb unzulässig.

Die allgemeine Kommunalaufsicht über die kreisangehörigen Städte und Gemeinden   519
sowie die Ämter führt der Landrat als allgemeine untere Landesbehörde (§ 110 Abs. 1,
§ 132 Abs. 2 Satz 1 BbgKVerf). Er selbst untersteht der Dienstaufsicht des Ministeriums
des Innern und für Kommunales, soweit Aufgaben der allgemeinen unteren Landesbehörde betroffen sind (§ 132 Abs. 4 Satz 1 BbgKVerf). Die Aufsicht über die kreisfreien
Städte obliegt dem Ministerium des Innern und für Kommunales (§ 110 Abs. 2 BbgKVerf).

2.7.4   Binnenaufsicht

Daneben gibt es innerhalb der einzelnen Verwaltungsträger bei Bund, Ländern sowie   520
Gemeinden und Gemeindeverbänden eine interne bzw. Binnenaufsicht (Organ- bzw.
Behördenaufsicht). Entsprechend des hierarchischen Verwaltungsaufbaus kommen die
Leitungsaufgaben den obersten Organen zu. Sie erteilen allgemeine Weisungen (z. B.
durch Verwaltungsvorschriften) oder spezielle Einzelanweisungen (z. B. durch Erlasse)
an nachgeordnete Stellen.

521 So unterstehen die Landesoberbehörden, die unteren Landesbehörden, die Einrichtungen des Landes sowie die Landesbetriebe der Dienst- und der Fachaufsicht der jeweils zuständigen obersten Landesbehörde (§ 11 Abs. 1 Satz 1 LOG).

522 Ausnahmsweise führen die Landesoberbehörden die Aufsicht über untere Landesbehörden, Einrichtungen des Landes oder Landesbetriebe, wenn ihnen dies durch Rechtsvorschrift übertragen wurde (§ 11 Abs. 1 Satz 2 LOG). Die oberste Aufsicht verbleibt jedoch bei den obersten Landesbehörden (§ 11 Abs. 1 Satz 3 LOG).

523 Innerhalb der Gemeinden und Gemeindeverbände erfolgt eine politische Kontrolle der Verwaltung durch die Gemeindevertretung (§§ 29, 131 BbgKVerf). Letztere ist Dienstvorgesetzte und oberste Dienstbehörde des Hauptverwaltungsbeamten (§ 61 Abs. 2 Satz 1 BbgKVerf). Darüber hinaus wird das Handeln der Verwaltung durch Rechnungsprüfungsämter kontrolliert (§§ 101 ff. BbgKVerf). Schließlich wird die Fach- und Dienstaufsicht der Beamten und Mitarbeiter der Gemeinden und Gemeindeverbände durch den Hauptverwaltungsbeamten wahrgenommen (§§ 61 Abs. 2 Satz 2, 62 Abs. 1 BbgKVerf, § 2 LBG, § 106 GewO).

2.7.5   Aufsichtsmittel

524 Der staatlichen Aufsicht müssen geeignete Instrumente zur Verfügung stehen, um wirksam zu sein. Unterschieden werden präventive und repressive Maßnahmen.

525 **Präventive** Aufsichtsmittel sichern eine Vorabkontrolle von Verwaltungshandeln. Sie sollen ein rechtswidriges Vorgehen nachgeordneter Verwaltungseinheiten von vornherein unterbinden. Dazu zählen Genehmigungsvorbehalte in der kommunalen Haushaltswirtschaft (z. B. § 63 Abs. 5 Satz 4, § 67 Abs. 5 Satz 4, § 69 Abs. 2 Satz 2, § 73 Abs. 4, § 74 Abs. 2 und 4 BbgKVerf) und der Bauleitplanung (§ 111 Abs. 1 BbgKVerf i. V. m. § 6 Abs. 1 und § 10 Abs. 2 Satz 1 BauGB), ferner Anzeigepflichten (z. B. § 67 Abs. 4 Satz 1 BbgKVerf).

526 Die **repressiven**, häufig im Ermessen stehenden Instrumente der Aufsicht wirken nachrangig und weisen verschiedene Eingriffsintensitäten auf. Zu ihnen gehören das in der Praxis am meisten ausgeübte, jedoch am wenigsten belastende Auskunftsverlangen bzw. Unterrichtungsrecht (§ 112 BbgKVerf), außerdem das Beanstandungsrecht (§ 113 BbgKVerf), die Aufhebung von beanstandeten Handlungen (§ 114 BbgKVerf), der Erlass von Anordnungen (§ 115 BbgKVerf) sowie die Selbst- bzw. Fremdvornahme einer Handlung anstelle und auf Kosten der betroffenen Verwaltungseinheit (§ 116 BbgKVerf). Als ein schwerwiegendes förmliches Aufsichtsinstrument gilt die Einsetzung eines Beauftragten (§ 117 BbgKVerf).

527 Die Wahrnehmung des **Unterrichtungsrechts** resultiert vor allem aus Bürgereingaben, Dienstaufsichtsbeschwerden, Beschwerden unterlegener Fraktionen von Gemeindevertretungen, Anforderungen von Petitionsausschüssen sowie Presseberichten. Die Kommunalaufsicht bittet den Hauptverwaltungsbeamten in diesen Fällen um entsprechende Sachberichte, kann zugehörige Akten einsehen und als Beobachterin an Sitzungen der Gemeindevertretungen oder deren Ausschüsse teilnehmen.

Mit einer **Beanstandung** wird das rechtswidrige Handeln eines nachgeordneten Verwaltungsträgers festgestellt und als rechtswidrig gerügt. Rechtswidrige Beschlüsse und Maßnahmen von Gemeinden und Gemeindeverbänden dürfen demnach nicht ausgeführt werden.

528

Aufhebungen durch die Aufsichtsbehörde kommen erst in Betracht, wenn zuvor eine Beanstandung erfolglos geblieben ist, eine Gemeinde oder ein Gemeindeverband also einer Beanstandung nicht, nicht vollständig oder nicht fristgerecht nachgekommen ist.

529

Kommunalaufsichtliche **Anordnungen** setzen voraus, dass die Gemeinde oder der Gemeindeverband ihre bzw. seine gesetzlichen Pflichten nicht erfüllt. Es besteht also die Möglichkeit, ein pflichtwidriges Unterlassen der Gemeinde oder des Gemeindeverbands zu beseitigen. Wie bei »befehlenden« Verwaltungsakten der Verwaltung gegenüber dem Bürger empfiehlt es sich auch hier, mit der hinreichend zu bestimmenden Anordnungsverfügung zugleich die Androhung der **Ersatzvornahme**, d. h. den Vollzug der kommunalen Verpflichtung durch die Kommunalaufsichtsbehörde (Selbsteintritt) oder einen von ihr beauftragten Dritten (Fremdvornahme), auszusprechen, sofern die Frist der Anordnung ergebnislos verstreichen sollte.

530

Ein Beispiel bildet die Wahrnehmung der erforderlichen Maßnahmen durch die oberste Kommunalaufsichtsbehörde (Ministerium des Innern und für Kommunales) für den Landrat gemäß § 110 Abs. 3 BbgKVerf. Ferner kann die Sonderaufsichtsbehörde im Bereich der Pflichtaufgaben zur Erfüllung nach Weisung Befugnisse der Gemeinde selbst auf deren Kosten ausüben (§ 121 Abs. 3 BbgKVerf).

531

Einen weiteren speziellen Fall der Ersatzvornahme – ohne vorausgehende Anordnung – stellt die Ersetzung des gemeindlichen Einvernehmens gemäß § 71 BbgBO dar. Danach soll die Bauaufsichtsbehörde das fehlende Einvernehmen der Gemeinde zu einem baugenehmigungspflichtigen Bauvorhaben ersetzen, sofern dessen Versagung rechtswidrig ist. Die Baugenehmigung gilt dann gleichzeitig als Ersatzvornahme im Sinne von § 116 BbgKVerf. Erforderlich ist lediglich eine vorherige Anhörung der Gemeinde. Diese besitzt allerdings abweichend von § 119 Satz 1 BbgKVerf zunächst ein Widerspruchsrecht.

532

Bei der Bestellung eines **Beauftragten** (sog. »Staatskommissar«) handelt es sich um eine sehr einschneidende Kompetenz. Auf sie darf die Aufsichtsbehörde nur zurückgreifen, wenn andere, die Gemeinde weniger belastende Maßnahmen unzulässig oder unzureichend sind (Ultima Ratio, vgl. § 117 Abs. 1 Nr. 3 BbgKVerf). Zudem setzt die Bestellung voraus, dass ein Gemeindeorgan seine rechtlichen Pflichten nicht erfüllt oder rechtlich oder tatsächlich an der Ausübung seiner Befugnisse gehindert ist und die Erfüllung der gemeindlichen Aufgaben die Bestellung erfordert (§ 117 Abs. 1 Nr. 1 und 2 BbgKVerf). Möglich sind die Einsetzung eines Zwangsbeauftragten für Fälle, in denen eine Rechtsverletzung der Gemeinde oder des Gemeindeverbands vorliegt, sowie eines Vertretungsbeauftragten für die ansonsten handlungsunfähige Gemeinde bzw. den Gemeindeverband etwa im Zuge kommunaler Neugliederungen. Der Beauftragte nimmt einzelne oder sämtliche Aufgaben für die Gemeinde oder den Gemeindeverband und auf deren bzw. dessen Kosten wahr (§ 117 Abs. 2 BbgKVerf).

533

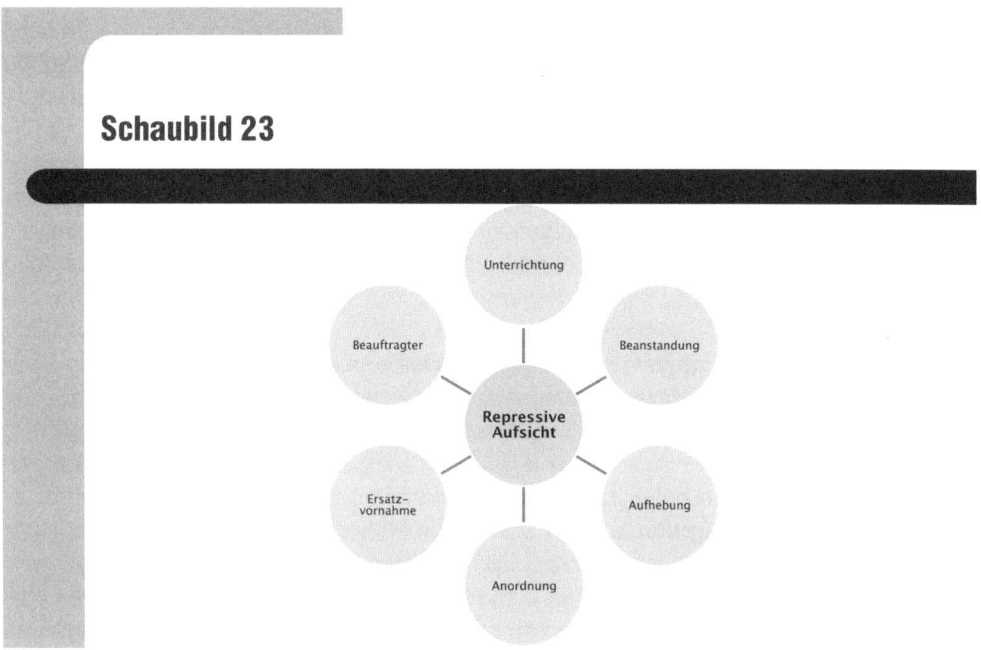

Schaubild 23

34   Hinzu treten informelle Kontakte und formfreie Kooperationen, unter Umständen auf dem
      »kurzen Dienstweg«. »Aufsicht« soll schließlich nicht nur kontrollieren bzw. überwachen,
      sondern auch begleiten und steuern helfen. So hat etwa die Kommunalaufsicht die Ent-
      schlusskraft und die Verantwortungsbereitschaft der Gemeinden und Gemeindeverbände
      zu fördern sowie Erfahrungen bei der Lösung kommunaler Aufgaben zu vermitteln (§ 108
      Satz 2, § 131 BbgKVerf). Im Rahmen aktueller Verwaltungsmodernisierungen ist daher
      oft von »Controlling« die Rede.

2.7.6   Rechtsschutz

35   Beim Rechtsschutz gegen Aufsichtsmaßnahmen ist zu differenzieren zwischen Inter- und
      Intraorganstreitigkeiten.

36   **Interorganstreitigkeiten** betreffen die Zuständigkeit und die Statthaftigkeit von Auf-
      sichtsmaßnahmen zwischen unterschiedlichen Organisationseinheiten. So besitzen die
      Gemeinden und Gemeindeverbände das Recht, gegen repressive Verwaltungsakte der
      Kommunalaufsichtsbehörde (z.B. Auskunftsbegehren, Beanstandung, Anordnungsver-
      fügung oder Bestellung eines Beauftragten) unmittelbar verwaltungsgerichtliche An-
      fechtungsklage zu erheben (§ 42 Abs. 1 VwGO). Eines Vorverfahrens in Gestalt eines
      Widerspruchsverfahrens bedarf es also nicht (§ 119 Satz 1 BbgKVerf). Die Gemeinden
      und Gemeindeverbände stehen den staatlichen Weisungen hier als eigene Rechtssubjekte
      gegenüber. Die kommunalaufsichtlichen Maßnahmen greifen in ihre Rechte ein. Richtiger
      Kläger ist die Gemeinde bzw. der Gemeindeverband, nicht das jeweilige Vertretungsor-
      gan. Allerdings entfaltet die Anfechtungsklage keine aufschiebende Wirkung (§ 80 Abs. 2

Satz 1 Nr. 3 VwGO i. V. m. § 119 Satz 3 BbgKVerf). Deshalb stehen der Gemeinde bzw. dem Gemeindeverband über entsprechende Eilrechtsschutzanträge zudem vorläufige Rechtsschutzmöglichkeiten zur Seite (§ 80 Abs. 5 VwGO).

Die Anfechtungsklage ist erfolgreich, soweit die Voraussetzungen für die aufsichtsbe-   537
hördliche Weisung fehlen oder die gesetzlichen Grenzen des Weisungsrechts überschritten sind und die Gemeinde bzw. der Gemeindeverband dadurch in ihrem bzw. seinem
Selbstverwaltungsrecht verletzt ist. Letzteres ist bei Auftragsangelegenheiten regelmäßig
nicht der Fall.

Bei präventiven Aufsichtsmitteln mit Verwaltungsaktcharakter, etwa der Versagung einer   538
Genehmigung, kann die Gemeinde bzw. der Gemeindeverband Verpflichtungsklage erheben (§ 42 Abs. 2 VwGO).

Intraorganstreitigkeiten befassen sich demgegenüber vor allem mit Verfahrenspositi-   539
onen innerhalb von Kollegialorganen, u. a. im Rahmen kommunalverfassungsrechtlicher
Auseinandersetzungen (z. B. rechtzeitige Einladung sämtlicher Mitglieder, Ausschluss von
Mitgliedern aus Gremien, Öffentlichkeit von Sitzungen). Sie können letztlich vor den Verwaltungsgerichten im Rahmen eines Kommunalverfassungsstreitverfahrens ausgetragen
werden (Organstreitverfahren).

2.8   Übungsfälle

1.   Wann spricht man von unmittelbarer, wann von mittelbarer Staatsverwaltung?   540

2.   Wie ist die Verwaltungsorganisation des Landes Brandenburg gegliedert?   541

3.   Ordnen Sie folgende Behörden, Einrichtungen und Landesbetriebe des Landes   542
        dem Organisationsaufbau des LOG zu!

        • Brandenburgisches Landesinstitut für Rechtsmedizin
        • Landrätin/Landrat des Landkreises Teltow-Fläming
        • Polizeipräsidium
        • Ministerium für Bildung, Jugend und Sport
        • Technisches Finanzamt Cottbus
        • Brandenburgisches Landeshauptarchiv
        • Oberbürgermeister/-in der Landeshauptstadt Potsdam
        • Landesbetrieb Forst
        • Zentrale Ausländerbehörde

4.   Wodurch unterscheiden sich Körperschaften des öffentlichen Rechts von An-   543
        stalten und Stiftungen des öffentlichen Rechts?

544 5. Was sind Beliehene? Worin liegt der Unterschied zu Verwaltungshelfern?

545 6. In welchem (Spannungs-)Verhältnis stehen Gemeindevertretungen und Hauptverwaltungsbeamte?

546 7. Was ist unter einer Organleihe zu verstehen? Nennen Sie ein Beispiel!

547 8. Was ist eine Behörde im organisatorischen Sinne, was im funktionellen Sinne?

548 9. Wie ist eine Behörde typischerweise organisatorisch gegliedert?

549 10. Worin unterscheiden sich Dienstaufsicht, Fachaufsicht und Rechtsaufsicht?

550 11. Beschreiben Sie zwei Maßnahmen der Kommunalaufsicht im Land Brandenburg!

Kapitel 3
Verwaltungsverfahren

3.1 Begriff des Verwaltungsverfahrens, Bedeutung und Rechtsgrundlagen

3.1.1 Der Begriff des **Verwaltungsverfahrens**

wird im § 9 VwVfG[3] verwendet und bezeichnet einschränkend die öffentlich-rechtliche und nach außen wirkende Tätigkeit der Behörden, um den Erlass eines Verwaltungsakts bzw. alternativ den Abschluss eines öffentlich-rechtlichen Vertrags vorzubereiten.

551

Dieser Verfahrensbegriff schließt also privatrechtliches Handeln (z. B. die Betankung von Dienstfahrzeugen, die Anmietung von Bürogebäuden oder den Abschluss und die Kündigung von privatrechtlichen Verträgen) und auch schlichtes tatsächliches Verwaltungshandeln aus (z. B. die Abgabe einer Presseerklärung, die Durchführung von Kontrollgängen des Außendienstmitarbeiters einer örtlichen Ordnungsbehörde nach dem OBG, die Umsetzung eines Beamten oder die Änderung der Geschäftsverteilung). **Schlichtes Verwaltungshandeln** bedeutet nicht, dass keine Rechtswirkungen entfaltet werden können, die ggf. in die Rechte des Bürgers eingreifen. Für das schlichte Verwaltungshandeln sind die Verfassungsgrundsätze des Verwaltungshandelns in gleicher Weise zu beachten.

552

Im Übrigen werden mit dem Begriff des Verwaltungsverfahrens alle Handlungen ausgeschlossen, die nach innen wirken, wie z. B. der Erlass von Dienstanweisungen oder personalwirtschaftliche Entscheidungen.

553

Die Relevanz dieser Vorschrift wird bei der Wahrnehmung von Verfahrensrechten während des Verwaltungsverfahrens deutlich. Nach § 29 VwVfG hat ein Beteiligter nur Anspruch auf Akteneinsicht in die das Verfahren betreffenden Vorgänge. Der Anspruch erstreckt sich somit nicht auf innerdienstliche Vorbereitungen.

554

---

[3] Wenn im Folgenden Vorschriften des VwVfG (des Bundes) genannt werden, so gelten diese auf der Grundlage von § 1 Abs. 1 VwVfGBbg.

555   Letztendlich schließt das Verfahren diejenigen Vorgänge aus, die nicht auf den Erlass eines Verwaltungsakts bzw. alternativ auf den Abschluss eines öffentlich-rechtlichen Vertrages gerichtet sind, wie beispielsweise sämtliche Vorbereitungen für den Erlass einer Satzung, auch wenn einer solchen Außenwirkung zukommen kann.

3.1.2   Bedeutung des Verwaltungsverfahrens

556   Da die Verletzung von Verfahrensvorgaben zur Rechtswidrigkeit, teilweise auch zur Nichtigkeit führen kann, kommt dem Verwaltungsverfahren eine nicht unbeträchtliche und verfassungsrechtliche Bedeutung zu. Es stellt sicher, dass der Verfahrensbeteiligte seine Rechte wahrnehmen kann und nicht als Objekt staatlichen Handelns gilt. Das Verfahren ermöglicht somit die ordnungsgemäße Durchführung eines auf materiellem Recht basierenden Verfahrens. Ungeachtet etwaiger Heilungsmöglichkeiten stellt das Verfahren sicher, dass der Bürger mit seinem Recht auf Akteneinsicht oder auf vorherige Anhörung (§ 28 VwVfG) am Verfahren mitwirken kann. Damit trägt er zur behördlichen Entscheidungsfindung bei.

3.1.3   Rechtsgrundlagen des Verwaltungsverfahrens

557   Es gelten die Vorschriften des brandenburgischen Verwaltungsverfahrensgesetzes (VwV-fGBbg) und die des Verwaltungsverfahrensgesetzes des Bundes (VwVfG).

558   Das **Brandenburgische Verwaltungsverfahrensgesetz** verweist in § 1 Abs. 1 auf die Anwendbarkeit des Bundesgesetzes für die öffentlich-rechtliche Tätigkeit der Behörden des Landes, der Gemeinden, Ämter und Gemeindeverbände und der sonstigen der Aufsicht des Landes unterstehenden juristischen Personen des öffentlichen Rechts, schließt aber folgende Rechtsvorschriften aus dem Bundesgesetz aus: §§ 1, 2, 30, 33 Abs. 1 Satz 2 letzter Halbsatz, § 34 Abs. 5, § 61 Abs. 2, § 78 Abs. 1, §§ 94, 96, 100 und 101 VwVfG.

559   Damit gelten für das brandenburgische Verwaltungsverfahren die Vorschriften der §§ 1–12 des VwVfGBbg und der Text der Vorschriften des VwVfG mit Ausnahme der nicht geltenden Bestimmungen (vgl. § 1 Abs. 1 VwVfGBbg).

560   Es sind einige Ausnahmen vom Anwendungsbereich des Verwaltungsverfahrensgesetzes zu beachten. Ausgenommen sind nach § 2 BbgVwVfG u. a. das Verfahren für die Tätigkeiten der Kirchen und Religionsgemeinschaften, das Verfahren der Abgabenordnung, des Ordnungswidrigkeitenrechts, der Strafverfolgung, das Verfahren im Sozialgesetzbuch und der Verfahren in Schulen und Hochschulen bei Leistungs- und Eignungsprüfungen.

561   Das brandenburgische Verfahrensrecht enthält darüber hinaus besondere zum VwVfG des Bundes ergänzende bzw. abweichende Vorschriften über ausgeschlossene Personen (vgl. § 3 BbgVwVfG), sorbische/wendische Verfahrensbeteiligte (vgl. § 4 BbgVwVfG), Bekanntmachungen im Internet (vgl. § 5a BbgVwVfG) und die Bekanntgabefiktion des Verwaltungsakts im § 41 Abs. 2 Satz 2 VwVfG (vgl. § 7 VwVfGBbg). Letztere Ausnahme betrifft die Bekanntgabefiktion eines elektronisch übermittelten Verwaltungsakts.

Während im VwVfG ebenfalls wie beim schriftlichen Verwaltungsakt die Drei-Tages-Fiktion   562
gilt, wird dies für elektronisch übermittelte Verwaltungsakte in Brandenburg verifiziert.
Das bedeutet, dass ein solcher Verwaltungsakt, auch wenn er früher als innerhalb der
Drei-Tages-Fiktion übermittelt worden ist, auch bereits bei tatsächlichem früheren Zugang
zu diesem früheren Zeitpunkt als bekannt gegeben gilt. Nach dem Bundesgesetz gilt
hingegen auch in diesem Fall die Drei-Tages-Fiktion.

Eine wesentliche Bestimmung stellt auch § 1 Abs. 1 Satz 2 BbgVwVfG dar, wonach die   563
Bestimmungen des Verfahrensrechts nur dann gelten sollen, soweit nicht Rechtsvor-
schriften des Landes inhaltsgleiche oder entgegenstehende Bestimmungen enthalten
(Grundsatz der Nachrangigkeit oder Subsidiarität).

Zu beachten wäre auch die Legaldefinition des Begriffs der Behörde im § 1 Abs. 2 Bbg-   564
VwVfG. Zum Begriff vgl. die Ausführungen in Kapitel 4.1.3.
Das VwVfG gliedert sich in acht Teile:

Die verfahrensrechtlichen Vorschriften werden durch weitere bundes- und landesgesetz-   565
liche Bestimmungen erweitert. Dies betrifft insbesondere die dem Bürger zustehenden
Verfahrensrechte wie die Anhörung (vgl. Kapitel 3.3.6.1), die Akteneinsicht (vgl. Kapitel
3.3.6.2) sowie die Akteneinsicht, Betriebs- und Geschäftsgeheimnisse, Personenbezogene
Daten nach § 5 VwVfGBbg.

Zu diesen gesetzlichen Bestimmungen gehören neben dem Brandenburgischen Daten-   566
schutzgesetz:

567   Das Gesetz zur Regelung des Zugangs zu Informationen des Bundes (**Informationsfrei-heitsgesetz** [IFG] vom 05.05.2005);[4] dieses Gesetz spricht jedem Bürger nach Maßgabe des Gesetzes einen Anspruch auf Zugang zu amtlichen Informationen gegenüber Bundesbehörden zu.

568   Das **Akteneinsichts- und Informationszugangsgesetz** (AIG) vom 10.03.1998.[5]

569   Dieses Gesetz räumt allen Bürgern ebenso wie Bürgerinitiativen und Verbänden das Recht auf Akteneinsicht und Informationszugang ein. Einschränkungen bestehen dort, wenn Geheimhaltungsinteressen des Staates bestehen sowie bei überwiegenden privaten Interessen von Verfassungsrang: Beispiele sind das Recht auf informationelle Selbstbestimmung, der Schutz geistigen Eigentums und der Schutz von Betriebs- oder Geschäftsgeheimnissen. »Ziel dieser Regelung ist die Stärkung der politischen Mitgestaltung und eine verbesserte Kontrolle der öffentlichen Verwaltung durch die Bürgerinnen und Bürger: Nur wer Zugang zu den richtigen Informationen hat, kann etwas für sich und andere bewegen. Das bisherige Amtsgeheimnis der öffentlichen Verwaltung ist durch dieses Gesetz erstmals in der Geschichte der Bundesrepublik durchbrochen worden.«[6]

570   Die Akteneinsicht ist nach einer Verwaltungsgebührenordnung gebührenpflichtig.

3.2   Arten und Abgrenzung zu anderen Verwaltungsverfahren

571   Neben dem nichtförmlichen Verwaltungsverfahren gibt es weitere Verfahrensarten. Dazu gehören:

- Massenverfahren
- förmliche Verfahren
- Planfeststellungsverfahren
- Widerspruchs-/Vorverfahren
- Vollstreckungsverfahren

572   **Massenverfahren** werden angenommen, wenn mehr als 50 Personen vorhanden sind. Sofern Eingaben von mehr als 50 Personen gemacht werden, so kann die Behörde sie auffordern, innerhalb einer angemessenen Frist einen gemeinsamen Vertreter zu bestellen, wenn sonst die ordnungsgemäße Durchführung des Verfahrens gefährdet wäre (vgl. im Einzelnen §§ 17, 18 VwVfG). Dieser Vertreter hat die Interessen der beteiligten Personen sorgfältig wahrzunehmen (§ 19 Abs. 1 VwVfG). In derartigen Fällen kann die Vielzahl der Zustellungen durch eine öffentliche Bekanntmachung nach § 69 Abs. 2 VwVfG ersetzt

---

4   http://www.gesetze-im-internet.de/bundesrecht/ifg/gesamt.pdf (21.07.2017).
5   http://bravors.brandenburg.de/de/gesetze-212780 (21.07.2017).
6   http://www.lda.brandenburg.de/sixcms/detail.php/bb1.c.251703.de (21.07.2017).

werden. Die Entscheidung der Behörde ist schriftlich zu verfügen und zu begründen. Die öffentliche Bekanntmachung wird dadurch bewirkt, dass der verfügende Teil des Verwaltungsakts und die Rechtsbehelfsbelehrung im amtlichen Verkündungsblatt der Behörde und außerdem in örtlichen Tageszeitungen bekannt gemacht werden. Zwei Wochen nach dem Tag der Bekanntmachung gilt der Verwaltungsakt als zugestellt. Wird das Verwaltungsverfahren abgeschlossen, so wird die Benachrichtigung an die Beteiligten durch öffentliche Bekanntmachung ersetzt (§ 69 Abs. 3 VwVfG).

Förmliche Verfahren

Abweichend von § 10 VwVfG, der vorbehaltlich spezialgesetzlicher Bestimmungen die Nichtförmlichkeit des Verwaltungsverfahrens vorsieht, sind förmliche Verfahren an besondere Formvorgaben gebunden (vgl. z. B. das Enteignungsverfahren nach §§ 104 BauGB). § 63 Abs. 1 VwVfG schreibt ein solches förmliches Verfahren vor, wenn es durch Rechtsvorschrift vorgeschrieben wird: 573

(1)   Ein förmliches Verfahren setzt einen Antrag voraus, der schriftlich oder zur Niederschrift bei der Behörde zu stellen ist.

(2)   Zeugen sind zur Aussage und Sachverständige zur Erstattung von Gutachten verpflichtet (§ 65 VwVfG).

(3)   Es besteht eine Verpflichtung zur Anhörung der Beteiligten (§ 66 VwVfG).

(4)   Es muss eine öffentliche Verhandlung stattfinden, zu der die Beteiligten mit angemessener Frist schriftlich zu laden sind (§§ 67, 68 VwVfG).

(5)   Unter Würdigung des Gesamtergebnisses des Verfahrens entscheidet die Behörde. Der das Verfahren abschließende Verwaltungsakt muss schriftlich erlassen, schriftlich begründet und den Beteiligten zugestellt werden.

(6)   Entscheidungen im förmlichen Verfahren bedürfen keiner Nachprüfung im Widerspruchsverfahren (§ 70 VwVfG).

Planfeststellungsverfahren werden in den §§ 72 ff. VwVfG geregelt. Sie zeichnen sich durch Formstrenge aus.   574
Derartige Verfahren beabsichtigen die Feststellung eines Plans, durch den ein raumbezogenes Vorhaben mit rechtsgestaltender Wirkung für zulässig erklärt wird.[7]

Für den Bau oder die wesentliche Änderung von bestimmten Verkehrsanlagen (z. B. Straßen, Eisenbahnen, Straßenbahnen) schreibt der Gesetzgeber ein Planfeststellungsverfahren vor.   575

Die Rechtsgrundlagen für die Planfeststellung sind die Fachgesetze: Für Straßen gilt das Bundesfernstraßengesetz (FStrG) und das Brandenburgische Straßengesetz (BbgStrG), für Eisenbahnen § 18 Allgemeines Eisenbahngesetz (AEG) und für Straßenbahnen § 28 Personenbeförderungsgesetz (PBefG).   576

---

[7]   Maurer/Waldhoff, S. 477 f.

577   Im Rahmen eines Planfeststellungsverfahrens ist eine Anhörung mit einer mündlichen Verhandlung vorgeschrieben, in der alle Einwendungen gegen das Vorhaben erörtert werden. Das Planfeststellungsverfahren integriert das Anhörungsverfahren einerseits und die nachvollziehende planerische Entscheidung der Planfeststellungsbehörde andererseits, die unter Abwägung aller durch das Vorhaben berührten privaten und öffentlichen Belange getroffen wird.

578   Wenn die rechtlichen Voraussetzungen vorliegen und die Abwägung zu dem Ergebnis führt, dass die zu berücksichtigenden Belange dem Vorhaben nicht entgegenstehen bzw. ihnen durch Zusagen des Vorhabenträgers oder durch Auflagen an ihn entsprochen werden kann, wird als abschließende Entscheidung der Behörde ein Planfeststellungsbeschluss erlassen (§ 74 VwVfG). In diesem Beschluss werden alle öffentlich-rechtlichen Beziehungen zwischen dem Träger des Vorhabens und den durch den Plan Betroffenen rechtsgestaltend geregelt (§ 75 Abs. 1 Satz 2 VwVfG). Der Planfeststellungsbeschluss ersetzt alle nach anderen Rechtsvorschriften notwendigen öffentlich-rechtlichen Genehmigungen, Erlaubnisse, Bewilligungen und Zustimmungen (Konzentrationswirkung). Er ist außerdem Voraussetzung für die Enteignung oder eine vorzeitige Besitzeinweisung. Etwaige Mängel in der Abwägung öffentlicher und privater Belange sind nur dann erheblich, wenn sie offensichtlich sind und nicht durch Planergänzung oder durch ein ergänzendes Verfahren behoben werden können. Ist das Verfahren unanfechtbar geworden, so sind Ansprüche auf Unterlassung des Vorhabens, auf Beseitigung oder Änderung der Anlagen oder auf Unterlassung ihrer Benutzung ausgeschlossen.

579   Eine **Übersicht der behördlichen Zuständigkeiten** vermittelt die nachfolgende Tabelle.[8] Die Aufgaben der Planfeststellung im Bereich Straße wurden zum 01.01.2015 vom Ministerium für Infrastruktur und Landesplanung in das Landesamt für Bauen und Verkehr verlagert (vgl. Verkündung der Zweiten Verordnung zur Änderung der Fernstraßenzuständigkeitsverordnung, in: GVBl. II Nr. 3).

Bauvorhaben	Vorhabenträger	Anhörungsbehörde	Planfeststellungs-behörde
Bundesfernstraßen (Bundesstraßen, Autobahnen), Landes-, Kreis- und Gemeindestraßen	Landesbetrieb Straßenwesen Brandenburg (LS), Kommunen etc.	Landesamt für Bauen und Verkehr (LBV)	Landesamt für Bauen und Verkehr (LBV)
Bundeseigene Eisenbahnen einschl. Anlagen der Bahn	Deutsche Bahn AG	Landesamt für Bauen und Verkehr (LBV)	Eisenbahn-Bundesamt (EBA)
nichtbundeseigene Eisenbahnen einschl. Anlagen der Bahn (z. B. Bahnübergänge etc.)	andere Eisenbahnunternehmen	Landesamt für Bauen und Verkehr (LBV)	Landesamt für Bauen und Verkehr (LBV)
Straßenbahnen	Betreiber von Straßenbahnen	Landesamt für Bauen und Verkehr (LBV)	Landesamt für Bauen und Verkehr (LBV)

---

[8]   http://www.lbv.brandenburg.de/683.htm (16.07.2017).

Neben dem Planfeststellungsbeschluss kommen für Bauvorhaben unter speziellen Voraussetzungen die Plangenehmigung und der Planverzicht in Betracht.   580

Die **Plangenehmigung** alternativ zum Planfeststellungsbeschluss (§ 74 Abs. 6 VwVfG,   581
§ 18b Nr. 1, 2, 3 und 5 AEG, § 28 Abs. 1a PBefG, § 17 FStrG, § 38 Abs. 2 BbgStrG) hat
die Rechtswirkungen der Planfeststellung. Sie kann nach den unterschiedlichen Gesetzen
unter folgenden Voraussetzungen ergehen:

1.   Wenn für das Vorhaben keine gesonderte Umweltverträglichkeitsprüfung nach
     dem Gesetz über die Umweltverträglichkeitsprüfung (UVP-Gesetz) notwendig
     ist
2.   Wenn mit den Trägern öffentlicher Belange, deren Aufgabenbereich berührt
     wird, das Benehmen hergestellt worden
3.   Wenn Rechte anderer nicht (oder nicht wesentlich) beeinträchtigt werden oder
     die Betroffenen sich mit der Inanspruchnahme ihres Eigentums oder eines
     anderen Rechts schriftlich einverstanden erklärt haben.

Der **Planverzicht** (§ 74 Abs. 7 VwVfG, § 18b Nr. 4 AEG, § 28 Abs. 2 PBefG, § 17 FStrG   582
und § 38 Abs. 4 BbgStrG) findet Anwendung bei Änderungen oder Erweiterungen von
unwesentlicher Bedeutung. Fälle unwesentlicher Bedeutung liegen vor, wenn

1.   es sich nicht um eine Änderung oder Erweiterung handelt, für die nach dem
     Gesetz über die Umweltverträglichkeitsprüfung eine Umweltverträglichkeits-
     prüfung durchzuführen ist,
2.   andere öffentliche Belange nicht berührt sind oder die erforderlichen behördli-
     chen Entscheidungen vorliegen und sie dem Plan nicht entgegenstehen und
3.   Rechte anderer nicht beeinflusst werden oder mit den vom Plan Betroffenen
     entsprechende Vereinbarungen getroffen werden.

Das **Widerspruchsverfahren** schließt sich als ein eigenständiges Verwaltungsverfahren   583
an, sobald der Adressat eines anfechtbaren Verwaltungsakts Widerspruch gegen den
Verwaltungsakt nach § 69 VwGO erhoben hat. Es gelten die Vorschriften des Verwal-
tungsverfahrensgesetzes subsidiär und die der Verwaltungsgerichtsordnung (vgl. § 79
VwVfG). Aus dem Verfahrensrecht gelten Bestimmungen über die Beteiligten und ihre
Vertretungsmöglichkeiten, über den Verfahrensablauf und die Verfahrensrechte wie bei-
spielsweise die Anhörung.
Im Rahmen des Widerspruchsverfahrens ist die Behörde verpflichtet, die Recht- und
Zweckmäßigkeit eines angefochtenen Bescheids zu überprüfen (§§ 68 ff. VwGO). Die
Durchführung des Widerspruchverfahrens ist Voraussetzung für die Zulässigkeit eines
sich anschließenden verwaltungsgerichtlichen Klageverfahrens (Vorverfahren).

Das **Vollstreckungsverfahren:** Sofern der Verwaltungsakt die Forderung von Geld-   584
forderungen beinhaltet bzw. auf die Vornahme einer Handlung, Duldung oder Unterlassung gerichtet ist, schließt sich bei Bedarf ein Vollstreckungsverfahren an, das die
zwangsweise Durchsetzung des Verwaltungsakts ermöglicht (vgl. § 3 VwVG). Für das

Vollstreckungsverfahren gelten die Vorschriften des Verwaltungsverfahrens nach dem VwVfG. Als Begründung sei auf die Ausnahmetatbestände des § 28 Nr. 5 VwVfG verwiesen, wonach eine Anhörung unterbleiben kann, wenn Maßnahmen in der Vollstreckung getroffen werden sollen.

3.3 Durchführung des nichtförmlichen Verwaltungsverfahrens

3.3.1 Zuständigkeit der Behörde

585   Die **sachliche Zuständigkeit** legt die Verbands- und Organkompetenz fest; ausgehend von spezialgesetzlichen Bestimmungen werden zunächst Funktionsbezeichnungen festgelegt: Nach § 71 Abs. 1 Satz 1 Aufenthaltsgesetz sind für aufenthalts- und passrechtliche Entscheidungen nach dem AufenthG die Ausländerbehörden zuständig.

586   Weitere Beispiele für die Benennung von »Funktionsbezeichnungen«:

587   die Wasserbehörden nach § 103 Abs. 1, § 124 Bbg WG; die örtlichen Ordnungsbehörden nach § 21 LImSchG; die Bauaufsichtsbehörden nach § 52 Abs. 2 BbgBO oder die Vollstreckungsbehörden nach § 26 VwVG. In Verbindung mit landesrechtlichen konkretisierenden Regelungen lässt sich die Verbandskompetenz einer Behörde darstellen.

588   Fortführung des Beispiels:

589   Nach der Verordnung wird auf der Grundlage von § 71 Abs. 1 Satz 2 AufenthG festgelegt, dass die Aufgaben der Ausländerbehörden u. a. von den Landkreisen und kreisfreien Städten wahrgenommen werden.

590   Die Verbandskompetenz wird grundsätzlich den Ländern zugewiesen, vgl. Art. 83 GG. Das Land hat beispielsweise die Aufgaben der Ordnungsverwaltung als Pflichtaufgaben zur Erfüllung nach Weisung auf die örtlichen und Kreisordnungsordnungsbehörden übertragen, vgl. § 3 OBG. Die Aufsicht in Ordnungsange-legenheiten obliegen dem Landrat als allgemeine untere Landesbehörde und dem jeweiligen Fachminister. Den gemeinden obliegt eine originäre Verbandskompetenz hinsichtlich der örtlichen Angelegenheiten, die sie in eigener Verantwortung erledigt (Art. 28 Abs. 2 GG, Art. 97 LVerf.

591   Steht die **Verbandskompetenz** fest, wird abhängig von der Aufgabenart die **Organkompetenz** festgelegt. Anhand der kommunalrechtlichen Vorschriften bedarf es also der Prüfung, welches Organ (Behörde) innerhalb des Landkreises oder einer kreisfreien Stadt für die Wahrnehmung der Aufgaben der Ausländerbehörden zuständig sein soll: entweder der Hauptverwaltungsbeamte, also der Landrat bzw. der Oberbürgermeister oder die Vertretung der Körperschaft, also der Kreistag, der Kreisausschuss oder die

Stadtverordnetenversammlung (vgl. § 131 Abs. 1, § 54 Abs. 1 Nr. 3 BbgKVerf). Im vorliegenden Beispiel wäre damit der Landrat des Landkreises Uckermark für Ausländerangelegenheiten sachlich zuständig.

Instanzielle Zuständigkeit

Gibt es mehrere sachlich zuständige Behörden im Instanzenzug, bedarf es der Prüfung, welche Behörde im Instanzenzug zuständig sein wird. Diese instanzielle Zuständigkeit regelt somit die vertikale Aufgabenzuweisung auf verschiedenen Ebenen.   592

Beispiel für sachlich zuständige Behörden in unterschiedlichen Instanzen: 593

Nach §§ 103 Abs. 1, 124, 125, 126 BbgWG sind Wasserbehörden das für die Wasserwirtschaft zuständige Ministerium als oberste Wasserbehörde, das Landesamt für Umwelt, Gesundheit und Verbraucherschutz als obere Wasserbehörde und die Landkreise und kreisfreien Städte als untere Wasserbehörden.   594
Wenn allerdings die instanzielle Zuständigkeit mit der sachlichen Zuständigkeit vorgegeben wird, erübrigt sich zwangsläufig die gesonderte Prüfung der instanziellen Zuständigkeit.

Beispiel:
Die Durchführung des § 10 LImschG wird gemäß § 21 LImschG den örtlichen Ordnungsbehörden zugewiesen. Mit dieser Bestimmung sind die sachliche und instanzielle Zuständigkeit vorgegeben.   595

Im Ordnungsrecht kann sich auch die Frage nach der funktionellen Zuständigkeit ergeben; Beispiel: der Erlass deiner ordnungsbehördlichen Verordnung bedarf der Beschlussfassung der Gemeindevertretung, des Amtsausschusses, der Verbandsgemeindevertretung oder des Kreistages, vgl. § 26 Abs. 3 OBG.   596

Die **örtliche Zuständigkeit** grenzt den Zuständigkeitsbereich mehrerer sachlich zuständiger Behörden räumlich ab. Diese wird entweder spezialgesetzlich geregelt oder ergibt sich subsidiär aus § 3 VwVfG.   597

Beispiele für eine spezialgesetzliche Regelung: 598

Genehmigung eines 24-Stunden-Rockfestivals im Stadtgebiet Prenzlau; die örtliche Zuständigkeit richtet sich nach § 4 OBG; § 35 Abs. 7 GewO.   599
Mangels spezialgesetzlicher Regelungen gilt für die Prüfung der örtlichen Zuständigkeit ansonsten subsidiär **§ 3 VwVfG**. Diese Vorschrift sieht verschiedene **Fallkonstellationen** vor:

Nr. 1: Zuständig in Angelegenheiten, die sich auf unbewegliches Vermögen oder ein ortsgebundenes Recht ergeben, ist die Behörde, in deren Bezirk das Vermögen oder der Ort liegt. Beispiel: Erteilung einer Baugenehmigung.   600

601   Nr. 2: in Angelegenheiten, die sich u. a. auf den Betrieb eines Unternehmens oder die Ausübung eines Berufs beziehen, die Behörde, in deren Bezirk das Unternehmen oder der Beruf ausgeübt wird. Beispiel: Betriebsschließung nach der Gewerbeordnung.

602   Nr. 3a: in anderen Angelegenheiten, die eine natürliche Person betreffen, die Behörde, in deren Bezirk die natürliche Person ihren gewöhnlichen Aufenthalt hat.
Beispiel aus dem Namensänderungsgesetz:
Für die Entgegennahme der Namensänderungsanträge sind nach § 1 Abs. 1 NamÄndVwV die »örtlichen Ordnungsbehörden« zuständig. Nach § 3 OBG sind dies u. a. die Ämter, die amtsfreien Gemeinden, die Verbandsgemeinden, die mitverwaltenden Gemeinden und die kreisfreien Städte wahr- sachlich zuständig wäre somit der Bürgermeister der Stadt Prenzlau.

603   Nr. 3b: in Angelegenheiten, die eine juristische Person betreffen, diejenige Behörde, in deren Bezirk die juristische Person ihren Sitz hat oder zuletzt hatte.
Sofern die o. g. Tatbestände nicht zutreffen, ist die Behörde zuständig, in deren Bezirk der Anlass für die Amtshandlung hervortritt.

604   Eine **abweichende Zuständigkeit von der Regelzuständigkeit** kann sich aus gesetzlichen Vorschriften in nachfolgenden Fallkonstellationen ergeben:

605   a. das **Mandat** zwischen Mandant und Mandatar;
etwa die Vereinbarung zwischen Ämtern, dass ein Amt eine gemeinsame Musikschule errichtet und betreibt. Mit dem Mandat nimmt das handelnde Amt die Zuständigkeit des anderen Amtes wahr.

606   b. die **Delegation** zwischen Delegant und Delegatar;
Beispiel: Der Kreisausschuss ermächtigt den Ausschuss A. Es hat eine Aufgabenverlagerung stattgefunden.

607   c. die **Amtshilfe** nach §§ 4 ff. VwVfG;
Beispiel: Die Ordnungsbehörde bittet die Polizei um Identitätsfeststellung.
Amtshilfe liegt nicht vor, wenn die Behörden aneinander innerhalb eines bestehenden Weisungsverhältnisses Hilfe leisten oder die Hilfeleistung in Handlungen besteht, die der ersuchten Behörde als eigene Aufgabe obliegen (§ 4 Abs. 2 VwVfG).
Der Grund für ein Amtshilfeersuchen kann verschiedene Gründe haben: Die ersuchende Behörde ist tatsächlich (fehlende sächliche oder personelle Ressourcen) oder rechtlich nicht in der Lage, die ersuchte Handlung selbst vorzunehmen. Die ersuchende Behörde bleibt für die Bearbeitung der Angelegenheit zuständig.
Die Bestimmungen des Verfahrensrechts sind mit den §§ 8a bis 8e VwVfG für die europäische Verwaltungszusammenarbeit ergänzt worden.

608   d. die **Vollzugshilfe** der Polizei;
Beispiel: Die Polizei wird ersucht, Vollzugshilfe zu leisten, etwa bei der Vollstreckung von Forderungen oder der Durchsetzung von angedrohten Zwangsmaßnahmen.

e. der **Selbsteintritt**;   609
Beispiel: § 6 OBG begründet die außerordentliche Zuständigkeit einer anderen Ordnungsbehörde.

f. **Zuständigkeitsregelungen zugunsten des Behördenleiters**;   610
Beispiel: Nach § 46 BbgPolG ist nur der Behördenleiter legitimiert, eine Rasterfahndung
beim zuständigen Amtsgericht zu beantragen.

Fehlt die Behördenangabe in einem Bescheid, so hat dies nach § 44 Abs. 2 Ziff. 1   611
VwVfG die Nichtigkeit zur Folge. Der Bescheid entfaltet damit keine Wirksamkeit und
keine Verbindlichkeit. Nach § 44 Abs. 5 VwVfG kann die Behörde die Nichtigkeit von
Amtswegen feststellen; auf Antrag hat sie festzustellen, wenn der Antragsteller hieran
ein berichtigtes Interesse hat.

Aus einer Zuständigkeitsregel kann nicht auf die materiellrechtliche Ermächtigung ge-   612
schlossen werden.

3.3.2   Beginn des Verfahrens

Nach § 22 VwVfG beginnt das Verwaltungsverfahren grundsätzlich mit einer Ermessens-   613
entscheidung der Behörde, ob und wann sie ein Verwaltungsverfahren durchführt. Es
obliegt ausschließlich der Behörde, ein Verwaltungsverfahren durchzuführen.
Von diesem Grundsatz werden Ausnahmen formuliert:

(1)   Die Behörde muss von Amts wegen tätig werden (Satz 2 Nr. 1 Alt. 1); Beispiele: 614
         §§ 17 Abs. 1 Satz 2, 20 Abs. 1 Satz 2 Bundes-Immissionsschutzgesetz (Blm-
         SchG), § 42a SGB VIII.

(2)   Die Behörde ist weiterhin zur Durchführung eines Verfahrens verpflichtet, wenn   615
         sie auf Antrag tätig werden muss und ein solcher Antrag gestellt worden ist
         (Satz 2 Nr. 1 Alt. 2).
         Beispiele:
         §§ 8, 8a, 9 und 19 BlmSchG.

(3)   Die dritte Ausnahme behandelt Sachverhalte, in denen die Behörde nur auf   616
         Antrag tätig werden darf und ein Antrag nicht vorliegt (Satz 2 Nr. 2).
         Beispiel:
         § 81 Abs. 1 Aufenthaltsgesetz (AufenthG). Wird sie tätig, ohne dass ein Antrag
         zuvor gestellt worden ist, so kann dieser Fehler nach § 45 Abs. 1 Satz 1 VwVfG
         geheilt werden.

3.3.3   Untersuchungsgrundsatz

Die Behörde wird im § 24 VwVfG verpflichtet, den Sachverhalt von Amts wegen zu er-   617
mitteln. Sie bestimmt dabei Art und Umfang der Ermittlungen. Die Behörde hat dabei

alle für den Einzelfall bedeutsamen, auch die für den Beteiligten günstigen Umstände zu berücksichtigen.

518   Der Untersuchungsgrundsatz beruht darauf, dass das öffentliche Interesse an der Feststellung des wahren Sachverhalts Vorrang vor dem Privatinteresse des Beteiligten hat. Außerdem entspricht im Verwaltungsverfahren der Untersuchungsgrundsatz den rechtsstaatlichen Erfordernissen am besten, da eine korrekte Entscheidung eine vollständige Sachverhaltsaufklärung voraussetzt.[9]

3.3.4   Beweismittel

519   Bei der Ermittlung des Sachverhalts bedient sich die Behörde der Beweismittel, die sie nach pflichtgemäßem Ermessen für erforderlich hält. Zu diesem Zweck kann sie Auskünfte jeder Art einholen, Beteiligte, Zeugen und Sachverständige anhören, Urkunden und Akten beiziehen und den Augenschein einnehmen. § 26 Abs. 1 Satz 2 VwVfG enthält die klassischen Beweismittel der Zivilprozessordnung und der Strafprozessordnung; die Aufzählung ist nicht abschließend.

520   Die Beteiligten sollen nach § 26 Abs. 2 VwVfG bei der Ermittlung des Sachverhalts mitwirken und die ihnen bekannten Tatsachen und Beweismittel angeben. Ein allgemeiner Zwang zur Mitwirkung ist nicht normiert worden, damit sich die Stellung des Beteiligten nicht zu seinen Ungunsten verschlechtert.

521   Eine weitergehende Verpflichtung zur Mitwirkung besteht nur, soweit sie durch Rechtsvorschrift besonders vorgesehen ist. Eine solche besondere Regelung enthält beispielsweise § 208 BauGB; danach kann die Behörde zur Erforschung des Sachverhalts u. a. anordnen, dass Beteiligte persönlich erscheinen und/oder Urkunden und Akten vorlegen. Kommt der Beteiligte seiner Mitwirkungspflicht nicht nach, kann die Anordnung mit einem Zwangsgeld in Höhe von bis zu 500 € angedroht und festgesetzt werden.
Die Weigerung eines Beteiligten kann ggf. bei der Beurteilung eines schutzwürdigen Vertrauens bei der Aufhebung eines Verwaltungsakts (§§ 48, 49 VwVfG) bedeutsam sein. Für Zeugen und Sachverständige besteht nach § 26 Abs. 3 VwVfG eine Pflicht zur Aussage oder zur Erstattung von Gutachten, wenn dies durch Rechtsvorschrift vorgesehen ist.

3.3.5   Beteiligte, Bevollmächtigte und Beistände im Verwaltungsverfahren, Beteiligungs- und Handlungsfähigkeit

522   **Beteiligte** in einem Verwaltungsverfahren sind solche Personen, die eigene Rechte geltend machen können. Der Begriff des Beteiligten muss von den im Verwaltungsverfahren benutzen Begriffen des »Betroffenen« und des »Begünstigten« abgegrenzt werden.

523   Die gesetzlichen Bestimmungen unterscheiden im § 13 VwVfG die Beteiligten »kraft Gesetzes« (Abs. 1) von den Beteiligten »kraft Hinzuziehung« nach Abs. 2.

---

[9]   BT-Drucksache 7/910, S. 48 f.

Zu den Beteiligten nach Abs. 1 gehört zunächst der **Antragsteller**.   624

Beispiel:
Der Ausländer A beantragt bei der zuständigen Behörde eine Aufenthaltserlaubnis zum Zwe-   625
cke des Studiums nach § 16 Abs. 1 AufenthG; A gilt als Antragsteller und ist damit Beteiligter.

Der **Antragsgegner** ist derjenige, zu dessen Lasten eine Entscheidung getroffen wer-   626
den soll. Es ist nicht die Behörde, bei der beispielsweise ein Antrag auf Erteilung einer
Baugenehmigung gestellt wird. Die Behörde hat in diesem Fall zu prüfen, ob keine
öffentlich-rechtlichen Vorschriften der Erteilung einer Baugenehmigung entgegenstehen.
Antragsgegner gibt es nur in Verfahren, die einen Verfahrensbeteiligten begünstigen und
einen anderen belasten, wie z. B. ein Antrag auf Wiederherstellung/Anordnung der aufschiebenden Wirkung nach § 80 Abs. 5 VwGO.

Beteiligte sind nach Nr. 2 zudem diejenigen, an die die Behörde den Verwaltungsakt   627
richten will (z. B. an den ordnungspflichtigen Störer nach §§ 16 ff. OBG) oder gerichtet
hat oder alternativ zum Erlass eines Verwaltungsakts einen öffentlich-rechtlichen Vertrag
abschließen will oder abgeschlossen hat (vgl. auch §§ 54 ff. VwVfG).

Es liegt im Ermessen der Behörde, diejenigen, deren Rechte durch den Ausgang des   628
Verfahrens berührt werden können, durch die Behörde zum **Verfahren hinzuzuziehen**
(§ 13 Abs. 1 Nr. 4, Abs. 2 VwVfG). Abs. 2 Satz 1 stellt es in das Ermessen, diejenigen hinzuzuziehen, deren Interesse durch den Ausgang des Verfahrens berührt werden können.
Sofern allerdings (vgl. Satz 2) der Ausgang des Verfahrens für einen Dritten rechtsgestaltende Wirkung hat, ist die Behörde verpflichtet, diesen Dritten hinzuziehen. Sofern der
Dritte der Behörde bekannt ist, hat sie ihn zu benachrichtigen.

Abs. 3 bestimmt, dass diejenigen, die anzuhören sind, ohne dass sie Beteiligte »kraft   629
Gesetzes« sind, keine Beteiligten sind. Hierzu gehören beispielsweise Gutachter, die in
einem Verfahren eine Stellungnahme abgeben. Sie erlangen durch die Mitwirkung keine
Beteiligtenstellung.
Die Hinzuziehung ebenso wie die Ablehnung einer Hinzuziehung stellen Verwaltungsakte
nach § 35 VwVfG dar, die nach § 44 a VwGO mit dem Rechtsbehelf gegen die Sachentscheidung angefochten werden können.

Nach § 14 VwVfG können sich Beteiligte durch **Bevollmächtigte** vertreten lassen.   630
Die Vollmacht ermächtigt zu allen das Verwaltungsverfahren betreffenden Verfahrenshandlungen. Das heißt, der Bevollmächtigte, der auf Verlangen eine Vollmacht schriftlich
nachweisen muss, kann Anträge stellen und zurücknehmen, Akteneinsicht beantragen und
Widerspruch einlegen; zu den Verfahrenshandlungen gehört auch die Bekanntgabe von
Verwaltungsentscheidungen (vgl. § 14 Abs. 3, § 7 VwZG). Während der Bevollmächtigte
für den Beteiligten vor der Behörde auftritt, kann der **Beistand** nach § 14 Abs. 4 VwVfG
nur zusammen, also neben dem Beteiligten, zu Besprechungen erscheinen. Das vom
Beistand Vorgetragene gilt als vom Beteiligten vorgetragen, wenn dieser nicht unverzüglich
widerspricht (§ 14 Abs. 4 Satz 2 VwVfG).

Beteiligungsfähigkeit nach § 11 VwVfG
Beteiligte müssen für Verfahrenshandlungen beteiligungsfähig sein.

Die **Beteiligungsfähigkeit** entspricht der Rechtsfähigkeit im BGB (§ 1 BGB); die Beteiligungsfähigkeit meint die theoretische Fähigkeit, am Rechtsverkehr, also an einem Verwaltungsverfahren teilnehmen zu können. Der Begriff entspricht der Beteiligungsfähigkeit im Verwaltungsprozessrecht in § 61 VwGO und der Parteifähigkeit im Zivilprozessrecht nach § 50 ZPO.

Im Verwaltungsverfahren gilt § 11 VwVfG. Danach sind beteiligungsfähig:

- jede natürliche und juristische Person (Nr. 1); hierzu gehören auch – auch wenn sie keine juristischen Personen sind – die OHG , die KG, die GbR nach § 705 ff BGB und die politischen Parteien.[10]
- Vereinigungen, soweit ihnen ein Recht zustehen kann (Nr. 2)
- Behörden (Nr. 3)

Die **Handlungsfähigkeit** nach § 12 VwVfG.
Diese entspricht der Geschäftsfähigkeit im BGB. Die Handlungsfähigkeit meint die Fähigkeit, Verfahrenshandlungen vornehmen zu können. Verfahrenshandlungen sind insbesondere die Stellung und Rücknahme eines Antrags, die Beantragung von Akteneinsicht, die Mitwirkung im Rahmen der Anhörung, die Bekanntgabe eines VA und die Berechtigung, Widerspruch einzulegen. Die Handlungsfähigkeit entspricht im Verwaltungsprozess der Prozessfähigkeit nach § 62 VwGO.

Handlungsfähig sind:

- natürliche Personen, die nach den Vorschriften des Privatrechts geschäftsfähig sind (das sind alle, die nach §§ 2, 104 ff. BGB das 18. Lebensjahr vollendet haben)
- die nach den Vorschriften des Privatrechts in der Geschäftsfähigkeit beschränkt sind, soweit sie nach den Vorschriften des BGB oder des öffentlichen Rechts als handlungsfähig anerkannt sind z. B. § 36 SGB I (zu den beschränkt Geschäftsfähigen gehören u. a. diejenigen, die das 7. Lebensjahr vollendet haben)
- juristische Personen und Vereinigungen durch ihre gesetzlichen Vertreter oder durch besonders Beauftragte und
- Behörden durch ihre Leiter, deren Vertreter oder Beauftragte.

Ausgeschlossene Personen und Befangenheit
Für ein ordnungsgemäßes und rechtmäßiges Verwaltungsverfahren fordert § 20 VwVfG, dass in einem Verfahren nicht tätig werden darf, wer unmittelbar Beteiligter ist oder Angehöriger eines Beteiligten. Diese Vorgabe wird aus rechtsstaatlichen Gründen für ein faires unparteiisches Verwaltungsverfahren zwingend vorausgesetzt. Abhängig von der Intensität eines möglichen Interessenskonflikts darf der Mitarbeiter der Behörde nicht tätig

---

[10]   Vgl. auch Kopp/Ramsauer, VwVfG, 11. Auflage, München 2010.

werden, außer bei Gefahr im Verzug (vgl. § 20 Abs. 3 VwVfG). Besteht die **Besorgnis der Befangenheit** (vgl. §§ 20 Abs. 4 und 21 VwVfG), so hat derjenige, der für die Behörde tätig werden soll, dies dem Leiter der Behörde oder dessen Beauftragten mitzuteilen.

Das Gleiche gilt, wenn ein Verfahrensbeteiligter die Befangenheit eines Behördenmitarbeiters behauptet.

637

Der Verfahrensbeteiligte muss allerdings nach § 44a VwGO die Sachentscheidung abwarten, wenn er die Mitwirkung eines ausgeschlossenen Mitarbeiters anfechten will.

638

Betrifft die **Besorgnis der Befangenheit** den Behördenleiter, so wird die Besorgnis der Befangenheit der Aufsichtsbehörde mitgeteilt.

639

Sofern ein Behördenmitarbeiter in eigener Sache tätig geworden ist, wird die Nichtigkeit nach § 44 Abs. 1 VwVfG der Entscheidung anzunehmen sein.
Die Rechtswidrigkeit wird nur für die Fälle des § 20 Abs. 1 Nr. 2–6 VwVfG eintreten (vgl. § 44 Abs. 3 VwVfG). Sollte eine Entscheidung mit dem Widerspruch angefochten worden sein, so würde eine Aufhebung wegen der Mitwirkung einer ausgeschlossenen Person für die Fallgruppen Nr. 2 bis 6 scheitern, wenn offensichtlich ist, dass die Verletzung die Entscheidung in der Sache nicht beeinflusst hat (vgl. § 46 VwVfG). Das gilt zunächst für gebundene Entscheidungen. Bei Ermessensentscheidungen wäre insofern eine detaillierte Prüfung notwendig.

640

In § 20 Abs. 1 Nr. 1–6 VwVfG sind die **Fälle möglicher Befangenheit** aufgelistet. Es handelt sich um Betätigungsverbote, weil ein Tätigwerden bestimmten Personengruppen verboten wird. Sie dürfen nicht tätig werden (vgl. § 20 Abs. 1 Satz 1 VwVfG).

641

Zunächst besteht ein Betätigungsverbot für diejenigen, die selbst Beteiligte sind. Niemand darf in eigener Sache als Behördenmitarbeiter tätig werden. Dies hat möglicherweise Nichtigkeit einer behördlichen Entscheidung zur Folge (vgl. § 44 Abs. 3 Nr. 2 VwVfG).

642

Ausgeschlossen wäre nach Abs. 1 Nr. 2 derjenige, der Angehöriger eines Beteiligten ist. Wer Angehöriger ist, ergibt sich aus Abs. 5. Danach gelten u. a. Verlobte, Ehegatten, Verwandte oder Verschwägerte gerader Linie als Angehörige. Das gilt auch dann, wenn das Verwandtschaftsverhältnis nicht mehr besteht (vgl. im Einzelnen hierzu Abs. 5 Satz 2).

643

Nach Nr. 3 gilt ein Betätigungsverbot für denjenigen, der einen Beteiligten kraft Gesetzes (z. B. als Elternteil) oder Vollmacht in einem Verfahren vertritt. Ausgeschlossen sind auch diejenigen, die Angehörige von Personen sind, die einen Beteiligten vertreten (Nr. 4).

644

Das VwVfGBbg erweitert den Personenkreis der Angehörigen noch um die Lebenspartner (vgl. § 3 VwVfGBbg), Lebenspartner der Geschwister und Geschwister der Lebenspartner, wenngleich dieser Per-sonenkreis bereits in § 20 Abs. 5 Nr. 2a und 6a VwVfG erfasst worden sind.

645

646 Nr. 5 schließt Personen aus, die bei einem Beteiligten gegen Entgelt beschäftigt sind, wobei nicht differenziert wird, ob man in einer abhängigen Tätigkeit oder in einem freiberuflichen Verhältnis zueinandersteht. Alternativ gilt das Betätigungsverbot auch für Vorstandsmitglieder, Mitglieder des Vorstands oder eines gleichartigen Organs. Letztendlich werden diejenigen ausgeschlossen, die außerhalb ihrer amtlichen Eigenschaft in der Angelegenheit ein Gutachten abgegeben haben oder sonst tätig geworden sind (Nr. 6).

647 Es entspricht der Beteiligtenstellung, wenn jemand durch die Tätigkeit oder Entscheidung einen unmittelbaren Vorteil oder Nachteil erlangen kann. Diese Regelung bezweckt, diejenigen auszuschließen, die einen wirtschaftlichen oder persönlichen Vorteil haben können, um einen Anschein von Parteilichkeit zu vermeiden.

648 Ausnahmen vom Betätigungsverbot bestehen bei Wahlen zu ehrenamtlicher Tätigkeit (Abs. 2) und bei Gefahr im Verzug (Abs. 3). Ein Basistext »Das Unbefangenheitsprinzip im Verwaltungsverfahren – §§ 20 und 21 VwVfG im Vergleich« dient der Vertiefung.[11]

3.3.6　Einzelne Verfahrensrechte

3.3.6.1　Anhörung

649 Der bekannte Grundsatz »Audiatur et altera pars« (lateinisch: »Man höre auch die andere Seite«) gilt im gesamten europäischen Recht und beschreibt diesen fundamentalen Rechtsgrundsatz des rechtlichen Gehörs.

650 Das Rechtsstaatsprinzip bildet die verfassungsrechtliche Grundlage für ein Recht auf ein faires Verfahren. Dieses Recht gehört zu den wesentlichen Rechten eines Verfahrensbeteiligten. Er darf nicht zum bloßen Objekt staatlichen Handelns werden und muss die Möglichkeit erhalten, im Verwaltungsverfahren mitwirken zu können. Dies voraussetzend, hat die Behörde dem Verfahrensbeteiligten die Gelegenheit zu geben, sich zum Sachverhalt zu äußern.

651 Art. 103 Abs. 1 Grundgesetz (GG) findet keine Anwendung auf das Verwaltungsverfahren. Art. 103 Abs. 1 GG gewährleistet rechtliches Gehör nur vor Gericht. Für das Verwaltungsverfahren kann aus dieser Verfassungsbestimmung weder unmittelbar noch im Wege der Analogie oder des Umkehrschlusses etwas entnommen werden. Aus dem Prinzip der Rechtsstaatlichkeit folgt jedoch die vorherrschende Meinung, dass auch im Verwaltungsverfahren unter bestimmten Voraussetzungen rechtliches Gehör zu gewähren sei.[12]

652 § 28 VwVfG beschreibt die **Voraussetzungen für eine Anhörung**: In zeitlicher Hinsicht soll eine Anhörung durchgeführt werden, bevor ein belastender Verwaltungsakt erlassen wird.

---

[11]　Weidemann/Demke, §§ 20 und 21 VwVfG im Vergleich, in: DVP 4/17.
[12]　BT-Drucksache 7/910, S. 51.

Dem Beteiligten, in dessen Rechte eingegriffen werden soll, ist Gelegenheit zur Stellung-   653
nahme einzuräumen. Die Beteiligtenstellung ergibt sich aus § 13 VwVfG; es ist u. a. der
Antragsteller (Abs. 1 Nr. 1) oder derjenige, an den sich die Behörde richtet (Nr. 2).
Letztendlich muss der beabsichtigte Verwaltungsakt in die Rechte des Beteiligten eingreifen. Wann ein solcher Rechtseingriff vorliegt, ist umstritten:

Nach der einen Auffassung ist die Gewährung rechtlichen Gehörs nach rechtsstaatli-   654
chen Grundsätzen zumindest dort geboten, wo es sich um die Entziehung von Rechten
oder Vorteilen handelt. Ein Eingriff in die Rechte liegt nach Auffassung des Bundesverwaltungsgerichts nur vor, wenn der vorhandene Rechtskreis des Beteiligten durch die
Verwaltungsentscheidung beeinträchtigt wird (Umwandlung eines Status quo in einen
Status minus), nicht jedoch schon, wenn die Entscheidung erst eine Rechtsposition gewährleisten soll.[13] Eine andere Auffassung verlangt die **Anhörung** des Betroffenen stets
vor beschwerenden Eingriffen, »soweit dem keine sachlichen Gründe wie bei Gefahr im
Verzuge entgegenstehen«.[14] Überwiegend wird in der Literatur die Auffassung vertreten,
dass auch bei der Ablehnung einer erstmalig beantragten Erlaubnis ein Eingriff in die
Rechte des Antragstellers vorliegt.

Die **Anwendung des Anhörungsgebots** steht wie bei allen anderen Vorschriften des   655
VwVfG unter dem Vorbehalt etwaiger vorrangig geltender spezialgesetzlicher Bestimmungen. Das bedeutet für die juristische Falllösung, dass das Anhörungsrecht eines Beamten
nach den spezialgesetzlichen vorrangig geltenden Bestimmungen des Landesbeamten-
gesetzes (LBG) zu beurteilen ist.

Anwendung des Anhörungsgebots in anderen Fällen

In analoger Anwendung wird das Anhörungsgebot auch beim schlicht hoheitlichen Han-   656
deln ohne Verwaltungsaktqualität für anwendbar erachtet. Auf verwaltungsrechtliche
Verträge hingegen findet das Anhörungsgebot keine Anwendung, zumal der Abschluss
eines verwaltungsrechtlichen Vertrags auf einem von den Vertragspartnern erzielten
Konsens beruht.

Vor Erlass der Anordnung der sofortigen Vollziehung nach § 80 Abs. 2 Nr. 4 VwGO wird   657
keine Anhörung durchgeführt. Dies gilt auch, wenn die sofortige Vollziehung erst nach
der Bekanntgabe des Verwaltungsakts angeordnet wird. Diese Anordnung gilt als eine
Verfahrensanordnung, die einen Verwaltungsakt voraussetzt. Die Anordnung der sofortigen
Vollziehung selbst stellt nach ganz h. M. indes keinen Verwaltungsakt dar.

Der **Inhalt der Anhörung** bezieht sich auf die für die Entscheidung erheblichen Tatsachen.   658
Dem Beteiligten muss hinreichend erkennbar sein, wozu er sich äußern soll.[15]

Das Bundesverfassungsgericht hat hierzu entschieden, dass die Behörde so konkret wie   659
möglich den beabsichtigten Verwaltungsakt zu umschreiben habe, damit der Beteiligte
erkennen kann, wozu er sich äußern soll und mit welchen eingreifenden Entscheidun-

---

[13]   BVerwGE 20, 160 (166).
[14]   Vgl. im Einzelnen die BT-Drucksache VII/1173 und dortige weitere Nachweise.
[15]   Huck-Müller, S. 153.

gen er rechnen muss.[16] Die Behörde entscheidet selbst, was entscheidungserhebliche Tatsachen sein sollen. Dazu können Gutachten oder beigezogene Akten gehören. Wenngleich eine rechtliche Würdigung von der Sachverhaltsdarstellung (Tatsachen) nicht unbedingt zu trennen ist, hat der Beteiligte keinen Anspruch auf eine rechtliche Erörterung in einem Gespräch bei der Behörde, da kein umfassendes Anhörungsgebot besteht. Der Behörde bleibt ein weitergehendes Gespräch möglich, wenn sie dieses für notwendig erachtet.

Allerdings muss es möglich sein, dass der Beteiligte auf das Ergebnis Einfluss nehmen kann. Die Behörde muss das Vorgetragene berücksichtigen. Letztendlich muss sie in der Begründung des Bescheids auf das Vorgetragene eingehen (vgl. § 39 VwVfG).

560 Zur **Dauer der Anhörungsfrist** macht der Gesetzgeber keine Vorgaben. Deswegen wird sie u. a. von der Komplexität des Falls abhängen. Sofern ein Bevollmächtigter mitwirkt, wird die Einräumung eine Anhörungsfrist von ca. zwei Wochen notwendig sein, zumal auch noch die Dauer des Postversands zu berücksichtigen ist.

Für die Anhörung bestehen keine **Formvorgaben**. Deswegen liegt es im Ermessen der Behörde, die Form zu bestimmen. Die Anhörung kann damit auch elektronisch oder mündlich durchgeführt werden.

561 Die **Ausnahmen der Anhörung** sind im § 28 Abs. 2 VwVfG geregelt. Danach liegt es im Ermessen der Behörde, von einer Anhörung abzusehen, wenn diese unter den Umständen des Einzelfalls nicht geboten erscheint. Die Begründung der Entscheidung muss erkennen lassen, welche überwiegenden Gründe im konkreten Fall für ein Absehen von der Anhörung sprechen.[17]

Abs. 2 enthält typische Fallgruppen, deren Aufzählung aber aus der sprachlichen Formulierung folgend (»insbesondere«) nicht abschließend geregelt worden ist. Die Entscheidung über eine verzichtete Anhörung muss als Ermessensentscheidung in der Begründung des Bescheids enthalten sein.

Zu den Ausnahmen der Anhörung im Einzelnen:

562 a. Von der Anhörung kann zunächst abgesehen werden, wenn eine **sofortige Entscheidung wegen Gefahr im Verzug oder im öffentlichen Interesse** notwendig erscheint. Eine Gefahr im Verzug setzt voraus, dass mit einer Anhörung mit hoher Wahrscheinlichkeit der Zweck der zu treffenden Verwaltungsentscheidung nicht mehr erreicht werden könnte. Für die Rechtmäßigkeit der Entscheidung über den Verzicht der Anhörung genügt nach der Rechtsprechung des Bundesverwaltungsgerichts die Einschätzung der Behörde, eine sofortige Entscheidung für notwendig zu halten.[18] Da die Behörde in diesen Fällen mit der Anordnung der sofortigen Vollziehung nach § 80 Abs. 2 Nr. 4 VwGO die Beseitigung der aufschiebenden Wirkung erreichen kann, so muss auch die für den Beteiligten weniger bedeutsame Verpflichtung der Behörde, ihn anzuhören, entfallen können.[19]

---

[16] BVerfG NVwZ 2003, 850.
[17] HessVGH, Beschluss vom 23.09.2011 – Az. 6B 1701/11, in: DVP 4/13, S. 141–143.
[18] BVerwG, NVwZ 2010, 562.
[19] BT-Drucksache 7/910, S. 51.

b. Die **Wahrung von Fristen** rechtfertigt einen weiteren Ausnahmetatbestand. Von der An-   663
hörung kann nach Nr. 2 abgesehen werden, wenn durch die Anhörung die Einhaltung einer
für die Entscheidung maßgeblichen Frist infrage gestellt werden würde. Diese Bestimmung
zielt auf gesetzliche Handlungsfristen ab, wie etwa im Bauplanungs- und Bauordnungsrecht,
deren Ablauf kraft Gesetzes zur Folge hat, dass eine Genehmigung oder Befreiung als erteilt
gilt, wenn die Behörde nicht innerhalb der Frist tätig wird.[20] Zu beachten ist, dass diese
Genehmigungsfiktion nur vollständig begünstigende Verwaltungsakte erfasst. Die Behörde
kann sich allerdings nicht auf diese Vorschrift berufen, wenn sie durch eigenes Verschulden
einen Zeitdruck herbeiführt.

c. Nach Nr. 3 wäre ein weiterer Ausnahmetatbestand erfüllt, wenn von den **tatsächlichen**   664
Angaben des Beteiligten zu seinen Ungunsten nicht abgewichen wird. Es wäre mit dem
Gebot der Einfachheit des Verwaltungsverfahrens nach § 10 VwVfG nicht vereinbar, in
einem solchen Fall eine Anhörung durchzuführen.

d. Sofern die Behörde eine **Allgemeinverfügung** (vgl. § 35 Satz 2 VwVfG) oder Beschei-   665
de in größerer Zahl erlassen will, kann sie nach pflichtgemäßem Ermessen von einer
Anhörung absehen.

e. Sofern **Maßnahmen innerhalb der Verwaltungsvollstreckun**g getroffen werden, kann   666
letztendlich von einer Anhörung abgesehen werden. Es muss sich also um eine Maßnahme
innerhalb des regulären Vollstreckungsverfahrens handeln. Diese Regelung dient dazu, die
Effektivität der Vollstreckung zu gewährleisten. Wenn also mit einer Ordnungsverfügung
die Festsetzung eines Zwangsgeldes angedroht worden ist, kann eine Anhörung vor der
Festsetzung (vgl. § 30 Abs. 1 VwVG) entfallen.

Im Gegensatz zu den Ausnahmen, die ein Absehen von der Anhörung in das Ermessen   667
der Behörde stellen, hat eine Anhörung zu unterbleiben, wenn ihr ein zwingendes öffentliches Interesse entgegenstehen würde. Dieses liegt beispielsweise vor, wenn durch die
Anhörung bedeutsame Interessen wie das Wohl des Bundes oder eines Landes oder
Sicherheitsinteressen beeinträchtigt werden. In der Praxis spielt § 28 Abs. 3 VwVfG
allerdings gar keine Rolle.

Eine **unterbleibende oder nicht ordnungsgemäß durchgeführte Anhörung** führt zur   668
Rechtswidrigkeit des Verwaltungsakts. Es liegt ein Verfahrensfehler vor, der allerdings
nach § 45 Abs. 1 Nr. 3 VwVfG geheilt werden kann, wenn die Anhörung nachgeholt wird.
Dafür ist neben der Ausgangsbehörde auch die Widerspruchsbehörde berechtigt, wenn
die Ausgangsbehörde im Widerspruchsverfahren dem Widerspruch nicht abgeholfen hat.
In zeitlicher Hinsicht ist das Nachholen bis zum Abschluss eines verwaltungsgerichtli-
chen Verfahrens möglich. Eine Heilung tritt ein, wenn die Behörde das Vorgetragene zur
Kenntnis nimmt und sich damit kritisch auseinandersetzt.[21]

---

[20]   Stelkens/Bonk/Sachs, VwVfG-Kommentar, 9. Auflage, C.H.Beck, zu § 28 VwVfG Rd.Nr. 54.
[21]   BVerwGE 66, 111.

669   Die Heilung von Anhörungsfehlern erörtert Johannes Heilmann.[22]

3.3.6.2   Akteneinsicht durch Beteiligte

670   Das Recht auf **Akteneinsicht** stellt ein weiteres Verfahrensrecht für den Beteiligten dar.
Dieser Anspruch ist ebenfalls durch Art. 19 Abs. 4 GG verfassungsrechtlich abgesichert.
Neben dieser verfahrensrechtlichen Bestimmung bestehen weitere Ansprüche auf Akteneinsicht beispielsweise nach dem Akteneinsichts- und Informationszugangsgesetz vom
10.03.1998 (GVBl. I S. 46).

671   § 29 Abs. 1 Satz 1 VwVfG verpflichtet die Behörde, dem Beteiligten Einsicht in die das
Verfahren betreffenden Akten zu gestatten.
Das rechtliche Interesse ist gegeben, wenn dadurch eine Grundlage für die Verfolgung
eines Anspruchs geschaffen wird.
Dieses Recht steht nur den Beteiligten (§ 13 VwVfG) zu. Die Akteneinsicht muss »seine«
auf das Verfahren bezogenen Akten betreffen und zur Rechtswahrung erforderlich sein.
Das Akteneinsichtsrecht bezieht sich nicht auf Entwürfe und die Arbeiten, die zu ihrer
unmittelbaren Vorbereitung notwendig sind. Eine weitere Einschränkung ergibt sich
daraus, dass die Akten nicht die ordnungsgemäße Erfüllung der Aufgaben der Behörde
beeinträchtigen oder geheim gehalten werden müssen. Geheimhaltungsregeln finden
sich beispielsweise im § 30 Abgabenordnung (AO, Steuergeheimnis), § 139b Abs. 1
GewO (Geheimhaltungsverpflichtung der Gewerbeaufsichtsbehörde), §§ 67 ff. SGB X
(Sozialdatenschutz). Für Beamtenakten und Prüfungsakten gelten besondere Verfahrensbestimmungen.

672   Akteneinsicht kann grundsätzlich nur bei der aktenführenden Stelle gewährt werden. Nach
Abs. 3 Satz 1 erfolgt die Akteneinsicht bei der Behörde, die die Akten führt. Im Einzelfall
kann die Einsicht auch bei einer anderen Behörde gewährt werden (vgl. hierzu Abs. 3
Satz 2). Weitere Ausnahmen stehen im Ermessen der Behörde. Dies betrifft die Fälle,
in denen Akten in die Kanzlei eines bevollmächtigten Rechtsanwalts gesendet werden.
Für die Dauer der Akteneinsicht muss ein hinreichender Zeitraum zur Verfügung gestellt
werden. Die Herstellung von Kopien steht im Ermessen der Behörde; sie soll grundsätzlich
gewährt werden. Auch dürfen Scans, Fotografien und Abschriften der Akten angefertigt
werden.

673   Die abgelehnte Akteneinsicht führt zur Rechtswidrigkeit des Bescheids. Sofern der Verfahrensfehler das Ergebnis der Entscheidung nicht beeinflusst, bleibt der Fehler nach
§ 46 VwVfG unbeachtlich. Die Entscheidung über die Gewährung oder ihre Ablehnung
stellt eine Verfahrenshandlung dar, die nach § 44a VwGO nicht selbstständig angefochten
werden kann.

---

[22]   Heilmann, Die Heilung von Anhörungsfehlern, in: DVP 4/13, S. 141–143.

3.3.6.3   Personenbezogene Daten, Betriebs- und Geschäftsgeheimnisse, Akteneinsicht nach § 5 VwVfGBbg

Die Behörde darf nach § 5 VwVfGBbg Angaben über persönliche und sachliche Verhält-   674
nisse einer natürlichen Person sowie Betriebs- und Geschäftsgeheimnisse nicht unbefugt
offenbaren. Das Brandenburgische Datenschutzgesetz ist zu beachten. Der Geheimhal-
tungsanspruch beruht auf den Art. 1, 12 und 14 GG. Zu den zu schützenden Geheimnissen
gehören die gesundheitlichen, familiären und wirtschaftlichen Verhältnisse einer Person.
Der Anspruch bezieht sich nicht nur auf die zu schützenden Daten während eines Verwaltungsverfahrens, sondern auch auf den Datenschutz nach Ablauf des Verfahrens. Der
Schutz bezieht sich auch auf Angehörige, Zeugen und Bevollmächtigte des Beteiligten.

Nach § 26 Abs. 2 VwVfG haben die Beteiligten im Verwaltungsverfahren bei der Ermitt-   675
lung des Sachverhalts mitzuwirken. Zu diesem Zweck besteht nach Satz 3 die Pflicht
zum persönlichen Erscheinen oder zur Aussage nur, wenn dies durch Rechtsvorschrift
besonders vorgesehen ist. Diese Vorschrift wird durch § 5 Abs. 2 VwVfGBbg dahingehend verifiziert, dass »eine Pflicht zur Abgabe von personenbezogenen Daten oder von
Betriebs- und Geschäftsgeheimnissen nur besteht, soweit sie durch Rechtsvorschrift
besonders vorgesehen ist. Der Auskunftspflichtige kann die Auskunft auf solche Fragen,
zu deren Beantwortung er durch Rechtsvorschrift verpflichtet ist, verweigern, wenn deren
Beantwortung ihn selbst oder einen der in § 383 Abs 1 Nrn. 1 bis 3 der Zivilprozessordnung (ZPO) bezeichneten Angehörigen der Gefahr strafgerichtlicher Verfolgung oder eines
Verfahrens nach dem Gesetz über Ordnungswidrigkeiten aussetzen würde.«

Hinsichtlich einer möglichen Verweigerung einer beantragten Akteneinsicht nach § 29   676
Abs. 2 VwVfG schreibt § 5 Abs. 3 VwVfGBbg ergänzend vor, dass die Ablehnung der
Akteneinsicht dem Betroffenen mitzuteilen und zu begründen ist. Die Gründe müssen
hinreichend gewichtig und konkret angebbar sein.

3.3.6.4   Beratung und Auskunft nach § 25 VwVfG

Die Behörde wird vor Beginn und während eines Verwaltungsverfahrens verpflichtet,   677
den Bürger zu beraten. In diesem Sinne soll nach Abs. 1 die Stellung von Anträgen und
ggf. Korrekturen anregt werden. Sie erteilt Auskunft über die im Verwaltungsverfahren
geltenden Rechte und Pflichten.

Die gesetzlichen Vorgaben dienen der Beschleunigung des Verwaltungsverfahrens. Zu   678
diesem Zweck soll die Behörde dem Antragsteller nach Eingang des Antrags unverzüglich Auskunft über die voraussichtliche Verfahrensdauer und die Vollständigkeit der
Antragsunterlagen geben. Diese **Auskunft** stellt allerdings keine Zusicherung dar. Die
vorgegebene unverzügliche Verpflichtung hat unverzüglich, also ohne schuldhaftes Zö-
gern (§ 121 BGB), zu erfolgen.

Die **Beratung**spflicht basiert auf dem verfassungsrechtlichen Prinzip des Rechtsstaats   679
und des Sozialstaates. Es entspricht der ständigen Rechtsprechung des BGH, dass der
Beamte den Bürger darauf hinzuweisen hat, wenn ein Schadensrisiko besteht. Wird eine
behördliche Auskunft erteilt, muss diese vollständig, richtig und unmissverständlich sein.[23]

---

[23]   BGH NVwZ 2006, 245, 246.

680 Die Beratung ist an keine Form gebunden, sie kann demzufolge auch mündlich oder per E-Mail erfolgen.

681 Die Verletzung der Beratungspflichten führt zu einem Verfahrensfehler, der nach § 46 VwVfG unbeachtlich sein kann. Die Behörde kann bei schuldhaften Verletzungen einen Anspruch auf Amtshaftung begründen (Art. 34 GG, § 839 BGB).

3.3.7   Fristen und Termine, Wiedereinsetzung in den vorigen Stand

682 Für die Berechnung von Fristen und Terminen gelten die Vorschriften der §§ 187–193 des Bürgerlichen Gesetzbuchs (BGB) entsprechend, soweit nicht in § 31 Abs. 2–5 VwVfG etwas anderes bestimmt ist. Diese Regelungen gelten nicht nur für das Verwaltungsverfahren, sondern können auch außerhalb des Verfahrens etwa für schlichtes Verwaltungshandeln angewendet werden.

683 Nach § 31 Abs. 2 VwVfG beginnt der Lauf einer Frist, der von einer Behörde gesetzt wird, mit dem Tag, der auf die Bekanntgabe der Frist folgt, außer wenn dem Betroffenen etwas anderes mitgeteilt wird. Diese Vorschrift gilt nur für behördlich gesetzte Fristen. Die Entscheidung über die Dauer der Frist liegt im Ermessen der Behörde. Sie muss nur angemessen und eindeutig bestimmt sein.

Beispiel:

684 Wird dem Bürger die Gelegenheit zur Stellungnahme eingeräumt werden, soll bei der Festsetzung einer Frist für den Eingang einer Stellungnahme ausreichend Zeit eingeräumt werden, damit sich der Bürger auf die Situation einstellen kann. Er muss die Gelegenheit haben, sich mit den Vorschriften vertraut zu machen. Er muss auch die Zeit haben, sich um einen Vertreter bemühen zu können. Unter Berücksichtigung der Postwege wäre damit eine Frist für eine Anhörung von zwei Wochen notwendig.

685 Fällt das Ende einer Frist auf einen Sonntag, einen gesetzlichen Feiertag oder einen Sonnabend, so endet die Frist mit Ablauf des nächstfolgenden Werktags. Diese Regelung entspricht dem § 193 BGB. Die Erweiterung dieser Regelung ist gerechtfertigt, weil im öffentlichen Recht auch die Vornahme tatsächlicher Handlungen bei Fristsetzungen von Bedeutung ist.[24] Allerdings erfährt die Regelung eine Einschränkung, wenn dem Betroffenen unter Hinweis auf die Regelung des § 31 Abs. 3 VwVfG ein bestimmter Tag als Ende der Frist mitgeteilt worden ist.

686 Eine weitere Ausnahme stellt Abs. 4 dar: Hat die Behörde eine Leistung für einen bestimmten Zeitraum zu erfüllen, so endet dieser Zeitraum auch dann mit dem Ablauf des letzten Tages, wenn dieser auf einen Sonntag, einen gesetzlichen Feiertag oder einen Sonnabend fällt.

Beispiele:

687 Gewährung von Renten oder Ausbildungsförderung

---

24   BT-Drucksache 7/910, S. 54.

Abs. 5 regelt die Einhaltung von Terminen. Ein von der Behörde gesetzter Termin als ein konkreter Zeitpunkt ist auch dann einzuhalten, wenn er auf einen Sonntag, gesetzlichen Feiertag oder Sonnabend fällt. 688

Ist eine Frist nach Stunden bestimmt, so werden Sonntage, gesetzliche Feiertage oder Sonnabende mitgerechnet (§ 31 Abs. 6 VwVfG). 689

Die Möglichkeit der Fristverlängerung ergibt sich aus Abs. 7. 690

Gesetzliche Feiertage sind im brandenburgischen Gesetz über die Sonn- und Feiertage vom 21. März 1991 geregelt (Feiertagsgesetz – FTG). 691

War jemand verhindert, eine gesetzliche Frist wie etwa die Widerspruchsfrist nach § 70 VwGO einzuhalten, so ist ihm auf Antrag **Wiedereinsetzung in den vorigen Stand** zu gewähren. Das Verschulden eines Vertreters ist dem Vertretenen zuzurechnen (vgl. § 32 VwVfG). Diese Regelung entspricht weitestgehend dem § 60 VwGO, allerdings mit dem Unterschied, dass im VwVfG das Verschulden eines Vertreters dem Vertretenden zuzurechnen ist. 692
Der Antrag auf Wiedereinsetzung ist innerhalb von zwei Wochen nach Wegfall des Hindernisses zu stellen. Dabei sind die Tatsachen zur Begründung des Antrags bei der Antragstellung glaubhaft zu machen. Innerhalb dieser Antragsfrist ist die versäumte Handlung nachzuholen. Wird die versäumte Handlung innerhalb der Zwei-Wochen-Frist nachgeholt, also Widerspruch eingelegt, so kann Wiedereinsetzung auch ohne einen ausdrücklichen (Wiedereinsetzungs-)Antrag gewährt werden. 693

Zuständig ist die Behörde, die über die versäumte Handlung zu entscheiden hat (vgl. Abs. 4). Die Entscheidung über die Wiedereinsetzung stellt einen Verwaltungsakt dar. Bei positiver Bescheidung gilt die an sich versäumte Frist als eingehalten. 694
Nach Ablauf eines Jahres kann die Wiedereinsetzung grundsätzlich nicht mehr beantragt werden.
Unzulässig ist die Wiedereinsetzung nach Abs. 5, wenn dies durch eine Rechtsvorschrift beschrieben wird, wie beispielsweise im Wahlverfahren. 695

Zur Wiedereinsetzung in den vorigen Stand im Widerspruchsverfahren vgl. Holger Weidemann.[25] 696

Übungen zur Fristberechnung

Müller möchte mit seiner Band mit einer Verstärkeranlage vom 21.05. bis zum 24.05.2020 in der Fußgängerzone der kreisfreien Stadt spielen. Er beantragt im April 2020 dafür die erforderliche Sondernutzungserlaubnis. Diese wird ihm erteilt mit der Maßgabe, dass bis zu einer Lautstärke von 60 dB(A) gespielt werden darf und die Band ihren Standort stündlich wechselt. Der Bescheid vom 08.05.2020 wird am 11.05.2020 zur Post aufgege- 697

---

25   Weidemann, DVP 3/15, S. 101–106.

ben und am 12.05.2020 vom Briefträger in den Briefkasten des M geworfen, aus dem M ihn erst am 16.05.2020 nimmt. Gehen Sie davon aus, dass die Rechtsbehelfsbelehrung ordnungsgemäß erteilt worden ist.

1. Wann wird die Sondernutzungserlaubnis wirksam?
2. Wann beginnt und wann endet die Widerspruchsfrist?
3. Der Bescheid wird alternativ am 15.05.2020 per Zustellungsurkunde zugestellt. Was ändert sich?
4. Was ändert sich, wenn der Bescheid per Einwurf-Einschreiben am 13.05.2020 zur Post aufgegeben wird?
5. G wird eine Gewerbeuntersagung am 25.05.2020 per Zustellungsurkunde zugestellt. Am 29.06.2020 kehrt G von einer Weltreise zurück, die er im April begonnen hat. Das Gewerbeuntersagungsverfahren war ihm wegen der im März 2020 durchgeführten Anhörung bekannt. Wenn G noch Widerspruch einlegen wollte, wäre ggf. ein Antrag auf Wiedereinsetzung in den vorigen Stand möglich?
6. A beantragt eine Baugenehmigung. Sein Nachbar N beantragt, ihm – also dem A – die Baugenehmigung nicht zu erteilen, da er durch das Vorhaben in seinem Eigentumsrecht verletzt werde. Gleichzeitig beantragt er bei der Behörde Einsicht in die Bauakten. Die Behörde verweigert die Einsichtnahme, da dies zu einer Verfahrensverzögerung führen würde. Entspricht die Verweigerung dem geltenden Recht?

3.3.8   Beendigung des Verwaltungsverfahrens

Das Verwaltungsverfahren endet mit der Bekanntgabe des Verwaltungsakts, alternativ mit dem Abschluss eines öffentlich-rechtlichen Vertrags. Sofern der Bürger gegen den Verwaltungsakt Widerspruch einlegt, endet das Verwaltungsverfahren mit der Zustellung des Widerspruchsbescheids.

Wird ein Antrag vom Beteiligten zurückgenommen, wird das Verfahren eingestellt, solange keine Entscheidung in der Sache bekannt gegeben worden ist.

Übungen zum Verwaltungsverfahrensrecht

1. Was bedeutet der Begriff »Verwaltungsverfahren«?
2. Welche Tätigkeiten der Behörde gehören nicht zum Verwaltungsverfahren?
3. Unter welchen Voraussetzungen beginnt und endet das Verwaltungsverfahren?
4. Beschreiben Sie die Bedeutung des Verwaltungsverfahrens für den beteiligten Bürger.
5. Welche Arten von Verwaltungsverfahren lassen sich unterscheiden?
6. Wer ist im Verwaltungsverfahren beteiligungsfähig?
7. Wer ist handlungsfähig?
8. Der Kleingartenverein »Zum Pfingstberge 1920 e. V.« möchte auf seinem Gelände einen Gaststättenbetrieb einrichten. Wer ist zur Abgabe der im § 2 des Bran-

denburgischen Gaststättengesetzes (BbgGastG) vorgeschriebenen schriftlichen Anzeige berechtigt, d. h. handlungsfähig?

9.   Suchen Sie zwei Rechtsgebiete, nach deren Bestimmungen ausnahmsweise beschränkt Geschäftsfähige als handlungsfähig gelten.

10.   Befassen Sie sich mit dem Begriff der Amtshilfe: Bedeutung, Umfang, Ausschluss der Amtshilfe; wessen Rechtsvorschriften gelten zwischen zwei Behörden in unterschiedlichen Bundesländern?

11.   Was bedeutet »Vollzugshilfe«?

Kapitel 4
Handlungsformen der Verwaltung

4.1 Verwaltungsakt (VA)

§ 35 VwVfG enthält eine Legaldefinition des Begriffs **Verwaltungsakt**. Danach ist ein Verwaltungsakt jede Verfügung, Entscheidung oder andere hoheitliche Maßnahme, die eine Behörde zur Regelung eines Einzelfalls auf dem Gebiet des öffentlichen Rechts trifft und die auf unmittelbare Rechtswirkung nach außen gerichtet ist.

Als Verwaltungsakt gilt auch die **Allgemeinverfügung** (§ 35 Satz 2 VwVfG), die sich an einen nach allgemeinen Merkmalen bestimmten oder bestimmbaren Personenkreis richtet oder die öffentlich-rechtliche Eigenschaft einer Sache oder ihre Benutzung durch die Allgemeinheit betrifft.

4.1.1 Bedeutung des Verwaltungsakts und Abgrenzung zu anderen Arten des Verwaltungshandelns (Satzung, Verwaltungsvorschriften, ordnungsbehördliche Verordnungen)

Der Verwaltung stehen zahlreiche Handlungsinstrumente für die Wahrnehmung ihrer Aufgaben zur Verfügung. Sie kann Satzungen (Hundesteuersatzung als Abgabensatzung oder die Haushaltssatzung) und Verwaltungsvorschriften erlassen (z.B. die Verwaltungsvorschrift zum OBG, Verwaltungsvorschriften zur Kommunalen Haushalts- und Kassenverordnung – KomHKV, VV Produkt- und Kontenrahmen), privatrechtliche Verträge abschließen (Mietverträge, Kaufverträge oder Arbeitsverträge), öffentlich-rechtliche Verträge abschließen (z.B. Erschließungsverträge), ordnungsbehördliche Verordnungen nach dem Ordnungsbehördengesetz (OBG) erlassen oder schlicht hoheitlich, tatsächlich handeln (Realakt).

In Abgrenzung zu diesen unterschiedlichen Handlungsformen verfügt die Verwaltung mit dem Verwaltungsakt über ein Instrumentarium, mit dem sie gegenüber dem Bürger im Einzelfall verbindlich einseitig Rechte und Verpflichtungen begründen kann. § 35 Satz 1 VwVfG enthält eine Legaldefinition dieser Rechtskonstruktion und definiert den Verwaltungsakt als eine hoheitliche Maßnahme, die eine Behörde auf dem Gebiet des öffentlichen Rechts zur Regelung eines Einzelfalls mit Außenwirkung trifft (Satz 1). In Satz 2 wird die Allgemeinverfügung definiert, die ebenfalls einen Verwaltungsakt darstellt.

Der klassische Einsatz dieses Handlungsinstruments erfolgt auf dem Gebiet des öffent-   706
lichen Rechts, also in Rechtsgebieten, in denen der Bürger und die Behörde in einem
Unter- und Überordnungsverhältnis (Subordinationsverhältnis) stehen wie beispielsweise
im Rechtsgebiet der Gefahrenabwehr.

Wenn die Behörde insoweit einseitig, also hoheitlich, tätig wird, lässt sich diese Hand-   707
lungsform vom öffentlich-rechtlichen Vertrag abgrenzen (vgl. §§ 54 ff. VwVfG). Die Vertragspartner stehen sich hier gleichberechtigt gegenüber, auch wenn der Vertrag auf
öffentlichem Recht basiert.

Typisch für den Verwaltungsakt ist auch seine auf den Einzelfall bezogene Regelung. Der   708
Einzelfall bezieht sich zum einen auf den einzelnen individuellen Adressaten, zum anderen
umfasst er einen konkreten Sachverhalt. Im Gegensatz dazu regeln Satzungen, Verwaltungsvorschriften und ordnungsbehördliche Verordnungen eine unbestimmte Vielzahl von
Sachverhalten gegenüber einer unbestimmten Vielzahl von Personen.

Beispielhaft sei § 24 OBG erwähnt: Danach sind ordnungsbehördliche Verordnungen die   709
aufgrund einer gesetzlichen Ermächtigung erlassenen Verbote und Gebote, die für eine
unbestimmte Vielzahl von Fällen an eine unbestimmte Vielzahl von Personen gerichtet sind.
Derartige »Gesetze im materiellen Sinne« – und dies gilt auch für Gesetze im formellen
Sinne – sind abstrakt und generell.

Zu weiteren alternativen Handlungsformen gehören öffentlich-rechtliche Willenserklärun-   710
gen wie etwa Realakte und Warnungen, die nicht auf die Herbeiführung von Rechtsfolgen
gerichtet sind, weil ihnen eine Regelung fehlt. Es wird lediglich tatsächlich gehandelt.

Sofern gesetzlich nichts Konkretes vorgeschrieben wird, steht es der Behörde frei, wel-   711
cher Handlungsform sie sich bedienen will. So wird im § 54 Satz 2 VwVfG geregelt, dass
die Behörde anstelle des Erlasses eines VA auch einen öffentlich-rechtlichen Vertrag mit
demjenigen abschließen kann, an den sie sonst den VA gerichtet hätte. Hingegen ist im
§ 10 Abs. 1 BauGB festgelegt, dass der Bebauungsplan als Satzung beschlossen wird.

Der VA gehört gewohnheitsrechtlich zu den Handlungsformen der Verwaltung: 712

BVerwGE 19, 243 (245 f.): »Nach einem allgemeinen Rechtsgrundsatz des deutschen   713
Verwaltungsrechts sind die Organe der vollziehenden Gewalt befugt, zur hoheitlichen
Erfüllung ihrer Verwaltungsaufgaben Verwaltungsakte zu erlassen ... Soweit sich diese
Befugnis nicht aus gesetzlichen Einzelvorschriften ergibt, beruht sie auf Gewohnheitsrecht.
Der »Verwaltungsakt« ... hat seinen anerkannten Platz auch in der im Grundgesetz der
Bundesrepublik Deutschland festgelegten Rechtsordnung des freiheitlich-demokratischen
Rechtsstaats. Er dient der demokratischen Verwaltung zur wirksamen Erfüllung ihrer
wachsenden Aufgaben ebenso wie dem Bedürfnis des betroffenen Bürgers nach Rechts-
sicherheit und Rechtsschutz.«

4.1.2   Funktionen des Verwaltungsakts

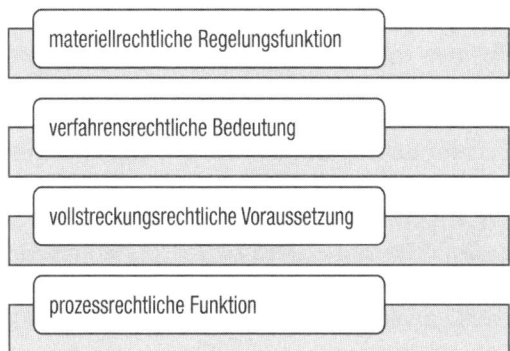

materiellrechtliche Regelungsfunktion

verfahrensrechtliche Bedeutung

vollstreckungsrechtliche Voraussetzung

prozessrechtliche Funktion

14   Zunächst kommt dem VA eine **materiellrechtliche Regelungsfunktion** zu.
Er konkretisiert das Gesetz, in dem die abstrakten und generellen Regeln des Gesetzes auf einen konkreten Sachverhalt angewendet werden. Der VA legt die Rechtslage fest und sorgt für Rechtssicherheit und Rechtsbeständigkeit. Die Rechtssicherheit wird dadurch erreicht, dass auch rechtswidrige VA im Zeitpunkt der Bekanntgabe wirksam werden und nach Ablauf der Rechtsbehelfsfrist auch unanfechtbar werden, wenn sie nicht erfolgreich angefochten worden sind. Der Behörde bleibt allerdings die Möglichkeit, einen rechtswidrigen VA aufzuheben, in dem sie diesen widerruft oder zurücknimmt (vgl. §§ 48, 49 VwVfG).

15   Deutlich wird die Bedeutung in einer Definition aus einem Lehrbuch zum Verwaltungsrechts des Verwaltungsrechtlers Otto Mayer: Danach ist der VA »*ein der Verwaltung zugehöriger obrigkeitlicher Ausspruch, der dem Untertanen gegenüber im Einzelfall bestimmt, was für ihn rechtens sein soll.*«[26]

16   Darüber hinaus hat er eine **verfahrensrechtliche Bedeutung**.
Nach § 9 VwVfG umfasst das Verwaltungsverfahren auch den Erlass des VA, alternativ den Abschluss eines öffentlich-rechtlichen Vertrags. Er schließt das Verwaltungsverfahren damit verfahrensrechtlich ab. In diesem Zusammenhang müssen der Vorbescheid, der Teilbescheid und vorläufige Regelungen abgegrenzt werden.

17   Seine **vollstreckungsrechtliche Funktion** ergibt sich aus den Vorschriften des VwVGBbg.
§ 3 VwVGBbg beschreibt die Voraussetzungen, unter denen ein Verwaltungsakt vollstreckt werden kann. Die Vorschrift setzt einen Verwaltungsakt voraus, der zu einer Geldleistung oder sonstigen Handlung, Duldung oder Unterlassung verpflichtet. Mit dieser Vollstreckungsfunktion verschafft sich die Verwaltung selbst einen Vollstreckungstitel. Er kann von der Behörde selbst mit Zwangsmittel durchgesetzt werden.

---

[26]   Mayer, Deutsches Verwaltungsrecht, 2 Bände, 3. Auflage 1924 (Nachdruck 1969).

Die **prozessrechtliche Bedeutung** wird in zahlreichen Vorschriften deutlich (vgl. Art. 19   718
Abs. 4 GG, §§ 40, 42 i. V. m. 68 ff. VwGO).

So formuliert Art. 19 Abs. 4 GG, dass jedem der Rechtsweg offensteht, der durch die   719
öffentliche Gewalt in seinen Rechten verletzt worden ist. Zur öffentlichen Gewalt gehören
neben der Legislative und der Judikative die Verwaltung als Exekutive.

Die Vorschriften der VwGO sehen u. a. die Anfechtungs- und die Verpflichtungsklage vor,   720
wenn der Verwaltungsakt Gegenstand der Anfechtung ist bzw. in der Verpflichtungs-
situation das Klagebegehren auf den Erlass eines VA ausgerichtet ist. Diese verwaltungsgerichtlichen Klagearten sind nur zulässig, wenn zuvor ein Widerspruchsverfahren
stattgefunden hat. In diesem Vorverfahren sind die Recht- und Zweckmäßigkeit des
Verwaltungsakts von der Behörde umfassend zu überprüfen. Stellt sich die Rechtswidrigkeit des Verwaltungsakts heraus, hebt die Ausgangsbehörde den Verwaltungsakt auf
(§ 113 Abs. 1 Satz 1 VwGO analog). Ist der Bescheid rechtmäßig, weist die Behörde
den Widerspruch zurück.

Seine Rechtmäßigkeit bzw. Rechtswidrigkeit sind auch für die Anwendung des § 80   721
VwVfG (Erstattung von Kosten im Vorverfahren) von entscheidender Bedeutung. Ist der
Bescheid rechtswidrig – der Widerspruch folglich erfolgreich – so hat der Rechtsträger,
dessen Behörde den Verwaltungsakt erlassen hat, die Kosten zu erstatten (Beispiel: »Die
Kosten trägt die Landeshauptstadt Potsdam.«).

Im Falle seiner Rechtmäßigkeit wäre der Widerspruch erfolglos. Der Widerspruch wird   722
zurückgewiesen. Der Widerspruchsführer trägt die Kosten (Beispiel: »Ihr Widerspruch
wird zurückgewiesen. Sie tragen die Kosten des Verfahrens.«).

4.1.3   Begriff und Merkmale des Verwaltungsakts

Die Legaldefinition des VA ergibt sich aus § 35 VwVfG und enthält mehrere Tatbestands-   723
merkmale:

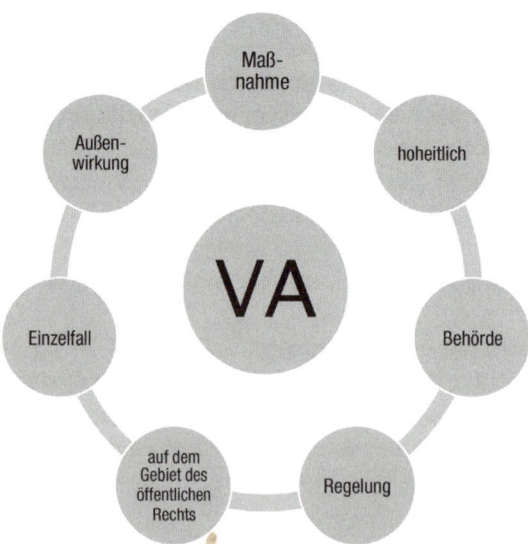

Verfügung, Entscheidung oder andere hoheitliche Maßnahme

24   Aus der gesetzestechnischen Formulierung heraus kommt dem Begriff der **Maßnahme** eine übergeordnete Funktion zu. Die Maßnahme umfasst somit die Verfügung und die Entscheidung. Eine Maßnahme ist eine ziel- und zweckgerichtete, also nicht zufällige oder ungewollte Handlung einer Behörde mit Erklärungsinhalt. Eine Handlung kann auch durch das Nomen »Tun« ersetzt werden. Eine Maßnahme bedeutet also jedes Tun einer Behörde unabhängig von ihrer Form. Als denkbare Formen kommen in Betracht: schriftlich, mündlich, elektronisch oder in sonstiger Weise. Neuerdings sind auch vollautomatische, maschinengesteuerte Verwaltungsakte ohne jedes menschliche Zutun eines Behördenmitarbeiters möglich (vgl. § 35a VwVfG).

25   Die bloße Untätigkeit oder das Schweigen der Behörde erfüllen nur im Ausnahmefall eine Maßnahme. § 6a GewO schreibt vor, dass ein Antrag nach Ablauf einer Dreimonatsfrist als genehmigt gilt, wenn die Behörde nicht innerhalb dieser Frist widerspricht (vgl. § 42 a VwVfG – Genehmigungsfiktion). Nach § 42a Abs. 3 VwVfG hat der Bürger einen Anspruch auf eine schriftliche Bescheinigung über den Eintritt der Genehmigungsfiktion. Der Empfang der Bescheinigung stellt den Zeitpunkt dar, ab wann die Fristen für das Einlegen eines Widerspruchs zu laufen beginnen.

26   Die Bedeutung des Tatbestandsmerkmals **hoheitlich** wird in der Literatur unterschiedlich bewertet. Einerseits wird die Meinung vertreten, es sei eher entbehrlich, da dessen Bedeutung bereits mit dem Merkmal der Gebietsklausel (auf dem Gebiet des öffentlichen Rechts) hinreichend das Über- und Unterordnungsverhältnis zwischen Behörde und Bürger charakterisiert. Andererseits grenzt »hoheitliches« Handeln das einvernehmliche kooperative Vertragsverhältnis zwischen den Vertragspartnern eines öffentlich-rechtlichen Vertrags ab (vgl. §§ 54 ff. VwVfG).

Behörde, Beliehene und Verwaltungshelfer

27   Die Regelung muss von einer **Behörde** getroffen worden sein.

28   Nach § 1 Abs. 2 VwVfGBbg ist eine Behörde jede Stelle, die Aufgaben der öffentlichen Verwaltung wahrnimmt. Der Begriff der »**Stelle**« meint weder die organisationsrechtliche Stelle, d. h. den institutionell bestimmten Aufgabenbereich eines Amtswalters oder die haushaltsrechtliche Planstelle, noch die Stelle im Sinne des Personalvertretungsrechts. Unter Stelle im Sinne des § 1 Abs. 2 VwVfGBbg ist eine vom Wechsel der in ihr tätigen Personen unabhängige, organisatorisch selbstständige Einrichtung zu verstehen, der Zuständigkeiten zur eigenverantwortlichen Wahrnehmung dauerhaft übertragen worden sind.[27]

29   Erforderlich ist eine organisatorische Selbstständigkeit, die es der Behörde ermöglicht, im Verhältnis zum Bürger eigenverantwortlich zu handeln. Deswegen stellen Fachämter innerhalb der Verwaltung, Abteilungen, Ausschüsse, Prüfungsausschüsse, Gleichstellungsbeauftragte, Personalräte keine Behörden dar. Derartige Einrichtungen können nur

---

[27]   Ule/Laubinger, S. 53.

dann Behördeneigenschaft haben, wenn ihnen durch Rechtsvorschrift Zuständigkeiten übertragen worden sind, wie beispielsweise den Standesämtern nach § 1 Personenstandsgesetz (PStG) und den Jugendämtern nach dem SGB VIII (Kinder- und Jugendhilfe).

Ausnahmsweise können auch Private materielle Verwaltungsaufgaben wahrnehmen. Dazu gehören beispielsweise der bevollmächtigte Bezirksschornsteinfeger, der TÜV-Sachverständige, der Notar und Flug- und Schiffskapitäne. Diese Personen werden **Beliehene** genannt. Sie nehmen hoheitliche Aufgaben wahr, die ihnen kraft Gesetzes zur eigenverantwortlichen Wahrnehmung, also in eigenem Namen und in eigener Verantwortung übertragen sind. Schadensersatzansprüche nach Art. 34 GG und § 839 BGB sind gegen den Beliehenen zu richten. 730

Abzugrenzen sind die Beliehenen von sog. **Verwaltungshelfern**, die öffentliche Aufgaben wahrnehmen, aber unselbstständig, streng weisungsgebunden und ohne verantwortliche Erledigung tätig werden. Sie können keine Verwaltungsakte erlassen und dienen der Verwaltung lediglich als Werkzeug. Der Verwaltungshelfer gilt als ein Erfüllungsgehilfe für die Verwaltung. 731

Beispiele für Verwaltungshelfer:
Der Schülerlotse, das Institut für angewandte Familien-, Kindheits- und Jugendforschung (IFK) e. V. an der Universität Potsdam, privater Abschleppunternehmer, der von der Polizei mit der Entfernung eines PKW aus dem Halteverbot beauftragt wird oder Privatperson, die von der Polizei zur kurzfristigen Regelung des Verkehrs herangezogen wird. 732

Auf dem Gebiet des öffentlichen Rechts
Die Behörde handelt **auf dem Gebiet des öffentlichen Rechts**, wenn die dem Bescheid zugrunde liegenden Ermächtigungsgrundlage eine Vorschrift des öffentlichen Rechts ist. Dabei ist es unerheblich, welche Wirkungen der VA entfaltet. Selbst wenn der VA Wirkungen im Privatrecht entfaltet, handelt sie auf dem Gebiet des öffentlichen Rechts (privatrechtsgestaltender VA). 733

Beispiel: Zustimmung zur Kündigung eines Schwerbehinderten; die Zustimmung erfolgt auf der Grundlage öffentlich-rechtlicher Vorschriften, wirkt sich aber im Privatrecht aus. 734

Für die Abgrenzung des öffentlichen vom privaten Recht stehen **Abgrenzungstheorien** zur Verfügung, die die Zuordnung einer Rechtsvorschrift im Einzelfall erleichtern. Die **Subordinationstheorie** geht vom öffentlichen Recht aus, wenn die Ermächtigungsgrundlage ein Über- und Unterordnungsverhältnis begründet. Andernfalls liegt Privatrecht vor. Die **Interessentheorie** stellt darauf ab, wessen Interessen mit der Ermächtigungsgrundlage berücksichtigt werden. Dient die konkrete Rechtsvorschrift dem Allgemeininteresse, wird von öffentlichem Recht ausgegangen. Sofern das Interesse des Einzelnen im Vordergrund steht, geht man vom Privatrecht aus. Überzeugender ist die Anwendung der **modifizierten Subjektstheorie**. Danach liegt eine öffentlich-rechtliche Vorschrift vor, wenn durch diese ausschließlich (nur) ein Träger hoheitlicher Gewalt berechtigt oder verpflichtet wird, etwas zu tun. 735

736   Sofern es um Subventionen oder die Zulassung zu öffentlichen Einrichtungen geht (vgl. § 12 BbgKVerf), findet die Zwei-Stufen-Theorie Anwendung. Die Frage des »Ob« betrifft das Grundverhältnis und wird öffentlich-rechtlich, die zweite Stufe, das »Wie«, betrifft die konkrete Ausprägung (z. B. Vermietung einer kommunalen Einrichtung), die in privatrechtlicher Form gestaltet wird, etwa auf der Grundlage eines Mietvertrags.

737   Beim behördlichen Hausverbot muss auf den Zweck des Hausbesuchs abgestellt werden.[28]

Regelung

738   Die Behörde **regelt** einen Einzelfall, wenn sie endgültig und rechtsverbindlich eine Regelung trifft, die eine Rechtsfolge bewirkt.

739   Zu den Regelungen zählen u. a. Verbote (z. B. das Verbot einer Versammlung), Gebote (z. B. Aufforderung, Hundesteuer zu zahlen), Rechtsgestaltungen (z. B. die Rücknahme einer Erlaubnis oder der Widerruf einer Erlaubnis), Erlaubnisse (z. B. die Erteilung einer Ausnahmegenehmigung für ein Osterfeuer nach dem LImschG), Feststellungen (z. B. die Feststellung des Wohnsitzes oder die Feststellung eines Namens nach dem Namensänderungsgesetz – NÄG) oder dingliche Verwaltungsakte, die die öffentliche-rechtliche Eigenschaft einer Sache regeln (z. B. durch Widmung) oder ihre Benutzung durch die Allgemeinheit (z. B. durch Verkehrszeichen).

740   **Rechtsfolgen** verändern die Rechtslage. Sofern die Behörde lediglich auf die Gesetzeslage verweist, liegt keine Regelung mangels Rechtsfolge vor.

741   Abzugrenzen sind derartige Regelungen von unselbstständigen Verfahrenshandlungen, wie z. B. die Androhung einer Fahrtenbuchauflage oder die Anordnung einer amtsärztlichen Untersuchung zur Feststellung der Fahreignung eines Fahrererlaubnisinhabers, der der Regelungscharakter fehlt.[29] Schlichtes, faktisches Verwaltungshandeln enthält keine Regelungen, wie z. B. die Veröffentlichung einer Pressemitteilung oder einer Dienstfahrt, die Erteilung einer Auskunft, Belehrungen, Auskünfte, Warnungen und Empfehlungen.[30]

742   Auch beim ablehnenden Zweitbescheid im Rahmen des Wiederaufgreifens des Verfahrens (vgl. § 51 VwVfG) fehlt es an der Regelung. Das BVerwG führt hierzu aus, dass sich die Entscheidung über das Wiederaufgreifen lediglich als eine interne Entscheidungsstufe darstellt:

743   In der Rechtsprechung des Bundesverwaltungsgerichts ist weiterhin geklärt, dass der Betroffene nach allgemeinem Verwaltungsverfahrensrecht – vorbehaltlich abweichender sondergesetzlicher Regelungen – keinen allgemeinen strikten Anspruch auf ein Wiederaufgreifen des Verfahrens und den Erlass eines Zweitbescheids hat, und zwar in der Regel auch dann nicht, wenn der Ursprungsverwaltungsakt rechtswidrig ist.

744   Aus der systematischen Unterscheidung zwischen den zu treffenden Ermessensentscheidungen und der logischen Zweistufigkeit des Verfahrens … folgt nicht, dass die

---

28   BVerwGE 35, 103 ff., OVG Münster, NVw-RR 1989, S. 316 ff.
29   BVerwGE 34, 248 ff.
30   BVerwGE 53, 106 ff.

Entscheidung über ein Wiederaufgreifen und – bei positiver Entscheidung über ein Wiederaufgreifen – die erneute (positive oder negative) Sachentscheidung (Zweitbescheid) zeitlich gestuft und formell in getrennten Bescheiden zu treffen sind und nicht in ein- und demselben Bescheid zusammengefasst werden können. Auch nach dem von der Beklagten herangezogenen Schrifttum »stellt sich die Entscheidung über das Wiederaufgreifen lediglich als eine interne Entscheidungsstufe dar« …

Der Zweitbescheid hingegen erfüllt die Merkmale eines Verwaltungsakts.   745

Der Zusicherung fehlt die Regelung (Auffassung umstritten). Allerdings bleibt zu berück-   746
sichtigen, dass die gesetzlichen Regelungen entbehrlich wären, die im § 38 Abs. 1 Satz 2 und Abs. 2 VwVfG getroffen werden.

Einzelfall
Der **Einzelfall** bezieht sich zunächst auf den konkreten Sachverhalt und den Personenkreis,   747
weil sich die Regelung gegenüber einer einzelnen natürlichen oder juristischen Person auswirkt. Der Verwaltungsakt kann somit als konkret und individuell beschrieben werden.

Hinsichtlich des Personenkreises bietet § 35 Satz 2 VwVfG eine Alternative, nämlich die   748
Allgemeinverfügung, die sich als Verwaltungsakt an einen bestimmten oder bestimmbaren Personenkreis richtet (§ 35 Satz 2 Alt. 1) oder hinsichtlich einer »Sacheigenschaft« die öffentlich-rechtliche Eigenschaft einer Sache (§ 35 Satz 2 Alt. 2, sachbezogene Allge-meinverfügung wie die Widmung oder Umbenennung von Straßen) oder ihre Benutzung durch die Allgemeinheit (§ 35 Satz 2 Alt. 3, benutzungsbezogene Allgemeinverfügung wie Anstalts- und Benutzungsordnungen) regelt.

Ein VA kann somit auch konkret und generell sein, aber auch abstrakt und individuell.   749

Beispiel: Jedes Mal, wenn es schneit, sind Sie verpflichtet, den Gehweg von Schnee zu   750
räumen – Aufforderung auf der Grundlage einer Straßenreinigungssatzung.

Außenwirkung
Die Regelung **wirkt nach außen**, wenn sie sich unmittelbar an eine natürliche oder juris-   751
tische Person richtet, die außerhalb ihrer Behördenorganisation steht. Ihre unmittelbare Wirkung liegt vor, wenn keine weiteren Maßnahmen für die Umsetzung erforderlich sind. Organisationsakte liegen vor bei der Errichtung, Änderung oder Auflösung von öffentli-chen Einrichtungen wie Schulen und Friedhöfen sowie der Zuteilung von Hausnummern. Organschaftliche Maßnahmen stellen keine Verwaltungsakte dar, wie z. B. der Sitzungs-ausschluss.
Die Zusammenarbeit zwischen mehreren Behörden wird häufig durch den Gesetzgeber   752
gestaltet, weil ein **Benehmen, Einvernehmen** oder gar eine **Zustimmung** vorgeschrieben wird. Es handelt sich um Verfahrenshandlungen, denen die Außenwirkung fehlt.
In besonderen Rechtsverhältnissen wie im Beamten-, Schul- oder Richterverhältnis wird differenziert zwischen Maßnahmen, die den Adressaten in seinem persönlichen Rechts-verhältnis betreffen, und solchen, die ihn in seinem besonderen Abhängigkeitsverhältnis

treffen.[31] Zur ersten Fallgruppe gehören Beihilfeentscheidungen, Beförderungen, Besol-
dungsdienstalterfestsetzungen, Ernennungen und die Gewährung bzw. die Versagung
von Urlaub. Keine Verwaltungsakte sind Umsetzungen oder die Zuweisung eines anderen
Dienstpostens. Bei Schülern haben die Aufnahme und Entlassung, die Versetzung oder
die Anordnung von Disziplinarmaßnahmen Verwaltungsaktcharakter. Verwaltungsinterne
Anordnungen im Schulverhältnissen sind z. B. die Festlegung einer Sitzordnung oder die
Anordnung zur Anfertigung einer Hausarbeit.

4.1.4   Arten von Verwaltungsakten

753   Die unter dem Begriff des Verwaltungsakts zusammengefassten Verwaltungsentscheidungen sind sehr vielfältig. Nachfolgende Übersicht gibt einen nicht vollständigen möglichen
Überblick, die Verwaltungsakte nach verschiedenen Kriterien zu charakterisieren:

Nach dem Inhalt

754   Nach dem Inhalt lassen sich **befehlende** und **gestaltende** Verwaltungsakte unterscheiden. Befehlende oder anordnende Verwaltungsakte gebieten oder verbieten etwas. Der
Hundesteuerbescheid fordert den Hundehalter auf, die Hundesteuer zu einem festgelegten
Zeitpunkt zu überweisen. Ein Verbot untersagt ein Tun. Dem Tierhalter wird verboten, ab
sofort seine Rinder weiter zu halten. Derartige Verwaltungsakte sind nach den Vorschriften
des VwVG vollstreckbar.

755   **Gestaltende** Verwaltungsakte gestalten ein Rechtsverhältnis, in dem sie ein solches
begründen, ändern oder aufheben. Die Erteilung einer Aufenthaltserlaubnis nach dem
Aufenthaltsgesetz begründet ein Rechtsverhältnis. Das nachträgliche Beauflagen ändert
sie. Die Rücknahme bzw. der Widerruf der Aufenthaltserlaubnis hebt das Rechtsverhältnis
auf. Diese **rechtsgestaltenden Verwaltungsakte** sind zwangsweise nicht durchsetzbar,
weil sie nicht auf ein Tun, Dulden oder Unterlassen gerichtet sind. Rechtsgestaltende
Verwaltungsakte vollziehen sich selbst. Im Zeitpunkt der Bekanntgabe des Widerrufs einer
Fischereierlaubnis wird der Widerruf wirksam und bewirkt, dass die Erlaubnis erloschen ist.
Hiervon zu trennen ist die weitere Anordnung, den Adressaten aufzufordern, den Fische-
reischein bei der Behörde abzuliefern. Dies stellt ein Gebot dar, das mit Zwangsmitteln
etwa mit einem Zwangsgeld oder der Wegnahme vollstreckt werden kann.

Nach den Auswirkungen für den Betroffenen

756   Unter diese Kategorie können belastende und begünstigende Verwaltungsakte, solche
mit Drittwirkung und feststellende Verwaltungsakte zusammengefasst werden.

757   In § 48 Abs. 1 Satz 2 VwVfG werden **begünstigende Verwaltungsakte** definiert. Es sind
solche, die ein Recht oder einen rechtlich erheblichen Vorteil begründen oder bestätigen;
Beispiele: die Erteilung einer Gewerbeerlaubnis oder die Gewährung einer Subventions-
bewilligung.

---

[31]   Vgl. BVerwGE 60, 144 ff., BVerwGE 39, 345 ff.

Belastende Verwaltungsakte hingegen sind im Umkehrschluss aus § 48 Abs. 1 Satz 2   758
VwVfG solche, die eine Verpflichtung oder rechtlich erheblichen Nachteil begründen;
Beispiele: die Aufforderung, überzahlte Subventionen zurückzuzahlen, oder der Steuer-
bescheid.

Verwaltungsakte mit Drittwirkung entfalten nicht nur eine Belastung oder Begünstigung   759
für den Adressaten, sondern wirken sich gleichzeitig auch auf Dritte aus.
Beispiel: Die Baugenehmigung, die für den Bauherrn eine Befreiung von der Einhaltung
von Mindestabständen verfügt, gleichzeitig den Nachbarn in seinen Rechten verletzt.

Feststellende Verwaltungsakte legen Ansprüche oder Eigenschaften von Personen   760
oder Sachen verbindlich fest. Derartige Verwaltungsakte wären auch der Gruppe der
inhaltlichen Unterscheidung (siehe oben) zuzurechnen.
Beispiele: Feststellung des Besoldungsdienstalters, Feststellung der Staatsangehörigkeit
und Feststellung des Wohnsitzes.

Nach dem Grad der Rechtsgebundenheit
Dieses Kriterium erfüllen inhaltsgebundene und rahmengebundene Verwaltungsakte.   761

Inhaltsgebundene Verwaltungsakte sind von der Behörde zu erlassen, wenn die im   762
gesetzlichen Tatbestand beschriebenen Tatbestandsmerkmale erfüllt werden. Dies gilt
für begünstigende und belastende Verwaltungsakte.
Beispiele: Die Baugenehmigung ist zu erteilen, wenn keine öffentlich-rechtlichen Vorschriften entgegenstehen (§ 72 Bbg BO). Die Fahrerlaubnis ist zu entziehen, wenn der
Inhaber der Fahrerlaubnis ungeeignet ist.

Die Intensität der Gesetzesbindung kann unterschiedlich gestaltet sein.   763

Bei den sog. **rahmengebundenen Verwaltungsakten** hat der Gesetzgeber der Verwaltung   764
einen Entscheidungsspielraum zur eigenverantwortlichen Entscheidung eingeräumt, der es
ermöglicht, den besonderen Umständen des Einzelfalls gerecht zu werden. Beispiel: § 13
OBG; danach kann die Ordnungsbehörde bei einer Gefahr für die öffentliche Sicherheit
oder Ordnung notwendige Maßnahmen treffen. Diese rahmengebundenen Verwaltungsakte oder Ermessensakte können sowohl Entschließungsermessen (die Ordnungsbehörde
entscheidet, ob sie tätig wird) als auch ein Auswahlermessen eröffnen (die Ordnungsbehörde entscheidet über notwendige Maßnahmen).

Nach der zeitlichen Wirkung
Einmalige Verwaltungsakte wie eine Ordnungsverfügung oder eine Ausnahmegeneh-   765
migung für das Abbrennen eines Osterfeuers nach dem LImschG erledigen sich mit der
sofortigen Befolgung bzw. verlieren ihre Wirkung nach dem Ereignis (Abbrennen des
Feuers) oder die Erteilung einer Baugenehmigung.

Dauernde Verwaltungsakte begründen einen Zustand, der sich über einen längeren   766
Zeitraum erstreckt.

767   Beispiele: eine Gewerbeerlaubnis nach der GewO, eine Rentenbewilligung oder ein Verkehrszeichen.

Nach der Vollständigkeit

768   Bei den **Verwaltungsteilakten** wird durch die Behörde ein Teil einer teilbaren Regelung getroffen; Beispiel: Vorbescheid nach § 75 Bbg BO.

769   **Verwaltungsvollakte** enthalten eine vollständige, umfassende Regelung; Beispiel: Genehmigung eines Osterfeuers mit Nebenbestimmungen.

Nach der Endgültigkeit

770   **Verwaltungsvorakte** sind solche, die einem anderen VA vorhergehen. Dadurch wird das Verwaltungsverfahren abgeschichtet und das Ziel ggf. schon erreicht, ohne das gesamte Verfahren ablaufen zu lassen; Beispiel: die Androhung eines Zwangsmittels. Befolgt der Ordnungspflichtige die Anordnung, ist der Verwaltungszwang einzustellen. Die Festsetzung des Zwangsgeldes ist entbehrlich.

771   Hingegen werden Angelegenheiten endgültig mit einem **Verwaltungsendak**t abschließend geregelt (Regelfall).

Nach der Abhängigkeit

772   **Unabhängige Verwaltungsakte** sind von anderen rechtlichen Maßnahmen unabhängig; Beispiel: die ordnungsrechtliche Verfügung.

773   **Abhängige Verwaltungsakte** können zunächst von einem Verwaltungsakt derselben Behörde abhängig sein. Beispiel: die Auflage; sie erfordert einen Verwaltungsakt, zu dem sie Nebenbestimmung sein kann, oder die Festsetzung eines Zwangsgeldes, die eine vorausgegangene Androhung erfordert. Die Abhängigkeit kann sich auch von einem Verwaltungsakt einer anderen Behörde ergeben; Beispiele: Ein Verwaltungsakt kann nur im Benehmen, im Einvernehmen oder mit Zustimmung einer anderen Behörde ergehen. Die Abhängigkeit kann sich auch aus der notwendigen Mitwirkung des Adressaten ergeben, wie z. B. die Beamtenernennung mithilfe der Aushändigung der Ernennungsurkunde.

4.1.5   Bekanntgabe und Zustellung von Verwaltungsakten

Bedeutung

774   Die Bekanntgabe des Verwaltungsakts wird in § 41 VwVfG geregelt. Danach ist der Verwaltungsakt demjenigen Beteiligten bekannt zu geben, für den er bestimmt ist oder der von ihm betroffen wird.

775   Die **Bekanntgabe** bewirkt zunächst seine Außenwirkung (§ 35 VwVfG), die äußere Wirksamkeit und den Eintritt der materiellen Bestandskraft (Verbindlichkeit). Der Adressat ebenso wie die erlassene Behörde sind an die Regelung gebunden. Die äußere Wirksamkeit tritt mit der individuellen Bekanntgabe ein und muss von der evtl. enthaltenen **inneren Wirksamkeit** getrennt werden.

Beispiel:

Mit Verfügung vom 01.10., die am 11.10. zur Post aufgegeben wird, wird die Erlaubnis für   776
einen Verkaufsstand für den Potsdamer Weihnachtsmarkt in dem Zeitraum vom 01.12.
bis zu 22.12. erteilt. Die äußere Bekanntgabe tritt am 14.10. ein, die innere Wirksamkeit
gilt für den Zeitraum vom 01.12. bis zum 22.12.

Der **Begriff der Bekanntgabe** wird im Gesetz nicht geregelt. Bekanntgabe ist die von   777
der Behörde mit Wissen und Wollen beabsichtigte Unterrichtung des Adressaten. Die
Eröffnung des Verwaltungsakts verlangt dessen Zugang nach § 130 BGB analog. Der
Zugang ist bewirkt, wenn der Verwaltungsakt in den Herrschaftsbereich des Beteiligten
gelangt, unabhängig von der Frage, ob der Inhalt zur Kenntnis genommen wird. Allerdings
liegt kein Zugang vor, wenn der Adressat nur zufällig von Dritten von dem Verwaltungsakt
Kenntnis erlangt hat. Maßgebend für den Willen der Behörde ist der Bekanntgabewillen
des Dienststellenleiters, seines Vertreters oder des von ihm Beauftragten.

Der Zugang muss nicht durch die Behörde selbst erfolgen, sondern kann auch durch   778
Dritte vorgenommen werden.

Die Bekanntgabe erfolgt gegenüber dem Beteiligten. Diese kann auch gegenüber dem   779
Bevollmächtigten vorgenommen werden (vgl. § 41 Abs. 1 Satz 2 VwVfG).

Der Zeitpunkt der Bekanntgabe ist von der Form der Bekanntgabe abhängig.   780

Formen der Bekanntgabe

Neben der mündlichen Bekanntgabe stehen mehrere Bekanntgabearten zur Verfügung. Es   781
liegt – vorbehaltlich einer spezialgesetzlichen Ermächtigung – im Ermessen der Behörde,
die Form der Bekanntgabe zu wählen. Sofern eine Anordnung mündlich verfügt wird (vgl.
§ 37 Abs. 2 VwVfG) erfolgt die Bekanntgabe mündlich im Zeitpunkt der Wahrnehmbarkeit
der Anordnung gegenüber dem Adressaten.

Mündliche Bekanntgabe

Die mündliche Bekanntgabe kann nur gegenüber dem anwesenden Adressaten erfolgen.   782
Eine Mitteilung auf dem Anrufbeantworter erfüllt dieses Erfordernis nicht, ist aber auch
telefonisch realisierbar.

Aufgabe zur Post

Nach § 41 Abs. 2 VwVfG gilt der Verwaltungsakt am dritten Tag nach der Aufgabe zur   783
Post als bekannt gegeben. Der Gesetzgeber normiert hier einen vermuteten Zeitpunkt
für die Bekanntgabe unabhängig vom Zugang.
Beispiel: Die Ordnungsverfügung vom 07.10.2016 wird am gleichen Tag zur Post aufgegeben. Die Bekanntgabe wird für den 10.10. angenommen, auch wenn der VA bereits
am 08.10. zugegangen ist.

Diese Regelung gilt nach § 41 Abs. 2 Satz 3 VwVfG nicht, wenn der VA nicht oder zu   784
einem späteren Zeitpunkt zugegangen ist. Behauptet der Adressat, den VA erst am 14.10.

erhalten zu haben, gilt der behauptete spätere Zeitpunkt, es sei denn, es lässt sich durch die Behörde Gegenteiliges anführen. Der Zeitpunkt der Bekanntgabe ist damit der 14.10. Wird behauptet, den VA nicht erhalten zu haben, gilt ebenfalls § 41 Abs. 2 Satz 3 VwVfG; die Behörde müsste den Zugang des VA und den Zeitpunkt des Zugangs nachweisen. Diese Regelung folgt dem Grundsatz aus § 130 BGB, wonach der Zugang bewiesen werden muss, wenn dieser behauptet wird.

Elektronische Bekanntgabe

785   Für die elektronische Bekanntgabe gilt § 41 Abs. 2 Satz 2 VwVfG. Danach gilt ein VA, der im Inland oder in das Ausland elektronisch übermittelt wird, am dritten Tag nach der Absendung als bekannt gegeben. Allerdings regelt § 7 VwVfGBbg hierzu, dass die Bekanntgabefiktion in Brandenburg nicht gilt, wenn der VA nachweisbar zu einem früheren Zeitpunkt zugegangen ist. Das bedeutet, dass der VA im Zweifel ungeachtet der Drei-Tages-Fiktion bereits am Tag nach der Absendung zugegangen und bekannt gegeben worden ist (vgl. hierzu auch § 1 Abs. 1 VwVfGBbg).
Zu beachten ist, dass die elektronische Form die Schriftform nur ersetzen kann, wenn eine qualifizierte elektronische Signatur möglich ist (§ 37 Abs. 3 Satz 2 VwVfG).

786   Die **öffentliche Bekanntgabe** ist zulässig, wenn dies durch Rechtsvorschrift zugelassen ist (§ 41 Abs. 3 Satz 1 VwVfG).

787   Dabei wird der verfügende Teil ortsüblich bekannt gemacht (§ 41 Abs. 4 VwVfG). Der verfügende Teil umfasst den Tenor, die Behördenangabe und die Bezeichnung des Adressaten. In dieser ortsüblichen Bekanntmachung ist anzugeben, wo der Verwaltungsakt und seine Begründung eingesehen werden können. Der Verwaltungsakt gilt zwei Wochen nach der ortsüblichen Bekanntmachung als bekannt gegeben.

Rechtsfolgen fehlerhafter Bekanntgabe

788   Die Verletzung von Vorschriften über die Bekanntgabe führt zur **Unwirksamkeit** des Verwaltungsakts. Der Verwaltungsakt entfaltet daher keine Verbindlichkeit und bleibt ein verwaltungsinternes Schriftstück. Eine Verletzung kann eintreten durch die Bekanntgabe an Geschäftsunfähige oder beschränkt Geschäftsfähige oder durch die mündliche Bekanntgabe trotz vorgeschriebener Schriftform.
Darüber hinaus werden auch keine Fristen in Gang gesetzt.
Sofern Bekanntgabevorschriften verletzt worden sind, kommt eine Heilung nur mit der Nachholung der Bekanntgabe in Betracht.

789   Für die ordnungsgemäße Bekanntgabe ist die Bekanntgabe an bestimmte Personen entscheidend. Gemäß § 41 Abs. 1 Satz 1 VwVfG erfolgt die Bekanntgabe gegenüber dem Beteiligten, für den der Verwaltungsakt bestimmt ist. Das bedeutet, dass bei der Bekanntgabe gegenüber Eheleuten eine entsprechende Adressierung erforderlich sein wird. Vorsorglich sollte jedem Ehepartner eine Ausfertigung des Bescheids übermittelt werden.

790   Die wirksame Bekanntgabe setzt die Handlungsfähigkeit des Adressaten nach § 12 VwVfG voraus, da die Bekanntgabe eine Verfahrenshandlung darstellt. Gegenüber Handlungs-

unfähigen oder in der Handlungsfähigkeit Beschränkten kann somit nur gegenüber dem gesetzlichen Vertreter wirksam bekannt gegeben werden. Beschränkt Geschäftsfähigen gegenüber kann nur ausnahmsweise ein VA bekannt gegeben werden (§ 12 Abs. 1 Nr. 2 VwVfG, § 36 SGB I).

Nach § 42a VwVfG gilt eine beantragte Genehmigung innerhalb einer für die Entscheidung festgelegten Frist als erteilt, wenn dies durch Rechtsvorschrift angeordnet und der Antrag hinreichend bestimmt ist. Man spricht von einer fingierten Erlaubnis bzw. Genehmigungsfiktion.[32]   791

Beispiel:
Nach § 6a GewO gilt ein Antrag auf Erlaubnis eines Gewerbes nach § 34b Abs. 1 GewO (Versteigerergewerbe) nach Ablauf von drei Monaten als erteilt, wenn nicht innerhalb der genannten Frist über die Erlaubnis entschieden worden ist. Auf Verlangen ist der Eintritt der Genehmigungsfiktion dem Betroffenen schriftlich zu bescheinigen (§ 42a Abs. 3 VwVfG).   792

Die förmliche Bekanntgabe durch Zustellung

Bedeutung und Rechtsvorschriften
Nach § 41 Abs. 5 VwVfG bleiben die Vorschriften über die Bekanntgabe eines Verwaltungsakts mittels Zustellung unberührt. Für das Land Brandenburg gilt das Verwaltungszustellungsgesetz für das Land Brandenburg (BbgVwZG) und die §§ 2–10 des Verwaltungszustellungsgesetzes (VwZG).   793

Nach § 1 Abs. 2 BbgVwZG wird zugestellt, wenn eine Rechtsvorschrift dies vorschreibt oder dies behördlich angeordnet wird. Vorschriften, die eine Zustellung vorschreiben, sind u. a. die Zustellung eines Widerspruchsbescheids nach § 73 Abs. 3 VwGO oder die Zustellung einer Zwangsmittelandrohung nach § 28 Abs. 6 Satz 1 VwVGBbg.   794

Zustellung ist die Bekanntgabe eines schriftlichen oder elektronischen Dokuments in der in dem Bundesgesetz bestimmten Form. Entsprechend definiert § 160 ZPO die Zustellung als die zu beurkundende Übergabe eines schriftlichen oder elektronischen Dokuments, mit der dem Empfänger Besitz an dem zugestellten Schriftstück verschafft wird. Die Zustellung setzt ebenso wie die Bekanntgabe den Willen der Behörde zur Zustellung voraus.   795

Die **Zustellung an gesetzliche Vertreter** wird im Einzelnen im § 6 VwZG geregelt.   796

Nach Abs. 1 ist an gesetzliche Vertreter zuzustellen bei Geschäftsunfähigen und beschränkt Geschäftsfähigen. Dies gilt nicht, wenn beschränkt Geschäftsfähige ausnahmsweise als handlungsfähig anerkannt sind, wie beispielsweise durch § 36 SGB I. In diesem Fall wird unmittelbar an den beschränkt Geschäftsfähigen zugestellt.   797

---

[32]   Umfassend siehe Barthel, Die fingierte Erlaubnis nach § 42a VwVfG – Chance oder Sackgasse, DVP 2019 (Heft 12), S. 505-508; Hofmann, Die Bescheinigung der Fiktion (Fallbearbeitung), DVP 2012 (Heft 10), S. 428-432.

798   Bei der Zustellung an Behörden wird an den Behördenleiter, bei juristischen Personen, nicht rechtsfähigen Personenvereinigungen und Zweckvermögen an den gesetzlichen Vertreter zugestellt.

799   Die **Zustellung an Bevollmächtigte** wird im § 7 VwZG geregelt. Danach soll an den Bevollmächtigten zugestellt werden. Hat dieser eine Vollmacht vorgelegt, ist die Zustellung an ihn verpflichtend (vgl. Abs. 1 Satz 2).

800   Für die **Ersatzzustellung** gelten die Vorschriften der ZPO (§§ 171–181 ZPO, vgl. § 5 Abs. 2 VwZG).
Wird die Person, der zugestellt werden soll, in ihrer Wohnung, in dem Geschäftsraum oder in einer Gemeinschaftseinrichtung, in der sie wohnt, nicht angetroffen, kann das Schriftstück zugestellt werden

1.   in der Wohnung einem erwachsenen Familienangehörigen, einer in der Familie beschäftigten Person oder einem erwachsenen ständigen Mitbewohner,
2.   in Geschäftsräumen einer dort beschäftigten Person,
3.   in Gemeinschaftseinrichtungen dem Leiter der Einrichtung oder einem dazu ermächtigten Vertreter.

801   Wird die Annahme des zuzustellenden Schriftstücks unberechtigt verweigert (§ 179 ZPO), so ist das Schriftstück in der Wohnung oder in dem Geschäftsraum zurückzulassen. Mit der Annahmeverweigerung gilt das Schriftstück als zugestellt.

Formen der Zustellung

Zustellung durch die Post mittels Zustellungsurkunde (§ 3 VwZG)
802   Bei der Zustellung durch die Post übergibt die Behörde der Post den Zustellungsauftrag, das zuzustellende Dokument in einem verschlossenen Umschlag und einen vorbereiteten Vordruck einer Zustellungsurkunde.

803   Für die Vordrucke gelten die Vorschriften der Zustellungsvordruckverordnung vom 12.02.2002 (BGBl. I S. 671). Die ordnungsgemäße Zustellung ist für ihre Wirksamkeit von Bedeutung. Nach § 182 ZPO sind die Angabe des Aktenzeichens, die Bezeichnung der Art des Schriftstücks und die Unterschrift des Bediensteten von Bedeutung. Diese Angaben sind zwingend, um das zuzustellende Schriftstück anhand des Zustellungsauftrags identifizieren zu können.

804   Die Möglichkeiten der Ersatzzustellung sind in §§ 177–179 ZPO geregelt. Dazu gehören die Zustellung an jedem Ort, wo der Empfänger sich aufhält, die Ersatzzustellung durch Einlegen in den Briefkasten, durch Niederlegung und Zustellung bei unberechtigter Annahmeverweigerung.

805   Eine Zustellungsurkunde ist in der Anlage abgedruckt.

Zustellung durch die Post mittels Einschreiben (§ 4 VwZG)

Die Zustellung mittels Einschreiben erfolgt entweder durch Übergabe oder mit Rück-   806
schein. Das Einwurf-Einschreiben stellt keine Zustellungsform dar, weil der Nachweis
des Zugangs nicht erbracht wird.

**Zustellung durch die Behörde gegen Empfangsbekenntnis, elektronische Zustellung
(§§ 5, 5a VwZG)**

In diesem Fall bescheinigt der Empfänger mit seiner Unterschrift den Empfang des   807
Schriftstücks. § 5 Abs. 2 VwZG verweist auf die Möglichkeiten der Ersatzzustellung nach
§§ 177–181 ZPO. In Abs. 4 wird auf die Möglichkeit der Zustellung auf elektronischem
Wege verwiesen.

Das VwZG regelt im Übrigen **die Zustellung im Ausland** (§ 9 VwZG) und die öffentliche   808
Zustellung (§ 10 VwZG).

Danach kann die Zustellung durch öffentliche Bekanntmachung erfolgen, wenn der Auf-   809
enthaltsort unbekannt ist und eine Zustellung an einen Vertreter oder Zustellungsbevoll-
mächtigten nicht möglich ist und ein zeichnungsberechtigter Bediensteter die öffentliche
Zustellung angeordnet hat. Die Bekanntgabe darf auf andere Weise nicht erfolgversprechend sein. Die Zustellung erfolgt durch Bekanntmachung einer Benachrichtigung und
muss folgende Angaben enthalten: die Behördenangabe, den Namen und die letzte
bekannte Anschrift des Zustellungsadressaten, das Datum sowie das Aktenzeichen des
Dokuments sowie die Angabe der Stelle, wo das Dokument eingesehen werden kann.
Besonders wichtig ist auch der Hinweis auf die Möglichkeit des Rechtsverlusts (Ablauf
der Rechtsbehelfsbelehrung).

Nach § 10 Abs. 2 Satz 6 VwZG gilt das Dokument als zugestellt, wenn seit dem Tag der   810
Bekanntmachung der Benachrichtigung zwei Wochen vergangen sind.

Heilung von Zustellungsmängeln

Lässt sich die formgerechte Zustellung nicht nachweisen oder ist das Dokument unter   811
Verletzung zwingender Zustellungsvorschriften zugegangen, gilt ein Dokument als zugestellt, wenn es dem Empfangsberechtigten tatsächlich zugegangen ist.

Bei einem Zustellungsmangel ist zunächst die Rechtmäßigkeit eines Verwaltungsakts   812
nicht beeinträchtigt. Die Folge ist allerdings seine Unwirksamkeit. Eine Heilung eines
Zustellungsmangels ist nur erforderlich, wenn *zwingende* Zustellungsvorschriften nicht
beachtet worden sind. Das bedeutet, dass bei der Verletzung von nicht zwingenden Zustellungsvorschriften der VA dennoch wirksam bekannt gegeben worden ist. Eine nicht
zwingende Zustellungsvorschrift ist beispielsweise der Vermerk des Tages der Aufgabe
zur Post (vgl. § 4 Abs. 2 Satz 4 VwZG).

Wirksamkeit, Bindungs- und Tatbestandswirkung des Verwaltungsakts

Gemäß § 41 Abs. 1 VwVfG wird ein Verwaltungsakt demjenigen Beteiligten (§ 13 VwVfG)   813
bekannt gegeben, für den er bestimmt ist oder der von ihm betroffen ist. Mit der Bekanntgabe wird der Verwaltungsakt wirksam (§ 43 Abs. 1 VwVfG) und damit verbindlich.
Wirksamkeit bedeutet Verbindlichkeit.

814   Damit ist die **äußere Wirksamkeit** gemeint, die von der **inneren Wirksamkeit** zu unterscheiden ist. Die Wirksamkeit bleibt bestehen, solange der Verwaltungsakt nicht zurückgenommen, widerrufen, anderweitig aufgehoben oder durch Zeitablauf oder auf andere
Weise erledigt ist (§ 43 Abs. 2 VwVfG). Die Rücknahme und der Widerruf richten sich nach
§§ 48, 49 VwVfG. Eine anderweitige Aufhebung wäre im Wege der Abhilfe (§ 72 VwGO)
denkbar: Der im Widerspruchsverfahren angefochtene Bescheid wird von der erlassenen
Behörde aufgehoben (§ 113 Abs. 1 Satz 1 VwGO analog). Auf eine andere Weise erlischt
die Wirksamkeit etwa im Falle des Eintritts einer auflösenden Bedingung oder mit Ablauf
einer befristeten Genehmigung.

815   Im Zeitpunkt der Bekanntgabe wird nicht nur der rechtmäßige, sondern auch der rechtswidrige Verwaltungsakt wirksam; denn nur der nichtige Verwaltungsakt ist unwirksam
(§ 43 Abs. 3 VwVfG).

816   Die **Wirksamkeit** (Verbindlichkeit) gilt zunächst gegenüber dem Adressaten.

817   Dieser muss den Verwaltungsakt befolgen. Wenn er mit der Entscheidung nicht einverstanden ist, muss er Widerspruch einlegen. Nach § 80 Abs. 1 Satz 1 VwGO bewirkt der
Widerspruch in der Regel eine aufschiebende Wirkung, die der Behörde jede weitere
rechtliche und tatsächliche Folgemaßnahme verbietet.

818   Die Wirksamkeit bindet auch die erlassene Behörde.

819   Sie kann den Verwaltungsakt nur mit den Regeln über den Widerruf und die Rücknahme
aufheben. Die Behörde ist auch in einem anderen Verfahren an ihre Entscheidung gebunden, ansonsten wären die Vorschriften über den Widerruf und die Rücknahme bedeu-
tungslos. Dies gilt auch in einem mehrstufigen Verfahren. Auch dann darf die Behörde in
einer Folgeentscheidung nicht im Widerspruch zu einer früheren Teilentscheidung handeln.

820   Die Wirksamkeit bindet auch andere Behörden (Tatbestandswirkung).

821   Die Einbürgerung eines Ausländers bindet demzufolge natürlich auch die Ausländerbehörde.

822   Auch die Gerichtsbarkeit wird durch die Wirksamkeit gebunden.

823   Dies beruht auf dem Grundsatz der verfassungsmäßigen Gewaltenteilung.

Übungsaufgaben zur Wirksamkeit und Bekanntgabe von Verwaltungsakten

1.   Welche Bedeutung hat die Bekanntgabe?
2.   Welche Formen der Bekanntgabe stehen der Verwaltung zur Verfügung?
3.   In welchen Fällen hat die Verwaltung die besondere Form der Zustellung zu
      wählen?
4.   Suchen Sie drei spezialgesetzliche Vorschriften, die eine besondere Form der
      Bekanntgabe vorschreiben!

5.   Welche unterschiedlichen Formen der Zustellung eines Bescheids?

6.   Unter welchen Voraussetzungen kann ein Verwaltungsakt öffentlich bekannt gegeben werden?

7.   Wie werden Allgemeinverfügungen bekannt gegeben? Welche Konsequenzen hat das? Beschreiben Sie, was öffentlich bekannt gegeben wird.

8.   Aus welchem Regelungszusammenhang kann die Möglichkeit der mündlichen Bekanntgabe abgeleitet werden?

9.   Welche Einschreibearten werden unterschieden? Was ist dabei zu beachten?

10.   Wie erfolgt eine Ersatzzustellung? Welche Vorschriften regeln die Ersatzzustellung?

11.   Welche besonderen Vorschriften werden im VwVfGBbg zur Bekanntgabe formuliert?

12.   Beschreiben Sie den Begriff der Wirksamkeit!

13.   Wer ist an die Regelung eines Verwaltungsakts gebunden?

14.   Unterscheiden Sie die innere und die äußere Wirksamkeit eines Verwaltungsakts und bilden Sie ein Beispiel.

4.1.6   Anforderungen an die formelle und materielle Rechtmäßigkeit

Der Verwaltungsakt muss formelle und materielle Anforderungen erfüllen, um rechtmäßig zu sein. Erfüllt er diese Anforderungen nicht, ist er fehlerhaft und rechtswidrig. Anders als bei Satzungen bleibt der rechtswidrige Verwaltungsakt wirksam, weil nur der nichtige Verwaltungsakt unwirksam ist (vgl. § 43 Abs. 3 VwVfG). Sofern besonders schwerwiegende Fehler vorliegen, ist der Verwaltungsakt nichtig und damit unwirksam.   824

Nicht jeder Fehler führt zur Aufhebung des Verwaltungsakts.   825

Es gibt Fehler, die unbeachtlich sind. Das sind **offenbare Unrichtigkeiten** wie Schreib- und Rechenfehler. Diese Fehler kann die Behörde berichtigen. Sie führen nicht zur Rechtswidrigkeit des Verwaltungsakts. Ebenso wie die offenbaren Unrichtigkeiten führen Fehler, die geheilt werden können, nicht zur Aufhebung des Bescheids.   826

Maßgeblicher Zeitpunkt für die Feststellung der Rechtmäßigkeit/Rechtswidrigkeit des Verwaltungsakts ist der Zeitpunkt der letzten behördlichen Entscheidung, grundsätzlich also der Zeitpunkt der Bekanntgabe des Bescheids. Wenn ein Widerspruchsverfahren stattfindet, ist der Zeitpunkt der Zustellung des Widerspruchsbescheids der maßgebende Zeitpunkt. Gemäß § 79 Abs. 1 Nr. 1 VwGO ist Gegenstand einer Anfechtungsklage der ursprüngliche Verwaltungsakt in der Gestalt, die er durch den Widerspruchsbescheid gefunden hat.   827
Wird eine Amtshandlung beantragt, aber abgelehnt (Fischereierlaubnis wird abgelehnt) ist maßgeblicher Zeitpunkt für die Beurteilung der Sach- und Rechtslage die Bekanntgabe der Ablehnung, in der Anfechtungssituation der Zeitpunkt der mündlichen Verhandlung beim Verwaltungsgericht.

Zur **formellen Rechtmäßigkeit** gehören die Zuständigkeit, das zum Erlass führende Verwaltungsverfahren und Anforderungen an die Form, wobei der Grundsatz der Formfreiheit grundsätzlich keine besonderen Formvorgaben vorschreibt.   828

329   Die **materielle Rechtmäßigkeit** befasst sich mit dem Erfordernis einer Ermächtigungsgrundlage und der Beachtung der Grundsätze vom Vorrang und Vorbehalt des Gesetzes.
Diese inhaltlichen Anforderungen richten sich also danach, ob der Verwaltungsakt den
gesetzlichen Bestimmungen entspricht.

Aufbauschema zur Prüfung der formellen und materiellen Rechtmäßigkeitsvoraussetzungen

330   Ausgangspunkt für die Beurteilung der Rechtmäßigkeit einer behördlichen Anordnung ist
die dem Rechtsverhältnis zugrunde liegende Ermächtigungsgrundlage. Denn hiernach
richtet sich die weitere Prüfung der formellen und materiellen Rechtmäßigkeitsvoraussetzungen.
Zu den **formellen Rechtmäßigkeitsvoraussetzungen** gehören:

1.   Die handelnde Behörde muss sachlich, instanziell und örtlich **zuständig** sein.
2.   Evtl. **Formvorschriften** sind zu beachten.

331   Es gilt der Grundsatz der Formfreiheit gemäß §§ 10, 37 Abs. 2 VwVfG; allerdings
gelten für Verwaltungsakte einige förmliche Standards: Es muss nach § 37
Abs. 6 VwVfG eine Rechtsbehelfsbelehrung beigefügt werden; die Behörde
muss erkennbar sein; zudem bedarf es einer Unterschrift alternativ einer Namenswiedergabe. Zusätzliche besondere Formvorschriften können sich aus
vorrangig anzuwendenden gesetzlichen Bestimmungen ergeben, wie etwa die
Schriftform bei ordnungsbehördlichen Verfügungen nach § 19 OBG.

3.   **Verfahrensvorschriften** sind einzuhalten.

332   a) Anhörung Beteiligter
       (§ 28 Abs. 1, Ausnahmen nach Abs. 2, 3 VwVfG; Heilung § 45 Abs. 1 Nr. 3
       VwVfG)
    b) Begründung schriftlicher und schriftlich bestätigter Verwaltungsakte
       (§ 39 Abs. 1 VwVfG, Ausnahmen Abs. 2 VwVfG; Heilung § 45 Abs. 1 Nr. 2
       VwVfG)
    c) Bekanntgabe
       (§§ 41, 43 VwVfG; VwZG)
    d) weitere Anforderungen, wie etwa die Notwendigkeit, ausgeschlossene
       Personen vom Verwaltungsverfahren auszuschließen
    e) eine eventuell angeordnete sofortige Vollziehung (§ 80 Abs. 2 Nr. 4, Abs. 3
       VwGO)

Materiellrechtliche Rechtmäßigkeitsvoraussetzungen

333   1.   Eine wirksame Ermächtigungsgrundlage muss nach dem Grundsatz vom Vorbe-
       halt des Gesetzes zur Verfügung stehen. Liegen deren Tatbestandsmerkmale vor,
       und entspricht die Regelung im Verwaltungsakt der vorgegebenen Rechtsfolge?

2.   Ggf. bedarf es der Prüfung des richtigen Verfügungsadressaten (z. B. des Störers nach §§ 16, 17, 18 OBG).

3.   Ist die Verfügung insgesamt inhaltlich hinreichend bestimmt (§ 37 Abs. 1 VwVfG)?

4.   Ist die Regelung rechtlich und tatsächlich möglich (§ 44 Abs. 2 Nr. 4, 5 VwVfG)?

5.   Hat die Behörde ihr Ermessen pflichtgemäß ausgeübt?
        Entspricht die Verfügung dem Zweck der Ermächtigung, und sind die Grenzen des Ermessens eingehalten worden (vgl. § 40 VwVfG)?

6.   Ist der Grundsatz der Verhältnismäßigkeit beachtet worden? Ist die Anordnung geeignet, erforderlich und angemessen?

7.   Bestehen Zweifel an der Vereinbarkeit mit höherrangigem Recht, insbesondere mit Grundrechten und allgemeinen Verfassungsprinzipien?

Die formellen Rechtmäßigkeitsanforderungen im Einzelnen

1. Verfahrensbestimmungen

a. Anhörung   834
Vgl. hierzu die Ausführungen unter Kapitel 3.3.5.1

b. Begründung nach § 39 VwVfG   835

Nach der Rechtsprechung des Bundesverfassungsgerichts hat der Staatsbürger, in dessen   836
Rechte eingegriffen wird, nach rechtsstaatlichen Grundsätzen einen Anspruch darauf, die
Gründe dafür zu erfahren, weil er nur dann seine Rechte sachgemäß wahrnehmen kann.[33]
Bei obrigkeitlichen Eingriffen wird immer eine Begründung für erforderlich gehalten.[34] Der
Gesetzgeber geht von einem allgemeinen Begründungszwang aus, wobei der Umfang
der Begründung einzelfallbezogen unterschiedlich sein wird. Je intensiver der Eingriff,
desto umfangreicher die Begründung. Im Übrigen richtet sich der Umfang danach,
dass der Betroffene auf der Grundlage der nachvollziehbaren Begründung seine Rechte
wahrnehmen kann. Dem Wortlaut des Gesetzestextes lässt sich dementsprechend die
Vorgabe entnehmen, dass die Begründung die entscheidungserheblichen wesentlichen
tatsächlichen und rechtlichen Gründe mitteilen muss.
Die wesentlichen tatsächlichen Gründe entsprechen dem entscheidungserheblichen   837
Sachverhalt. Dazu gehören die unbestrittenen Tatsachen, die Vorträge der Verfahrensbeteiligten und die Darstellung des Verfahrensganges.
Die rechtlichen Erwägungen sollten die Ermächtigungsgrundlage und die Darstellung der   838
einzelnen Voraussetzungen enthalten, wobei die Nennung der Ermächtigungsgrundlage
nicht für zwingend erachtet wird. Unerlässlich ist allerdings, die einzelnen Tatbestandsmerkmale einer Ermächtigungsgrundlage zu definieren und auf den Sachverhalt zu subsumieren.
Sofern Ermessensentscheidungen getroffen worden sind, sollen auch die Gründe erkennbar sein, von denen die Behörde bei ihrer Entscheidung ausgegangen ist (vgl. § 39 Abs. 1
Satz 3 VwVfG). Als »Soll«-Vorschrift wird zwar Ermessen ausgeübt; dieses Ermessen

---

[33]   BT-Drucksache 7/910, S. 60.
[34]   BVerfGE 6, 44 und BVerwGE 22, 212 (217).

wird für den Regelfall zu einer Verpflichtung (»muss«), sofern nicht Besonderheiten des Einzelfalls eine abweichende Vorgehensweise rechtfertigen. In einem solchen Fall des intendierten Ermessens ist nach der Rechtssprechungl keine besondere Begründung notwendig. In einem solchen Fall genügt ein Hinweis auf die gesetzlichen Bestimmungen und der Hinweis, dass die Voraussetzungen der gesetzlichen Bestimmung vorliegen. Im Unterschied hierzu bestimmt § 35 Abs. 1 Satz 3 SGB X eine verpflichtende Begründung bei Ermessensentscheidungen.

339   Die Begründungspflicht erstreckt sich auch auf evtl. Nebenentscheidungen, wie etwa Nebenbestimmungen, die Androhung von Zwangsmitteln, die Anordnung der sofortigen Vollziehung (§ 80 Abs. 3 VwGO) und Gebührenentscheidungen.

340   Mündliche Verwaltungsakte sind schriftlich oder elektronisch zu bestätigen, wenn hieran ein berechtigtes Interesse besteht und der Betroffene dies unverzüglich verlangt (vgl. § 37 Abs. 2 Satz 2 VwVfG).

341   § 39 Abs. 2 VwVfG listet die **Ausnahmen von der Begründungspflicht** auf.

342   Nach Nr. 1 bedarf es keiner Begründung, wenn die Behörde einem Antrag entspricht oder kein Rechtseingriff vorliegt. Insofern besteht keine Notwendigkeit einer Begründung aus Rechtsschutzgründen.

343   Nach Nr. 2 entfällt die Begründung, wenn dem Betroffenen die Auffassung der Behörde über die Sach- und Rechtslage bekannt ist. Diese Ausnahmesituation kann eintreten, wenn vor der endgültigen Bescheidung durch die Behörde ein umfassendes Gespräch mit dem Adressaten des Bescheids stattgefunden hat oder dem Adressaten nach einem vorangegangenen Schriftverkehr die Auffassung der Behörde erkennbar werden musste.

344   Wenn die Behörde gleichartige Verwaltungsakte in größerer Zahl oder mithilfe automatischer Einrichtungen erlässt und die Begründung nach den Umständen des Einzelfalls nicht geboten erscheint, soll nach Nr. 3 eine weitere Ausnahme darstellen. Diese Fallgruppe meint sog. Formularbescheide, die ohne Weiteres aus sich heraus verständlich sind.[35]

345   Nach Nr. 4 ist eine Begründung entbehrlich, wenn sich dies aus einer Rechtsvorschrift ergibt. Als Beispiel sei § 77 Abs. 2 AufenthG genannt. Danach bedarf die Versagung und die Beschränkung eines Visums und eines Passersatzes vor der Einreise keiner Begründung und keiner Rechtsbehelfsbelehrung.

346   Die in Nr. 5 formulierte Ausnahme von der Begrünungspflicht betrifft Allgemeinverfügungen, wenn diese öffentlich bekannt gegeben werden. Eine öffentliche Bekanntgabe ist nach § 41 Abs. 3 Satz 2 VwVfG vorgesehen, wenn die Bekanntgabe an die Beteiligten untunlich ist. Dies wird angenommen, wenn (1) der Adressatenkreis der Allgemeinverfügung noch nicht feststeht. Verfügt der Oberbürgermeister der Stadt Potsdam ein Glasverbot für eine bevorstehende Demonstration, kann eine Bekanntgabe an jeden

---

[35]   BT-Drucksache 7/910, S. 61.

Demonstrationsteilnehmer im Vorfeld nicht erfolgen, da diese im Vorfeld nicht bekannt sind. (2) Darüber hinaus ist denkbar, dass wegen einer erheblichen Anzahl von Adressaten eine Bekanntgabe an jeden Einzelnen aus praktischen Erwägungen heraus nicht realisierbar sein wird.

Die Begründungspflicht entfällt auch bei Leistungs-, Eignungs- und ähnlichen Prüfungen von Personen (vgl. § 2 Abs. 3 Nr. 2 VwVfGBbg).   847

Deutlich wird, dass der Begründung zunächst eine **Rechtsschutzfunktion** zukommt. Der   848
Adressat soll die Gründe der Behörde nachvollziehen können, um seine Rechte wahrnehmen zu können. Im Übrigen soll sie den Bürger überzeugen. Da die Behörde an Gesetz und Recht gebunden ist, muss sie eine rechtmäßige Entscheidung treffen, die den Bürger von der Richtigkeit überzeugen soll. Gleichzeitig wird der Behörde die **Möglichkeit der Selbstkontrolle** eingeräumt. Mit der Gestaltung der Begründung kann unmittelbar die Richtigkeit der Entscheidung nachvollzogen werden.

Fehlt einer belastenden Verfügung die vorgeschriebene Begründung, so ist die Entscheidung für den Adressaten nicht nachvollziehbar. Er würde dadurch zum Objekt staatlichen Handelns.   849

Fehlt die erforderliche Begründung, so führt dies zur Rechtswidrigkeit des Verwaltungsakts. Eine **fehlende oder fehlerhafte Begründung** bedeutet einen verfahrensrechtlichen Verstoß, der geheilt werden kann. Als Verfahrensfehler kann eine Heilung nach § 45 Abs. 1 Nr. 2 VwVfG eintreten, wenn die Begründung bis zum Abschluss der letzten Tatsacheninstanz eines verwaltungsgerichtlichen Verfahrens nachträglich gegeben wird, z. B. mit dem Widerspruchsbescheid. Sofern allerdings rechtliche Erwägungen fehlen, kommt ein »**Nachschieben von Rechtsgründen**« in Betracht, wenn der Verwaltungsakt dadurch nicht in seinem Wesensgehalt verändert wird. Eine Änderung muss angenommen werden, wenn beispielsweise der Tenor zulasten des Adressaten geändert wird.   850

Sofern keine Heilung vorliegt, kann nach § 46 VwVfG eine Aufhebung trotz fehlerhafter bzw. fehlender Begründung nicht beansprucht werden, wenn offensichtlich ist, dass die Verletzung die Entscheidung in der Sache nicht beeinflusst hat.   851

Vgl. hierzu die Ausführungen unter Kapitel 4.1.5.   852

c. Mitwirkung befangener Personen (§ 20 ff. VwVfG i. V. m. § 5 VwVfGBbg)   853
d. Akteneinsicht (§ 29 VwVfG)
e. Anordnung der sofortigen Vollziehung (§ 80 Abs. 2 Nr. 4 VwGO)

Widerspruch und Anfechtungsklage haben nach § 80 Abs. 1 Satz 1 VwGO aufschiebende Wirkung. Der Verwaltung sind damit sämtliche rechtlichen und tatsächlichen Folgemaßnahmen untersagt. Im Hinblick auf die »Vollziehbarkeit« eines Verwaltungsakts wird hier die Auffassung von der »Vollziehbarkeitshemmung« (im Gegensatz zur Wirksamkeitshemmung)[36] vertreten.   854

---

[36]   Kopp/Schenke, S. 941 ff.

355 Aufschiebende Wirkung wird auch einem rechtsgestaltenden, einem feststellenden Verwaltungsakt und einem Verwaltungsakt mit Doppelwirkung (§ 80a VwGO) zugesprochen (Abs. 1 Satz 2).

356 Die Vorschrift gilt auch für die Anfechtung von nichtigen Verwaltungsakten.

Ausnahmen nach § 80 Abs. 2 VwGO:

357 Ziffer 1: Die aufschiebende Wirkung eines Widerspruchs entfällt zunächst bei der **Anforderung von öffentlichen Abgaben und Kosten**. Zu den öffentlichen Abgaben gehören Gebühren, Steuern und Beiträge nach dem Kommunalabgabengesetz (KAG) und sonstige Abgaben wie beispielsweise die Kreisumlage. Zu den Kosten gehören etwa die Kosten für die Durchführung einer Rechnungsprüfung. Keine Kosten im Sinne dieser Vorschrift sind die Kosten einer Ersatzvornahme nach § 32 Abs. 3 VwVGBbg oder die Kosten für die Abschiebung eines Ausländers.

358 Diese Ausnahmeregelung bezweckt die Sicherstellung des Finanzierungsbedarfs der Verwaltung.

359 Ziffer 2: Die aufschiebende Wirkung entfällt auch bei **Anordnungen von Polizeivollzugskräften** und analog auch für Verkehrsregeln durch Verkehrszeichen und -ampeln. Hierunter fallen nicht Anordnungen von Ordnungsbehörden.

360 Ziffer 3: Weitere Ausnahmen gelten in **durch Bundesgesetz oder für Landesrecht durch Landesgesetz gesetzlich geregelten Fällen**, z. B. § 16 VwVGBbg, § 84 AufenthG oder § 45 Waffengesetz (WaffG).

361 Ziffer 4: Ausgeschlossen wird die aufschiebende Wirkung in den von der Behörde angeordneten Fällen. In diesen Fällen ist die Behörde ermächtigt, unter bestimmten Voraussetzungen mit der **Anordnung der sofortigen Vollziehung** die aufschiebende Wirkung eines Widerspruchs auszuschließen. Diese Anordnung kommt auch in Betracht, wenn ein Begünstigter schon vor Eintritt der Unanfechtbarkeit von der Regelung (Vergünstigung) eines Bescheids Gebrauch machen möchte.

362 Die Anordnung der sofortigen Vollziehung stellt mangels Regelungscharakter eine **Verfahrenshandlung** dar. Aus diesem Grund entspricht es auch der überwiegenden Meinung, dass eine vorherige Anhörung nach § 28 VwVfG nicht erforderlich ist, sollte sie auch nach der Bekanntgabe des Verwaltungsakts erfolgen. Die muss nach § 80 Abs. 3 VwGO besonders begründet werden. Es bedarf der besonderen schriftlichen Begründung, die das öffentliche Interesse an der sofortigen Vollziehbarkeit gegenüber dem Privatinteresse an der aufschiebenden Wirkung eines Widerspruchs rechtfertigt. Das besondere Begründungserfordernis geht über die in § 39 VwVfG normierte Begründungspflicht hinaus. Sollte die allgemeine Begründung bereits Gründe für eine sofortige Vollziehung rechtfertigen, so kann die besondere Begründung nach § 80 Abs. 3 VwGO unterbleiben. In diesem Fall muss ausdrücklich hierauf in der Begründung hingewiesen werden.

Der Adressat des Bescheids hat zunächst die Möglichkeit, einen **Antrag auf Aussetzung** **der Vollziehbarkeit nach § 80 Abs. 4 VwGO** bei der Behörde zu stellen. Alternativ kann beim Verwaltungsgericht ein **Antrag auf Anordnung oder Wiederherstellung der auf-** **schiebenden Wirkung nach § 80 Abs. 5 VwGO** gestellt werden. Bei der Anforderung von öffentlichen Abgaben und Kosten muss ein Antrag nach § 80 Abs. 4 VwGO zwingend vor einem gerichtlichen Antrag gestellt und abgelehnt worden sein (vgl. § 80 Abs. 4–6 VwGO).

863

2. Formvorschriften
Es gilt der Grundsatz der **Formfreiheit** (§ 10 VwVfG). Das bedeutet, dass ein Verwal-tungsakt schriftlich, mündlich, elektronisch oder in anderer Weise erlassen werden kann.

864

Besondere vorrangig geltende Formvorschriften gelten beispielsweise im Beamtenrecht. Die Ernennung eines Beamten erfolgt mit der Aushändigung einer Ernennungsurkunde (vgl. § 8 Abs. 2 Beamtenstatusgesetz – BeamtStG die zwingende Formvorgabe für Ord-nungsverfügungen nach § 19 OBG oder die vorgegebene Schriftform nach § 25 Abs. 3 Schornsteinfeger-Handwerksgesetz).

865

Nach § 37 Abs. 3 VwVfG muss der Verwaltungsakt zudem eine **Unterschrift oder alter-** **nativ eine Namenswiedergabe** enthalten. Die Behörde muss erkennbar sein.

866

§ 37 Abs. 6 VwVfG schreibt vor, dass einem schriftlichen oder elektronischen Verwaltungs-akt, der der Anfechtung unterliegt, eine Erklärung beizufügen ist, durch die der Beteiligte über den Rechtsbehelf, der gegen den Verwaltungsakt gegeben ist, über die Behörde oder das Gericht, bei denen der Rechtsbehelf einzulegen ist, den Sitz und über die einzuhal-tende Frist belehrt werden muss (Rechtsbehelfsbelehrung). Die **Rechtsbehelfsbelehrung** ist auch der schriftlichen oder elektronischen Bestätigung eines Verwaltungsakts und der Bescheinigung nach § 42a Abs. 3 VwVfG beizufügen.

867

Die Hinweise des Ministeriums des Innern und für Kommunales vom 28. Mai 2014 sind zwischenzeitlich aufgehoben worden (vgl. Hinweise zu den Rechtsbehelfsbelehrungen nach dem Verwaltungsverfahrensgesetz vom 24. Januar 2018, ABl. 18, Nr. 6, S. 200). Die bisherigen gesetzlichen Mindestanforderungen an den Inhalt einer Rechtsbehelfs-belehrung haben sich nicht verändert. Folgende Angaben sind erforderlich: statthafter Rechtsbehelf, die Behörde/das Gericht, bei der/dem der Rechtsbehelf einzulegen ist, deren Sitz (Angabe des Ortes) und die einzuhaltende Frist.

868

Das Bundesverwaltungsgericht hat sich im Urteil vom 09. Mai 2019 u.a. mit den Anfor-derungen an den Inhalt einer Rechtsbehelfsbelehrung nach § 58 Abs. 1 VwGO befasst und entschieden, dass die Angabe des Beginns der einzuhaltenden Frist nicht gefordert wird (BVerwG 4 C 2.18).

869

Die materiellen Rechtmäßigkeitsanforderungen im Einzelnen

1. Notwendigkeit einer Ermächtigungsgrundlage

870   Nach Art. 20 Abs. 3 GG muss jede belastende Maßnahme auf einer formalgesetzlichen Ermächtigungsgrundlage beruhen. Liegt keine den Eingriff rechtfertigende Rechtsgrundlage vor oder werden nicht alle Voraussetzungen erfüllt, so darf die Rechtsfolge nicht angeordnet werden. Der Eingriff wird dadurch materiell rechtswidrig.

871   Als Ermächtigungsgrundlage kommen formelle und materielle Gesetzes in Betracht. Stützt sich ein Eingriff auf eine materielle Grundlage, so muss diese zumindest auf einer wirksamen formellen Grundlage beruhen. Wird eine Ermächtigungsgrundlage korrekt angewendet, so wäre die Regelung materiell rechtmäßig. Die formelle Rechtmäßigkeit wird erreicht, indem die Verwaltung bei der Anwendung ihres Eingriffs nicht gegen geltendes Recht verstößt (Grundsatz vom Vorrang des Gesetzes). Der Parlamentsvorbehalt sieht vor, dass untergesetzliche Normen, wie z. B. eine Rechtsverordnung, nicht ausreichen, einen Eingriff zu rechtfertigen. In einem solchen Fall muss der Gesetzgeber selbst die Voraussetzungen einer Ermächtigungsgrundlage zur Verfügung stellen.

872   Der Grundsatz vom Vorrang des Gesetzes beschreibt neben der Rangfolge von Rechtsnormen (Normenhierarchie) ein Anwendungsgebot und ein Abweichungsverbot. Das Anwendungsgebot besagt, dass die Exekutive eine gesetzliche Vorschrift anwenden muss, sobald ein Lebenssachverhalt vom Tatbestand einer Rechtsvorschrift erfasst wird. Zum Geltungsbereich des Gesetzesvorbehalts vgl. Brühl »Grundsatz der Gesetzmäßigkeit«[37] und Maurer »Der Grundsatz des Vorbehalts des Gesetzes«[38].

2. Richtiger Adressat

873   Nach § 41 VwVfG muss der Verwaltungsakt demjenigen Beteiligten bekannt gegeben werden, für den er bestimmt ist oder der von ihm betroffen wird.

874   Derjenige, für den er bestimmt ist, richtet sich nach materiellem Recht. Es ist der ordnungsrechtliche Störer (§§ 16 ff. OBG) oder der Bauherr, also der Beteiligte nach § 13 Abs. 1 Nr. 2 VwVfG. Der »Betroffene« wird in der Regel der »Drittbetroffene« sein.

875   Ist der Verwaltungsakt für mehrere Personen bestimmt, so muss jedem Einzelnen eine Ausfertigung bekannt gegeben werden.

876   Sofern ein Bevollmächtigter bestellt ist, kann die Bekanntgabe diesem gegenüber erfolgen (vgl. § 41 Abs. 1 Satz 2 VwVfG). Hat der Bevollmächtigte eine schriftliche Vollmacht vorgelegt, so ist die Zustellung an den Bevollmächtigten zwingend (§ 7 Abs. 1 VwZG).

---

[37]   Brühl, S. 29 f.
[38]   Maurer/Waldhoff, S. 124 ff.

3. Der Verwaltungsakt muss inhaltlich hinreichend bestimmt sein

§ 37 VwVfG fordert, dass ein Verwaltungsakt inhaltlich hinreichend bestimmt sein muss.   877
Dieses Erfordernis bezieht sich nicht nur auf die Regelung, sondern auch auf Nebenbestimmungen und die Begründung eines Verwaltungsakts.

Ein Verwaltungsakt ist nur dann inhaltlich hinreichend bestimmt, wenn ein verständiger   878
Adressat ohne weitere Konkretisierung erkennen kann, was von ihm verlangt wird.

Beispiel für eine Regelung, die ohne Weiteres nicht erkennen lässt, was verlangt wird: 879
»Sie haben dafür zu sorgen, dass Ihr bissiger Hund das Grundstück nicht verlassen
kann.«

Darüber hinaus muss der Verwaltungsakt ohne weitere Konkretisierung vollstreckt werden   880
können. Das erfordert eine klare Formulierung bei der Ersatzvornahme.[39]

Das Erfordernis der Bestimmtheit ist auch dann erfüllt, wenn die Anordnung durch Aus-   881
legung ermittelt werden kann. Dafür ist vom Empfängerhorizont auszugehen. Ggf. kann
auch die Begründung zur weiteren Konkretisierung herangezogen werden.

4. Der Verwaltungsakt muss rechtlich und tatsächlich möglich sein

Der Verwaltungsakt darf nicht zu etwas auffordern, was rechtlich und/oder tatsächlich   882
nicht möglich ist, wie z. B. die Aufforderung, ein baufälliges, aber bewohntes oder bewohn-
bares Mehrfamilienhaus abzureißen. Diese Aufforderung wäre rechtlich nicht umsetzbar,
weil die Wohnungen vermietet sind. Auch eine Aufforderung an den Hundehalter, seinen
Hund grundsätzlich mit einem Maulkorb halten zu müssen, wäre ein Verstoß gegen das
Tierschutzgesetz. § 44 Abs. 2 Nr. 4 VwVfG bestimmt die Nichtigkeit, wenn einen Verwaltungsakt aus tatsächlichen Gründen niemand ausführen kann.

5. Ermessen

Eine Rechtsvorschrift besteht aus dem Tatbestand und einer Rechtsfolge. Soweit der   883
Verwaltung Ermessen eingeräumt wird, stehen ihr Alternativen auf der Rechtsfolgenseite
zur Verfügung. Die Rechtsfolge kann Alternativen enthalten: Rechtsfolge (RF) 1 oder RF 2
oder RF 3. Es liegt ein Auswahlermessen vor.

Eine gesetzliche Bestimmung kann auch **Entschließungsermessen** enthalten. Der Be-   884
hörde steht es frei, ob sie eingreift. Als Beispiel dient die Generalklausel im § 13 OBG:
Danach entscheidet die Behörde, ob sie notwendige Maßnahmen zur Beseitigung von
Gefahren für die öffentliche Sicherheit oder Ordnung ergreift. Sie kann notwendige Maßnahmen treffen, muss es aber nicht, es sei denn, dass eine Ermessensreduzierung auf
null die Behörde zum Eingreifen verpflichtet.

---

[39]   BVerwGE 131, 259, 263.

385   Eine solche Ermessensreduzierung ergibt sich im Ordnungsrecht in der Situation, wenn eine hohe Intensität der Störung oder Gefahr der öffentlichen Sicherheit oder Ordnung anzunehmen ist oder durch die Selbstbindung der Verwaltung (Art. 3 Abs. 1 GG) eine Gleichbehandlung geboten ist.

386   Der Bürger hat grundsätzlich keinen Anspruch auf behördliches Einschreiten, allenfalls wenn die Behörde zum Eingreifen durch eine Ermessensreduzierung auf null verpflichtet ist.

387   Stehen der Behörde mehrere Möglichkeiten für ihren Eingriff zur Verfügung, liegt ein **Auswahlermessen** vor. Diese Ermessensart kann ausdrücklich oder stillschweigend vorliegen.

Beispiel:

388   Nach § 48 StVO ist derjenige, der Verkehrsvorschriften nicht beachtet, verpflichtet, an einem Unterricht über das Verhalten im Straßenverkehr teilzunehmen, wenn die Behörde ihn dazu vorlädt. Der Behörde wird Ermessen eingeräumt, ob sie einen Verkehrsteilnehmer vorlädt oder nicht.

389   Auswahlermessen kann auch eingeräumt werden bei der Auswahl mehrerer Adressaten, z. B. hinsichtlich möglicher Störer nach §§ 16, 17, 18 OBG. Bei der Entscheidung, wer als Störer in Anspruch genommen wird, sind gesetzliche Kriterien vor einer Ermessensentscheidung zu beachten.

Beispiel:

390   Bei der Inanspruchnahme eines Störers muss die Ordnungsbehörde zunächst den Inhaber der tatsächlichen Gewalt in Anspruch nehmen, wenn er diese gegen den Willen des Eigentümers ausübt. Es ist also der Dieb vor dem Eigentümer in Anspruch zu nehmen (vgl. § 17 Abs. 2 Satz 2 OBG).

391   **Intendiertes Ermessen** liegt vor, wenn eine Ermessensentscheidung getroffen wird, die vom Gesetzgeber vorgesehen bzw. bezweckt ist; »soll«, z. B. § 28 Abs. 5 VwVGBbg: »… sollen in der Androhung die voraussichtlichen Kosten angegeben werden«. Nach § 15 Abs. 2 Satz 1 GewO kann die Behörde einen Gewerbebetrieb schließen, wenn dieser ohne die erforderliche Erlaubnis geführt wird. Mit der »Soll-Vorgabe« wird der Regelfall für das behördliche Handeln vorgegeben. Als Ausnahmefall gilt das zulässige Abweichen in einem Ausnahmefall.

392   In der **sprachlichen Darstellung** einer gesetzlichen Vorschrift ist Ermessen erkennbar: »kann«, »darf« und »soll«. Im Vollstreckungsrecht wird der Vollstreckungsbehörde ein Rahmen für die Androhung und Festsetzung eines Zwangsgeldes zwischen 10 und 50.000 € angeboten.

393   **Ermessensentscheidungen sind in der Begründung** zu formulieren (vgl. § 39 VwVfG). Die Gesichtspunkte der Ermessensabwägung sollen für den Adressaten erkennbar sein.

Ermessensentscheidungen entsprechen dem geltenden Recht, wenn sie im Sinne von   894
§ 40 VwVfG dem Zweck der Ermächtigung entsprechen und dabei die Grenzen des Ermessens einhalten (vgl. auch § 15 OBG).

Anderenfalls liegt eine **ermessensfehlerhafte Entscheidung** vor. Üblicherweise werden   895
der Ermessensnichtgebrauch, die Ermessensüberschreitung (§ 40 Alt. 2 VwVfG) und der
Ermessensfehlgebrauch (§ 40 Alt. 1 VwVfG) als Ermessensfehler unterschieden.

Ein **Ermessensnichtgebrauch** liegt vor, wenn die Behörde davon ausgeht, ihr wäre kein   896
Ermessensspielraum eingeräumt worden, oder Ermessensspielräume außer Betracht lässt.

Eine **Ermessensüberschreitung** wird angenommen, wenn die Behörde eine Rechtsfolge   897
wählt, die nicht mehr im Rahmen des gesetzlich eingeräumten Ermessens liegt.

Beispiel:
Die Behörde überschreitet bei der Festsetzung einer Gebühr den zulässigen Gebühren-   898
rahmen.

Beim **Ermessensfehlgebrauch** wird ein unzutreffender bzw. unvollständiger Sach-   899
verhalt der behördlichen Entscheidung zugrunde gelegt, willkürliche Aspekte werden
herangezogen, die dem Zweck der Ermächtigung widersprechen, oder Verstöße gegen
Grundrechte und allgemeine Grundsätze des Verwaltungshandelns liegen vor. Ein
solcher Verstoß liegt beispielsweise vor, wenn der Gleichbehandlungsgrundsatz nach
Art. 3 GG nicht beachtet wird, weil die Behörde ohne sachlichen Grund unterschiedlich
entscheidet.

Ermessensfehler bewirken die Rechtswidrigkeit von Verwaltungsentscheidungen.   900
Nach § 114 VwGO prüft das Verwaltungsgericht auch, ob der Verwaltungsakt oder die
Ablehnung oder Unterlassung rechtswidrig ist, weil die gesetzlichen Grenzen des Ermessens nicht eingehalten worden sind oder von dem Ermessen in einer dem Zweck nicht
entsprechenden Weise Gebrauch gemacht worden ist.

Die Behörde kann ihre Ermessenserwägungen noch im verwaltungsgerichtlichen Ver-   901
fahren ergänzen.

Übung:
Der Opernsänger A verdient 2.000 € monatlich netto. Regelmäßig nach Dienstschluss be-   902
ginnt er mit Gesangsübungen, die oft bis Mitternacht andauern. Die zuständige Behörde
fordert A auf, die Gesangsübungen zwischen 22.00 Uhr und 06.00 Uhr morgens tagtäglich
zu unterlassen. Für den Fall der Nichtbefolgung soll ein Zwangsgeld angedroht werden.

(1)   Setzen Sie die Höhe des Zwangsgeldes fest, und begründen Sie Ihre Entschei-   903
        dung!
(2)   Formulieren Sie hierzu den Text für die Begründung nach § 39 VwVfG.
(3)   A weigert sich, seine finanziellen Verhältnisse mitzuteilen. Wie reagieren Sie?

6. Grundsatz der Verhältnismäßigkeit

904   Jedes staatliche Handeln unterliegt dem Grundsatz der Verhältnismäßigkeit. Dieser folgt im Wesentlichen aus dem Rechtsstaatsgebot (vgl. Art. 20 Abs. 3 GG) und dem Wesen der Grundrechte als Schutzrechte gegenüber der staatlichen Gewalt. Eingriffe in die Rechte des Bürgers dürfen nur in einem unerlässlichen Rahmen erfolgen.

905   Für die praktische Anwendung werden drei Aspekte des Grundsatzes unterschieden:

906   (1) Die **Geeignetheit**; eine Anordnung muss zur Erreichung eines Ziels zwecktauglich sein, wobei das Ziel nicht zwingend erreicht werden muss. Zwecktauglich wäre die Unterbringung eines bissigen Hundes in einem Tierheim oder seine Tötung. Ungeeignet wäre eine Anordnung, wenn der Adressat rechtlich nicht in der Lage wäre, die Anordnung zu beseitigen; z. B. wird der Mieter eines Hauses aufgefordert, dieses abzureißen.

907   (2) Eine solche Anordnung muss auch **erforderlich** sein. Dafür muss dem Prinzip des mildesten Mittels entsprochen worden sein. Von mehreren möglichen und geeigneten Maßnahmen sind diejenigen auszuwählen, die den Einzelnen und die Allgemeinheit am wenigsten beeinträchtigen.

908   Die Nachteile der Handlungsalternativen müssen miteinander verglichen werden.
Beispiel:
Danach wäre eine Maulkorbpflicht außerhalb des Grundstücks ein milderes Mittel gegenüber der Unterbringung in einem Tierheim und/oder einer Tötung.

909   (3) Letztendlich wäre eine Anordnung nur dann **angemessen** (verhältnismäßig im engeren Sinne), wenn diese nicht außer Verhältnis zu dem angestrebten Erfolg stehen würde. Beispiel für eine besondere gesetzliche Regelung des Verhältnismäßigkeitsgrundsatzes: Nach § 62 Abs. 1 Satz 1 AufenthG ist die Abschiebung nur zulässig, wenn der Zweck nicht durch ein milderes, ebenfalls ausreichendes anderes Mittel erreicht werden kann. Sofern gegen den Grundsatz der Verhältnismäßigkeit verstoßen wird, wäre eine solche Anordnung rechtswidrig.

910   Zum Prinzip der Angemessenheit beim Abschleppen straßenverkehrswidrig abgestellter Kraftfahrzeuge vgl. Brühl.[40]

7. Vereinbarkeit mit höherrangigem Recht/Grundgesetz

911   Eine behördliche Entscheidung ist nach den im Art. 20 Abs. 3 GG enthaltenen Grundsätzen vom Vorbehalt und Vorrang des Gesetzes verpflichtet, das geltende Recht anzuwenden. Dazu gehört auch die Notwendigkeit, dass ein behördlicher Eingriff nicht gegen höherrangiges Recht verstößt (kein Handeln gegen das Gesetz). Verstößt ein Eingriff gegen geltendes Recht, hat dies in der Regel die Rechtswidrigkeit zur Folge.

---

[40]   Brühl, S. 225 ff.

Die Vereinbarkeit mit höherrangigem Recht wird nur bei Bedarf zu prüfen sein. Ein solcher   912
Bedarf kann angenommen werden, wenn die behördliche Entscheidung beispielsweise
nicht den verfassungsrechtlichen Vorgaben entspricht, also etwa mit einem Grundrecht
nicht im Einklang steht.

Zur Vertiefung wird auf die Rechtsquellen- und Rangordnungslehre bei Maurer/Waldhoff   913
verwiesen.[41]

8. Zweckmäßigkeit des Verwaltungsakts

Die Frage nach der **Zweckmäßigkeit** stellt sich in der Regel beim sog. Auswahlermessen   914
(s. o.). Die Behörde muss deshalb im Rahmen ihrer Entscheidung auch nach außerrecht-
lichen Kriterien überprüfen, ob ihre Entscheidung erfolgsdienlich und sachgerecht ist.

Dabei ist allerdings zu beachten, dass die Behörde aufgrund des Verhältnismäßigkeitsgrundsatzes dazu verpflichtet ist, von mehreren möglichen und geeigneten Maßnahmen
in der Regel das mildeste Mittel zu wählen. Deshalb ist grundsätzlich auch nur dort Raum
für eine Auswahl der richtigen Maßnahme nach Zweckmäßigkeitsgesichtspunkten, wenn
zwei oder mehrere Mittel gleichrangig nebeneinander in Betracht kommen.

Die Zweckmäßigkeit wird – genauso wie etwaige Ermessensfehler – im Falle eines Wider-   915
spruchs von der Widerspruchsbehörde (vgl. § 68 VwGO) und im Falle einer Klage vom
Gericht (vgl. § 114 VwGO) überprüft.

Weitere Aufbauschemata enthält Brühl, »Die Rechtmäßigkeitsprüfung« im Lehrbuch
Verwaltungsrecht für die Fallbearbeitung.[42]

Zweckmäßigkeit im Widerspruchsverfahren

Der Betroffene eines belastenden Verwaltungsakts hat die Möglichkeit, Widerspruch zu   916
erheben. Dies setzt ein Widerspruchsverfahren in Gang, bei dem neben der Rechtmäßigkeit auch die Zweckmäßigkeit des Verwaltungsakts zu prüfen ist. Dazu gehört auch die
Prüfung, ob Ermessensfehler vorliegen und ob die ergangene Ermessensentscheidung
zweckmäßig war. Liegt entweder ein Ermessensfehler oder eine mangelnde Zweckmäßigkeit vor, so setzt die Widerspruchsbehörde ihr eigenes rechtmäßiges und zweckmä-
ßiges Ermessen an die Stelle des von der Ausgangsbehörde ausgeübten Ermessens.

Zweckmäßigkeit im Gerichtsverfahren

Nach § 114 VwGO gilt das zur Zweckmäßigkeit im Widerspruchsverfahren Dargestellte   917
entsprechend auch hinsichtlich der gerichtlichen Überprüfung von behördlichen Ermessensentscheidungen.

---

[41]   Maurer/Waldhoff, S. 67–72.
[42]   Brühl, S. 76–103.

4.1.7   Nebenbestimmungen zum Verwaltungsakt

Begriff und Bedeutung

18   Vorbehaltlich spezialgesetzlicher Regelungen beschreibt § 36 VwVfG die Zulässigkeit von Nebenbestimmungen und definiert verschiedene Arten im Abs. 2.
Der **Begriff der Nebenbestimmung** wird im Gesetz selbst nicht definiert.
Es handelt sich um eine zusätzliche Bestimmung zum Verwaltungsakt, die zwar belastend wirkt, aber gleichzeitig sicherstellt, dass die gesetzlichen Voraussetzungen einer Anspruchsgrundlage erfüllt werden.[43] So kann beispielsweise der besuchsweise Aufenthalt von Ausländern mit einer auflösenden Bedingung (»erlischt bei Inanspruchnahme von Sozialleistungen«) versehen werden, auch wenn der notwendige Aufenthalt nicht – wie gesetzlich gefordert – aus eigenen Mitteln der Besucher gedeckt werden kann. Ohne eine solche Nebenbestimmung wäre der Aufenthalt abzulehnen.

19   Abzugrenzen wäre die Nebenbestimmung von der **Inhaltsbestimmung**, die den Regelungsgehalt von Gesetz näher festlegt, wie etwa die Erteilung einer Fahrerlaubnis für eine bestimmte Klasse, z. B. Klasse A. Die Fahrerlaubnis kann nur für konkrete Erlaubnisklassen erteilt werden.

20   Auch die sog. **modifizierte Auflage** stellt keine Nebenbestimmung dar, denn diese konkretisiert eine Genehmigung mit einem anderen als dem beantragten Inhalt. Im Ergebnis liegt hierin die Ablehnung eines beantragten und der Erlass eines so nicht beantragten Verwaltungsakts vor.[44]

21   Ebenso stellen etwaige **Erläuterungen oder Hinweise** in Bescheiden keine Nebenbestimmungen dar.

Zulässigkeit von Nebenbestimmungen

22   Bei Verwaltungsakten, auf die der Bürger einen **Anspruch** hat, ist die Beifügung von Nebenbestimmungen nur zulässig, wenn dies spezialgesetzlich zugelassen wird (§ 36 Abs. 1 VwVfG) oder wenn sichergestellt werden soll, dass die gesetzlichen Voraussetzungen eines Bescheids erfüllt werden. Der Bauherr hat einen Anspruch auf eine beantragte Baugenehmigung, weil diese erteilt werden muss, wenn keine öffentlich-rechtlichen Bestimmungen entgegenstehen. Inwieweit die Baugenehmigung mit Nebenbestimmungen erteilt werden kann, muss sich aus der Bauordnung ergeben.

23   In allen anderen Fällen (Abs. 2) – also bei **Ermessensentscheidungen** – kann einem Verwaltungsakt eine Nebenbestimmung nach pflichtgemäßem Ermessen beigefügt werden. Sofern bei einer Ermessensentscheidung das Ermessen auf null reduziert ist, richtet sich die Zulässigkeit ebenfalls nach Abs. 1.

24   Nach Abs. 3 darf eine Nebenbestimmung nicht dem **Zweck** des Verwaltungsakts zuwiderlaufen. Man spricht vom sog. Koppelungsverbot. Diese Vorschrift gilt für die Fälle

---

[43]   Müller, S. 213.
[44]   Müller, S. 214.

din Abs. 2 und 3 und fordert, dass mit einer Nebenbestimmung nicht der ursprüngliche Zweck des Bescheides beeinträchtigt werden soll. So dürfen Lärmschutzauflagen nicht auf eine Untersagung einer Anlage hinauslaufen.

Im Übrigen gibt es Verwaltungsakte, die nebenbestimmungsfeindlich sind, wie etwa die Einbürgerung. In einem solchen Fall darf keine Nebenbestimmung erlassen werden.   925

Der Gesetzestext geht davon aus, dass eine Nebenbestimmung grundsätzlich nur zu-   926
sammen mit dem Verwaltungsakt zusammen erlassen wird. Eine Ausnahme stellt die Möglichkeit des § 36 Abs. 2 Nr. 5 VwVfG dar: danach kann der Verwaltungsakt verbunden werden mit einem Vorbehalt der nachträglichen Aufnahme, Änderung oder Ergänzung einer Auflage.

Arten von Nebenbestimmungen

Im § 36 Abs. 2 VwVfG werden fünf verschiedene Nebenbestimmungen definiert: 92?

▶   Befristung
▶   Bedingung
▶   Widerrufsvorbehalt
▶   Auflage
▶   Auflagenvorbehalt

(a) die **Befristung** nach § 36 Abs. 2 Nr. 1 VwVfG, nach der eine Vergünstigung oder   92?
Belastung zu einem bestimmten Zeitpunkt beginnt, endet oder für einen bestimmten Zeitraum gilt. Auch wenn nicht unbedingt eine kalendermäßige Datierung vorliegen muss, erfordert die Befristung zumindest die Bestimmbarkeit eines Zeitpunkts oder Zeitraums nach feststehenden Kriterien. Ist das Ereignis allerdings ungewiss, ob es überhaupt eintritt, liegt eine Bedingung vor. Bei der Erteilung einer für die Adventszeit geltenden Gewerbeerlaubnis (die Gewerbeerlaubnis vom 01.11. berechtigt zum Aufstellen eines Verkaufsstandes auf dem Weihnachtsmarkt in dem Zeitraum vom 01.12. bis zum 23.12.) ist die äußere von der inneren Wirksamkeit zu unterscheiden. Während die äußere Wirksamkeit im Zeitpunkt der Bekanntgabe eintritt, beginnt die innere Wirksamkeit (Verbindlichkeit) ggf. zu einem späteren Zeitpunkt. Diese Nebenbestimmung hat den Vorteil für die Verwaltung, dass eine Gewerbeerlaubnis nach Ablauf eines Zeitraums nicht mehr gesondert aufgehoben werden muss. Mit Ablauf eines Zeitraums entfällt die innere Wirksamkeit.

(b) Die **Bedingung** nach § 36 Abs. 2 Nr. 2 VwVfG stellt eine Nebenbestimmung dar, bei   92?
der der Eintritt oder Wegfall einer Vergünstigung oder einer Belastung von einem unge-wissen Eintritt eines Ereignisses abhängt (Beispiel: Eine Aufenthaltsgenehmigung erlischt bei Inanspruchnahme von Sozialleistungen). In Anlehnung an die Vorschriften des Bürgerlichen Gesetzbuchs liegt eine aufschiebende Bedingung vor, wenn die Regelung des Verwaltungsakts erst wirksam wird, wenn das ungewisse Ereignis eintritt. Hingegen ist die Bedingung auflösend, wenn das ungewisse Ereignis eintritt und in diesem Zeitpunkt die Regelung unwirksam wird.

30 (c) Der **Widerrufsvorbehalt** wird als eine Nebenbestimmung beschrieben, bei der sich die Verwaltung die Erklärung des Widerrufs vorbehalten hat (§ 36 Abs. 2 Nr. 3 VwVfG). Der Verwaltung wird die Möglichkeit eingeräumt, die Wirksamkeit des Hauptinhaltes zu einem späteren Zeitpunkt zu beenden. Die Bedingung unterscheidet sich vom Widerrufsvorbehalt dadurch, dass mit Eintritt des ungewissen Ereignisses der Bescheid unwirksam wird, der Widerrufsvorbehalt eines ausdrücklichen Widerrufsbescheids bedarf. Der Unterschied zur Befristung liegt darin, dass keine zeitlichen Begrenzungen verfügt werden.

31 (d) Die **Auflage** (§ 36 Abs. 2 Nr. 4 VwVfG) schreibt dem Adressaten ein Tun, Dulden oder Unterlassen vor. Sie stellt selbst einen Verwaltungsakt dar und kann zwangsweise durchgesetzt werden. Ungeachtet dessen ist die Behörde berechtigt, den Verwaltungsakt zu widerrufen, wenn sie sich den Widerruf vorbehalten hat. Während die Bedingung die Wirksamkeit des Verwaltungsakts unmittelbar beeinflusst, führt die Nichtbefolgung einer Auflage nicht zur Unwirksamkeit des Verwaltungsakts. Die Auflage ist nicht wie die Bedingung und die Befristung Bestandteil des Hauptinhalts eines Bescheids, sondern eine zusätzliche Verpflichtung zum Hauptinhalt.

32 (e) Der **Auflagenvorbehalt** nach § 36 Abs. 2 Ziff. 5 VwVfG hat mit dem Widerrufsvorbehalt gemeinsam, dass der Hauptinhalt eines Bescheids erst in Zukunft geändert werden soll.

Rechtsschutz gegen Nebenbestimmungen

33 Mögliche Rechtsbehelfe gegen Nebenbestimmungen sind neben dem Widerspruch die Anfechtungs- und die Verpflichtungsklage. Während früher und teilweise auch heute die Auffassung bestand, die Auswahl der richtigen Klageart von der Art der Nebenbestimmung abhängig zu machen, wird nunmehr davon ausgegangen, sämtliche Nebenbestimmungen mit der Anfechtungsklage anzufechten. Dabei wird auf § 113 Abs. 1 Satz 1 VwGO Bezug genommen, wonach auch die Teilanfechtung eines Verwaltungsakts möglich wird (»soweit der Verwaltungsakt rechtswidrig ist, …«). Zu beachten bleibt, dass eine isolierte Aufhebung einer Nebenbestimmung nur dann möglich sein soll, wenn der Verwaltungsakt auch ohne die angefochtene Nebenbestimmung rechtmäßig ist.[45]

4.1.7.1   Übungsaufgaben zu Nebenbestimmungen.
Welche Nebenbestimmung liegt jeweils vor? Begründen Sie Ihre Entscheidung.

34 (1)   Ausländer A erhält eine Aufenthaltsgenehmigung nach den Bestimmungen des Aufenthaltsgesetzes für die Dauer von zwei Jahren.

(2)   B ist Inhaberin der Fahrerlaubnis mit dem Zusatz »Der Inhaber hat eine seiner Sehschwäche entsprechende Sehhilfe zu tragen«.

---

[45]   Vgl. hierzu BVerwGE 112, 221 und Urteil vom 22.11.2000 – 11 C 2.00.

(3)   T betreibt im Stadtzentrum von Brandenburg an der Havel ein Café. Die ihm
          erteilte Sondernutzungserlaubnis nach dem Brandenburgischen Straßengesetz
          enthält u. a. folgende Hinweise:

(3.1)   Diese Erlaubnis ist jederzeit widerruflich.

(3.2)   Der Gehweg ist von Verunreinigungen zu reinigen, die durch die Sondernutzung
          entstehen.

(3.3)   In einer Breite von 2,30 m ist der Gehweg für den Fußgängerverkehr frei zu halten.

(3.4)   Im Falle durchzuführender Bauarbeiten an oder unter dem Gehweg erlischt
          diese Erlaubnis für die Dauer der Bauarbeiten.

(3.5)   Bei Änderungen der Verkehrsverhältnisse können weitere Einschränkungen
          auferlegt werden.

(4)   Erläutern Sie den Unterschied zwischen einer Befristung und einer auflösenden
          Bedingung.

(5)   Welche Arten von Befristungen und Bedingungen gibt es?

(6)   Welche Funktion haben Nebenbestimmungen?

(7)   Unter welchen Voraussetzungen können Nebenbestimmungen einem Verwal-
          tungsakt beigefügt werden?

(8)   Nach welchen Kriterien unterscheiden Sie die Bedingung von einer Auflage?

(9)   Welche Rechtsschutzmöglichkeiten gibt es gegenüber Nebenbestimmungen?

(10)   Grenzen Sie Nebenbestimmungen von Inhaltsbestimmungen und Hinweisen
          ab.

(11)   Die Landrätin des Landkreises T erteilt einen Jagdschein mit dem Hinweis, dass
          dieser nach Ablauf von drei Jahren ungültig wird (§ 15 Abs. 2 BJagdG).

(12)   Ein vom Bürgermeister der Stadt Teltow ausgestellter Bewohnerparkausweis
          enthält folgenden Wortlaut:
          – Dieser Parkausweis ist deutlich lesbar an der Windschutzscheibe des Fahr-
             zeugs anzubringen.
          – Der Ausweis ist nicht übertragbar, er darf daher nicht für ein anderes Fahr-
             zeug benutzt werden.
          – Streichungen und Änderungen sind nicht zulässig.
          – Wenn Sie Ihr Fahrzeug ohne Parkausweis in der Bewohnerparkzone parken,
             müssen Sie damit rechnen, dass das Fahrzeug abgeschleppt wird.

(13)   Grenzen Sie die Bedingung von der Befristung ab.

(14)   Formulieren Sie je ein Beispiel für eine auflösende und eine aufschiebende
          Bedingung.

4.1.8 Fehlerhafter Verwaltungsakt und Folgen der Fehlerhaftigkeit

Fehlerhafte VA

Unbeachtliche Fehler	Rechtswidrigkeit	Nichtigkeit
• offensichtliche Schreib- oder Rechenfehler, § 42 VwVfG	• formelle Fehler, die nicht § 45 VwVfG oder § 46 VwVfG erfüllen	• nach SpezialG oder § 44 VwVfG • § 44 Abs. 2 VwVfG absolute Nichtigkeitsgründe
• fehlende oder fehlerhafte RBB, Jahresfrist, § 58 VwGO	• materielle Fehler: fehlende oder fehlerhafte EGL	
• Heilung von Form- oder Verfahrensfehlern, § 45 VwVfG oder unbeachtlich wegen keiner anderen Möglichkeit einer Sachentscheidung	• Ermessensfehler • mangelnde Bestimmtheit • Unverhältnismäßigkeit	• § 44 VwVfG relative Nichtigkeitsgründe

Fehlerhafter Verwaltungsakt und Fehlerarten

35   Der Verwaltungsakt ist fehlerhaft, wenn er formell und/oder materiellrechtlich gegen geltendes Recht verstößt oder zweckwidrig ist.

36   Fehler umfassen zunächst Zuständigkeitsmängel.
Dazu gehören die Verbands- und Organkompetenz ebenso wie die instanzielle und örtliche Zuständigkeit.

37   Verfahrensfehler liegen vor, wenn beispielsweise eine notwendige Anhörung nicht durchgeführt worden ist (vgl. § 28 VwVfG), die vorgeschriebene Mitwirkung von anderen Behörden nicht erfolgte, ein Amtsinhaber befangen war (vgl. § 20 VwVfG), der Verwaltungsakt nicht oder unvollständig begründet worden ist (vgl. § 39 VwVfG) oder die Bekanntgabe fehlt bzw. fehlerhaft durchgeführt worden ist.

38   Formelle Fehler liegen vor, wenn der Verwaltungsakt einer vorgegebenen Schriftform nicht entspricht oder die notwendige Rechtsbehelfsbelehrung fehlt oder den gesetzlichen Vorgaben nicht entspricht (§ 37 VwVfG, § 70 VwGO).

39   Inhaltliche, also materiellrechtliche Fehler sind gegeben, wenn der Verwaltungsakt gegen geltendes Recht verstößt, die Regelung rechtlich und tatsächlich nicht möglich ist, der

Bescheid inhaltlich nicht hinreichend bestimmt ist oder der Grundsatz der Verhältnismäßigkeit nicht beachtet wird.

Wirksamkeit und Fehler

Solange keine schwerwiegenden Fehler vorliegen, die zur Nichtigkeit nach § 44 VwVfG   940
führen, bleibt der Verwaltungsakt zur Wahrung der Rechtssicherheit wirksam. Auch der
rechtswidrige Verwaltungsakt wird mit der Bekanntgabe wirksam und wird nach Ablauf
der Rechtsbehelfsfrist unanfechtbar.

Die Behörde hat die Möglichkeit, einen rechtswidrigen Verwaltungsakt aufheben, indem   941
sie ihn zurücknimmt oder widerruft oder der Verwaltungsakt auf andere Weise aufgehoben
wird oder sich u. a. durch Zeitablauf erledigt (vgl. § 43 Abs. 2 VwVfG). Formelle Fehler,
wie eine fehlerhafte oder fehlende Begründung, können geheilt werden (vgl. § 45 VwVfG)
oder sind unbeachtlich (vgl. § 46 VwVfG). Der nichtige Verwaltungsakt ist von Anfang an
unwirksam (§ 43 Abs. 3 VwVfG) und entfaltet keinerlei Wirksamkeit.

Die Fehlerfolgen im Einzelnen
Nichtigkeitsgründe nach § 44 VwVfG

Die Nichtigkeit eines Verwaltungsakts muss vom sog. Nichtakt oder Nichtverwaltungsakt   942
abgegrenzt werden. Dieser liegt vor, wenn eine Handlung von einem Unbefugten vorgenommen wird, die den Anschein eines Verwaltungsakts hat. Im Übrigen gehören auch
interne nicht bekannt gegebene Entwürfe von Bescheiden zu dieser Gruppe.

Die Nichtigkeit eines Verwaltungsakts kann sich aus Spezialgesetzen ergeben, wie z. B.
aus dem Beamtenrecht: Nach § 11 Beamtenstatusgesetz (BeamtStG) ist eine Ernennung
nichtig, wenn sie beispielsweise nicht der vorgeschriebenen Form entspricht. Nach § 8
Abs. 2 BeaStG erfolgt die Ernennung durch Aushändigung einer Ernennungsurkunde.
Ohne diese gesetzlich vorgeschriebene Urkunde wäre die Beamtenernennung nichtig.

Im Verwaltungsverfahrensrecht sind die Nichtigkeitsgründe abschließend im § 44 VwVfG   94_
geregelt.

Man unterscheidet zwischen der Nichtigkeit und der Aufhebbarkeit eines Verwaltungsakts. 94_
Der Verwaltungsakt ist nichtig, wenn er an einem besonders schwerwiegenden Fehler
leidet und dies bei verständiger Würdigung aller in Betracht kommenden Umstände
offensichtlich ist. Die Frage, wann ein schwerwiegender Fehler »offenkundig« ist, lässt
sich schwer beantworten. Diese im Abs. 1 enthaltene Generalklausel wird ergänzt durch
konkrete Fälle im Abs. 2. Diese Fälle der Nichtigkeit bedürfen keiner weiteren Prüfung.
Der Gesetzgeber normiert bereits die Nichtigkeit (»Positivkatalog«). Abs. 3 hingegen
sieht mögliche Fallgestaltungen der Nichtigkeit vor, die allerdings für sich allein noch
keine Nichtigkeit zur Folge haben (»Negativkatalog«). Es müssen jeweils weitere Fehler
hinzukommen.

In der konkreten Handhabung der Vorschrift wird folgende Vorgehensweise empfohlen: 94_

▶   Liegt ein absoluter Nichtigkeitsgrund aus dem Abs. 2 vor?

- ▶   Wenn nicht, liegt ein relativer Nichtigkeitsgrund aus dem Abs. 3 vor?
- ▶   Wenn nicht, liegt Nichtigkeit nach der Generalklausel nach Abs. 1 vor?

946   Zu den **absoluten Nichtigkeitsgründen** nach Abs. 2 gehören sowohl formelle (Nr. 1, 2 und 3) als auch materiellrechtliche Gründe (Nr. 4, 5 und 6):

947   Nr. 1: Der Verwaltungsakt ist schriftlich oder elektronisch erlassen worden, aber die erlassene Behörde ist nicht erkennbar.
Beispiel: Kopfbogen mit den Angaben: »Gemeinde Schulzendorf, Der Beigeordnete«.

948   Nach § 37 Abs. 3 VwVfG muss ein schriftlicher oder elektronischer Verwaltungsakt die Behörde erkennen lassen. Da nur die Körperschaft in dem verwendeten Kopfbogen erkennbar ist und der Beigeordnete keine Organeigenschaft besitzt und damit keine Behörde ist, ist der Bescheid nichtig. Diese Vorschrift ist nicht auf den Fall der fehlenden Unterschrift oder der alternativen Namenswiedergabe anwendbar.[46]

949   Nr. 2: Der Verwaltungsakt darf nach einer Rechtsvorschrift nur durch die Aushändigung einer Urkunde erlassen werden, genügt aber dieser Form nicht. Allerdings führt das Fehlen der Unterschrift oder der Namenswiedergabe auf der Urkunde nicht zur Nichtigkeit.[47]

Beispiel:
950   § 16 Staatsangehörigkeitsgesetz (StAG): Die Einbürgerung wird wirksam mit der Aushändigung der von der zuständigen Verwaltungsbehörde ausgefertigten Einbürgerungsurkunde vorgenommen. Fehlt die gesetzlich vorgeschriebene Einbürgerungsurkunde, ist die Einbürgerung unwirksam und nichtig.

951   Nr. 3: Ein Verwaltungsakt wurde von einer Behörde außerhalb ihrer durch § 3 Abs. 1 Nr. 1 VwVfG begründeten Zuständigkeit erlassen, ohne hierzu ermächtigt zu sein; dieser Zuständigkeitsmangel betrifft ausschließlich die örtliche Zuständigkeit in Angelegenheiten, die sich auf unbewegliches Vermögen oder ein ortsgebundenes Recht oder Rechtsverhältnis beziehen. Neben diesem Nichtigkeitsgrund führen andere Zuständigkeitsmängel (also Verstöße gegen die örtliche Zuständigkeit nach § 3 Abs. 1 Nr. 2, 3 und 4 VwVfG sowie Verstöße gegen die sachliche und instanzielle Zuständigkeit begründenden Vorschriften) nur zur Anfechtbarkeit eines Verwaltungsakts.

Beispiel:
952   Die Erteilung einer Baugenehmigung durch die Landrätin des Landkreises Uckermark, obwohl das Grundstück im Gebiet des benachbarten Landkreises Prignitz liegt.

953   Nr. 4: Ein Verwaltungsakt, den aus tatsächlichen Gründen niemand ausführen kann. Diese Unmöglichkeit betrifft nur die tatsächliche objektive Unmöglichkeit. Die rechtliche

---

[46]   Müller, S. 272.
[47]   Stelkens/Bonk/Leonhardt, S. 800.

ebenso wie die subjektive Unmöglichkeit (= individuelles Unvermögen) werden durch diese Vorschrift nicht erfasst.

Beispiel:
Die Aufforderung an einen ausreisepflichtigen Ausländer, das Bundesgebiet zu einem   954
Zeitpunkt zu verlassen, der vor dem Bekanntgabedatum der Ausreiseverfügung liegt.

Nr. 5: Ein Verwaltungsakt, der die Begehung einer rechtswidrigen Tat verlangt, die einen   955
Straftat- oder Bußgeldtatbestand verwirklicht; der Adressat muss also mit dem Verwaltungsakt zu einer rechtswidrigen Tat verpflichtet werden.

Beispiel:
Die Aufforderung an den Hundehalter, den Hund permanent mit einem Maulkorb zu führen.   956
In diesem Fall läge ein Verstoß gegen das Tierschutzgesetz vor.

Nr. 6: Ein Verwaltungsakt, der gegen die guten Sitten verstößt. Dieser Tatbestand nimmt   957
den allgemeinen Rechtsgedanken des § 138 Abs. 1 BGB auf, wonach ein Rechtsgeschäft nichtig ist, wenn es gegen die guten Sitten verstößt. An einem durchschnittlichen Maßstab gemessen ist ein Verstoß gegen die guten Sitten anzunehmen, wenn eine erhebliche Abweichung von der herrschenden Moral festzustellen ist und diese Abweichung gegen das Anstandsgefühl aller billig und gerecht Denkenden verstößt.

Beispiel:
Baurechtlicher Vorbescheid, der von kostenloser Grundstücksabtretung abhängig ge-   958
macht wird.[48]

Sofern kein Nichtigkeitsgrund aus dem Positivkatalog vorliegt, kommt eine Nichtigkeit nach   959
Abs. 3 in Betracht. Die dort aufgelisteten **relativen Nichtigkeitsgründe** führen für sich allein noch nicht zur Nichtigkeit. Insofern bestimmt der Gesetzgeber: »Ein Verwaltungsakt ist nicht schon deshalb nichtig, weil …«. Kommen weitere Fehler hinzu, kann dies die Nichtigkeit zur Folge haben. Im Übrigen kann der Negativkatalog als Hinweis auf schwere Fehler verwendet werden.

Relativer Nichtigkeitsgrund nach § 44 Abs. 3 Nr. 2 VwVfG: 960

Ein Verwaltungsakt ist nicht schon deshalb nichtig, wenn eine ausgeschlossene Person   961
mitgewirkt hat. Obwohl die an sich rechtswidrige Mitwirkung einer ausgeschlossenen Person einen schwerwiegenden Fehler zur Folge hat, reicht diese Tatsache noch nicht aus, die Nichtigkeit des Verwaltungsakts anzunehmen. Es bedarf noch eines weiteren Fehlers. Unter der Mitwirkung ist jedes Tätigwerden gemeint, das Einfluss auf die Entscheidung haben kann.

Relativer Nichtigkeitsgrund nach § 44 Abs. 3 Nr. 3 VwVfG: 962

---

[48]   Stelkens/Bonk/Sachs, S. 804 mit weiteren Beispielen.

963   Ein weiterer Grund aus dem Negativkatalog ist die fehlende Mitwirkung eines Ausschusses, wenn diese gesetzlich vorgeschrieben ist. Der Personalrat fällt nicht unter diese Regelung. Eine Mitwirkung kann in unterschiedlicher Intensität bestehen. Die Mitwirkung umfasst daher u. a. ein Benehmen, ein Einvernehmen und eine Zustimmung. Eine unterbliebene Mitwirkung kann nach § 45 Abs. 1 Nr. 5 VwVfG nachgeholt und der Fehler damit geheilt werden.

964   Relativer Nichtigkeitsgrund nach § 44 Abs. 3 Nr. 4VwVfG:

965   Ein weiterer relativer Nichtigkeitsgrund liegt vor, wenn die vorgeschriebene Mitwirkung einer anderen Behörde unterblieben ist.

966   Nach der **Generalklausel des § 44 Abs. 1 VwVfG** ist ein Verwaltungsakt nichtig, wenn er an einem besonders schwerwiegenden Fehler leidet und dies bei verständiger Würdigung aller in Betracht kommenden Umstände offenkundig ist.

967   Die Rechtsfolge der Nichtigkeit erfordert zunächst einen besonders schwerwiegenden Fehler. Ein solch schwerwiegender Fehler kann angenommen werden, wenn ein Verstoß gegen Grundrechte oder gegen Verfassungsprinzipien vorliegt. Das Vorliegen eines besonders schwerwiegenden Fehlers reicht für sich allein nicht aus. Vielmehr muss dieser Fehler zusätzlich offensichtlich sein. Für einen unvoreingenommenen urteilsfähigen Betrachter muss die Fehlerhaftigkeit offensichtlich sein, dem Verwaltungsakt muss der zur Nichtigkeit führende Fehler »auf der Stirn geschrieben sein«.[49]

968   § 44 Abs. 4 VwVfG befasst sich mit der **Teilnichtigkeit** von Verwaltungsakten. Betrifft die Nichtigkeit nur einen Teil des Verwaltungsakts, so ist er im Ganzen nichtig, wenn der nichtige Teil so wesentlich ist, dass die Behörde den Verwaltungsakt ohne den nichtigen Teil nicht erlassen hätte. Vorausgesetzt werden muss, dass der Verwaltungsakt zunächst teilbar sein muss. Teilbar wäre ein Verwaltungsakt beispielsweise mit einer Auflage. Wäre die Auflage nichtig, wäre zu prüfen, ob die Verwaltung ihren Bescheid auch ohne die Auflage erlassen hätte bzw. hätte erlassen dürfen. Dieser Regelung liegt der Gedanke zugrunde, dass im Gegensatz zu § 139 BGB ein Verwaltungsakt nur ausnahmsweise vollständig nichtig sein soll. Die Regel ist damit der wirksame Verwaltungsakt bis zu seiner Aufhebung oder sonstigen Erledigung (vgl. § 43 Abs. 2 VwVfG).

Folgen der Nichtigkeit

969   Liegt Nichtigkeit eines Verwaltungsakts vor, so ist der Verwaltungsakt unwirksam, d. h., er muss nicht befolgt werden (vgl. § 43 Abs. 3 VwVfG). Aus der Sicht der Behörde kann der Bescheid mit Zwangsmitteln nicht vollstreckt werden, da § 3 VwVG einen wirksamen Verwaltungsakt als Vollstreckungsvoraussetzung fordert. Der Adressat des Bescheids hat die Möglichkeit der Anfechtung mit dem Widerspruch. Ist dieser begründet, so stellt die Abhilfe-/Widerspruchsbehörde die Nichtigkeit fest (vgl. § 44 Abs. 5 VwVfG).

---

[49]   Wolff/Bachof, S. 426.

Die **Feststellung der Nichtigkeit** im Abs. 5 dient der Rechtssicherheit. Die Behörde kann   970
die Nichtigkeit jederzeit von Amts wegen feststellen; auf Antrag ist sie festzustellen, wenn
der Antragsteller hieran ein berechtigtes Interesse hat. Die Feststellung selbst erfüllt die
Tatbestandsmerkmale des § 35 VwVfG und ist damit ein Verwaltungsakt. Es bestehen
keine besonderen Form- und Verfahrensvorschriften; insbesondere sind keine Fristen für
einen solchen Antrag vorgesehen.

Der **maßgebliche Zeitpunkt zur Beurteilung der Nichtigkeit** ist der Zeitpunkt der letzten   971
Behördenentscheidung.

Offenbare Unrichtigkeiten

Nach § 42 VwVfG können Schreibfehler, Rechenfehler und ähnliche offenbare Unrich-   972
tigkeiten in einem Verwaltungsakt jederzeit berichtigt werden. Offenbare Unrichtigkeiten
können ihrem Wesen nach nicht zu einer Fehlerhaftigkeit im materiellen Sinne führen.[50]

Ihre Berichtigung ist jederzeit auch mit Wirkung für die Vergangenheit möglich und nicht   973
an Vorgaben gebunden, die für die Rücknahme und den Widerruf von Verwaltungsakten
gilt (vgl. § 42 Satz 2 VwVfG).
Die Formulierung ähnelt § 118 VwGO, wonach dieselben Fehlerarten und ähnliche offenbare Unrichtigkeiten jederzeit vom Gericht berichtigt werden können.
Offenbare Unrichtigkeiten sind solche, bei denen ein Widerspruch besteht zwischen dem,   974
was die Behörde gewollt hat, und dem, was im Verwaltungsakt zum Ausdruck gebracht
worden ist. Die Behörde ist nicht verpflichtet zu berichtigen. Sie ist hierzu berechtigt.
Bei berechtigtem Interesse eines Beteiligten ist zu berichtigen. Zum Zwecke der Berichtigung kann die Behörde die Vorlage des Schriftstücks verlangen. In diesem wird ein
Berichtigungsvermerk angebracht: »Berichtigt im Sinne von § 42 VwVfG; Stempel mit
Behördenangabe, Datum, Unterschrift«.
Bei der Frage der Zuständigkeit wird nicht nur auf die Behörde abgestellt, die den Ver-   975
waltungsakt erlassen hat. Zuständig und berechtigt wäre auch eine andere Behörde, die
örtlich zuständig geworden ist. Allerdings setzt die Berichtigung einen Abgleich mit der
Akte voraus.

Fehler, die zur Rechtswidrigkeit und Aufhebbarkeit führen

Fehlerhafte Verwaltungsakte, die nicht nichtig sind, also anfechtbare rechtswidrige Ver-   976
waltungsakte, werden mit der Bekanntgabe wirksam (§ 43 Abs. 3 VwVfG), weil nur der
nichtige Verwaltungsakt nichtig und damit unwirksam wird. Sofern der Adressat diesen
Verwaltungsakt nicht befolgen will, muss er Widerspruch einlegen. Die Abhilfebehörde
wird diesen Bescheid nach §§ 72, 113 Abs. 1 Satz 1 VwGO analog aufheben. Außerhalb
eines Widerspruchsverfahrens kann die Behörde den Bescheid von sich aus nach § 48
VwVfG zurücknehmen.

---

[50]   BT-Drucksache 7/930, S. 62.

Der zweckwidrige Verwaltungsakt

977 Vgl. hierzu die Ausführungen in Kapitel 4.1.6 »Anforderungen an die formelle und materielle Rechtmäßigkeit«.

Heilungsmöglichkeiten und Unbeachtlichkeit von Fehlern

978 Die Verletzung von Verfahrens- und Formvorschriften bei Verwaltungsakten führen grundsätzlich weder zur Nichtigkeit, noch bewirken sie, dass ein Nichtverwaltungsakt vorliegt. Sie machen ihn aber anfechtbar, weil er nicht mit dem geltenden Recht im Einklang steht.[51] Andererseits stehen Verfahrens- und Formvorschriften nur im Interesse einer richtigen Sachentscheidung; ihnen kommt daher eine dienende Funktion zu.[52] Aus diesem Grunde sieht der Gesetzgeber vor, dass bestimmte Verfahrensverstöße unbeachtlich sind, wenn sie nachgeholt werden. Tatbestandlich setzt § 45 VwVfG zunächst voraus, dass ein Verwaltungsakt zunächst nicht nichtig sein darf. Ungeachtet dessen müssen die Voraussetzungen des Katalogs Nr. 1–5 vorliegen, d. h., die nachfolgenden Handlungen müssen nachgeholt werden:

979 Nr. 1 – ein für den Erlass des Verwaltungsakts erforderlicher Antrag wird nachträglich gestellt; diese Ausnahmevorschrift deckt allerdings nicht den Fall, dass ein Antrag außerhalb einer gesetzlichen Frist gestellt wird.

980 Nr. 2 – die erforderliche Begründung nachträglich gegeben wird; diese Heilungsvorschrift ermöglicht eine vollständige, aber auch eine teilweise Ergänzung einer Begründung. Es sind allerdings die nachholbaren Gründe gemeint, die bei Erlass der Entscheidung vorgelegen haben. Von diesem Nachholen der verfahrensrechtlichen Begründung ist das »Nachschieben von (Rechts-)Gründen« zu unterscheiden. Dadurch wird eine inhaltlich nichtzutreffende Begründung ausgewechselt oder ergänzt. Es gilt, dass ein Nachschieben von Gründen zulässig ist, die bei Erlass des Verwaltungsakts bereits vorgelegen haben und die Regelung nicht zulasten des Adressaten ausgewechselt oder ergänzt wird. Ein Nachschieben von Gründen ist nicht nur bei gebundenen Entscheidungen möglich, sondern auch bei Ermessensentscheidungen, wenn die Behörde bereits Ermessen ausgeübt hat. Nach § 114 Satz 2 VwGO kann die Verwaltungsbehörde ihre Ermessenserwägungen noch im verwaltungsgerichtlichen Verfahren ergänzen.

981 Nr. 3 – die erforderliche Anhörung eines Beteiligten nachgeholt wird; eine Nachholung kommt infrage, wenn die tatbestandlich notwendige Anhörung unterblieben ist oder nicht ordnungsgemäß durchgeführt worden ist. Ein Anhörungsmangel wird nach einer Entscheidung des Bundesverwaltungsgerichts bereits mit der Erhebung des Widerspruchs geheilt.[53] Allerdings bleibt zu berücksichtigen, dass eine bloße Widerspruchserhebung erst dann dem Zweck einer Anhörung gerecht wird, wenn sich die entscheidende Behörde mit den vorgetragenen Gründen nachweislich inhaltlich auseinandergesetzt hat.

---

[51] BVerwGE 24, 23 (32).
[52] BT-Drucksache 7/910, S. 65.
[53] BVerwGE 66, 111 und Müller, S. 278.

Nr. 4 – der Beschluss eines Ausschusses, dessen Mitwirkung für den Erlass des Verwaltungsakts erforderlich ist, nachträglich gefasst wird;   982

Nr. 5 – die erforderliche Mitwirkung einer anderen Behörde nachgeholt wird.   983

Folgen der Heilung

Nach § 45 Abs. 2 VwVfG können die erforderlichen Handlungen bis zum Abschluss der   984
letzten Tatsacheninstanz eines verwaltungsgerichtlichen Verfahrens nachgeholt werden.
Das bedeutet, dass eine Heilung noch im Berufungsverfahren beim Oberverwaltungsgericht möglich ist. Das gilt sowohl für gebundene als auch bei Ermessensentscheidungen.
Sind die Verfahrensfehler nachgeholt worden, sind die Verfahrensverstöße beseitigt. Der
Verwaltungsakt ist wieder als formell rechtmäßig anzusehen.
Die in der Literatur beschriebene Frage, ob die Heilung rückwirkend (ex tunc) oder mit   985
Wirkung für die Zukunft (ex nunc) eintritt, hat für die praktische Handhabung des geheilten
Bescheids keine praktische Bedeutung. Die Kostenregelungen zum Widerspruchsverfahren stellen auf die Rechtmäßigkeit/Rechtswidrigkeit im Zeitpunkt der Bekanntgabe
ab: Nach § 80 Abs. 1 Satz 2 VwVfG hat der Rechtsträger einer Behörde auch dann die
Kosten des Widerspruchsverfahrens zu tragen, wenn der Widerspruch nur deshalb keinen
Erfolg hat, weil die Verletzung einer Verfahrens- oder Formvorschrift nach § 45 VwVfG
unbeachtlich ist.

Folgen von Verfahrens- und Formfehlern nach § 46 VwVfG

Ist eine korrekte materiellrechtliche Entscheidung getroffen worden, soll der Bürger nicht   986
allein wegen eines Verfahrensfehlers die Aufhebung eines Verwaltungsakts verlangen
können.

»Die Aufhebung eines Verwaltungsaktes, der nicht nach § 44 VwVfG nichtig ist, kann   987
nicht allein deshalb aufgehoben werden, weil er unter Verletzung von Vorschriften über
das Verfahren, die Form oder die örtliche Zuständigkeit zustande gekommen ist, wenn
offensichtlich ist, dass die Verletzung die Entscheidung in der Sache nicht beeinflusst
hat.«

Die Vorschrift des § 46 VwVfG ist anzuwenden, wenn eine Heilung nicht möglich ist   988
oder nicht durchgeführt worden ist. Diese Vorschrift dient der Verfahrensökonomie.[54]
Der Einzelne hat keinen Anspruch auf Aufhebung des Verwaltungsakts. Die Rechtsfolge
sieht auch nicht vor, dass der rechtswidrige Verwaltungsakt aufgehoben wird. Vielmehr
wird mit der Vorschrift die Folgenlosigkeit der Rechtswidrigkeit erklärt.[55] Die Behörde
ist allerdings nicht daran gehindert, einen sachlich richtigen Verwaltungsakt wegen
Formfehler aufzuheben.[56]

---

[54]   BT-Drucksache 7/910, S. 66.
[55]   Müller, S. 282.
[56]   BT-Drucksache 7/910, S. 66.

989 Voraussetzungen für die Anwendbarkeit dieser Vorschrift sind:

990 a. Der Verwaltungsakt darf nicht nach § 44 VwVfG nichtig sein;
die Nichtigkeit des Verwaltungsakts kann sich aus § 44 Abs. 2 oder Abs. 1 VwVfG ergeben.

991 b. Verfahrens-, Formvorschriften oder Vorschriften über die örtliche Zuständigkeit sind verletzt worden; als Verfahrens- und Formschriften gelten solche des Verwaltungsverfahrensrechts und anderer gesetzlicher Bestimmungen aus Spezialgesetzen. Nicht erfasst sind einerseits Verfahrensbestimmungen aus Verwaltungsvorschriften und andererseits Bestimmungen mit »absoluten Verfahrensrechten«. Das sind solche, die einzelnen Beteiligten unabhängig vom Ausgang des Verfahrens bestehende Rechtspositionen einräumen, wie z.B. das Mitwirkungsrecht von Naturschutzverbänden oder das Mitwirkungsrecht beim gemeindlichen Einvernehmen nach § 36 BauGB.[57] Da die Vorschrift abschließend geregelt ist, fällt eine fehlerhafte sachliche Zuständigkeit nicht unter den Geltungsbereich des § 46 VwVfG.

992 c. Des Weiteren muss es offensichtlich sein, dass die Verletzung die Entscheidung in der Sache nicht beeinflusst hat. Aus der BT-Drucksache 13/3995:

993 »Durch die Neuformulierung des letzten Halbsatzes in § 46 wird nicht mehr nur auf die Alternativlosigkeit des Entscheidungsinhalts, sondern auch auf die Kausalität des Verfahrens- oder Formfehlers für die Entscheidung abgestellt. Damit werden auch solche Ermessensentscheidungen erfasst, in denen zwar keine Ermessensreduzierung auf null vorliegt, in denen die Behörde aber bei Vermeidung des Verfahrens- oder Formfehlers dieselbe – materiell rechtmäßige – Entscheidung getroffen hätte.«

Umdeutung eines fehlerhaften Verwaltungsakts nach § 47 VwVfG

994 Ein fehlerhafter Verwaltungsakt kann in einen anderen Verwaltungsakt umgedeutet werden, wenn er auf das gleiche Ziel gerichtet ist, von der erlassenen Behörde in der geschehenen Verfahrensweise und Form rechtmäßig hätte erlassen werden können und wenn die Voraussetzungen für dessen Erlass erfüllt sind. Die Umdeutung beruht auf dem Rechtsgedanken aus dem § 140 BGB. Eine getroffene Regelung soll nicht rückgängig gemacht werden, wenn sie sich auf eine andere als die ursprünglich gedachte Grundlage stützen lässt.[58] Die Umdeutung bedeutet keinen Neuerlass eines anderen Verwaltungsakts, sondern die »Beibehaltung des ursprünglich gewollten Ziels«.[59]

995 Die Umdeutung oder Konversion ist allerdings nach § 47 Abs. 3 VwVfG ausgeschlossen, wenn ein gebundener Verwaltungsakt in einen Ermessensakt umgedeutet wird. Darüber hinaus ist eine Umdeutung ausgeschlossen, wenn der Verwaltungsakt, in den der fehlerhafte Verwaltungsakt umgedeutet werden soll, der erkennbaren Absicht der Behörde widerspräche oder seine Rechtsfolgen für den Betroffenen ungünstiger wären als bei dem

---

57 Müller, S. 283.
58 BT-Drucksache 7/910, S. 66.
59 Stelkens/Bonk/Sachs, S. 851 f.

fehlerhaften. Auch scheidet die Umdeutung aus, wenn der fehlerhafte Verwaltungsakt nicht zurückgenommen werden dürfte (vgl. § 47 Abs. 2 VwVfG).

Beispiel für eine Umdeutung: Einstellung einer Zahlung in eine Rücknahme der Bewilligung.   996

4.1.9   Aufhebung von Verwaltungsakten

Ein Verwaltungsakt kann durch Zeitablauf oder infolge Erledigung seine Wirksamkeit   997
verlieren. Daneben bestehen zahlreiche Möglichkeiten, einen Verwaltungsakt aufzuheben.
Dazu gehören:

- Rücknahme nach § 48 VwVfG
- Widerruf nach § 49 VwVfG
- Aufhebung im Rahmen eines Wiederaufgreifens des Verfahrens nach § 51 VwVfG
- Aufhebung im Widerspruchsverfahren nach §§ 68 ff. VwGO durch die Abhilfe- oder Widerspruchsbehörde
- Aufhebung durch das Verwaltungsgericht (§ 113 VwGO)

Nachfolgend werden die Rücknahme rechtswidriger und der Widerruf rechtmäßiger   998
Verwaltungsakte thematisiert. Grundlage sind die Vorschriften des Verwaltungsverfahrensgesetzes, wobei spezialgesetzliche Rechtsvorschriften vorrangig gelten, ggf. durch
§§ 48, 49 VwVfG ergänzt werden können.
Beispiele für spezialgesetzliche Bestimmungen sind: § 45 Waffengesetz (WaffG) oder
§ 25 Personenbeförderungsgesetz (PBefG).

4.1.9.1   Rücknahme von Verwaltungsakten

Rücknahmevoraussetzungen
Sofern keine spezialgesetzlichen Bestimmungen vorrangig anzuwenden sind, gilt die   999
Vorschrift des § 48 VwVfG für die Rücknahme rechtswidriger Bescheide.
Voraussetzung für die Rücknahme eines Verwaltungsakts ist zunächst seine Rechtswidrigkeit. Im Zeitpunkt der Bekanntgabe muss der VA gegen geltendes Recht verstoßen
haben, und dieser Fehler darf nicht nach §§ 42, 45 VwVfG unbeachtlich sein. Dieser Fehler
darf also keine offenbare Unrichtigkeit darstellen, die berichtigt werden kann, und nicht
nach § 45 VwVfG heilbar sein.

Die **Beurteilung der Rechtswidrigkeit** richtet sich gemäß § 48 Abs. 1 Satz 1 VwVfG   1000
grundsätzlich nach der zum Zeitpunkt seines Erlasses maßgeblichen Rechtslage.[60]

In diesem Sinne bestimmt § 48 Abs. 1 Satz 1 VwVfG, dass die Behörde einen rechtswid-   1001
rigen Verwaltungsakt, auch nachdem er unanfechtbar geworden ist, ganz oder teilweise
mit Wirkung für die Zukunft oder die Vergangenheit zurücknehmen kann.

---

[60]   BVerwG, Urteil vom 09.05.2012 – 6 C 3.11; BVerwGE 143, 87 Rn. 43 mit Verweis auf den Beschluss vom 07.07.2004; 6 C 24.03 – BVerwGE 121, 226 (229).

1002   Sofern ein **begünstigender Verwaltungsakt zurückgenommen** werden soll, ist dies –
soweit der Betroffene keinen Vertrauensschutz genießt – in der Regel für die Vergangenheit vorgesehen (vgl. § 48 Abs. 2 Satz 3 VwVfG). § 48 Abs. 1 Satz 2 VwVfG enthält eine
Legaldefinition eines begünstigenden Verwaltungsakts. Danach liegt eine Begünstigung
vor, wenn ein Recht oder ein rechtlich erheblicher Vorteil durch den Verwaltungsakt begründet wird. Aus dem Umkehrschluss dieser Bestimmung lässt sich die Definition eines
belastenden Verwaltungsakts ableiten. Danach wirkt ein Verwaltungsakt belastend, wenn
er eine Pflicht bzw. Verpflichtung oder einen rechtlich erheblichen Nachteil begründet.

1003   Es liegt im (**Rücknahme-)Ermessen der Behörde**, eine Rücknahmeentscheidung zu
treffen. Dieses Ermessen gewährleistet den zu berücksichtigenden Vertrauensschutz
des Begünstigten (vgl. § 48 Abs. 2 Satz 2 VwVfG). Die Rücknahme stellt selbst einen
Verwaltungsakt dar. Im Zeitpunkt der Bekanntgabe des Rücknahmebescheids wird der
aufzuhebende Verwaltungsakt unwirksam. Wird der Rücknahmebescheid mit dem Widerspruch angefochten, kommt dem Rücknahmebescheid zunächst keine rechtsgestaltende
Wirkung zu.

1004   **Zuständig** für die Rücknahme ist die Behörde, die für den Erlass des Verwaltungsakts
zuständig ist. Das gilt auch dann, wenn der ursprüngliche Verwaltungsakt fälschlicherweise von einer anderen als der zuständigen Behörde erlassen worden ist (vgl. hierzu § 48
Abs. 5 VwVfG). In formeller Hinsicht ist dabei ohne Bedeutung, wenn der aufzuhebende
Bescheid und der Rücknahmebescheid nicht von demselben Mitarbeiter der Behörde
unterzeichnet worden ist.

1005   § 48 Abs. 4 VwVfG sieht eine **Rücknahmefrist** vor, die für die Rücknahme aller rechtswidrigen Verwaltungsakte gilt. Eine Rücknahme ist nur innerhalb eines Jahres ab Kennt-
nisnahme der Rechtswidrigkeit möglich. Das BVerwG weist darauf hin, dass diese Frist
nicht schon dann beginnt, wenn die Tatsachen, auf die die Rücknahme gestützt wird,
bereits im Antrag auf Erlass des Verwaltungsakts genannt worden und damit der Behörde
bekannt gewesen seien. Nach der ständigen Rechtsprechung des Bundesverwaltungsgerichts beginnt die Frist des § 48 Abs. 4 Satz 1 VwVfG erst, wenn die für die Rücknahme
zuständige Behörde die Rechtswidrigkeit des erlassenen Verwaltungsakts erkannt hat
und ihr die für die Rücknahmeentscheidung außerdem erheblichen Tatsachen vollständig
bekannt sind.[61] § 48 Abs. 4 Satz 1 VwVfG bedeutet damit, dass erst in dem Zeitpunkt, in
dem der Behörde eine Rücknahmeentscheidung möglich ist, die Frist beginnt.
Diese Jahresfrist gilt allerdings nicht, sofern sich der Begünstigte wegen arglistiger
Täuschung, Drohung oder Bestechung nicht auf Vertrauen berufen kann (vgl. § 48 Abs. 4
Satz 2 VwVfG).

---

[61]   Beschluss des Großen Senats vom 19.12.1984 – BVerwG Gr. Sen. 1 und 2.84 – BVerwGE 70, 356;
Urteil vom 17.02.1993 – BVerwG 11 C 47.92 – BVerwGE 92, 81, 87 f.; Urteil vom 19.12.1995 –
BVerwG 5 C 10.94 – BVerwGE 100, 199, 201 ff.

Rücknahme belastender Verwaltungsakte

Die Rücknahme belastender Verwaltungsakte richtet sich nach § 48 Abs. 1 Satz 1 VwVfG. Danach kann ein rechtswidriger belastender Verwaltungsakt sowohl für die Vergangenheit (»ex tunc«) als auch für die Zukunft (»ex nunc«) zurückgenommen werden. Die Rücknahme kann sowohl den gesamten Verwaltungsakt als auch einen Teil betreffen. Die Rücknahme kann in zeitlicher Hinsicht immer erfolgen, d. h., auch nachdem er unanfechtbar geworden ist.

1006

Rücknahme begünstigender Verwaltungsakte

Begünstigende Verwaltungsakte können nur unter den Voraussetzungen des § 48 Abs. 1 Satz 2 VwVfG zurückgenommen werden. Nach der Legaldefinition sind begünstigende Verwaltungsakte solche, die ein Recht oder einen rechtlich erheblichen Vorteil begründen oder bestätigen.

1007

Rechtswidrige begünstigende Verwaltungsakte, die eine **einmalige oder laufende Geldleistung** gewähren, können grundsätzlich zurückgenommen werden. Es besteht allerdings ein Entschädigungsanspruch, sofern sich der Begünstigte auf Vertrauen berufen kann. Dessen Vertrauen ist in der Regel schutzwürdig, wenn der Begünstigte die gewährten Leistungen verbraucht hat oder eine Vermögensdisposition getroffen hat, die er nicht mehr oder unter unzumutbaren Nachteilen rückgängig machen kann (vgl. § 48 Abs. 2 Satz 2 VwVfG). Das Vertrauen ist allerdings nur »in der Regel« schutzwürdig. Das bedeutet, dass im Einzelfall auch anders verfahren werden kann.

1008

Auf Vertrauen kann sich der Begünstigte nicht berufen, wenn er durch arglistige Täuschung, Drohung oder Bestechung den Verwaltungsakt erwirkt hat (vgl. § 48 Abs. 2 Nr. 1 VwVfG). Das Gleiche gilt, wenn der Verwaltungsakt in wesentlicher Beziehung durch unrichtige oder unvollständige Angaben erwirkt worden ist (vgl. § 48 Abs. 2 Nr. 2 VwVfG). Nach Nr. 3 tritt dieselbe Rechtsfolge ein, wenn der Begünstigte die Rechtswidrigkeit kannte oder infolge grober Fahrlässigkeit nicht kannte. In den genannten Fällen (Nr. 1 – 3) kann der Verwaltungsakt in der Regel mit Wirkung für die Vergangenheit zurückgenommen werden.

1009

Andere begünstigende Verwaltungsakte (Abs. 3), die sich nicht auf Abs. 2 beziehen, also keine Geldleistungen gewähren, sind grundsätzlich rücknehmbar. Beispielhaft sei die Rücknahme einer Sondernutzungserlaubnis nach dem brandenburgischen Straßengesetz erwähnt. Dem Betroffenen ist auf Antrag der Vermögensnachteil zu gewähren, den dieser dadurch erleidet, dass er auf den Bestand des Verwaltungsakts vertraut hat. Dieses Vertrauen kann aber nach Abs. 3 Satz 2 ausgeschlossen sein (vgl. die obigen Ausführungen). Das heißt, dass sich der Begünstigte nicht auf Vertrauensschutz berufen kann, wenn er den Verwaltungsakt u. a. wegen arglistiger Täuschung erwirkt hat oder die Rechtswidrigkeit des Verwaltungsakts kannte (vgl. § 48 Abs. 3 Satz 2 und Abs. 2 Satz 3 VwVfG).

1010

1011   Hinsichtlich der Rücknahmefrist gilt die Jahresfrist nach § 48 Abs. 4 VwVfG.

4.1.9.2   Widerruf von Verwaltungsakten

Widerrufsvoraussetzungen

1012   Mangels spezialgesetzlicher vorrangig geltender Vorschriften regelt § 49 VwVfG die
Aufhebung eines rechtmäßigen Verwaltungsakts. Während rechtswidrige Verwaltungsakte sowohl für die Zukunft als auch für die Vergangenheit zurückgenommen werden
können, können rechtmäßige Verwaltungsakte grundsätzlich nur für die Zukunft (ex
nunc) widerrufen werden. Eine Ausnahme bildet § 49 Abs. 3 VwVfG, wonach ein Verwaltungsakt, der eine Geldleistung gewährt, auch für die Vergangenheit widerrufen
werden kann.

1013   Mit der Bekanntgabe des Widerrufsbescheids wird der widerrufene Verwaltungsakt unwirksam, wenn kein anderer Zeitpunkt angegeben wird (vgl. § 49 Abs. 4 VwVfG).

1014   Die Zuständigkeit für den Widerruf richtet sich nach § 49 Abs. 5 VwVfG. Zuständig
ist die nach § 3 VwVfG zuständige Behörde. Diese Zuständigkeitsregelung gilt auch
dann, wenn der zu widerrufende Verwaltungsakt von einer anderen Behörde erlassen
worden ist.

1015   Der Widerruf ist ganz oder teilweise möglich.

Widerruf rechtmäßiger nicht begünstigender Verwaltungsakte

1016   Nach § 49 Abs. 1 VwVfG können rechtmäßige nicht begünstigende Verwaltungsakte ganz
oder teilweise für die Zukunft widerrufen werden. Der Behörde obliegt die Ermessensentscheidung, ob sie einen belastenden Verwaltungsakt widerruft. Dieses Ermessen steht
ihr nicht mehr zur Verfügung, wenn die Behörde einen Verwaltungsakt gleichen Inhalts
erneut erlassen müsste oder aus anderen Gründen ein Widerruf unzulässig wäre (vgl.
§ 49 Abs. 1 VwVfG).

1017   Vertrauensschutz besteht nicht.

Widerruf rechtmäßig begünstigender Verwaltungsakte

018   Rechtmäßige begünstigende Verwaltungsakte **dürfen nur unter bestimmten Voraussetzungen widerrufen werden**. § 49 Abs. 2 VwVfG listet die Ausnahmen abschließend auf:

019   Nr. 1: wenn der Widerruf durch Rechtsvorschrift zugelassen oder im Verwaltungsakt
vorbehalten ist;

020   Nr. 2: wenn der Verwaltungsakt mit einer Auflage verbunden ist und der Begünstigte diese
nicht oder nicht innerhalb einer vorgegebenen Frist erfüllt hat;

in beiden Fällen besteht kein Vertrauensschutz, zumal der Begünstigte selbst durch sein Verhalten den Widerruf forciert hat (Nr. 2); im Fall Nr. 1 ist ein Vertrauensschutz von vornherein ausgeschlossen.

Weitere Ausnahmetatbestände ergeben sich aus **§ 49 Abs. 2** Nr. 3–5:   1021

Nr. 3: wenn die Behörde aufgrund nachträglich eingetretener Tatsachen berechtigt wäre,   1022
den Verwaltungsakt nicht zu erlassen, und wenn ohne den Widerruf das **öffentliche
Interesse** gefährdet würde;

Nr. 4: wenn die Behörde aufgrund einer geänderten Rechtsvorschrift berechtigt wäre,   1023
den Verwaltungsakt nicht zu erlassen, soweit der Begünstigte von der Vergünstigung
noch keinen Gebrauch gemacht oder auf Grund des Verwaltungsakts noch keine
Leistungen empfangen hat, und wenn ohne den Widerruf das **öffentliche Interesse**
gefährdet würde;

Nr. 5: um schwere Nachteile für das Gemeinwohl zu verhüten oder zu beseitigen.   1024

Der Begünstigte hat in den Fällen Nr. 3, 4 und 5 einen Anspruch auf Entschädigung für   1025
einen Vermögensnachteil, wenn er auf den Bestand des Verwaltungsakts vertraut hat (vgl.
§ 49 Abs. 6 VwVfG). In Streitigkeiten über die Höhe der Entschädigung entscheiden die
ordentlichen Gerichte (vgl. § 49 Abs. 6 Satz 3 VwVfG).

Widerruf rechtmäßiger Verwaltungsakte, die eine Geld- oder Sachleistung gewähren (Abs. 3)

Ein rechtmäßiger Verwaltungsakt, der eine einmalige oder laufende Geldleistung oder   1026
teilbare Sachleistung zur Erfüllung eines bestimmten Zwecks gewährt oder hierfür Voraussetzung ist, kann, auch nachdem er unanfechtbar geworden ist, ganz oder teilweise
mit Wirkung für die Vergangenheit widerrufen werden, wenn

1.   die Leistung nicht, nicht alsbald nach der Erbringung oder nicht mehr für den
     in dem Verwaltungsakt bestimmten Zweck verwendet wird,
2.   mit dem Verwaltungsakt eine Auflage verbunden ist und der Begünstigte diese
     nicht oder nicht innerhalb einer ihm gesetzten Frist erfüllt hat.

§ 48 Abs. 4 VwVfG gilt entsprechend.   1027

Erstattung und Verzinsung nach § 49a VwVfG

Sofern ein solcher Verwaltungsakt für die Vergangenheit zurückgenommen oder widerrufen   1028
worden oder infolge Eintritts einer auflösenden Bedingung unwirksam geworden ist, sind
bereits erbrachte Leistungen zu erstatten (vgl. § 49a Abs. 1 VwVfG). Die zu erstattenden
Leistungen sind durch einen schriftlichen Verwaltungsakt festzusetzen.

1029   Über den Umfang der Erstattung gelten die Vorschriften des Bürgerlichen Gesetzbuchs über die Herausgabe einer ungerechtfertigten Bereicherung entsprechend (§ 49a Abs. 2 VwVfG).

Aufhebungsverfahren

1030   Die teilweise oder vollständige Aufhebung in Form der Rücknahme oder des Widerrufs ist ein rechtsgestaltender Verwaltungsakt. Da es sich um ein eigenständiges Verfahren handelt, gelten die Vorschriften des VwVfG über die Zuständigkeit, das Verfahren und die Form.

1031   Schaubilder und Prüfungsschemata zur Aufhebung von Verwaltungsakten nach Verwaltungsverfahrensrecht vgl. Haurand.[62]

4.1.9.3   Übungsaufgaben zu Rücknahme und zum Widerruf von Verwaltungsakten

1032   1.   Suchen Sie fünf spezialgesetzliche Bestimmungen, die sich mit der Rücknahme und dem Widerruf eines Verwaltungsakts befassen!

2.   Beschreiben Sie die Unterschiede zwischen der Rücknahme und dem Widerruf nach den Bestimmungen des VwVfG!

3.   Stellen Sie die Rücknahme- und die Widerrufstatbestände grafisch dar!

4.   Beschreiben Sie die Zuständigkeiten für die Rücknahme und den Widerruf!

5.   Auf welchen Zeitpunkt wird bei der Beurteilung der Rechtmäßigkeit und der Rechtswidrigkeit abgestellt?

6.   Innerhalb welcher Frist sind eine Rücknahme und ein Widerruf möglich? Was ist zu beachten?

7.   Unter welchen Voraussetzungen kann der Betroffene auf den Bestand des Verwaltungsakts vertrauen? Beschreiben Sie auch die sich daraus ergebenden Konsequenzen!

4.1.9.4   Übungsaufgaben zum Verwaltungsakt und seiner Rechtmäßigkeit

1033   1.   Welche formellen und materiellen Voraussetzungen sind für den rechtmäßigen Verwaltungsakt zu erfüllen?

2.   Erläutern Sie den Begriff »offenbare Unrichtigkeiten«!

3.   Welche unterschiedlichen Auswirkungen können Verfahrens- und Formfehler haben?

4.   Unter welchen Voraussetzungen können welche Arten von Verwaltungsakten zwangsweise vollstreckt werden, welche Arten nicht?

5.   Erläutern Sie die Heilungsmöglichkeiten nach § 45 VwVfG.

6.   Welche Fehler führen zur Nichtigkeit eines Verwaltungsakts, und was kann die Behörde nach Feststellung der Nichtigkeit unternehmen?

7.   Bis zu welchem Zeitpunkt kann eine fehlerhafte Begründung geheilt werden?

---

[62]   Haurand, DVP 5/14, S. 179–182.

8.   Erläutern Sie die Heilungsmöglichkeit einer fehlerhaften Begründung und das
         »Nachschieben von Gründen«.
9.   Welche Fehler führen zur Unwirksamkeit eines Verwaltungsakts?
10.   Ist der rechtswidrige Verwaltungsakt wirksam?
11.   Erläutern Sie die Voraussetzungen der Nichtigkeit nach § 44 Abs. 1 VwVfG.
12.   Prüfen Sie, ob ein Verwaltungsakt vorliegt, und begründen Sie das Ergebnis
         Ihrer Prüfung!
12.1   Planfeststellung für den Ausbau eines Straßenbahnnetzes
12.2   Zuweisung einer Hausnummer an einen Hauseigentümer.
12.3   Eröffnung oder Schließung einer Schule
12.4   Hausverbot des Behördenleiters
12.5   Einzelne Noten in Zeugnissen öffentlicher Schulen
12.6   Androhung eines Zwangsgeldes
12.7.   Festsetzung eines Zwangsgeldes
12.8   Anwendung unmittelbaren Zwangs
12.9   Zustimmung des Ministers des Innern und für Kommunales zum Beschluss der
           Stadtverordnetenversammlung über die Änderung des Namens der Stadt X
12.10   Ablehnung einer beantragten Akteneinsicht
12.11   Aufforderung der Behörde an einen Verkehrsteilnehmer, ein medizinisch-psy-
           chologisches Gutachten vorzulegen
12.12   Stadtverwaltung S verweigert der x-Partei die Überlassung der Stadthalle mit
           dem Hinweis, diese würde privatrechtlich betrieben.
12.13   Ministerium des Innern und für Kommunales warnt vor dem Genuss radioaktiv
           verstrahlter Gemüsesorten.
12.14   Blaues Parkschild weist einen Parkplatz aus.

4.2   Allgemeinverfügung

§ 35 Satz 2 VwVfG sieht das Handlungsinstrument einer Allgemeinverfügung vor. Sie   1034
gilt als ein Unterfall des Verwaltungsakts. Ihre Besonderheit liegt darin, dass sie sich im
Gegensatz zum Verwaltungsakt nicht an eine einzelne natürliche oder juristische Person
richtet, sondern an einen bestimmten oder bestimmbaren Personenkreis (§ 35 Satz 2
Alt. 1) oder alternativ die öffentlich-rechtliche Eigenschaft einer Sache oder ihre Benutzung regelt (Alt. 2 und 3). Alle übrigen Tatbestandsmerkmale sind dieselben: Sie wird
also von einer Behörde auf dem Gebiet des öffentlichen Rechts erlassen und enthält eine
hoheitliche Regelung mit Außenwirkung. Maurer/Waldhoff unterscheiden und erläutern[63]
drei Fallgruppen:

▶   Die **adressatenbezogene Allgemeinverfügung**, bei der der Personenkreis   1035
         bestimmt oder nach bestimmten Kriterien bestimmbar ist.

---

[63]   Maurer/Waldhoff, S. 214 ff.

Beispiel:

036 Der Oberbürgermeister der Landeshauptstadt Potsdam macht eine ordnungsbehördliche Anordnung auf der Grundlage der ordnungsbehördlichen Generalermächtigung des §13 OBG öffentlich bekannt, nach der für einen konkreten Zeitraum in einem näher bezeichneten Stadtgebiet ein allgemeines Glasverbot besteht (vgl. Anlage als Beispiel einer Allgemeinverfügung). Dieses Glasverbot richtet sich an einen bestimmten bzw. bestimmbaren Personenkreis: Das Verbot wirkt gegenüber jedermann, der sich zu dem angegebenen Zeitraum im den in Rede stehenden Stadtgebiet aufhält. Es sind dies die künftigen Demonstrationsteilnehmer. Der Personenkreis weicht von dem der Einzelfallregelung im Satz 1 ab, ebenso von einer generellen Regelung eines materiellen Gesetzes, das sich an eine unbestimmte Vielzahl von Personen richtet. Es kann zu Abgrenzungsschwierigkeiten zu einer Rechtsnorm führen. Entscheidend für das Vorliegen einer Allgemeinverfügung ist letztendlich, dass ein konkreter Fall geregelt wird.

037 ▶   Die **sachbezogene Allgemeinverfügung** regelt die öffentlich-rechtliche Eigenschaft einer Sache.

Beispiel:

038 Die Widmung einer Straße.

    ▶   Als dritte Alternative wird von der **Benutzungsregelung** gesprochen, die die Benutzung öffentlich-rechtlicher Sachen durch die Allgemeinheit regelt.

Beispiel:

039 Die Benutzung einer Stadtbibliothek.

040 Für Allgemeinverfügungen gelten einige verfahrensrechtlichen Besonderheiten, im Übrigen gelten die Vorschriften für Verwaltungsakte.

041 Zunächst kann nach § 28 Abs. 2 Nr. 4 VwVfG eine Anhörung unterbleiben, wenn die Behörde u. a. eine Allgemeinverfügung erlassen wird.

042 Darüber bietet sich die Möglichkeit der öffentlichen Bekanntgabe, wenn eine Bekanntgabe an die Beteiligten untunlich ist (vgl. § 41 Abs. 3 Satz 2 VwVfG). Diese Voraussetzung wäre erfüllt, wenn die Bekanntgabe an die Vielzahl von Beteiligten aus praktischen Gründen nicht realisierbar wäre.

043 Wenn eine Allgemeinverfügung öffentlich bekannt gemacht wird, kann eine Begründung im Sinne von § 39 Abs. 2 Nr. 5 VwVfG unterbleiben.

044 Zur Rechtsnatur von Verkehrsregelungen als Allgemeinverfügungen vgl. Brühl.[64]

---

[64]   Brühl, S. 62–65.

4.3   Verwaltungsrealakt

Im Gegensatz zum Verwaltungsakt enthalten Verwaltungsrealakte keine Regelung, also   1045
keine rechtsverbindliche und endgültige Anordnung, die eine Rechtsfolge bewirkt. Verwaltungsrealakte sind öffentlich-rechtliche Tathandlungen und auf einen tatsächlichen Erfolg
ausgerichtet. Diese sind dem Verwaltungsrecht zurechenbare Realakte. Verwaltungsrealakte werden auch als tatsächliches oder schlichtes Verwaltungshandeln bezeichnet.

Realakte werden üblicherweise unterschieden in Willenserklärungen und sonstige Verrich-   1046
tungen tatsächlicher Art. Sonstige Verrichtungen sind beispielweise der Bau von Straßen
und Gebäuden oder die Anwendung von Zwangsmaßnahmen, die Straßenreinigung, die
Ausstellung eines Personalausweisersatzes oder das Zurückdrängen von Demonstranten
durch die Polizei.

Zu den Willenserklärungen zählen insbesondere Auskünfte, Berichte, gutachterliche   1047
Stellungnahmen, Warnungen, die Unternehmensbetreuung innerhalb eines Landkreises,
oder „Help To" – das Flüchtlings-Hilfe-Portal für den Landkreis Prignitz

Beispiel:
Warnung vor Nikotingenuss oder zusätzliche Erläuterungen zu Corona-Rechtsverordnungen   1048

Realakte können privatrechtlicher oder öffentlich-rechtlicher Natur sein. Die Zuordnung   1049
richtet sich grundsätzlich nach dem Sachzusammenhang der behördlichen Tätigkeit.

Abgrenzung zum Verwaltungsakt

Der wesentliche Unterschied zum Verwaltungsakt liegt darin, dass Verwaltungsrealakte   1050
nicht auf die Herbeiführung einer Rechtsfolge ausgerichtet sind. Ihnen fehlt die Regelung
als eine endgültige rechtsverbindliche Anordnung. Damit scheidet ein Widerspruchsverfahren aus, das wegen der notwendigen Statthaftigkeit als Sachurteilsvoraussetzung einen
anfechtbaren Verwaltungsakt im Sinne von § 35 VwVfG zwingend voraussetzt. Auch eine
zwangsweise Durchsetzung im Wege einer Vollstreckung scheidet aus; denn § 3 VwVG
fordert tatbestandlich das Vorliegen eines Verwaltungsakts.

Auch sind die Vorschriften des VwVfG zur Bekanntgabe und der damit verbundenen   1051
Wirksamkeit (§§ 41 ff. VwVfG) zunächst ohne Bedeutung.

Abzugrenzen wären Verwaltungsrealakte von sog. internen Verrichtungen, die ausschließ-   1052
lich Innenwirkung haben, wie z. B. die Kassenführung der Behörde.

Rechtmäßigkeit der Realakte

Für Verwaltungsrealakte gelten die Grundsätze vom Vorrang und Vorbehalt des Gesetzes   1053
(Art. 20 Abs. 3 GG). Sie dürfen nicht gegen geltendes Recht verstoßen. Verfahrens- und
Formvorschriften des VwVfG gelten nicht für Verwaltungsrealakte.

054 Die handelnde Behörde muss sachlich zuständig sein.

055 Materiellrechtlich bedarf es einer Ermächtigungsgrundlage, sofern Rechte Dritter beeinträchtigt werden. Sofern beispielsweise Warnungen vor schädlichen Produkten ausgesprochen werden, steht vorbehaltlich spezialgesetzlicher Bestimmungen[65] die ordnungsbehördliche Generalklausel des § 13 OBG zur Verfügung, wenn ordnungsbehördliche Gefahren bestehen.

056 Bei Warnungen der Behörde vor gefährlichen Produkten hat diese zuvor auch den Grundsatz der Verhältnismäßigkeit zu beachten. Die Behörde darf eine öffentliche Warnung nur abgeben, wenn sie die Gefährlichkeit des Produkts für die Verbraucher und die Folgen der Warnung für den Hersteller sorgfältig geprüft und abgewogen hat.[66]

057 Verwaltungsrealakte sind rechtswidrig, wenn sie von einer unzuständigen Behörde erlassen worden sind. Bei rechtswidrigen Realakten hat der Bürger einen Beseitigungs- und Wiederherstellungsanspruch. Nimmt die Ordnungsbehörde in rechtswidriger Weise eine Sache weg, kann die Herausgabe verlangt werden.

058 Da Verwaltungsrealakte nichs regeln, können diese auch nicht mit dem Rechtsbehelf des Widerspruchs angefochten werden. Es fehlt damit an der Statthaftigkeit des Widerspruchs. Damit kann eine Anfechtung nur mit der Leistungsklage vorgenommen werden.

4.4 Öffentlich-rechtlicher Vertrag

059 Zur **Entwicklung und Bedeutung** des öffentliches-rechtlichen Vertrags.[67]

060 Der öffentlich-rechtliche Vertrag stellt eine weitere **Handlungsalternative** zum Verwaltungsakt dar. Die Behörde kann nach § 54 Satz 2 VwVfG, anstatt einen Verwaltungsakt zu erlassen, einen öffentlich-rechtlichen Vertrag mit demjenigen schließen, an den sie sonst den Verwaltungsakt richten würde.

061 Der öffentliche-rechtliche Vertrag wird im § 54 Satz 1 VwVfG beschrieben: Danach kann ein Rechtsverhältnis auf dem Gebiet des öffentlichen Rechts durch Vertrag begründet, geändert oder aufgehoben werden, soweit nicht Rechtsvorschriften entgegenstehen. Damit enthält ein öffentlich-rechtlicher Vertrag drei Merkmale:(1) eine Regelung, d.h. die Begründung, Änderung oder Aufhebung eines Rechtsverhältnisses, (2) auf dem gebiet des öffentlichen rechts und (3) einen Vertrag.

---

[65] Zum Beispiel Verbraucherinformationsgesetz (VIG) in der Fassung der Bekanntmachung vom 17. Oktober 2012 (BGBl. I S. 2166, 2725).
[66] Maurer/Waldhoff, S. 413 ff.
[67] Maurer/Waldhoff, S. 375 ff. und BT-Drucksache 7/910, S. 76 ff.

Dieser öffentlich-rechtliche Vertrag meint den verwaltungsrechtlichen Vertrag, an dem   1062
eine Behörde beteiligt ist. Ausgeschlossen ist damit der Vertrag aus dem Staats- und
Verfassungsrecht, wie beispielsweise Staatsverträge und Abkommen zwischen Bund
und den Ländern.

Abzugrenzen ist der öffentlich-rechtliche Vertrag zunächst vom privatrechtlichen Vertrag.   1063
Werden Rechte und Pflichten durch Vorschriften des öffentlichen Rechts geregelt, liegt ein
öffentlich-rechtlicher Vertrag vor. Dies gilt auch schon, wenn nur eine einzelne vertragliche
Verpflichtung dem öffentlichen Recht zuzuordnen wäre.

Eine Abgrenzung zum Verwaltungsakt wird anhand des Merkmals des »hoheitlichen«   1064
Handelns möglich. Während der Verwaltungsakt »hoheitlich«, also einseitig, etwas regelt,
zeichnet sich der öffentlich-rechtliche Vertrag durch ein zweiseitiges gleichberechtigtes
Vertragsverhältnis aus. Er kommt also einvernehmlich zustande. Abgrenzungsschwierigkeiten sind bei einem mitwirkungsbedürftigen Verwaltungsakt denkbar.
Die Vorschriften des §§ 54 ff VwVfG gelten nur, als andere Vorschriften nicht vorrangig
gelten, vgl. § 1 Abs. 1 VwVfGBbg und § § 2 VwVfG.
Die Möglichkeiten eines öffentlich-rechtlichen Vertrages finden ihre Grenzen dort, wo
besondere Formvor-schriften für einen regelungsgegenstand gesetzlich vorgegeben sind.

Arten des öffentlich-rechtlichen Vertrags

In § 54 VwVfG wird zunächst zwischen **koordinationsrechtlichen** und **subordinations-**   1065
rechtlichen Verträgen unterschieden. Nach Satz 1 sind koordinationsrechtliche Verträge
solche, die zwischen gleichgeordneten Rechtsträgern geschlossen werden. Es besteht
Vertragseingehungsfreiheit und Inhaltsfreiheit, d.h. die Vertragsparteien können den Inhalt
des Vertrages aushandeln. Die am vertrag beteiligten Vertragsparteien befinden sich in
keinem Über- und Unterordnungsverhältnis. Keine der Vertragsparteien könnte gegenüber
der anderen Vertragspartei eine einseitige Regelung verfügen.

Beispiele:
* Öffentlich-rechtlicher Vertrag zwischen zwei Gemeinden zur Durchführung der Auf-   1066
  gaben als Schulträger gemäß §§ 100, 104 BbgSchulG; danach verpflichtet sich ein
  Schulträger, im Bezirk eines anderen Schulträgers notwendige Schulen zu errichten und
  zu unterhalten. Gleichzeitig wird das im § 106 BbgSchulG vorgesehene Satzungsrecht
  übertragen, den Schulbezirk entsprechend regeln zu können.
* Öffentlich-rechtliche Vereinbarung über die Kindertagesbetreuung zwischen einem
  Landkreis als örtlicher Träger der öffentlichen Jugendhilfe und der Stadt X.

§ 54 Satz 2 VwVfG beschreibt den **subordinationsrechtlichen Vertrag**: Dieser wird als   1067
ein Vertrag zwischen einer Behörde und einer Privatperson abgeschlossen. Es ist ein
Vertrag mit »demjenigen, an den sie sonst den Verwaltungsakt richten würde«. Ein solcher
Vertrag ist zulässig, soweit keine gesetzlichen Bestimmungen entgegenstehen, wie z.B.
die Beamtenernennung, die nur mit der Aushändigung der Er-nennungsurkunde zulässig
ist; vgl. § 8 Abs. 2 BeamtStG. Genügt die Beamtenernennung dieser Formvorgabe nicht,

ist die Ernennung nichtig und damit unwirksam, vgl. § 11 Abs. 1 Nr. 1 BeamtStG. Damit gilt der Grundsatz vom Vorrang des Gesetzes.

Beispiele:

068
- Vereinbarung zwischen dem Dienstherrn und einem Beamten über die Rückzahlung von Ausbildungskosten bei vorzeitigem Ausscheiden aus dem Dienst[68]
- Vertrag über die Zahlung der Kosten der Ersatzvornahme[69]

069
Des Weiteren wäre eine **Differenzierung** zwischen dem Vergleichsvertrag und dem Austauschvertrag denkbar, wobei beide Vertragsarten als koordinationsrechtliche und subordinationsrechtliche Verträge existieren. Der **Vergleichsvertrag** nach § 55 VwVfG wird als ein Vertrag beschrieben, durch den eine bei verständiger Würdigung des Sachverhalts oder der Rechtslage bestehende Unsicherheit durch gegenseitiges Nachgeben beseitigt wird (Vergleich). Dieser Vertrag ist zulässig, wenn die Behörde den Abschluss des Vergleichs zur Beseitigung der Ungewissheit nach pflichtgemäßen Ermessen für zweckmäßig hält.

070
Der **Austauschvertrag** (§ 56 VwVfG) ist ein gegenseitig verpflichtender Vertrag, in dem sich der Vertragspartner der Behörde zu einer Gegenleistung verpflichtet, wenn die Gegenleistung für einen bestimmten Zweck im Vertrag vereinbart wird und der Behörde zur Erfüllung ihrer öffentlichen Aufgaben dient. Die Gegenleistung muss den gesamten Umständen nach angemessen sein und im sachlichen Zusammenhang mit der vertraglichen Leistung der Behörde stehen. Besteht auf die Leistung der Behörde ein Anspruch, so kann nur eine solche Gegenleistung vereinbart werden, die bei Erlass eines Verwaltungsakts Inhalt einer Nebenbestimmung wäre (§ 56 Abs. 2 VwVfG).

071
Soweit keine besonderen Rechtsvorschriften etwas anderes regeln, sind öffentlich-rechtliche Verträge schriftlich zu schließen (§ 57 VwVfG). Das bedeutet, dass ein solcher Vertrag als Vertragsurkunde im Sinne von § 126 BGB analog von beiden Vertragsparteien unterschrieben werden muss.

072
Ein öffentlich-rechtlicher Vertrag muss von einer öffentlich-rechtlichen Verpflichtungserklärung nach § 68 Abs. 2 AufenthG unterschieden werden, bei der sich ein Dritter erklärt, die Kosten für den Lebensunterhalt eines Ausländers zu tragen.[70]

073
Die Durchsetzung öffentlich-rechtlicher Verträge erfolgt zunächst durch Anrufung der Gerichte, vgl. § 40 Abs. 2 VwGO. Bei subordinationsrechtlichen Verträgen kann die Vollstreckung nach dem VwVG betrieben werden, sofern die Unterwerfung unter die sofortige Vollstreckung vereinbart worden ist, vgl. § 61 VwVfG. Gegenüber dem Bürger kann also der Vertrag nach den Vorschriften des VwVG vollstreckt werden.

---

[68] Maurer/Waldhoff, S. 369.
[69] Maurer/Waldhoff, S. 369.
[70] Vgl. auch Rolf-Dieter Theisen, Allgemeines Verwaltungsrecht, 11. Auflage, Verlag Bernhardt-Witten, S. 456 ff.

Rechtswidrigkeit und Nichtigkeit von öffentlich-rechtlichen Verträgen

Auf der Grundlage von § 59 VwVfG wird zwischen der Rechtswidrigkeit und der Nichtigkeit   1074
derartiger Verträge unterschieden. § 59 VwVfG beschreibt die Nichtigkeitsgründe eines
öffentlich-rechtlichen Vertrags. Liegt ein Nichtigkeitsgrund nicht vor, wird nur Rechtswidrigkeit angenommen. Der Vertrag bleibt damit wirksam.

Zu den **Nichtigkeitsgründen** gehören: 1075
* Der Vertrag ist nichtig, wenn sich die Nichtigkeit aus der entsprechenden Anwendung
  der Vorschriften des Bürgerlichen Gesetzbuchs (BGB) ergibt (§ 59 Abs. 1 VwVfG), so
  z. B. aus § 105 (Willenserklärung eines Geschäftsunfähigen), § 116 Satz 2 (geheimer
  Vorbehalt bei Abgabe einer Willenserklärung), § 117 (Scheingeschäft) BGB.
* Zu den Nichtigkeitsgründen nur für den subordinationsrechtlichen Vertrag nach § 59
  Abs. 2 VwVfG gehören, (1) wenn ein Verwaltungsakt mit entsprechendem Inhalt nichtig
  wäre; dieser Nichtigkeitsgrund entspricht der Nichtigkeitsregel im § 44 VwVfG; (2) ein
  Verwaltungsakt mit entsprechendem Inhalt wäre nicht nur wegen eines Verfahrens- oder
  Formfehlers im Sinne von § 46 VwVfG rechtswidrig, und dies wäre den Vertragschlie-
  ßenden bekannt; (3) die Voraussetzungen zum Abschluss eines Vergleichsvertrags
  haben nicht vorgelegen, und ein Verwaltungsakt wäre nicht nur wegen eines Verfah-
  rens- oder Formfehlers im Sinne des § 46 VwVfG rechtswidrig und (4) die Behörde
  hätte sich eine nach § 56 VwVfG unzulässige Gegenleistung versprechen lassen.
* Betrifft die Nichtigkeit nur einen Teil des Vertrags, so ist er nach Abs. 3 nur im Ganzen
  nichtig, wenn nicht anzunehmen wäre, dass er auch ohne den nichtigen Teil geschlossen worden wäre.

Haftung aus öffentlich-rechtlichen Verträgen
Unter Hinweis auf § 62 Satz 2 VwVfG gelten neben den Bestimmungen des VwVfG   1076
die Regelungen des Bürgerlichen Gesetzbuches. Für die Haftung aus öffentlich-
rechtlichen Verträgen gelten die Bestimmungen des §§ 311, 214 BGB. Danach ist der
Gläubiger berechtigt, von dem Schuldner eine Leistung zu fordern, die auch in einem
Unterlassen bestehen kann.
Die Möglichkeit, Schadensersatz zu verlangen, richtet sich nach §§ 280 ff. BGB.

Hinweise zur Lösung von Fallaufgaben mit öffentlich-rechtlichen Verträgen stellen Maurer/   1077
Waldhoff dar.[71]

---

[71]   Maurer/Waldhoff, S. 403 f.

4.5   Privatrechtliches Verwaltungshandeln

078   Die Verwaltung hat auch die Möglichkeit, privatrechtlich zu handeln. Dazu gehört zunächst die Möglichkeit, fiskalisch tätig zu werden. Die Verwaltung bedient sich dabei der Möglichkeiten eines privatrechtlichen Vertrages, um etwa Büromaterial zu kaufen, um Dienstfahrzeuge zu leasen oder weitere Gebäude anzumieten. Die Verwaltung handelt rein fiskalisch und erledigt dabei keine Verwaltungsaufgaben.

079   Die Verwaltung handelt im Bereich des Verwaltungsprivatrechts, wenn sie mit den Mitteln des Privatrechts öffentlich-rechtliche Aufgaben erfüllt.

080   Erwerbswirtschaftliches Handeln ist der Verwaltung nach den Vorschriften der Kommunalverfassung möglich, vgl. §§ 91 BbgKVerf. Diese wirtschaftliche Betätigung umfasst das Herstelllen, Anbieten oder Verteilen von Gütern, Dienstleistungen oder vergleichbaren Leistungen, die ihrer Art nach auch mit der Absicht der Gewinnerzielung erbracht werden können. Diese wirtschaftliche Betätigung ist aber nur zulässig, wenn der öffentliche Zweck dies rechtfertigt, wobei die Gewinnerzielung llein keinen ausreichenden öffentlichen Zweck darstellt und die Betätigung nach Art und Umfang in einem angemessenen Verhältnis zur Leistungsfähigkeit der Gemeinde und zum voraussichtlichen Bedarf steht (vgl. § 91 Abs. 1 und 2 BbgKVerf).

081   Unter diesen Voraussetzungen kann die Gemeinde kommunale Unternehmen gründen (§ 92 BbgKVerf), Eigenbetriebe gründen (§ 93 BbgKVerf) und kommunale Anstalten des öffentlichen Rechts errichten (§ 94 BbgKVerf).

082   Da die Grundrechte Schutzrechte gegenüber dem Staat sind, gelten sie nicht beim privatrechtlichen Handeln der Verwaltung. Allerdings bindet Art. 1 Abs. 3 GG u.a. die vollziehende Gewalt unmittelbar an die Grundrechte, ohne auf die Form des Verwaltungshandelns abzustellen. Das bedeutet, dass die Grundrechte auch beachtet werden müssen – und dies gilt beispielsweise für den Gleichbehandlungsgrundsatz aus Art. 3 GG – wenn die Verwaltung privatrechtlich handelt.

4.6   Rechtsverordnungen-Ordnungsbehördliche Verordnungen

083   Nach Art. 80 GG können durch Gesetz die Bundesregierung, ein Bundesminister und die Landesregierungen ermächtigt werden, Rechtsverordnungen zu erlassen. Dabei müssen Inhalt, Zweck und Ausmaß der erteilten Ermächtigung im Gesetz bestimmt werden. Art. 80 Abs. 1 Satz 3 GG sieht eine Subdelegation vor, d.h. die Ermächtigung zum Erlass einer Rechtsverordnung kann weiter delegiert werden.

084   Art. 80 der Landesverfassung Brandenburg sieht eine entsprechende Ermächtigung zum Erlass einer Rechtsverordnung vor. Beispiel für eine derartige durch Gesetz erteilte

Rechtsverordnung ist die Landeswahlgeräteverordnung vom 14. Mai 2004 (GVBl. II S. 334). Die Ermächtigung findet sich im § 36 Abs. 5 des Landeswahlgesetzes.

Weitere Beispiele sind die Kommunale Haushalts- und Kassenverordnung vom 14. Februar 2008 auf der Grundlage von § 107 BbgKVerf, die Brandenburgische Baugebührenordnung vom 20. August 2009 (GVBl. II S. 562) auf der Grundlage von §§ 3, 7 Gebührengesetz Brandenburg und § 80 Brandenburgische Bauordnung. Die Fischereiordnung des Landes Brandenburg auf der Grundlage von § 32 Fischereigesetz (GVBl. II, S. 867) oder die Kampfmittelverordnung für das Land Brandenburg vom 9. November 2018 (GVBl. II Nr. 82).

Eine besondere Art von Rechtsverordnungen stellen die Ordnungsbehördliche Verordnungen nach §§ 24 ff. OBG dar. Danach sind die örtlichen und die Kreisordnungsbehörden ermächtigt, zur Abwehr von Gefahren für die öffentliche Sicherheit oder Ordnung Gebote oder Verbote für eine unbestimmte Anzahl von Fällen an eine unbestimmte Anzahl von Personen zu richten. Diese sind also von der Struktur her generell und abstrakt. Zuständig für den Erlass von Ordnungsbehördlichen Verordnungen sind bei Gemeinden die Gemeindevertretung, bei Ämtern der Amtsausschuss, bei Verbandsgemeinden die Verbandsgemeindevertretung und bei Landkreisen der Kreistag, vgl. § 26 Abs. 3 OBG.

Beispiele:
* Stadtordnung der Stadt Brandenburg an der Havel (vgl. Anlage) oder die Ordnungsbehördliche Verordnung über das Halten und Führen von Hunden (Hundehalterverordnung) vom 16. Juni 2004 (GVBl. II S. 458).
* Für diese Verordnungen gelten besondere Form- und Verfahrensvorschriften, vgl. §§ 27 ff. OBG. Sie dürfen keine Bestimmungen enthalten, die gegen höherrangiges Recht verstoßen.
* Ausführliche Darstellungen zum Thema enthält das Skript „Ordnungsrecht Brandenburg" der BKA aus der Reihe „Lehrskripte der BKA".

4.7   Satzungen

Zur Vermeidung von Wiederholungen wird auf das Lehrbuch »Kommunalrecht Brandenburg« verwiesen, in dem ausführlich das Satzungsrecht der Gemeinden dargestellt wird.

4.8   Plan

Eine weitere Handlungsform der Verwaltung stellt die Planung dar. Die Gemeinden haben umfangreiche und vielfältige Planungen vorzunehmen, um ihre Aufgaben zu erfüllen. Dazu gehört beispielsweise die Bauleitplanung, die auf der Grundlage der den Gemeinden zusehenden Planungshoheit (Art. 28 GG, Art. 107 Landesverfassung Brandenburg) die Befugnis einräumt, die städtebauliche Entwicklung ihres Gebietes zu ordnen und die Bodennutzung in ihrem Gebiet zu planen und zu regeln, vgl. hierzu auch Lehrbuch Kommunalrecht Brandenburg, Kommunale Garantien nach dem Grundgesetz).

Die Notwendigkeit von Planungsarbeiten finden sich in fast allen Aufgabenbereichen der Verwaltung: Stellenplanung, Haushaltsplanung, Katastrophenschutzplanungen, Planfeststellungsverfahren nach §§ 72 ff. VwVfG oder die Entwicklungsplanung einer Kreisregion (Landkreis Prignitz) oder die Rahmenkonzeption für die Durchführung von Evakuierungen einer Landkreisbevölkerung nach dem BbgBKG vom 01. Dezember 2014 (Landkreis Prignitz). [72]

090   Planungen sind grundsätzlich nicht selbstständig anfechtbar

4.9   Übungsaufgaben zu den Handlungsinstrumenten der Verwaltung

091   1.   Welche Handlungsinstrumente stehen der Verwaltung für die Erfüllung ihrer vielfältigen Aufgaben zur Verfügung? Grenzen Sie diese voneinander ab. Welche Gemeinsamkeiten sind erkennbar? Welche Unterschiede? Erstellen Sie eine tabellarische Übersicht. Legen Sie die Kriterien fest, nach denen differenziert werden soll.

2.   Mit welchen Instrumenten kann die Verwaltung im Rahmen der Eingriffsverwaltung nach außen tätig werden?

3.   Nach einer Pressemitteilung der Landeshauptstadt Potsdam in einer Tageszeitung hat der Inspektionsaußendienst in Zivil die Hundehalter im Innenstadtbereich am 30.07. kontrolliert. Welcher Handlungsform hat sich der Oberbürgermeister der Stadt Potsdam dabei bedient? Versetzen Sie sich in die Situation eines Kontrollierenden, der u. a. die Personalien des Hundehalters benötigt? Auf welcher Ermächtigungsgrundlage vollzieht sich die Kontrolle?

4.   Das Ministerium für ländliche Entwicklung, Umwelt und Landwirtschaft des Landes Brandenburg widerruft die auf der Grundlage der §§ 18, 19 Bundeswaldgesetz am 30.06.1992 unter Nr. 345/1999 erfolgte Anerkennung des Forstbetriebsgemeinschaft »Walddrehna«, 17890 Feldbrück. Gleichzeitig wird die gemäß § 22 des Bürgerlichen Gesetzbuchs verliehene Rechtsfähigkeit entzogen. Der Widerruf tritt am Tag nach der Bekanntmachung im Amtsblatt für Brandenburg in Kraft.

4.1   Suchen Sie die Bekanntmachung vom 20.06.2017 im Amtsblatt Nr. 2 vom 12.07.2017 heraus. Was wird im Amtsblatt bekannt gemacht? Kennen Sie weitere Verkündungsblätter? Wo finden Sie die Rechtsvorschriften zur öffentlichen Bekanntmachung von Rechtsvorschriften auf Bundes- und Landesebene?

4.2   Qualifizieren Sie den Rechtscharakter des Widerrufs der Anerkennung.

---

[72]   https://www.landkreis-prignitz.de/globalcontent/documents/landkreis-verwaltung/kreisrecht/evakuierungskonzeption_2014.pdf (am 01.07.2020).

5.   Das Ministerium des Innern und für Kommunales hat mit Erlass vom 01.05.2017 die »Richtlinie zum Führen von Dienstfahrzeugen der Polizei« erlassen. Beschreiben Sie diese Richtlinie.

6.   Die Landeshauptstadt Potsdam ist auf der Grundlage der Brandenburgischen Auslandsbeglaubigungsverordnung zuständig für die Beglaubigung inländischer Urkunden zum Zwecke ihrer Auslandsbeglaubigung. Welche Handlungsform stellt eine solche Beglaubigung dar? Welche Rechtsvorschriften gelten für Beglaubigungen?

7.   Welchen Rechtscharakter hat die Prüfungsordnung für die Durchführung von Zwischen- und Abschlussprüfungen im Ausbildungsberuf Fachangestellte/r für Medien- und Informationsdienste?

8.   Qualifizieren Sie den Staatsvertrag zwischen dem Land Brandenburg und dem Freistaat Sachsen über die Errichtung der »Stiftung für das sorbische Volk« vom 28.08.1998.

9.   Erarbeiten Sie die Unterschiede von privatrechtlichen und öffentlich-rechtlichen Verträgen auf!

10.   Erarbeiten Sie die formellen und materiellen Anforderungen an eine rechtmäßige ordnungsbehördliche Verordnung!

Anlagen zu den Kapiteln 3 und 4

Anlage 1 zu Kapitel 4 – Beispiel für einen öffentlich-rechtlichen Vertrag nach §§ 54 ff. VwVfG

Öffentlich-rechtlicher Vertrag

24.06.2011

zwischen der Gemeinde Pirow und der Gemeinde Berge zur Durchführung der Aufgaben als Schulträger

Zwischen der **Gemeinde Pirow**   - nachfolgend -Pirow-   109.
und der **Gemeinde Berge**   - nachfolgend -Berge-

jeweils vertreten durch den Amtsdirektor des Amtes Putlitz-Berge Herrn Gerd Ehrke sowie   109.
den 2. Stv. Amtsdirektor Herrn Heinz Schneider

Aufgrund der §§ 1 und 23 des Gesetzes über kommunale Gemeinschaftsarbeit in der   109.
Fassung der Bekanntgabe vom 28.05.1999, geändert durch Artikel 8 des Gesetzes
vom 23.09.2008 (GVBl. I/08, [Nr. 12], S. 202, 206) i. V. m. § 106 des Brandenburgischen
Schulgesetzes in der Fassung der Bekanntmachung vom 02. August 2002 (GVBl. I S. 78),
zuletzt geändert durch Artikel 21 des Gesetzes vom 23.09.2008 (GVBl. I/08,[Nr.12], S. 202,
208), hat die Gemeindevertretung der Gemeinde Pirow mit Beschluss vom 06.06.2011
und die Gemeindevertretung der Gemeinde Berge mit dem Beschluss vom 07.06.2011

beschlossen, folgenden öffentlich-rechtlichen Vertrag zur gemeinsamen Nutzung des Grundschulstandortes Berge abzuschließen:

§ 1 Übernahme der Durchführung der Aufgaben als Schulträger (Mandat)

(1) Pirow obliegt grundsätzlich gemäß §§ 100 und 104 BbgSchulG als Schulträger die Aufgabe, die notwendige Schule zu errichten, zu unterhalten und zu verwalten. Sind einzelne Gemeinden nicht in der Lage eine Schule zu führen, hat die betroffene Gemeinde die Möglichkeit, die ihr obliegende Aufgabe der Schulträgerschaft entweder als solche selbst oder aber nur die Durchführung dieser Aufgabe auf eine andere Gemeinde zu übertragen.

(2) Berge verpflichtet sich, als Schulträger der Grundschule Berge, für die Schüler aus dem Gebiet Pirow, die grundschulpflichtig sind und werden, die Durchführung der Aufgaben gemäß Abs. 1 mit Wirkung ab dem Schuljahr 2011/2012 wahrzunehmen.

§ 2 Übertragung der Satzungsbefugnis

(2) Dem Schulträger Berge wird in entsprechender Anwendung von § 25 GKG die Befugnis übertragen, gemäß § 106 Abs. 5, Ziffer 1 BbgSchulG den Schulbezirk der Grundschule Berge durch die Satzung auch auf das Gebiet von Pirow festzulegen.

§ 3 Schulkostenbeitrag/ Umlage

(1) Die bei Berge entstehenden Schulkosten im Sinne dieses Vertrages werden nach den Vorschriften des § 116 BbgSchulG in Form eines jährlichen Schulkostenbeitrages auf Pirow umgelegt.
(2) Unter die Schulkostenbeiträge im o.g. Sinne fallen die lfd. Ausgaben der Schule gemäß § 110 BbgSchulG.
(3) Berge verpflichtet sich, den Schulhaushalt nach strengen Maßstäben mit Sparsamkeit zu gestalten.

§ 4 Festsetzung und Erhebung des Schulkostenbeitrages

(1) Der Schulkostenbeitrag wird im Rahmen der jährlichen Haushaltsplanung durch Berge vorläufig festgelegt und Pirow schriftlich mitgeteilt.
(2) Pirow verpflichtet sich, bis zum 15. Kalendertag vor jedem Quartalsende eine zu Beginn eines jeden Jahres festgelegte Abschlagszahlung zu leisten.
(3) Nach dem Abschluss des Rechnungsergebnisses des jeweiligen Haushaltsjahres erfolgt die abschließende Abrechnung des Schulkostenbeitrages des Vorjahres. Mit der nächstfolgenden Abschlagszahlung ist ein evt. Minder- oder Überzahlungsbetrag auszugleichen.

§ 5 Kündigung

(1) Dieser öffentlich-rechtliche Vertrag kann aus besonderen Gründen jeweils zum Ende eines Schuljahres (letzter Schultag vor Beginn der Sommerferien im Land Brandenburg) mit einer Frist von drei Monaten gekündigt werden. Anderenfalls verlängert sich der Vertrag um jeweils ein weiteres Schuljahr.
(2) Besondere Gründe im Sinne des Abs. (1) können sein:
- neue Gesetze und Verordnungen mit Auswirkung auf diesen Vertrag,
- wiederholte Nichteinhaltung der vereinbarten Verpflichtungen,

- strukturelle Veränderungen der Gemeinden,
- Schließung der Schule.

§ 6 Schlussbestimmungen

(1) Mündliche Nebenabreden wurden nicht getroffen. Vertragsänderungen bedürfen der Schriftform.

(2) Sollten einzelne Bestimmungen des Vertrages unwirksam sein oder werden, wird die Gültigkeit der übrigen Vertragsbestimmungen dadurch nicht berührt. Die weggefallene Bestimmung ist durch eine Regelung zu ersetzen, welche dem wirtschaftlichen und rechtlichen Sinn der weggefallenen Bestimmung möglichst nahe kommt.

§ 7 In-Kraft-Treten

(1) Dieser öffentlich-rechtliche Vertrag bedarf der Genehmigung durch die Aufsichtsbehörde und tritt am Tag nach der Bekanntmachung im Veröffentlichungsblatt der Aufsichtsbehörde in Kraft.

Putlitz, den 08.06.2011

gez.   gez.
Gerd Ehrke   Heinz Schneider
Amtsdirektor   2. Stellv. des Amtsdirektors

Genehmigung des öffentlich-rechtlichen Vertrages zwischen der Gemeinde Pirow und der Gemeinde Berge zur Durchführung der Aufgabe als Schulträger vom 08.06.2011

Sehr geehrter Herr Ehrke,

gem. § 24 Abs. 2-4 Gesetz über kommunale Gemeinschaftsarbeit im Land Brandenburg (GKG) vom 28. Mai 1999 (GVBL. I. S. 194) zuletzt geändert durch Gesetz vom 23. September 2008 (GVBl. I S. 202), erteile ich die kommunalaufsichtliche Genehmigung für den öffentlich-rechtlichen Vertrag zwischen der Gemeinde Pirow und der Gemeinde Berge zur Durchführung der Aufgabe als Schulträger in der Fassung vom 08.06.2011.

gez. Hans Lange
Hans Lange
Landrat des Landkreises Prignitz

Ordnungsbehördliche Verordnung zur Aufrechterhaltung der öffentlichen Sicherheit und Ordnung in der Stadt Brandenburg an der Havel (Stadtordnung)
vom 16.10.2003 (ABl. Nr. 16 vom 20.10.2003), geändert durch Verordnung vom 19.03.2013 (ABl. Nr. 08 vom 08.04.2013) Auf der Grundlage des § 26 des Gesetzes über Aufbau und Befugnisse der Ordnungsbehörden (Ordnungsbehördengesetz -OBG) in der Fassung der Bekanntmachung vom 21.08.1996 (GVBl. I S. 266) in der zurzeit geltenden Fassung wird

vom Oberbürgermeister der Stadt Brandenburg an der Havel als örtliche Ordnungsbehörde auf den Beschluss der Stadtverordnetenversammlung vom 30.09.2003 folgende
Ordnungsbehördliche Verordnung erlassen:

§ 1 Geltungsbereich

Die Stadtordnung gilt für den Bereich der Straßen und öffentlichen Anlagen im Gebiet der
Stadt Brandenburg an der Havel. Sie gilt nicht für die kommunalen Friedhöfe.

§ 2 Begriffsbestimmungen

(1) Straßen im Sinne dieser Verordnung sind ohne Rücksicht auf die Eigentumsverhält-
nisse oder eine öffentlich-rechtliche Widmung alle Straßen, Wege und Plätze, die dem
öffentlichen Verkehr dienen. Dazu gehören insbesondere Brücken, Dämme, Tunnel, Durch-
lässe, Gräben, Entwässerungsanlagen, Böschungen, Lärmschutzanlagen, die Fahrbahn,
Seitenstreifen, Parkplätze, Parkbuchten und Rastplätze, Bushaltebuchten, Rad- und
Gehwege, Verkehrszeichen, Verkehrseinrichtungen, sonstige Anlagen aller Art, die der
Sicherheit oder Leichtigkeit des Straßenverkehrs oder dem Schutz der Anlieger dienen.
(2) Öffentliche Anlagen (Anlagen) im Sinne dieser Verordnung sind alle im Eigentum oder
in der Verfügungsberechtigung der Stadt Brandenburg an der Havel stehende und der
Öffentlichkeit frei zugänglich gemachte Anlagen nebst deren baulichen Anlagen, wie
z.B. Parks, Gärten und sonstige Grünanlagen, Waldungen, Gewässer und deren Ufer,
Anpflanzungen in Verkehrsräumen, Kinderspielplätze, Badestellen, Liegewiesen, Freizeit-
sportanlagen, Brunnen, Springbrunnen, Plätze für Wertstoffbehälter, Gedenkstätten und
Denkmäler oder ähnliche Einrichtungen.

§ 3 Verunreinigungsverbot

(1) Jede Verunreinigung von Straßen und Anlagen über das von der gewöhnlichen Benut-zung
verursachte Maß hinaus, z.B. durch Wegwerfen oder Zurücklassen von Gegenständen, durch
Ablagern von Material, durch das Ausgießen von Flüssigkeiten, durch Bekleben oder Anbringen
von Gegenständen, ist untersagt. Hierzu zählen auch das Urinieren von Personen oder das
Waschen von Fahrzeugen mit Ausnahme der Reinigung von Scheiben, Rückspiegeln, Schein-
werfern oder den Kennzeichen eines Fahrzeuges mit Klarwasser ohne Reinigungszusätze.
(2) Hat jemand eine Straße oder Anlage - auch in Ausübung eines Rechtes oder einer
Befugnis - verunreinigt, so muss er unverzüglich für die Beseitigung dieses Zustandes
sorgen. Andernfalls ist die Stadt Brandenburg an der Havel berechtigt, die Verunreinigung
auf Kosten des Verursachers zu beseitigen oder beseitigen zu lassen.

§ 4 Tiere

(1) Wer auf Straßen oder in Anlagen Tiere mit sich führt, hat dafür zu sorgen, dass die Tiere die
Straße oder Anlage nicht beschädigen oder verunreinigen. Halter von Tieren bzw. Personen,
die Tiere mit sich führen, sind verpflichtet, die von ihren Tieren verursachten Beschädigungen oder Verunreinigungen unverzüglich zu beseitigen. § 3 Abs. 2 Satz 2 gilt entsprechend.
(2) Halter oder Führer von Tieren haben bei Spaziergängen mit ihren Tieren zur Aufnahme des Tierkotes geeignete Materialien (z.B. Tüten) mit sich zu führen, um den Tierkot
unverzüglich beseitigen zu können. Auf Verlangen der dazu befugten Personen sind die
Materialien vorzuzeigen.

(3) Das Füttern wild lebender Tiere ist untersagt. Ausnahmen aus Gründen des Tierschutzes, des Naturschutzes, des Jagd- und Weidwesens bedürfen der vor-herigen Zustimmung der Stadt Brandenburg an der Havel.

(4) Tiere dürfen nicht auf Kinderspielplätze mitgenommen werden.

(5) Über die Festlegungen der Hundehalterverordnung in der jeweils geltenden Fassung hinaus besteht in der Jacobstraße von der Bauhofstraße bis zum Steintorturm, in der Steinstraße, in der Sankt-Annen-Straße, dem Neustädtischen Markt, dem Molkenmarkt, dem Mühlendamm, Sankt Petri, dem Burgweg, der Ritterstraße, dem Altstädtischen Markt, der Plauer Straße und dem Nicolaiplatz, sowie auf Parkplätzen und den Bahnhofsvorplätzen Leinenpflicht. Weiterhin besteht unabhängig von der vorstehend getroffenen Regelung im Umkreis von 50 Metern um Krankenhäuser, Kindereinrichtungen, Schulen, sportliche und kulturelle Einrichtungen sowie Kirchen Leinenpflicht.

§ 5 Benutzung von Anlagen

(1) Das Befahren von Anlagen mit Kraftfahrzeugen und Anhängern sowie das Parken und Abstellen derselben in Anlagen ist verboten. Wege in Anlagen dürfen mit Kinderwagen, Inlinescatern, Rollern u.ä. Sportgeräten oder Spielfahrzeugen, Krankenfahrstühlen und Fahrrädern befahren werden, wobei Fußgänger hier den Vorrang haben.

(2) Zum Schutz der Anlagen ist es untersagt, a) Bäume, Sträucher oder sonstige Pflanzen aus dem Boden zu entfernen, zu beschädigen oder Teile derselben abzuschneiden, abzubrechen oder umzuknicken, b) Bäume zu erklettern, c) Gegenstände an Bäumen anzubringen, d) Bänke, Tische, Einfriedungen, Spielgeräte o.ä. zu versetzen, zu beschmutzen oder zu beschädigen, e) Sperrvorrichtungen und Beleuchtungen zu beschädigen, zu beseitigen oder zu verändern sowie Sperrvorrichtungen zu überwinden, f) in Anlagen zu nächtigen, Zelte aufzustellen oder zu benutzen, außer auf den dafür vorgesehenen Flächen g) Feuer anzuzünden, zu grillen, außer in gesondert dafür ausgewiesenen Bereichen.

§ 6 Benutzung der Kinderspielplätze

Das Befahren der Kinderspielplätze mit Fahrrädern oder anderen Fahrzeugen, mit Ausnahme von Spielfahrzeugen, Kinderwagen und Krankenfahrstühlen, ist nicht gestattet. Die auf den Kinderspielplätzen aufgestellten Geräte dürfen nur von Kindern bis zum Alter von 14 Jahren benutzt werden, soweit nicht ausdrücklich eine andere Altersgrenze festgelegt wurde. Begleitpersonen mit Kleinkindern können die Geräte gemeinsam nutzen. Nach Einbruch der Dunkelheit, spätestens nach 22.00 Uhr, ist der Aufenthalt auf den Kinderspielplätzen nicht gestattet. Der Konsum von Alkohol und berauschenden Mitteln ist nicht gestattet.

§ 7 Eigentümerpflichten

(1) Eigentümer oder Nutzungsberechtigte von Grundstücken sind verpflichtet, Grundstückseinfriedungen so herzustellen und zu unterhalten, dass angrenzende Verkehrsflächen oder Anlagen ohne eine Gefahr für Personen oder Sachen genutzt werden können. Insbesondere Bäume, Sträucher und Hecken dürfen die Nutzung öffentlicher Verkehrsflächen nicht beeinträchtigen.

(2) Eigentümer oder Nutzungsberechtigte von Viehweiden haben dafür zu sorgen, dass die Viehweiden so eingefriedet sind, dass Straßen und Anlagen, insbesondere Gewässer mit ihren Ufern und Böschungen, von Vieh nicht betreten, beschmutzt oder beschädigt

werden können. Die Einfriedungen müssen so beschaffen sein, dass ein Ausbrechen der Tiere nicht möglich ist. Sie müssen mindestens einen Meter von der Böschungs-oberkante entfernt errichtet werden, sofern nach anderen Regelungen kein größerer Ab-stand einzuhalten ist. 3 § 8 Ausnahmen Bei Vorliegen eines wichtigen Grundes können Ausnahmen von den Regelungen dieser Stadtordnung gestattet werden.

§ 9 Zuwiderhandlungen

(1) Ordnungswidrig handelt, wer vorsätzlich oder fahrlässig entgegen 1. § 3 Abs. 1 Straßen und Anlagen verunreinigt, 2. § 3 Abs. 2 Verunreinigungen nicht unverzüglich beseitigt, 3. § 4 Abs. 1 Satz 2 Beschädigungen oder Verunreinigungen nicht unverzüglich beseitigt, 4. § 4 Abs. 2 kein geeignetes Material mit sich führt oder dieses nicht vorzeigt, 5. § 4 Abs. 3 wild lebende Tiere füttert, 6. § 4 Abs. 4 Tiere auf Kinderspielplätze mitnimmt, 7. § 4 Abs. 5 Hunde in den bezeichneten Gebieten ohne Leine führt, 8. § 5 Abs. 1 Satz 1 Anlagen mit Kraftfahrzeugen oder Anhängern befährt oder diese parkt oder abstellt, 9. § 5 Abs. 2 a) Bäume, Sträucher oder sonstige Pflanzen aus dem Boden entfernt, beschädigt oder Teile derselben abschneidet, abbricht oder umknickt, 10. § 5 Abs. 2 b) Bäume erklettert, 11. § 5 Abs. 2 c) Gegenstände an Bäumen anbringt, 12. § 5 Abs. 2 d) Bänke, Tische, Einfriedungen, Spielgeräte o.ä. versetzt, beschmutzt oder beschädigt 13. § 5 Abs. 2 e) Sperrvorrichtungen oder Beleuchtungen beschädigt, beseitigt oder verändert oder Sperrvorrichtungen über-windet, 14. § 5 Abs. 2 f) in Anlagen nächtigt, Zelte aufstellt oder benutzt, 15. § 5 Abs. 2 g) Feuer anzündet oder grillt, 16. § 6 Satz 1 Kinderspielplätze mit Fahrrädern oder anderen Fahrzeugen, mit Ausnahme von Spielfahrzeugen, Kinderwagen und Krankenfahrstühlen befährt, 17. § 6 Satz 2 auf Kinder-spielplätzen aufgestellte Geräte über die erlaubte Altersgrenze hinaus benutzt, 18. § 6 Satz 4 sich auf Kinderspielplätzen nach Einbruch der Dunkelheit oder nach 22.00 Uhr aufhält, 19. § 6 Satz 5 auf Kinderspielplätzen Alkohol oder berauschende Mittel konsumiert, 20. § 7 Abs. 1 Grundstückseinfriedungen so herstellt oder unterhält, dass angrenzende Verkehrsflächen oder Anlagen nicht ohne eine Gefahr für Personen oder Sachen genutzt werden können, 21. § 7 Abs. 2 Viehweiden so einfriedet, dass Straßen und Anlagen von Vieh betreten, beschmutzt oder beschädigt werden können oder Viehweiden so einfriedet, dass ein Ausbrechen der Tiere möglich ist. (2) Ordnungswidrig-keiten können mit einer Geldbuße zwischen 5,00 und 1.000,00 € geahndet werden, soweit sie nicht nach Bundes- oder Landesrecht mit Strafe oder Geldbuße bedroht sind. Durch eine Zuwiderhandlung gewonnene oder erlangte Gegenstände können eingezogen werden.

§ 10 In-Kraft-Treten, Außer-Kraft-Treten

Diese Stadtordnung tritt eine Woche nach ihrer öffentlichen Bekanntmachung im Amtsblatt für die Stadt Brandenburg an der Havel in Kraft. Gleichzeitig tritt die Ordnungsbehördliche Verordnung über die Aufrechterhaltung der öffentlichen Sicherheit und Ordnung auf den Straßen und in den Anlagen der Stadt Brandenburg an der Havel sowie zum Schutze des Stadtgebietes vor Verunreinigungen (Straßen- und Anlagenordnung) vom 26.10.94 (veröf-fentlicht im Amtsblatt Stadt Brandenburg an der Havel Nr. 29 v. 09.12.94, S. 488) außer Kraft.

Anlage 2 zu Kapitel 4: Muster einer Zustellungsurkunde

(nebenstehend)

Zustellungsurkunde

1.1 *Aktenzeichen*   **1.2** *Ggf. weitere Kennz.*

▶

1.3 *Adressat*

	Weitersenden innerhalb des
1.5	Bezirks des Amtsgerichts
1.6	Bezirks des Landgerichts
1.7	Inlandes

Bei der Zustellung zu beachtende Vermerke

1.8	Ersatzzustellung ausgeschlossen
1.9	Keine Ersatzzustellung an:

1.10	Nicht durch Niederlegung zustellen
1.11	Mit Angabe der Uhrzeit zustellen

1.4   **Bei erfolglosem Zustellversuch: Vermerk über den Grund der Nichtzustellung**

1.4.1   Adressat unter der angegebenen Anschrift nicht zu ermitteln

1.4.2   Adressat verzogen nach:

Straße und Hausnummer

Postleitzahl, Ort

1.4.3   Weitersendung nicht möglich   Weitersendung nicht verlangt

1.4.4   Empfänger unbekannt verzogen

1.4.5   *Anderer Grund:*

1.4.6   *Datum*

T T M M J J

1.4.7   *Unterschrift*

1.4.8   *Postunternehmen/
                   Behörde:*

**Zustellungsurkunde/Zustellungsauftrag
zurück an Absender**

Das mit umseitiger Anschrift und Aktenzeichen versehene Schriftstück (verschlossener Umschlag) habe ich in meiner Eigenschaft als

2	☐ Postbediensteter	☐ Justizbediensteter	☐ Gerichtsvollzieher	☐ Behördenbediensteter

3	☐	**übergeben, und zwar** *(4.1 bis 8.3)*
4.1	☐	unter der Zustellanschrift *(siehe 1.3)*
4.2	☐	an folgendem Ort: *Straße, Hausnummer* *(soweit von 1.3* *abweichend)* *Postleitzahl, Ort*
5.1	☐	- dem Adressaten *(1.3)* persönlich.
5.2	☐	- einem Vertretungsberechtigten (gesetzlichen Vertreter/Leiter): ▶ *5.4*
5.3	☐	- dem durch schriftliche Vollmacht ausgewiesenen rechtsgeschäftlichen Vertreter: ▶ *5.4* *5.4 Herrn/Frau (Name, Vorname)*
		, weil ich den Adressaten *(1.3)***/Vertretungsberechtigten in der Wohnung nicht erreicht habe, dort**
6.1	☐	- einem erwachsenen Familienangehörigen: ▶ *6.4*
6.2	☐	- einer in der Familie beschäftigten Person: ▶ *6.4* *6.4 Herrn, Frau (Name, Vorname):*
6.3	☐	- einem erwachsenen ständigen Mitbewohner: ▶ *6.4*
7.1	☐	**, weil ich den Adressaten** *(1.3)***/Vertretungsberechtigten in dem Geschäftsraum nicht erreicht habe, einem dort Beschäftigten:** *7.2 Herrn/Frau (Name, Vorname)*
		, weil ich den Adressaten *(1.3)***/Vertretungsberechtigten in der Gemeinschaftseinrichtung nicht erreicht habe, dort**
8.1	☐	dem Leiter der Einrichtung: ▶ *8.3* *8.3 Herrn, Frau (Name, Vorname)* :
8.2	☐	einem zum Empfang ermächtigten Vertreter: ▶ *8.3*
9	☐	**zu übergeben versucht.** *(10.1 bis 12.3)*
		Weil die Übergabe des Schriftstücks in der Wohnung/in dem Geschäftsraum nicht möglich war, habe ich das Schriftstück in den
10.1	☐	- zur Wohnung
10.2	☐	- zum Geschäftsraum gehörenden Briefkasten oder in eine ähnliche Vorrichtung eingelegt.
11.1	☐	Weil auch die Einlegung in einen Briefkasten oder in eine ähnliche Vorrichtung (*10.1, 10.2)* /die Ersatzzustellung in der Gemein-schaftseinrichtung *(8.1 bis 8.3)* nicht möglich war, wird das Schriftstück bei der hierfür bestimmten Stelle niedergelegt, und zwar in *11.1.1 Niederlegungsstelle* *11.1.2 Straße , Hausnummer* *11.1.3 Postleitzahl, Ort*
11.2	☐	Die schriftliche Mitteilung über die Niederlegung habe ich - in der bei gewöhnlichen Briefen üblichen Weise abgegeben, nämlich (*Art der Abgabe):*
11.3	☐	- an der Tür zur Wohnung/zum Geschäftsraum/zur Gemeinschaftseinrichtung angeheftet.
12		Weil die Annahme der Zustellung durch *Name, Vorname:* *Beziehung zum Adressaten:* verweigert wurde, habe ich das Schriftstück
12.1	☐	- in der Wohnung/dem zur Wohnung gehörenden Briefkasten oder in einer ähnlichen Vorrichtung zurückgelassen.
12.2	☐	- in dem Geschäftsraum/dem zum Geschäftsraum gehörenden Briefkasten oder in einer ähnlichen Vorrichtung zurückgelassen.
12.3	☐	- an den Absender zurückgeschickt, da keine Wohnung oder kein Geschäftsraum vorhanden ist.
13		Den Tag der Zustellung - ggf. mit Uhrzeit - habe ich auf dem Umschlag des Schriftstücks vermerkt. *13.1 Datum* *13.2 ggf. Uhrzeit* *13.3 Unterschrift des Zustellers* *13.4 Postunternehmen/Behörde* *13.5 Name, Vorname des Zustellers (in Druckbuchstaben)*

Anlage 3 zu Kapitel 4: Beispiel für eine Allgemeinverfügung nach § 35 Satz 2 VwVfG aus dem Bereich des Rechts der Gefahrenabwehr – Allgemeinverfügung der Landeshauptstadt Potsdam vom 22.01.2016

»Pressemitteilung Nr. 55 vom 21.01.2016 der Landeshauptstadt Potsdam   1115
Glasverbot am Freitag ab 16 Uhr rund um Alter Markt

Allgemeinverfügung

Allgemeinverfügung der Landeshauptstadt Potsdam über das Mitführ- und Benutzungs-   1116
verbot von Glasbehältnissen am 22. Januar 2016 aus Anlass verschiedener Versamm-
lungsanmeldungen

Am Freitag, den 22. Januar 2016 findet eine Versammlung zum Thema »Antigewaltkund-   1117
gebung für die Rechte der Frauen und ein Protest gegen die Vorfälle in der Silvesternacht
in Köln, Hamburg, Stuttgart« statt. Um einen friedlichen und reibungslosen Ablauf der
Versammlungen zu ermöglichen und wegen Vorliegens eines herausragenden gewichtigen
öffentlichen Interesses wird Folgendes angeordnet:

1.   Das Mitführen und Benutzen von Glasbehältnissen, d. h. aller Behältnisse, die   1118
aus Glas hergestellt sind (wie z. B. Flaschen und Gläser), ist außerhalb von geschlossenen
Räumen in dem unter Ziffer 2 bestimmten Zeitraum in dem unter Ziffer 3 bestimmten
Raum der Stadt Potsdam verboten. Ausgenommen von diesem Verbot ist das Mitführen
von Glasbehältnissen durch Getränkelieferanten sowie durch Personen zum offensichtlich
und ausschließlich unmittelbaren häuslichen Gebrauch.
2.   Das Verbot gilt für den 22. Januar 2016 von 16.00 Uhr bis 22.00 Uhr.
3.   Der räumliche Geltungsbereich umfasst den Otto-Braun-Platz, die Humboldt-
straße, die Straße Am Alten Markt einschließlich Alter Markt, die Friedrich-Ebert-Straße
sowie den Steubenplatz, die Schlossstraße, die Breite Straße ab Schlossstraße bis Lange
Brücke einschließlich des Neuen Lustgartens.
4.   Die sofortige Vollziehung der Allgemeinverfügung wird angeordnet.

I.   Begründung:
Anlässlich der angemeldeten Demonstrationen in Potsdam am 22. Januar 2016 hat die   111
Polizeidirektion West die Landeshauptstadt Potsdam gemäß § 5 Abs. 1 Ziff. 1 Verwaltungsverfahrensgesetz (VwVfG) in der Fassung der Bekanntmachung vom 23. Januar
2003 (BGBl. I S. 102), zuletzt durch Artikel 3 des Gesetzes vom 25. Juli 2013 (BGBl. I S.
2749) geändert, in Verbindung mit § 1 Abs. 1 Satz 1 Verwaltungsverfahrensgesetz für das
Land Brandenburg (VwVfGBbg) vom 7. Juli 2009 (GVBl. I/09, [Nr. 12], S. 262, 264) zuletzt
geändert durch Artikel 3 des Gesetzes vom 10. Juli 2014 (GVBl. I/14, [Nr. 32]) aufgrund
der konkreten Gefährdungslage um Amtshilfe ersucht.

Neben der Polizei und Vertretern anderer Organisationen und Einrichtungen steht auch   112
die Ordnungsbehörde bei der Gefahrenabwehr in der Verantwortung, zu den anstehen-
den Demonstrationen Maßnahmen zu treffen, um den von mitgeführten Glasbehältnis-

sen ausgehenden erheblichen Gefährdungen von Personen, Sachen oder Verletzungen der Rechtsordnung – wie die Ausschreitungen vom 11.01.2016 bei einer vergleichbaren Versammlungslage zeigten – entgegenzuwirken. Um den beschriebenen Gefahren zu begegnen, wird daher das o. g. Mitführ- und Benutzungsverbot erlassen.

121   Rechtsgrundlage für die getroffene Anordnung ist § 13 des Gesetzes über den Aufbau und Befugnisse der Ordnungsbehörden (Ordnungsbehördengesetz – OBG) in der Fassung der Bekanntmachung vom 21. August 1996 (GVBl. I/96, [Nr. 21], S. 266) zuletzt geändert durch Gesetz vom 20. Dezember 2010 (GVBl. I/10, [Nr. 47]).

122   Die Landeshauptstadt Potsdam als zuständige Ordnungsbehörde kann auf der Grundlage des § 13 des OBG die notwendigen Maßnahmen treffen, um eine im einzelnen Fall bestehende Gefahr für die öffentliche Sicherheit oder Ordnung abzuwehren. Die Anordnung ist ein geeignetes, erforderliches und angemessenes Mittel, um aggressiven Störern die Möglichkeit zu nehmen, Glasbehältnisse als Wurfgeschosse oder Waffen gegen andere Personen oder Sachwerte einzusetzen, und auch um unbeabsichtigte Verletzungen durch Glasscherben zu vermeiden.

123   Hierbei wurden die widerstreitenden Interessen unter Beachtung der Grundrechte und der Verhältnismäßigkeit gegeneinander abgewogen. Von den Glasbehältnissen (Flaschen und Gläsern) geht, sobald sie als Wurf- oder Schlagwerkzeug verwendet werden, eine erhebliche Gefahr für Leib und Leben sowie für die Gesundheit der Teilnehmer, Unbeteiligter und Ordnungskräfte und der Rechtsordnung aus. Um die Sicherheit dieser Personen sowie eine gefahrlose und ungehinderte Durchführung der Demonstrationen zu gewährleisten, ist es gerechtfertigt, die allgemeine Handlungsfreiheit zu beschränken und das unter Ziffer 1 angeordnete Verbot in dem unter Ziffer 2 bestimmten befristeten Zeitraum und in dem unter Ziffer 3 bestimmten örtlich begrenzten Bereich auszusprechen.

124   Das Mitführ- und Benutzungsverbot richtet sich an alle Personen, die den genannten Bereich betreten und/oder sich dort aufhalten. Soweit es sich um Personen handelt, die tatsächlich beabsichtigen, Glasbehältnisse als Wurfgeschosse einzusetzen, sind diese Handlungsstörer, die nach § 16 OBG herangezogen werden können. Darüber hinaus richtet sich die Inanspruchnahme der nichtverantwortlichen Personen, d. h. derer, die nicht Flaschen oder Ähnliches werfen bzw. werfen wollen, nach § 18 OBG als sogenannte Nichtstörer. Demnach kann die Ordnungsbehörde auch Maßnahmen gegen andere Personen richten, wenn die Inanspruchnahme der Verhaltens- oder Zustandsstörer keinen Erfolg verspricht. Das Einbringen von Glasbehältnissen in den Bereich auch ohne Wurfvorsatz ermöglicht den gewalttätigen Störern den Zugriff. Sei es, dass die Glasbehältnisse weggeworfen, abgestellt oder sogar entrissen werden, um anschließend als Wurfgeschosse eingesetzt zu werden. Angesichts der Ausschreitungen u. a. vom 11.01.2016 in Potsdam ist insoweit eine gegenwärtige erhebliche Gefahr anzunehmen, die nicht allein durch die Inanspruchnahme der Störer wirksam abgewendet werden kann, denn ein Vorgehen lediglich gegen einzelne Störer bietet keinen ausreichenden Schutz bei der zu erwartenden Menge an Demonstranten.

II.   Bekanntgabe

Gemäß § 41 Abs. 3 Satz 2 VwVG darf eine Allgemeinverfügung öffentlich bekannt gege-   1125
ben werden, wenn eine Einzelbekanntgabe mit besonderen Schwierigkeiten verbunden
oder wie in diesem Fall sogar unmöglich erscheint. Eine ortsübliche Bekanntgabe, d. h.
eine Veröffentlichung im Amtsblatt, ist aufgrund der Eilbedürftigkeit nicht möglich und
deshalb auch nicht erforderlich. Die Bekanntgabe erfolgt in den Medien, über Aushänge
und auf der Internetseite der Landeshauptstadt Potsdam.

III.   Anordnung der sofortigen Vollziehung

Gemäß § 80 Abs. 2 Satz 1 Nr. 4 der Verwaltungsgerichtsordnung (VwGO) wird die sofortige   1126
Vollziehung dieser Verfügung angeordnet.

Begründung:

Die Anordnung der sofortigen Vollziehung erfolgt auf Grundlage des § 80 Abs. 2 Nr. 4   1127
der Verwaltungsgerichtsordnung (VwGO) in der Fassung der Bekanntmachung vom
19.03.1991 (BGBl. I, S. 686). Sie ist zum Schutze der Allgemeinheit notwendig, da
nur so sichergestellt werden kann, dass die getroffene Anordnung unmittelbar vollziehbar ist. Die Gefahren, welche von missbräuchlich benutzten Glasbehältnissen
ausgehen, können für so bedeutende Individualschutzgüter wie Gesundheit, Leben
und Eigentum insbesondere unbeteiligter Personen so schwerwiegend sein, dass
nicht erst der Abschluss eines verwaltungsgerichtlichen Verfahrens abgewartet werden kann. Demgegenüber muss das private Interesse an der Benutzung von Glas in
öffentlichen Bereichen, aber auch das insoweit mittelbar betroffene gewerbliche Interesse an einem Verkauf von Glasbehältnissen lediglich temporär zurückstehen.
Durch die Vollzugsfolgen wird nicht die Versorgung mit Getränken eingeschränkt. Auch
kann der persönliche Bedarf durch die Nutzung von Kunststoff-, Plastik- oder Pappbe-
chern wie beispielsweise durch Kunststoffflaschen problemlos sichergestellt werden. Eine
Hemmung der Vollziehung durch einen Rechtsbehelf würde indes die o. g. Gefahr für Leib
und Leben bzw. die Gesundheit in vollem Umfang bestehen lassen. Das Interesse der
Allgemeinheit an der sofortigen Vollziehung der Anordnungen und damit der Verhinderung
von Gefahren, insbesondere für die körperliche Unversehrtheit, überwiegt damit gegen
das eventuelle Aufschubinteresse der hiervon Betroffenen.

Rechtsbehelfsbelehrung:

Gegen diesen Bescheid kann innerhalb eines Monats nach Bekanntgabe bei der Lan-   1128
deshauptstadt Potsdam, Fachbereich Ordnung und Sicherheit in 14469 Potsdam, Fried-
rich-Ebert-Str. 79–81 schriftlich oder zur Niederschrift Widerspruch erhoben werden.
Ich weise aber darauf hin, dass gemäß § 80 Abs. 2 Nr. 4 VwGO der Widerspruch keine
aufschiebende Wirkung hat. Gegen die Anordnung der sofortigen Vollziehung kann beim
Verwaltungsgericht in Potsdam ein Antrag auf Wiederherstellung der aufschiebenden
Wirkung gestellt werden. Potsdam, den 21.01.2016

Jann Jakobs
Oberbürgermeister«

Anlage 4 zu Kapitel 4: Beispiel für eine Allgemeinverfügung aus dem Bereich des Tiergesundheitsgesetzes – Allgemeinverfügung des Landkreises Potsdam-Mittelmark

Der Landkreis Potsdam-Mittelmark, Fachbereich 3, Fachdienst Veterinärwesen und Lebensmittelüberwachung, erlässt als zuständige Behörde folgende Tierseuchenrechtliche Allgemeinverfügung zum Schutz gegen die Blauzungenkrankheit im Landkreis Potsdam-Mittelmark vom 26.08.2019

1129   Gemäß § 24 Tiergesundheitsgesetz (TierGesG) in Verbindungen mit den §§ 1 und 5 des Gesetzes zur Ausführung des Tiergesundheitsgesetzes in der Fassung der Bekanntmachung vom 17. Dezember 2001 (GVBl. I 2002 S. 14) in der derzeit gültigen Fassung und in Verbindung mit § 4 der EG-Blauzungenbekämpfungs-Durchführungsverordnung vom 30. Juni 2015 (BGBl S. 1098) geändert durch Art. 5 der Verordnung vom 03. Mai 2016 (BGBl S. 1057) wird verfügt:

1130   1. Den Halterinnen und Haltern empfänglicher Tiere (Rinder, Schafe, Ziegen, Gatterwild außer Schwarzwild) im Landkreis Potsdam-Mittelmark wird genehmigt, diese gegen die Blauzungenkrankheit impfen zu lassen. Die Genehmigung beschränkt sich auf alle empfänglichen Tiere, welche zum Zeitpunkt der Impfung auf dem Gebiet des Landkreises Potsdam-Mittelmark gehalten werden.

1131   2. Die Impfung hat durch eine Tierärztin oder einen Tierarzt zu erfolgen.

1132   3. Die Impfung darf nur mit zugelassenen inaktivierten Impfstoffen durchgeführt werden.

1133   4. Die erfolgte Impfung ist vom impfenden Tierarzt innerhalb von 7 Tagen bei Rindern einzeltierbezogen und bei Schafen sowie Ziegen bestandsbezogen ins HIT einzutragen. Mit der HIT-Eintragung der Impfung ist die Verpflichtung des Tierhalterns nach § 4 Absatz 2 der EG-Blauzungenbekämpfungs-Durchführungsverordnung erfüllt.

1134   5. Tierärztinnen und Tierärzte, welche die Impfung durchführen, haben die Anwendung schriftlich mit folgenden Mindestangaben zu dokumentieren:
a. Name des impfenden Tierarztes
b. Name, Adresse und Registriernummer des geimpften Bestandes
c. Impfdatum, Bezeichnung des Impfstoffes und angewendete
   Impfstoffmenge
d. Anzahl, Art und Identität der geimpften Tiere.

135   6. Dem Tierhalter ist eine Ausfertigung dieser Dokumentation zu übergeben. Die Bestimmungen des § 40 Abs. 4 Tierimpfstoff-Verordnung bleibt im Übrigen hiervon unberührt.

136   7. Laut Erlass über die Gewährung von Beihilfen für Impfungen gegen die Blauzungenkrankheit des MdJEV vom 30. April 2019 wird für die freiwillige Impfung Beihilfe gewährt.

8. Diese Allgemeinverfügung gilt an dem auf die ortsübliche Bekanntmachung folgenden   1137
Tag als bekannt gemacht. Sie ist befristet bis zum 31.12.2019.

Begründung:
Das Friedrich-Loeffler-Institut (FLI) bewertet das Einschleppungsrisiko der Blauzungen-   1138
krankheit als wahrscheinlich bis hoch für BTV4 und BTV8. Die Ständige Impfkommission
(StIKo) Veterinärwesen des FLI empfiehlt die Impfung von Rindern und kleinen Wieder-
käuern gegen beide Virustypen. Angesichts der Risikobewertung kann die zuständige
Behörde nach § 4 der EG-Blauzungenbekämpfungs-Durchführungsverordnung vom 30.
Juni 2015 (BGBl S. 1098) geändert durch Art. 5 der Verordnung vom 03. Mai 2016 (BGBl
S. 1057) eine Genehmigung für die Impfung empfänglicher Tiere gegen BTV4 und/oder
BTV8 erteilen.

Rechtsbehelfsbelehrung:
Gegen die Allgemeinverfügung kann innerhalb eines Monats nach Bekanntgabe Wider-   1139
spruch beim Landrat des Landkreises Potsdam-Mittelmark, Niemöllerstraße 1, 14806 Bad
Belzig, erhoben werden.

Im Auftrag

Dr. Koßmann
Amtstierärztin

Kapitel 5
Verwaltungsvollstreckung

5.1   Allgemeines

5.1.1   Begriff der Verwaltungsvollstreckung

1140   Unter der Verwaltungsvollstreckung versteht man die zwangsweise Durchsetzung öffent-lich-rechtlicher Ansprüche einer Behörde gegenüber einem Bürger bzw. gegenüber einer juristischen Person in einem besonderen Verwaltungsverfahren. Die Verwaltungsvollstre-ckung erhält ihre besondere Bedeutung dadurch, dass sich die öffentliche Verwaltung – anders als der Bürger selbst – nicht eines Gerichts zur Durchsetzung ihrer Ansprüche mittels eines von einem Gericht erlassenen Titels (= Urteil) bedienen muss. Die Behörde (z. B. »Der Oberbürgermeister der Landeshauptstadt Potsdam«) kann sich vielmehr durch den Erlass eines Verwaltungsakts den erforderlichen Titel selbst schaffen (Privileg der Selbsttitulierung) und ihn danach selbst vollstrecken (Privileg der Selbstvollstreckung). Mit der Verwaltungsvollstreckung kann die Behörde öffentlich-rechtliche Geldforderungen beitreiben (sog. Beitreibungsverfahren). Sie kann auch eine Handlung, eine Duldung oder ein Unterlassen erzwingen (sog. Verwaltungszwangsverfahren).[73]

1141   Die Anwendung der Verwaltungsvollstreckungsregelungen bedeutet für die betroffenen Bürger in der Regel einen nicht unbeachtlichen Eingriff in deren Rechtssphäre. Aus die-sem Grund ist es notwendig, dass sämtliches hoheitliches Handeln auf der Basis dieses Vollstreckungsrechts den rechtsstaatlichen Anforderungen des Grundgesetzes entspricht.

5.1.2   Rechtsgrundlagen

1142   Gesetzliche Grundlagen für die Verwaltungsvollstreckung finden sich zum Teil in (vorran-gigen) Vorschriften des Besonderen Verwaltungsrechts (vgl. etwa § 58 AufenthG – Ab-schiebung, § 59 AsylG, §§ 249 ff. AO, § 20 Abs. 1 Satz 2, § 26 Abs. 2 Satz 3, 4 BbgStrG,

---

[73]   Weiterführend Michael App, Einführung in das Verwaltungsvollstreckungsrecht, JuS 2004, 786 ff. – Anhand sieben kleiner Fälle gibt der Autor einen Überblick über das Verwaltungsvoll-streckungsrecht. Ausführlich: App/Wettlaufer, Praxishandbuch Verwaltungsvollstreckungsrecht, 5. Aufl. 2011.

§ 16 Abs. 9 HandwO, § 16a Abs. 1 Nr. 2 TierSchG[74] – Fortnahme und Unterbringung von Tieren). Für die Polizeibehörden enthält das Brandenburgische Polizeigesetz (BbgPolG) eigenständige vollstreckungsrechtliche Regelungen in den §§ 53 ff. BbgPolG.

Das Vollstreckungsrecht für die allgemeinen Landes- und Kommunalbehörden im Land Brandenburg findet sich im Verwaltungsvollstreckungsgesetz für das Land Brandenburg (VwVGBbg), das im Jahr 2013 neu erlassen worden ist und das frühere gleichnamige Gesetz aus dem Jahr 1991 ersetzt hat. Die Kosten von Vollstreckungsmaßnahmen sind in der Kostenordnung zum Verwaltungsvollstreckungsgesetz für das Land Brandenburg (BbgKostO) normiert.

5.1.3   Aufbau des VwVGBbg

Das VwVGBbg gliedert sich in sechs Abschnitte: Abschnitt 1 (§§ 1–16) enthält allgemeine Vorschriften, die sowohl bei der Vollstreckung von Geldforderungen als auch bei der Vollstreckung sonstiger geforderter Handlungen, Duldungen oder Unterlassungen gelten. Die Beitreibung öffentlich-rechtlicher Geldforderungen ist in Abschnitt 2 (§§ 17–24), die von Geldforderungen bürgerlichen Rechts in Abschnitt 3 (§ 25) geregelt. Abschnitt 4 (§§ 26–36) enthält die Vorschriften zur Vollstreckung sonstiger Handlungen, Duldungen oder Unterlassungen, und die Vollstreckungskosten sind im Abschnitt 5 (§§ 37–39) enthalten. In Abschnitt 6 (§§ 40–41) finden sich die Schlussvorschriften. | 1143

Auf Bundesebene wird die Vollstreckung in erster Linie durch das Verwaltungsvollstreckungsgesetz des Bundes (VwVG) geregelt, daneben aber auch durch das Gesetz über den unmittelbaren Zwang bei Ausübung öffentlicher Gewalt durch Vollzugsbeamte des Bundes (UZwG) bzw. der Bundeswehr (UZwGBw). Achtung: Diese Bundesgesetze sind in keinem Fall für Landes- und Kommunalbehörden in Brandenburg anwendbar. | 1144

5.1.4   Beitreibung und Verwaltungszwang

Man unterscheidet grundsätzlich zwei verschiedene Vollstreckungsarten: Die Vollstreckung von Geldforderungen, das sog. Beitreibungsverfahren, geregelt in §§ 17–25 VwVGBbg, und die Vollstreckung von Handlungen, Duldungen und Unterlassungen, den sog. Verwaltungszwang, geregelt in §§ 26–36 VwVGBbg. | 1145

---

[74]   Die Sondervorschrift verdrängt das VwVGBbg, vgl. VG Oldenburg, Urteil vom 21.06.2010 – 11 A 1875/09 –, juris, bestätigt durch BVerwG.

Übersicht: Vollstreckung von Forderungen einer Behörde

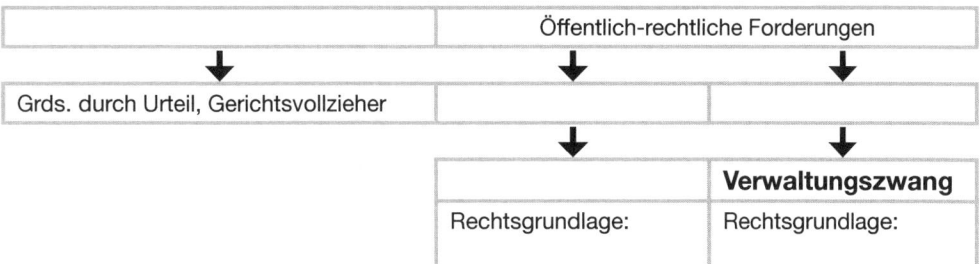

Aufgabe:
Ergänzen Sie die Übersicht.

5.1.5 Abgrenzung der Zwangsmittel von Ahndungsmitteln

1146 Mit Zwangsmitteln werden Handlungen, Duldungen oder Unterlassungen für die Zukunft erzwungen. Mit Ahndungsmitteln (Strafe, Geldbuße, Verwarnung) werden in der Vergangenheit liegende, rechtswidrig und schuldhaft begangene Handlungen gesühnt; dabei ist ohne Bedeutung, wie sich der Täter zukünftig verhalten wird (wenngleich auch eine erzieherische Wirkung beabsichtigt ist). Zwangsmittel können auch neben Ahndungsmitteln eingesetzt und so lange wiederholt werden, bis der beabsichtigte Erfolg eingetreten ist (§ 29 Abs. 1 Satz 1, 2 VwVGBbg). Eine Rangfolge, etwa dass ein Zwangsmittel erst angewendet werden dürfte, wenn Ahndungsmittel endgültig ohne Erfolg geblieben sind, existiert daher nicht.

Übersicht: Abgrenzung der Zwangsmittel von Ahndungsmitteln

← Vergangenheit	→ Zukunft
für vergangenes Tun	für künftiges Tun
Beispiele	Beispiele

Aufgabe:
1147 Ergänzen Sie die Übersicht.

Beispiel:
1148 Wer vorsätzlich oder fahrlässig einer Auflage nach § 34c GewO nicht nachkommt, handelt nach § 144 Abs. 2 Nr. 3 GewO ordnungswidrig. Diese Ordnungswidrigkeit kann gemäß § 144 Abs. 4 GewO mit einer Geldbuße von bis zu 5.000 € geahndet werden. Zur Durchsetzung der gewerberechtlichen Auflage kann daneben ein Zwangsmittel (z. B. Zwangsgeld bis zu 50.000 €) festgesetzt werden.

5.2 Überblick: Verwaltungsvollstreckung wegen Geldforderungen

Die Voraussetzungen für die Einleitung der Vollstreckung wegen Geldforderungen (z.B.   1149
Steuern, Gebühren, Beiträge, Buß- oder Zwangsgelder, Rückforderungen zu Unrecht
erhaltener Sozialleistungen) sind in §§ 3, 17–25 VwVGBbg geregelt. Nach § 19 Abs. 2
VwVGBbg kann ein Leistungsbescheid (= Verwaltungsakte, mit denen eine öffentlich-
rechtliche Geldleistung gefordert wird, vgl. § 17 Abs. 1 VwVGBbg) vollstreckt werden, wenn

- er dem Vollstreckungsschuldner bekannt gegeben ist,   1150
- die beizutreibende Forderung fällig ist,
- eine Frist von einer Woche seit Bekanntgabe des Leistungsbescheids oder, wenn die
  Leistung erst später fällig wird, eine Frist von einer Woche nach Eintritt der Fälligkeit
  (Schonfrist) abgelaufen ist, soweit gesetzlich nichts anderes bestimmt ist, und
- der Vollstreckungsschuldner vor der Beitreibung schriftlich oder durch Postnachnah-
  meauftrag ergebnislos aufgefordert worden ist, innerhalb einer bestimmten Frist von
  mindestens einer Woche seit Bekanntgabe zu leisten (Mahnung), ggf. mit Ausnahmen
  in § 20 VwVGBbg.

Die Beitreibung von Geldforderungen ist Sache der Vollstreckungsbehörden. Die Aufgaben   1151
der Vollstreckungsbehörden werden in der Regel von den Behörden wahrgenommen, die
den Leistungsbescheid erlassen haben, teilweise aber auch von anderen Stellen (siehe
§ 17 Abs. 2 Satz 2 Nrn. 1-9 VwVGBbg). Sind Erlass- und Vollstreckungsbehörde nicht
identisch, wird die Vollstreckung durch ein verwaltungsinternes Vollstreckungsersuchen
nach § 4 VwVGBbg eingeleitet.

Das Verwaltungszwangsverfahren ist teilweise im VwVGBbg selbst geregelt, teilweise   1152
verweist das Gesetz aber auch auf die Beitreibungsvorschriften der Abgabenordnung
(vgl. § 22 Abs. 1 VwVGBbg).

5.3 Verwaltungszwang

Bei dem hier im Mittelpunkt stehenden Verfahren des Verwaltungszwangs geht es nicht   1153
um die Beitreibung von Geldforderungen, sondern um Verwaltungsakte, die zu einer
Geldleistung, einer sonstigen Handlung, Duldung oder Unterlassung verpflichten (so
§ 3 VwVGBbg).

5.3.1 Gestrecktes Verfahren

Das sog. gestreckte Verfahren, mit dem ein erlassener Verwaltungsakt durchgesetzt   1154
werden soll, ist gemäß der Ermächtigungsgrundlage in §§ 3, 27 Abs. 1 Satz 1 VwVGBbg
das Normalverfahren des Verwaltungszwangs. Angesichts des starken Eingriffs in die
Rechtssphäre des Betroffenen, den Maßnahmen des Verwaltungszwangs darstellen
können, hat es der Gesetzgeber streng formalisiert, um den Rechtsschutz des Bürgers

durch die Anfechtbarkeit der einzelnen Maßnahmen zu stärken. Daneben gibt es das Verfahren des sofortigen Vollzugs gemäß § 27 Abs. 1 Satz 2 VwVGBbg, mit dem Zwangsmittel gerade ohne vorausgehenden Verwaltungsakt angewendet werden; es stellt eine Ausnahme für den unmittelbaren Gefahrenfall dar.

5.3.2   Rechtmäßigkeit des Verwaltungszwangs im gestreckten Verfahren

1155   Die Rechtmäßigkeitsanforderungen an die Durchführung des gestreckten Verfahrens ergeben sich aus folgendem Aufbauschema:

Aufbauschema:

1156   **I. Ermächtigungsgrundlage**
§ 27 Abs. 1 Satz 1, § 3 VwVGBbg

1157   **II. Formelle Rechtmäßigkeit**
1. Zuständigkeit (§ 26 VwVGBbg)
2. Allgemeine Verfahrensvoraussetzungen (§§ 10 ff. VwVfG)
3. Vollstreckungsrechtliche Verfahrensschritte
    a) Androhung des Zwangsmittels (§ 28 VwVGBbg)
        aa) Schriftform (§ 28 Abs. 1 Satz 1 VwVGBbg)
        bb) Verbindung mit dem Grundverwaltungsakt, wenn ein Rechtsbehelf keine aufschiebende Wirkung hat (§ 28 Abs. 2 Satz 2 VwVGBbg)
        cc) Fristsetzung (§ 28 Abs. 1 Satz 2, 3 VwVGBbg)
        dd) Bestimmtheit (§ 28 Abs. 3 VwVGBbg)
        ee) Angabe der voraussichtlichen Kosten bei Androhung von Ersatzvornahme (§ 28 Abs. 5 VwVGBbg)
        ff)   Androhung von Zwangsgeld in bestimmter Höhe (§ 28 Abs. 4 VwVGBbg)
        gg) Begründung (§ 39 Abs. 1 VwVfG)
        hh) Förmliche Zustellung (§ 28 Abs. 6 VwVGBbg)
    b) Festsetzung (nur) des Zwangsgeldes (§ 30 Abs. 3 VwVGBbg)
    c) Anwendung des Zwangsmittels (vgl. § 29 VwVGBbg)

1158   **III. Materielle Rechtmäßigkeit**
    a) Vorliegen eines wirksamen Verwaltungsakts, der auf die Vornahme einer Handlung oder auf Duldung oder Unterlassung gerichtet ist
    b) Vollstreckbarkeit des Verwaltungsakts
    c) Fehlen von Vollstreckungshindernissen
2. Ggf. richtiger Vollstreckungsadressat
3. Richtiges Zwangsmittel (§§ 30 – 36 VwVGBbg)
4. Verhältnismäßigkeit (§ 29 VwVGBbg)
5. Fehlerfreie Ermessensausübung (§ 40 VwVfG, § 15 OBG)

1159   Die Erläuterungen orientieren sich an dem v. g. Aufbauschema.

5.3.2.1   Zuständigkeit

1160   Verwaltungszwang wird von der Behörde ausgeübt, die den zu vollstreckenden Verwaltungsakt erlassen hat, und zwar auch dann, wenn eine Widerspruchsentscheidung zu vollziehen ist.

Beispiel:
Für die zwangsweise Durchsetzung einer Gewerbeuntersagungsverfügung nach § 35 Abs. 1   1161
Satz 1 GewO durch Versiegelung der Geschäftsräume der Gewerbetreibenden Schmitz,
die von der Landeshauptstadt Potsdam erlassen worden ist, ist eben auch die Landes-
hauptstadt Potsdam gemäß § 26 VwVGBbg i. V. m. § 155 Abs. 2 GewO, § 1 Abs. 1, 2 und
lfd. Nr. 1.3, 1.14 der Verordnung über Zuständigkeiten im Gewerberecht (GewRZV), §§ 1, 3
Abs. 1, § 5 OBG zuständig; man spricht insoweit auch von einer »Synchronzuständigkeit«.
Die Anwendung unmittelbaren Zwangs ist nur bestimmten Vollzugsbcamten übertragen.
Verfügt die jeweilige Ordnungsbehörde allerdings nicht über solche Dienstkräfte oder kann
sie ihre Maßnahmen nicht auf andere Weise selbst durchsetzen, kann sie um Vollzugshilfe
der Polizei ersuchen (§ 2 OBG, § 50 Abs. 1 BbgPolG). Vollzugshilfe wird allen Behörden
geleistet, nicht nur Ordnungsbehörden (vgl. § 2 und § 50 Abs. 1 BbgPolG: »anderen
Behörden«). Sie ist eine besondere Art der Amtshilfe. Nach § 50 Abs. 1 BbgPolG ist die
Polizei zur Hilfe verpflichtet; in bestimmten Fällen darf/braucht Hilfe nicht geleistet werden
(vgl. § 5 Abs. 2, 3 VwVfG analog).

5.3.2.2   Allgemeine Verfahrensvoraussetzungen
Das Vollstreckungsverfahren ist ein Verwaltungsverfahren im Sinne des § 9 VwVfG mit der   1162
Folge, dass die Verfahrensvoraussetzungen der §§ 10 ff. VwVfG erfüllt sein müssen, soweit
es auf den Erlass eines Verwaltungsakts gerichtet ist. Die Androhung der Zwangsmittel und
die Festsetzung eines Zwangsgeldes sind Verwaltungsakte (§ 35 Satz 1 VwVfG); dies gilt nach
h. M. auch für die Anwendung von Zwangsmitteln. Nach § 28 Abs. 2 Nr. 5 VwVfG bedarf es
keiner Anhörung bei Maßnahmen in der Verwaltungsvollstreckung. Dahinter steht die Über-
legung, dass der Pflichtige im Rahmen der vor Erlass der Grundverfügung vorgeschriebenen
Anhörung bereits ausreichend Gelegenheit hatte, umfassend zur Sache Stellung zu nehmen.

Vollstreckungsrechtliche Verfahrensschritte

Das gestreckte Vollstreckungsverfahren läuft regelmäßig in drei Stufen ab, wie sich aus   1163
den §§ 28–30 VwVGBbg ergibt:

* Androhung der Zwangsmittel   1164
* Festsetzung der Zwangsmittel
* Anwendung der Zwangsmittel

Androhung
Die Androhung ist in der sorgfältigen rechtsstaatlichen Ausgestaltung des Verfahrens das   1165
Kernstück des Verwaltungszwangs:

* Die Androhung soll dem Pflichtigen die Möglichkeit geben, durch freiwillige Erfüllung   1166
  der Verhaltenspflicht die Vollstreckung abzuwenden.
* Sie soll den ggf. erforderlich werdenden Vollzug des Verwaltungsakts so weit konkre-
  tisieren, dass das Zwangsmittel festgesetzt und angewendet werden kann.
* Außerdem soll sie dem Pflichtigen eine weitere Anfechtungsmöglichkeit durch gegen
  die Androhung gerichtete Widerspruchserhebung eröffnen.

1167   Gemäß § 28 Abs. 1, 3 VwVGBbg sind bestimmte Zwangsmittel schriftlich anzudrohen. Unzulässig ist die gleichzeitige Androhung mehrerer Zwangsmittel ohne Angabe der Reihenfolge sowie die Androhung, mit der sich die Vollzugsbehörde die Wahl zwischen mehreren Zwangsmitteln vorbehält. § 28 Abs. 3 VwVGBbg gestattet aber die Androhung mehrerer Zwangsmittel, sofern angegeben wird, in welcher Reihenfolge sie angewendet werden sollen (sog. »Vorrats-« oder »Stufenandrohung«).

Nicht zulässig – wenngleich in der Verwaltungspraxis des Öfteren anzutreffen – ist die Androhung eines einheitlichen Zwangsmittels für mehrere voneinander unabhängige Handlungen. Es muss vielmehr die Androhung für jede einzelne Verpflichtung getrennt ergehen.

Beispiel:
1168   Eine tierschutzrechtliche Verfügung mit den Punkten »Tränken der Esel«, »Reinigen des Stalls«, »Hufbeschlag von Pferden« bedarf separater Zwangsmittelandrohungen für die drei Anordnungen.

1169   Keiner Androhung bedarf es im Falle der Fiktion der Abgabe einer Erklärung nach § 33 VwVGBbg, da § 33 Abs. 1 Nr. 2 VwVGBbg vorsieht, dass der Vollstreckungsschuldner darauf hinzuweisen ist, dass eine bestimmte Erklärung als abgegeben gilt, sobald der Verwaltungsakt unanfechtbar geworden ist.

1170   Dem Betroffenen ist gemäß § 28 Abs. 1 Satz 2 VwVGBbg in der Androhung zur Erfüllung der Verpflichtung eine angemessene Frist zu bestimmen. Entbehrlich ist die Fristsetzung, wenn es gesetzlich ausdrücklich bestimmt ist (bspw. in. § 58a Abs. 1 Satz 1AufenthG) oder wenn eine Duldung oder Unterlassung erzwungen werden soll (§ 28 Abs. 1 Satz 3 VwVGBbg), weil diese ihrer Natur nach sofort umgesetzt werden können und es sich zudem meist um Dauerpflichten handelt, die ab Bekanntgabe des Verwaltungsakts einzu-halten sind.

1171   Die Frist kann nach den Umständen des Einzelfalls von wenigen Minuten bis zu mehreren Wochen betragen. Eine Verpflichtung zu »unverzüglichem Handeln« verstößt gegen das Bestimmtheitserfordernis.[75] Eine kalendermäßige Bestimmung reicht immer aus.

Die Konkretisierung der Art und Weise der Anwendung unmittelbaren Zwangs ist nicht erforderlich.[76] Angemessen ist die Frist, wenn sie unter Berücksichtigung der Gefahrenlage und des behördlichen Interesses an dem zügigen Vollzug des Verwaltungsakts dem Betroffenen genügend Zeit gibt, der Verpflichtung nachzukommen oder um einstweiligen Rechtsschutz nachzusuchen.[77]

1172   Unschädlich ist auch, wenn Grundverfügung und Androhung zusammen in einem Bescheid erfolgen. Gemäß § 28 Abs. 2 VwVGBbg kann die Androhung nämlich mit dem Grundverwaltungsakt verbunden werden. In den Fällen, in denen ein Rechtsbehelf gegen die Verfügung keine aufschiebende Wirkung hat, ist dies sogar gemäß § 28 Abs. 2 Satz 2 VwVGBbg der Regelfall.

1173   Die Vollzugsbehörde kann die Androhung also als selbstständige Verfügung (Verwaltungsakt i. S. d. § 35 Satz 1 VwVfG) aussprechen oder mit dem Grundverwaltungsakt verbinden.

---

[75]   VGH Mannheim, NVwZ-RR 1995, S. 506 (507 f.).
[76]   OVG Münster, NWVBl. 1990, S. 426 f.
[77]   Vgl. BVerwG, DÖV 1964, S. 168 (169).

Zwangsgeld ist in bestimmter Höhe anzudrohen (§ 28 Abs. 4 VwVGBbg). Dazu ist die   1174
Angabe eines festen Euro-Betrags erforderlich. Die lediglich Angabe eines Höchstbe-
trags ist nicht rechtmäßig.

Soll die Handlung auf Kosten des Pflichtigen ausgeführt werden (Ersatzvornahme), so   1175
sollen nach § 28 Abs. 5 VwVGBbg in der Androhung die voraussichtlichen Kosten angegeben werden. Nach § 32 Abs. 2 VwVGBbg kann bestimmt werden, dass der Betroffene
die voraussichtlichen Kosten der Ersatzvornahme im Voraus zu zahlen hat. Dem Pflichtigen
soll die Höhe der auf ihn zukommenden Kosten vorher bewusst gemacht werden, um ihn
doch noch zu der verlangten Handlung zu bewegen. Eine solche Zahlungsaufforderung
entfaltet somit eine Beugewirkung und stellt einen selbstständigen Verwaltungsakt dar,
der im Wege der Beitreibung vollstreckt werden kann.

Die Androhung ist zuzustellen gemäß § 41 Abs. 5 VwVfG i. V. m. §§ 3 ff. VwZG (i. V. m.   1176
§ 1 Abs. 1 VwZG Bbg). Das gilt auch dann, wenn sie mit dem zugrunde liegenden Verwaltungsakt verbunden ist und für ihn keine Zustellung vorgeschrieben ist (§ 28 Abs. 6
VwVGBbg). Für den Regelfall dürfte sich aus Beweisgründen die Verwendung der Zustellungsurkunde (§ 3 VwZG) anbieten.

Ist Ersatzzwangshaft zu beantragen, muss hierauf schon bei der Androhung des Zwangs-   1177
geldes oder nachträglich spätestens einen Monat vor Antragstellung hingewiesen werden
(§ 31 Abs. 1 VwVGBbg).

Als schriftlicher Verwaltungsakt ist die Androhung eines Zwangsmittels schriftlich zu   1178
begründen (§ 39 Abs. 1 VwVfG). Angegeben werden müssen auf jeden Fall die Rechtsgrundlagen der Vollstreckung. Stehen mehrere Zwangsmittel zur Wahl, ist die getroffene
Auswahl kurz zu begründen. Auf die Höhe des Zwangsgeldes ist dann einzugehen, wenn
es schon beim ersten Mal erheblich hoch ist oder bei wiederholter Androhung erhöht
wird. Stets der Begründung bedarf die Androhung von unmittelbarem Zwang, da es nur
erlaubt ist, wenn die Ersatzvornahme oder das Zwangsgeld nicht zum Ziel führen oder
untunlich sind.

Bescheidmuster: Androhung Zwangsgeld (als separate Androhung)

Brandschau in Potsdam, ...str. 23, am ... 2020

Sehr geehrte Damen und Herren,
sehr geehrte/r ...

Mit Verfügung vom ... 2020 habe ich Ihnen aufgegeben, die bei der oben genannten   1179
Brandschau festgestellten Mängel bis zum ... zu beseitigen und mir diese Mängelbeseitigung umgehend anzuzeigen. Diese Verfügung ist unanfechtbar und vollziehbar
geworden.

Sollten Sie nicht bis zum ... diese Mängel beseitigt und mir die Mängelbeseitigung   1180
unverzüglich angezeigt haben, werde ich ein Zwangsgeld in Höhe von XX.000,– € festsetzen. Dieses Zwangsgeld drohe ich Ihnen hiermit an. Ich weise vorsorglich darauf hin,

dass das Verwaltungsgericht Potsdam auf meinen Antrag Ersatzzwangshaft bis zu zwei Wochen anordnen kann, wenn ein festgesetztes Zwangsgeld uneinbringlich sein sollte. Rechtsbehelfe gegen die Androhung des Zwangsgeldes haben keine aufschiebende Wirkung.

181   Diese Entscheidung ergeht verwaltungskostenfrei.

Begründung:

182   Mit schriftlicher Ordnungsverfügung vom … 2020 habe ich Ihnen aufgegeben, die bei der oben genannten Brandschau festgestellten Mängel bis zum … 2020 zu beseitigen und mir diese Mängelbeseitigung umgehend anzuzeigen. Ein schriftlicher Mängelbericht lag vorgenanntem Schreiben bei.

183   Obwohl diese Mängelbeseitigungsverfügung vom … 2020 zwischenzeitlich unanfechtbar und vollziehbar geworden ist, haben Sie die festgestellten Mängel zwischenzeitlich nicht behoben.

184   Rechtsgrundlage der Ordnungsverfügung zur Mängelbeseitigung ist § …. Die Zwangsgeldandrohung als Vollstreckungsmaßnahme gründet sich auf die §§ 3, 27 Abs. 1 Satz 1, § 28 des Verwaltungsvollstreckungsgesetzes für das Land Brandenburg (VwVGBbg) in der Fassung der Bekanntmachung vom ….

185   Gemäß § 27 Abs. 1 Satz 1 VwVGBbg kann der Verwaltungsakt, der auf die Vornahme einer Handlung oder Duldung oder Unterlassung gerichtet ist, mit Zwangsmitteln durchgesetzt werden, wenn er unanfechtbar ist oder wenn ein Rechtsbehelf keine aufschiebende Wirkung hat. Die durchzusetzende Mängelbeseitigungsverfügung ist seit … 2020 unanfechtbar und vollziehbar. Damit kann die Mängelbeseitigung mit Zwangsmitteln durchgesetzt werden und die weitere Gefährdung der öffentlichen Sicherheit unterbunden werden.

186   Es ist davon auszugehen, dass auch weiterhin die bei der Brandschau festgestellten Mängel nicht behoben werden. Dafür spricht, dass Sie die Mängelbeseitigung bis zum heutigen Tage unterlassen haben und auch ansonsten nicht auf meine Verfügung vom … 2020 reagiert haben.

187   Die Androhung des Zwangsgeldes gemäß § 30 VwVGBbg ist verhältnismäßig i.S.d. § 30 Abs. 2 Satz 1 VwVGBbg. Die Androhung eines Zwangsgeldes ist geeignet und erforderlich, Sie zur Beseitigung der bei der Brandschau festgestellten Mängel zu bewegen. Dabei habe ich im Rahmen der pflichtgemäßen Ausübung meines Ermessens berücksichtigt, dass ich im Falle der Anwendung der Ersatzvornahme einen erheblichen Geldbetrag aus Steuermitteln verauslagen müsste. Zudem verbleibt Ihnen die Wahl der Art und Weise, wie die Mängel beseitigt werden. Die Androhung eines Zwangsgeldes ist auch angemessen, da an der Beseitigung der bei der Brandschau festgestellten Mängel ein großes öffentliches Interesse besteht, denn die festgestellten Mängel stellen ein erhebliches Gefährdungspotenzial dar.

Gemäß § 30 VwVGBbg wird das Zwangsgeld auf mindestens 10 und auf höchstens 50.000 € schriftlich festgesetzt. Bei der Bestimmung der Höhe des Zwangsgeldes gehe ich von unter-/durchschnittlichen Einkommensverhältnissen aus. Die Androhung eines Zwangsgeldes von … € ist andererseits in dieser Höhe notwendig, um meiner Verfügung die erforderliche Durchsetzungskraft zu verleihen. Nur wenn die Beitreibung zu einer spürbaren Vermögenseinbuße führt, ist zu erwarten, dass Sie die bei der Brandschau festgestellten Mängel beseitigen werden.

Hinweis:
Ich weise darauf hin, dass gemäß § 31 Abs. 1 VwVGBbg im Falle der Uneinbringlichkeit des Zwangsgeldes das Verwaltungsgericht Potsdam auf Antrag der Verwaltungsbehörde Ersatzzwangshaft anordnen kann. Die Ersatzzwangshaft beträgt mindestens einen Tag und höchstens zwei Wochen.

Bezüglich der Androhung eines Zwangsgeldes weise ich auf § 80 Abs. 2 Satz 1 Nr. 3 VwGO i.V.m. § 16 VwVGBbg hin. Danach haben Rechtsbehelfe gegen Zwangsmittel keine aufschiebende Wirkung.

Rechtsbehelfsbelehrung: …

Hochachtungsvoll
Im Auftrag
(Unterschrift)

Festsetzung der Zwangsmittel
Wird die Verpflichtung innerhalb der Frist, die in der Androhung bestimmt ist, nicht erfüllt, so kann die Vollstreckungsbehörde das Zwangsmittel festsetzen (fakultative Festsetzung); eine Ausnahme ist das Zwangsgeld, dass immer der Festsetzung bedarf (obligatorische Festsetzung; vgl. § 30 Abs. 1, 3 VwVGBbg). Festsetzung heißt, die Behörde ordnet an, dass das Zwangsmittel nunmehr angewendet werden soll. Zwangsgeld wird in Form eines Leistungsbescheids i.S.d. § 17 Abs. 1 VwVGBbg festgesetzt, also durch Erlass eines Verwaltungsakts.
Im Verhältnis zum Pflichtigen hat die Festsetzung Schutzcharakter als »eine nochmalige unmissverständliche Warnung, durch die der Pflichtige letztmals Gelegenheit erhält, den Verwaltungszwang durch Befolgung der Grundverfügung abzuwenden«. Die Festsetzung ist unabhängig von der Art Zwangsmittel ein belastender Verwaltungsakt.
Die einfache Bekanntgabe reicht für die Festsetzung aus.
Die Festsetzung muss sich im Rahmen der Androhung halten. Es darf kein anderes oder schwerwiegenderes Zwangsmittel festgesetzt werden, wohl aber das angedrohte Zwangsmittel eingeschränkt werden. Insbesondere darf Zwangsgeld in geringerer Höhe als angedroht festgesetzt werden.
Die Festsetzung eines Zwangsgeldes mehr als fünf Jahre nach erfolgter Androhung ist rechtswidrig.[78]

---

[78] VG Lüneburg, Beschluss vom 16.12.2004 – 2 B 82/04 –, juris (nachgehend OVG Lüneburg, Beschluss vom 09.02.2005 – 7 ME 8/05 –).

Anwendung der Zwangsmittel

195 Als letzte Stufe des gestreckten Verfahrens wird das Zwangsmittel der Androhung bzw. Festsetzung gemäß angewendet (§ 29 VwVGBbg).[79] Ist bei der Festsetzung noch einmal eine Frist zur freiwilligen Erfüllung des Verwaltungsakts gesetzt worden, muss deren ergebnisloser Ablauf abgewartet werden. Die Behörde darf das festgesetzte Zwangsmittel eingeschränkt anwenden, nicht aber über die Festsetzung hinausgehen. Zwangsmittel dürfen gemäß § 29 Abs. 1 Satz 1 VwVGBbg wiederholt und so lange angewendet werden, bis der Verwaltungsakt vollstreckt oder in anderer Weise erledigt ist. Zur Erzwingung einer Duldung oder Unterlassung dürfen Zwangsmittel nicht mehr angewandt werden, wenn eine weitere Zuwiderhandlung nicht mehr zu befürchten ist (§ 29 Abs. 1 Satz 3 VwVGBbg). Die Anwendung des Zwangsmittels beim Zwangsgeld erfolgt durch die Beitreibung nach den §§ 17–24 VwVGBbg, wenn der Betroffene nicht vorher den durch Leistungsbescheid festgesetzten Betrag zahlt.

Materielle Rechtmäßigkeit

196 Soweit keine fachgesetzliche Ermächtigung eingreift, ist auf die allgemeine vollstreckungsrechtliche Ermächtigungsgrundlage (§§ 3, 27 Abs. 1 Satz 1 VwVGBbg) zurückzugreifen. Die Prüfung gliedert sich in drei Teile:

197 • Es muss ein befehlender (Grund-)Verwaltungsakt vorliegen.
• Der Verwaltungsakt muss vollstreckbar sein.
• Es dürfen keine Vollstreckungshindernisse entgegenstehen.

Grundverwaltungsakt

198 Grundlage des gestreckten Vollstreckungsverfahrens ist ein Verwaltungsakt, der sog. Grundverwaltungsakt (Grundverfügung). Dabei muss es sich objektiv um einen Verwaltungsakt i. S. d. § 35 VwVfG handeln.
Mit Zwangsmitteln durchgesetzt werden kann nur ein Verwaltungsakt, der auf die Vornahme einer Handlung, auf Duldung oder Unterlassen gerichtet ist, also ein sog. befehlender Verwaltungsakt. Rechtsgestaltende und feststellende Verwaltungsakte entfalten ihre Rechtsfolgen unmittelbar mit der Bekanntgabe. Vollzugsakte sind weder nötig noch möglich.

Beispiele:

199 1. Wenn der Landkreis Potsdam-Mittelmark Marie Müller die Fahrerlaubnis entzieht und den Führerschein zurückfordert, so ist die Fahrerlaubnis mit der Bekanntgabe des Bescheids erloschen. Die Rückforderung des Führerscheins begründet demgegenüber eine Handlungspflicht der Führerscheininhaberin (vgl. § 52 VwVfG), die ggf. mit Zwangsmitteln durchgesetzt werden muss.
2. Die Afghanin Zohre-Esmaeli wird in Deutschland vom Landkreis Märkisch-Oderland eingebürgert; es liegt kein befehlender, irgendwie vollstreckungsbedürftiger Verwaltungsakt vor.

---

[79]   Zu den Besonderheiten der einzelnen Zwangsmittel siehe S. 212 ff.

Der Verwaltungsakt muss wirksam sein. Die Wirksamkeit beginnt gemäß § 43 Abs. 1   1200
VwVfG mit seiner Bekanntgabe und dauert nach § 43 Abs. 2 VwVfG an, solange und
soweit der Verwaltungsakt nicht zurückgenommen, widerrufen, anderweitig aufgehoben
oder durch Zeitablauf oder auf andere Weise erledigt ist.

Die Wirksamkeit ist nicht an die Rechtmäßigkeit des Verwaltungsakts geknüpft. Dessen   1201
Rechtmäßigkeit oder Rechtswidrigkeit ist keine feststehende Tatsache, sondern wird
zwischen Behörde und Adressat oftmals streitig sein. Der Betroffene hat innerhalb der
gesetzlich bestimmten Fristen Gelegenheit, die Rechtmäßigkeit des Verwaltungsakts
durch Widerspruchs- und Klageverfahren überprüfen zu lassen. Wenn der Rechtsbehelf
des Bürgers dann zulässig und begründet ist, wird der Verwaltungsakt aufgehoben. Mit
der Aufhebung der Grundverfügung fällt die Vollstreckungsgrundlage weg, sodass auch
die vollstreckungsrechtlichen Verwaltungsakte aufzuheben sind. Hat es der Betroffene
versäumt, die Frage der Rechtmäßigkeit des Verwaltungsakts im Rechtsbehelfsverfahren
verbindlich klären zulassen, kann er sich nachträglich grundsätzlich nicht mehr auf dessen
Rechtswidrigkeit berufen.

Beispiele (Rechtsprechung):
1. »Es ist weder geboten, die Rechtmäßigkeit eines sofort vollziehbaren Untersagungs-   1202
bescheides (gegenüber dem Vermittler von Sportwetten) im Vollstreckungsverfahren
nochmals zu überprüfen, noch ist der Rechtsstreit um die Rechtmäßigkeit einer Vollstreckungsmaßnahme zwingend bis zum Eintritt der Bestandskraft der zu vollstreckenden
Grundverfügung auszusetzen.«[80]

2. »Die Rechtmäßigkeit des zu vollstreckenden Grundverwaltungsaktes ist keine Voraus-   1203
setzung für die Rechtmäßigkeit von Zwangsmitteln. Das Verwaltungsvollstreckungsrecht
wird vielmehr von dem Grundsatz beherrscht, dass Rechtsfehler des Grundverwaltungsaktes, soweit sie nicht zu dessen Nichtigkeit und damit Unwirksamkeit führen, keine
Bedingung für die Anwendung von Zwangsmitteln sind.«[81]

Ist die Grundverfügung bereits bestandskräftig geworden, ist allenfalls zu erwägen,   1204
ob Nichtigkeitsgründe nach § 43 Abs. 3 i. V. m. § 44 VwVfG in Betracht kommen. Zum
Beispiel ist ein Verwaltungsakt, der inhaltlich zu unbestimmt ist, um als Grundlage der
Vollstreckung zu dienen, nach § 44 Abs. 1 VwVfG nichtig.[82]

Vollstreckbarkeit
Mit Zwangsmitteln darf ein Verwaltungsakt nur dann durchgesetzt werden, wenn er voll-   1205
streckbar ist. Vollstreckbar ist ein Verwaltungsakt

* spätestens, wenn er unanfechtbar ist, d. h. eine bestandskräftige Entscheidung vorliegt,   1206
* die Rechtsbehelfsfristen verstrichen sind oder der Betroffene auf Rechtsbehelfe verzichtet hat (Unanfechtbarkeit),
* wenn ein Rechtsbehelf nach § 80 Abs. 2 Satz 1 VwGO keine aufschiebende Wirkung
hat.

---

[80] OVG Lüneburg, Beschluss vom 07.12.2010 – 11 LA 36/09 –, juris.
[81] VG Hannover, Beschluss vom 02.03.2009 – 10 B 740/09 –, juris.
[82] Vgl. OVG Münster, DVBl. 1979, S. 732.

Exkurs: Fallgruppen des Wegfalls der aufschiebenden Wirkung

207 Die aufschiebende Wirkung von Widerspruch und Anfechtungsklage entfällt grundsätzlich bei vier Fallgruppen, die jedoch nicht alle für die Vollstreckbarkeit der Grundverfügung im Verwaltungszwangsverfahren relevant sind.

So entfällt einmal die aufschiebende Wirkung gemäß § 80 Abs. 2 Nr. 1 VwGO bei der Anforderung von öffentlichen Abgaben und Kosten. Öffentliche Abgaben sind hoheitlich geltend gemachte öffentlich-rechtliche Geldforderungen, die von allen erhoben werden, die einen normativen Tatbestand erfüllen und zur Deckung des Finanzbedarfs des Hoheitsträgers für die Erfüllung seiner öffentlichen Aufgaben dienen. Die Regelung umfasst Steuern, Gebühren, Beiträge und auch sonstige Sonderabgaben, die dazu bestimmt sind, bereits entstandene oder bevorstehende Aufwendungen des Abgabengläubigers ganz oder teilweise zu decken. Kosten im Sinne der Vorschrift sind nur die Gebühren und Auslagen, die den Beteiligten für Verwaltungsleistungen auferlegt werden. Darunter fällt nach h. M. nicht die mit einem Verwaltungsakt oder Widerspruchsbescheid verbundene Kostenentscheidung. Erfasst werden nur isolierte und selbstständige Kostenanforderungen. Keine Kosten im Sinne der Vorschrift sind nach h. M.[83] auch Zwangsgelder, die Kosten einer Ersatzvornahme und die Kosten für die Anwendung unmittelbaren Zwangs, da es sich hierbei um Vollstreckungsmaßnahmen handelt.

208 Die aufschiebende Wirkung von Widerspruch und Anfechtungsklage entfällt gemäß § 80 Abs. 2 Nr. 2 VwGO auch bei unaufschiebbaren Anordnungen und Maßnahmen von Polizeivollzugsbeamten. Gemeint sind hier Fälle, in denen sofortiges Eingreifen polizeilicher Vollzugsbeamter – keinesfalls der Ordnungsbehörden – erforderlich ist. Verkehrszeichen, Parkuhren und die Bekanntgabe von Feinstaub-Fahrverboten werden wegen ihrer Funktionsgleichheit mit entsprechenden verkehrsregelnden Zeichen von Polizeibeamten gleichgestellt. Bedeutung erlangt die Regelung daher vor allem für Abschleppfälle.[84]

209 Gemäß § 80 Abs. 2 Nr. 3 VwGO entfällt die aufschiebende Wirkung in durch Spezialgesetze vorgeschriebenen Fällen.[85] Diese gesetzlichen Ausnahmen werden ergänzt durch die der Verwaltung gemäß § 80 Abs. 2 Nr. 4 VwGO eröffnete Möglichkeit, die sofortige Vollziehung der Grundverfügung durch die erlassende Behörde oder die Widerspruchsbehörde anzuordnen. Materielle Voraussetzung dafür ist, dass die sofortige Vollziehung im besonderen öffentlichen Interesse (oder im überwiegenden Interesse eines Beteiligten) geboten ist. Ein öffentliches Interesse, das die sofortige Vollziehung rechtfertigt, kann sich besonders aus der Notwendigkeit einer effektiven Gefahrenabwehr ergeben.

Fehlen von Vollstreckungshindernissen

210 Weitere Voraussetzung ist das Fehlen von Vollstreckungshindernissen.

Vollstreckungshindernisse ergeben sich zum Teil aus besonderen fachgesetzlichen Regelungen, insbesondere kann bei Auskunftsersuchen dem Betroffenen ein Weigerungsrecht zustehen.[86]

---

[83]   OVG Berlin, NVwZ-RR 1995, S. 575; VGH München, NVwZ-RR 1991, S. 512; Redeker/von Oertzen, VwGO, Kommentar, 14. Aufl. 2007, § 80 Rn. 15, a. A. VGH München, DÖV 1994, S. 1013.

[84]   BVerwG NVwZ 1988, S. 623.

[85]   Beispiele dafür finden sich in § 75 AsylVfG, § 16 Abs. 8 IfSG und § 16 VwVGBbg.

[86]   Vgl. § 393 Abs. 1 AO, § 52 Abs. 5 BImSchG, § 16 Abs. 2 Satz 4 IfSG, § 28 Abs. 4 Satz 3 ProdSG.

Nach § 13 Abs. 1 VwVGBbg ist die Vollstreckung einzustellen oder zu beschränken, wenn   1211

- der Zweck erreicht wurde (Nr. 1), vgl. auch § 29 Abs. 1 Satz 1 VwVGBbg,
- der zu vollstreckende Verwaltungsakt aufgehoben wurde (Nr. 1),
- die Vollziehbarkeit des Verwaltungsakts nachträglich entfallen ist (Nr. 2),
- der mit dem Verwaltungsakt geltend gemachte Anspruch erloschen ist, etwa durch Rücknahme oder Widerruf des Verwaltungsakts (Nr. 3), oder
- die mit dem Verwaltungsakt geforderte Leistung gestundet wurde (Nr. 4).

Zweckerreichung liegt vor, wenn die zu erzwingende Verpflichtung erfüllt ist. Dies kann   1212
durch den Adressaten, die Vollzugsbehörde oder einen Dritten geschehen. Eine Anwendung von Zwang ist danach unzulässig. Dies gilt auch beim sog. Zweckfortfall. Dies ist der Fall, wenn das öffentliche Interesse an der Handlung, Duldung oder Unterlassung wegen veränderter Umstände oder neuer Rechtslage nicht mehr besteht.

Beispiele:
1. Der zu beseitigende Schnee auf einem ungesicherten Hausdach ist geschmolzen.   1213
2. Eine Landschaftsschutzverordnung, auf der eine baurechtliche Ordnungsverfügung beruht, ist aufgehoben werden.

Selbstverständlich ist der Verwaltungszwang auch einzustellen, wenn die Voraussetzungen   1214
des Verwaltungszwangs gemäß § 3 Abs. 1 VwVGBbg weggefallen sind, die Grundverfügung z. B. aufgehoben oder die aufschiebende Wirkung eines Rechtsbehelfs gemäß § 80 Abs. 4, 5 VwGO wiederhergestellt worden ist.
Geldmangel begründet keine Unmöglichkeit. Keine Unmöglichkeit liegt bei rein wirtschaftlich begründetem Unvermögen vor.
Rechtliche Unmöglichkeit liegt vor, wenn von dem Adressaten ein Handeln verlangt wird,   1215
bei dem er in Rechte Dritter eingreifen müsste. Rechte Dritter können aber die Möglichkeit des Pflichtigen einschränken, die Grundverfügung freiwillig zu erfüllen. Sie stellen ein Vollstreckungshindernis dar und müssen von der Vollstreckungsbehörde vor Einleitung der Vollstreckung ausgeräumt werden. Dies geschieht durch den Erlass einer (vollziehbaren) Duldungsanordnung gegenüber dem Dritten.[87]

Beispiel:
Wird vom Eigentümer eines verpachteten illegalen Pferdestalls dessen Abbruch verlangt,   1216
so ist er dazu rechtlich nicht in der Lage, solange die aufgrund eines langfristigen Miet- oder Pachtvertrags (Dritter ist also der Pächter) berechtigte dortige Pächterin nicht ihr Einverständnis mit dem Abbruch erklärt und freiwillig räumt.[88] Ein im Voraus nicht eingeholtes Einverständnis macht den Verwaltungsakt aber weder nichtig noch rechtswidrig. Es hindert nur seine Vollziehung, bis eine vollziehbare Duldungsverfügung an die Pächterin ergangen ist. Durch die Duldungsanordnung wird der Dritte verpflichtet, die zwangsweise Durchsetzung des Gebots hinzunehmen.

---

[87] Vgl. VG Halle, Beschluss vom 24.08.2006 – 4 B 357/06 –; OVG Lüneburg, Urteil vom 11.02.1985 – 6 A 95/85 –; BVerwG, Urteil vom 02.12.1988 – 4 C 16/85 –.
[88] OVG Münster, Beschluss vom 08.01.2009 – 7 B 1795/08 –, juris; BVerwGE 40, 101 (103).

Richtiger Vollstreckungsadressat

217 Im Regelfall ist der Vollstreckungsadressat unproblematisch; es handelt sich um den Adressaten der Grundverfügung Der Adressat muss nicht handlungsfähig i.S.d. § 12 Abs. 1 VwVfG sein. Maßgeblich ist allein, ob der Verwaltungsakt gegen ihn gerichtet und Zwang erforderlich ist. Adressat kann in diesem Falle jedoch auch der gesetzliche Vertreter sein (z.B. der Geschäftsführer einer GmbH, Vorstand eines e.V. oder einer AG, Eltern gemäß § 1626 BGB).

218 Die Vollstreckung kann auch gegen den Rechtsnachfolger des Pflichtigen eingeleitet oder fortgesetzt werden, soweit der Verwaltungsakt gegen diesen wirkt und die weiteren Vollstreckungsvoraussetzungen in dessen Person vorliegen. Nicht übertragungsfähig ist die Zwangsmittelandrohung. Wegen ihrer Warn- und Beugefunktion ist sie immer höchstpersönlicher Natur.

219 Richtet sich der zu vollziehende Verwaltungsakt an mehrere Personen, von denen nur eine die gebotene Handlung vornehmen muss, so hat die Behörde nach pflichtgemäßem Ermessen zu bestimmen, gegen wen sie Zwangsmittel anwenden will.

220 Gegen Behörden und juristische Personen des öffentlichen Rechts sind Zwangsmittel unzulässig, soweit nicht etwas anderes bestimmt ist (§ 7 Abs. 4 VwVGBbg). Für die Vollstreckung gegen Gemeinden, Gemeindeverbände und kommunale Anstalten wird auf die Vorschrift des § 118 BbgKVerf verwiesen. Bundesrechtlich ist der Verwaltungszwang gegen Behörden u.a. zugelassen in § 172 VwGO und § 201 SGG.[89] Kommen Behörden und juristische Personen des öffentlichen Rechts ihren Verpflichtungen nicht nach, muss ansonsten die Aufsichtsbehörde um ihr Einschreiten ersucht werden.

Richtiges Zwangsmittel

221 Die Zwangsmittel sind abschließend in § 27 Abs. 2 VwVGBbg geregelt:
1.   Zwangsgeld (§ 30 VwVGBbg)
2.   Ersatzvornahme (§ 32 VwVGBbg)
3.   Fiktion der Abgabe einer Erklärung (§ 33 VwVGBbg)
4.   unmittelbarer Zwang (§ 34 VwVGBbg)
5.   Zwangsräumung (§ 35 VwVGBbg)
6.   Wegnahme (§ 36 VwVGBbg)

1.   Zwangsgeld

222 Bei dem Zwangsgeld (§ 30 VwVGBbg) handelt es sich um ein Beugemittel, bei dem auf den Pflichtigen Druck ausgeübt wird, um diesen zur Herbeiführung des von der Behörde gewünschten Verhaltens zu bewegen. Es ist das zentrale Durchsetzungsmittel für unvertretbares Verhalten. Es führt im Unterschied zur Ersatzvornahme den Erfolg nicht selbst herbei, sondern soll den Pflichtigen mithilfe des psychischen Drucks, der von der Zahlungspflicht bei Nichtbefolgen des Verwaltungsakts ausgeht, anhalten, sich in der vorgeschriebenen Weise zu verhalten. Die Mindest- und Höchstbeträge für Zwangsgeld sind in § 30 Abs. 2 Satz 1 VwVGBbg mit 10 und 50.000 € festgelegt. Die frühere Regelung, dass bei der Festsetzung das wirtschaftliche Interesse der Betroffenen an der Nichtbefolgung des Verwaltungsakts zwingend zu berücksichtigen war, ist in eine Soll-

---

[89]   Vgl. dazu BVerfG, NVwZ 1999, S. 1330.

Vorschrift umgewandelt worden. Dies soll der Vollstreckungsbehörde die Festsetzung des Zwangsgeldes in den Fällen erleichtern, in denen das wirtschaftliche Interesse der Betroffenen nur schwer eingeschätzt werden kann.

Das Zwangsgeld ist verschuldensunabhängig und unterliegt nicht dem Verbot der Doppelbestrafung (Art. 103 Abs. 3 GG). Zahlt die betroffene Person das Zwangsgeld nicht, wird es nach den Bestimmungen über die Vollstreckung von Geldforderungen (§§ 1–24 VwVGBbg) beigetrieben. Die Beitreibung ist nach § 29 Abs. 1 Satz 1 VwVGBbg einzustellen, sobald die gebotene (aktive) Handlung bzw. Duldung ausgeführt wurde; das gilt nicht für durch Verwaltungsakt geforderte Unterlassungen; in diesem Fall wird ein einmal festgesetztes Zwangsgeld weiter beigetrieben. 1223

Beispiele:

1. Die Fahrerlaubnisinhaberin Clara Elsmann ist, nachdem ihr die Fahrerlaubnis durch den Landkreis Märkisch-Oderland entzogen worden ist, verpflichtet, den in ihrem Besitz befindlichen Führerschein herauszugeben. Da sie sich weigert, wird gegen sie ein Zwangsgeld von 1.000 € angedroht und festgesetzt. Sie zahlt nicht, sodass die Beitreibung erfolgt. Am Tag der Pfändung händigt sie der Vollstreckungsbeamtin den Führerschein an der Wohnungstür aus. Das Zwangsgeld wird unzulässig. Die Beitreibung des Zwangsgeldes ist einzustellen. 1224

2. Der Hundehalterin Paula Borgmann wird aufgegeben, es zu unterlassen, ihren Schäferhund ohne Beißkorb in der Öffentlichkeit auszuführen. Der Außendienstmitarbeiter beobachtet den nicht gesicherten Hund, worauf ein (angedrohtes) Zwangsgeld festgesetzt wird. Da ein Unterlassen gefordert wird, wird das Zwangsgeld in jedem Fall weiter beigetrieben, auch wenn der Hund zwischenzeitlich tatsächlich nur noch mit Beißkorb ausgeführt würde.

Zur Anwendung kommt Zwangsgeld hauptsächlich bei unvertretbaren Verpflichtungen (Handlungen, Duldungen, Unterlassungen); außerdem vornehmlich bei der Durchsetzung von Verwaltungsakten der Ordnungsbehörden. Für die Polizei ist es dagegen von geringer Bedeutung. Der Verwaltungszwang mittels Zwangsgeld erfordert eine gewisse Zeit, sodass es sich regelmäßig nur für die aufschiebbaren Fälle eignet. 1225

Ist das Zwangsgeld uneinbringlich, es also nicht beigetrieben werden kann, oder ist es von vornherein aussichtslos, weil der Pflichtige z. B. zahlungsunfähig ist, so kann das Verwaltungsgericht auf Antrag der Vollstreckungsbehörde nach § 31 VwVGBbg die Ersatzzwangshaft anordnen, allerdings nur wenn bei Androhung des Zwangsgeldes oder nachträglich spätestens einen Monat vor Antragstellung auf die Zulässigkeit der Ersatzzwangshaft hingewiesen worden ist. Der nachträgliche Hinweis ist zuzustellen. Die Zwangshaft ist kein eigenständiges Zwangsmittel. Sie ist auch keine Strafe, sondern tritt an Stelle des Zwangsgeldes und ist damit eine Beugehaft. Die Haft beträgt mindestens einen Tag und höchstens zwei Wochen. Der Betroffene erhält eine Ladung zum Haftantritt in einer Justizvollzugsanstalt des Landes Brandenburg; ist die Ersatzzwangshaft vollzogen, entfällt das ihr zugrunde liegende Zwangsgeld. 1226

Bei vertretbaren Handlungen darf die Ersatzzwangshaft nicht angeordnet werden, denn bei vertretbaren Handlungen kommt vorrangig die Ersatzvornahme in Betracht, die gegenüber der Ersatzzwangshaft das mildere Mittel darstellt. Von diesen theoretischen Grundsätzen wird in der Praxis der Kommunalbehörden indes oft durchaus zu Recht abgewichen. 1227

228 **Hinweis:** Im Ordnungswidrigkeitenverfahren ist bei Nichtleistung der Geldbuße die Erzwingungshaft vorgesehen. Diese lässt die Zahlungsverpflichtung der Geldbuße nicht entfallen.

2.   Ersatzvornahme

229 Eine Ersatzvornahme (§ 32 VwVGBbg) liegt vor, wenn die Behörde eine vertretbare Handlung, die der Pflichtige (Adressat des Verwaltungsakts) nicht erbringt, selbst ausführt oder von einem beauftragten Dritten ausführen lässt. Führt die Behörde sie selbst aus, wird sie also mit eigenen Mitteln tätig, spricht man von Selbstvornahme. Beauftragt sie einen Dritten mit der Ausführung, handelt es sich um eine Fremdvornahme. Bei der Fremdvornahme wird zwischen der Behörde und dem Unternehmer als Verwaltungshelfer ein zivilrechtlicher (Werk-)Vertrag geschlossen. Sie ist trotz Ausführung durch einen Privaten gegenüber dem Pflichtigen eine hoheitliche Maßnahme. Der Pflichtige muss kraft öffentlichen Rechts die Ersatzvornahme durch den Dritten dulden. Dieser hat aber keinen eigenen Vergütungsanspruch gegen den Pflichtigen, sondern nur gegenüber der Behörde, die ihrerseits wiederum einen entsprechenden Erstattungsanspruch gegenüber dem Pflichtigen hat, den sie per Leistungsbescheid geltend macht.

230 Vertretbar ist eine Handlung, die in tatsächlicher und rechtlicher Hinsicht von der Behörde oder einem Dritten anstelle des Pflichtigen ausgeführt werden kann. Nicht vertretbar sind höchstpersönliche Handlungen des Verpflichteten, die demgemäß auch nicht mit der Ersatzvornahme vollstreckt werden können. Bei Duldungen oder Unterlassungen scheidet eine Ersatzvornahme ebenso ohne Weiteres aus.

Beispiele:

231 1. Ein Auto wird verkehrswidrig abgestellt. Die Anordnung, das Fahrzeug zu entfernen, kann mit der Ersatzvornahme durchgesetzt werden. Die Ordnungsbehörde kann den Wagen selbst beseitigen oder von einem Dritten (Abschleppunternehmer) beseitigen lassen. Die Handlung ist vertretbar.
2. Herumstehende Personen (»Gaffer«) behindern nach einem Unfall die Rettungskräfte durch neugieriges Verhalten. Ihnen gegenüber wird ein Platzverweis (§ 23 Nr. 1 Buchst. e OBG i. V. m. § 16 Abs. 1 BbgPolG) ausgesprochen. Der Platzverweis kann nicht mit der Ersatzvornahme durchgesetzt werden. Weder die Behörde noch ein Dritter können sich anstelle der handelnden Personen entfernen; die Handlung ist unvertretbar.

232 Grundsätzlich kann eine vertretbare Handlung auch mit dem Zwangsgeld durchgesetzt werden. Allerdings ist bei vertretbaren Handlungen die Ersatzvornahme häufig das effektivere – und mildere – Mittel, wenngleich es zu verwaltungspraktischen Problem führen kann, etwa durch Verauslagung hoher Kosten durch die Behörde.
Bei Kostenüberschreitung besteht ein Nachforderungsrecht der Behörde.[90]
Nach der Regelung des § 32 Abs. 4 VwVGBbg sind sowohl die Aufwendungen der Vollstreckungsbehörde bei nicht fristgerechter Zahlung als auch die von der Vollstreckungsbehörde im Voraus erhobenen, aber nicht benötigte Beträge von dieser zu verzinsen. Die Verzinsung soll einerseits den Vollstreckungsschuldner zur Zahlung der Kosten der Ersatzvornahme,

---

[90]   Vgl. OVG Berlin, MDR 1996, S. 430 (431).

andererseits aber auch die Vollstreckungsbehörde dazu anhalten, die Höhe der Vorauszahlung sorgfältig zu kalkulieren und nicht benötigten Mittel zügig zurückzuzahlen.

Nach § 29 Abs. 1 Satz 3 VwVGBbg dürfen Zwangsmittel zur Erzwingung einer Duldung oder Unterlassung nicht mehr angewandt werden, wenn eine weitere Zuwiderhandlung nicht mehr zu befürchten ist.

Beispiele:

1. Der Landwirtin Lena Knopp wird verboten, genau bestimmte, an einer Rinderkrankheit [1233] erkrankte Tiere zu verbringen. Je Tier und je Zuwiderhandlung wird ein Zwangsgeld von 1.000 € angedroht. Entgegen der vollziehbaren Ordnungsverfügung bringt die Händlerin die Tiere weg. Mit dem endgültigen Wegschaffen kann sie nicht erneut gegen das Verbot verstoßen. Das Zwangsgeld verliert seinen Charakter als Beugemittel. Würde man es dennoch festsetzen und beitreiben, käme es einer Strafe gleich.

2. Die Behörde hat ein befristetes Verbot/Gebot ausgesprochen. Die Frist ist inzwischen [1234] verstrichen. Ein Gewerbetreibender will für die Dauer von zehn Tagen im stehenden Gewerbe ein Gaststättengewerbe betreiben und dabei alkoholische Getränke ausschenken, was er der Behörde gemäß § 2 Abs. 1, §§ 11 und 3 Abs. 1 BbgGastG anzeigt. Diese untersagt den Ausschank alkoholischer Getränke, da die erforderlichen Unterlagen fehlen (vgl. § 3 Abs. 2 BbgGastG), und droht ein Zwangsgeld an. Da der Gewerbetreibende dennoch Alkohol ausschenkt, wird das angedrohte Zwangsgeld festgesetzt und der Pflichtige zur Zahlung aufgefordert. Daraufhin wird der Ausschank sofort beendet.

Im ersten Fall dürfte eine weitere Zuwiderhandlung nicht mehr zu befürchten sein, da sich [1235] der Verwaltungsakt auf genau bestimmte Tiere bezogen hatte, die nun endgültig verbracht worden sind. Im zweiten Fall darf weiter beigetrieben werden, denn die Festsetzung und Beitreibung soll dem Beugemittel Nachdruck verleihen. Ohne diese nachträgliche Durchsetzungsmöglichkeit ginge die Androhung ins Leere, weil die Androhung allein keine Belastung darstellt, das den Pflichtigen zu dem erforderlichen Verhalten veranlassen kann. Im Ergebnis soll also der Pflichtige nicht davon profitieren, dass er endgültig gegen ein Verbot verstößt oder Fristablauf zu verzeichnen ist. Er soll das Verbot/Gebot beachten. Das wird er in der Regel nur, wenn die Androhung später tatsächlich durchgesetzt werden kann.

3.   Fiktion der Abgabe einer Erklärung

Die früher allein zur Verfügung stehenden Zwangsmittel halfen nicht weiter, wenn der [1236] Vollstreckungsschuldner eine (Willens-)Erklärung abzugeben hat, diese aber verweigert und stattdessen wiederholt das Zwangsgeld zahlte. Für solche Fälle bietet § 33 VwVGBbg eine Lösung, indem bei Unanfechtbarkeit des Verwaltungsakts die Erklärung als abgegeben gilt. Um keinen Zweifel an dem Inhalt der Erklärung aufkommen zu lassen, ist es erforderlich, dass der Inhalt der abzugebenden Erklärung in dem Verwaltungsakt festgelegt wird (§ 33 Abs. 1 Nr. 1 VwVGBbg). Die Verpflichtung zu diesem Hinweis dient der Warnung und Aufklärung des Vollstreckungsschuldners. Damit die Rechtswirkung eintreten kann, muss er im Zeitpunkt des Eintritts der Unanfechtbarkeit noch rechtlich befugt sein, die Erklärung abzugeben, da andernfalls ein Eingriff in Rechte Dritter nicht ausgeschlossen werden kann.[91]

---

91   Speziell zu der Thematik siehe auch Linke, NVwZ 2005, S. 535–537.

237   § 33 VwVGBbg ist § 894 ZPO nachempfunden. Praktische Beispiele für derartige willens-
        erklärungsersetzende (zivilrechtlichen) Urteile sind:
        • Abtretungserklärung
        • grundbuchmäßige Erklärungen wie Eintragung, Löschung, Auflassung (wenn der
          Schuldner Grundstückseigentümer ist)
        • Antrag des Schuldners bei einer Behörde (z. B. Finanzamt)
        • Zustimmung des Ehegatten zum steuerlichen Realsplitting

        Beispiele:

238   1. Gegen einen Gewerbetreibenden wird per unanfechtbarem Gewerbeuntersagungsbe-
        scheid angeordnet: »Ihnen wird aufgegeben, den Telefonanschluss xxx beim zuständigen
        Fernmeldeamt abzumelden ... Ferner die Bezeichnung »Bautechnik« beim Fernmeldeamt
        streichen zu lassen ...«.[92]
        2. Verkauf eines Schafbestands nach Tierhaltungsverbot. Die Behörde kann ersetzende
        Erklärungen (auch zivilrechtlichen Inhalts, z. B. Verkaufsangebot/Zustimmung zu einem
        Kaufvertrag) abgeben.[93]

239   Man kann sich auch folgende Konstellation vorstellen: Ein Pflichtiger wird per Verwal-
        tungsakt zur Vornahme einer Handlung oder Abgabe einer Willenserklärung angehalten.
        Hiergegen ist Widerspruch und im Anschluss Klage vor dem Verwaltungsgericht, unter
        Umständen in mehreren Instanzen, gegeben. Sollte der Betroffene auch in der letzten
        Instanz verlieren, wird der Verwaltungsakt in Gestalt des Urteils rechtskräftig. Und es kann
        ja nun nicht sein, dass die Behörde dann ein Urteil hat, aber der Betroffene z. B. einfach
        die Abgabe der Willenserklärung, zu der er verpflichtet wurde, verweigert. In solchen
        Fällen wird daher der Verwaltungsakt in Gestalt des Urteils zum Instrument, das es der
        Behörde ermöglicht, die Willenserklärung des Betroffenen zu ersetzen.

        Beispiele:

240   Ein Durchleitungsrecht soll ins Grundbuch eingetragen werden. Dieses sei rechtlich ein-
        wandfrei zustande gekommen und auch in der Sache berechtigt. Der zu verpflichtende
        Grundstückseigentümer möge sogar durch alle Instanzen geklagt und verloren haben. Nun
        wäre es sehr bedenklich, wenn er die Eintragung verhindern könnte, indem er sie nicht
        beantragt. Daher wird die Berechtigung zur Abgabe der Erklärung durch Verwaltungsakt
        auf die Behörde übertragen.

        4.   Unmittelbarer Zwang

241   Unmittelbarer Zwang ist nach der Legaldefinition in § 34 Abs. 1 VwVGBbg die Einwirkung
        auf Personen oder Sachen durch körperliche Gewalt, ihre Hilfsmittel und durch Waffen.
        Ziel der Einwirkung ist es, den Pflichtigen zu der aufgegebenen Handlung, Duldung oder
        Unterlassung zu zwingen. Körperliche Gewalt beschränkt sich auf den bloßen Einsatz kör-
        perlicher Kraft des Beamten gegenüber Personen (z. B. Wegtragen von Demonstranten

        ---

        [92] VGH München, Beschluss vom 08.02.1982 – 22 C 81A.958 –, NJW 1982, S. 2275–2276.
        [93] VG Freiburg (Breisgau), Beschluss vom 14.02.2005 – 2 K 91/05 –, juris; VG Stuttgart, Beschluss
              vom 29.07.1998 – 4 K 2511/98 – NuR 1999, S. 236.

bei Sitzblockaden) oder auf eine Sache (z. B. Öffnen einer Wohnungstür). Sie wird in § 34 Abs. 1 VwVGBbg legaldefiniert. Hilfsmittel körperlicher Gewalt sind Gegenstände, die verwendet werden, um die körperliche Einwirkung zu unterstützen. Besondere Vorschriften existieren zur Fesselung von Personen.

Unmittelbarer Zwang ist gemäß § 34 Abs. 2 VwVGBbg wegen seiner einschneidenden Wirkungen nur als letztes Zwangsmittel erlaubt, wenn Ersatzvornahme oder Zwangsgeld nicht in Betracht kommen oder keinen Erfolg versprechen oder untunlich sind (»ultima ratio«). Das bedeutet nicht, dass andere Zwangsmittel vorher vergeblich angewendet worden sein müssen. Steht fest, dass die Ersatzvornahme, die ohnehin nur der Erzwingung vertretbarer Handlungen dienen kann, oder das Zwangsgeld nicht zum Ziel führen, kann unmittelbarer Zwang sofort angewendet werden. Dabei ist auch der Zeitfaktor zu berücksichtigen: Muss der Verwaltungsakt schnell durchgesetzt werden, so könnte Zwangsgeld gar nicht so schnell festgesetzt und beigetrieben werden, wie es zur Gefahrenabwehr erforderlich ist. [1242]

Beispiele:
1. Weiterer Vertrieb eines nicht zugelassenen gesundheitsschädlichen Pestizids. [1243]
2. Verhinderung der Fortführung eines Handwerks oder Gewerbes durch eine nicht zuverlässige Person.

Die Auffassung, gegenüber vermögens- bzw. einkommenslosen Pflichtigen (etwa bei Leistungsbezug nach dem SGB II und/oder bekannter Verschuldung) führe das Zwangsgeld per se nicht zum Ziel, weil der Pflichtige »kein Geld habe«, trifft so nicht zu. Derartige Umstände lassen die Erfolglosigkeit des Zwangsgeldes zum Zeitpunkt der Androhung und Festsetzung nicht offenkundig werden.[94] Die Eignung des Zwangsgeldes zur Beugung des Willens des Pflichtigen wird durch die Möglichkeit der Beitreibung nicht zwangsläufig begründet. Es ist nicht von vornherein ausgeschlossen, dass sich der Pflichtige auch dann unter der Androhung von Zwangsgeld zu der Handlung entschließt, wenn die Beitreibbarkeit des Zwangsgeldes zweifelhaft erscheint. Der Sinn des Zwangsmittels besteht ohnehin nicht in der Durchführung der Verwaltungsvollstreckung, sondern in der freiwilligen Vornahme der geforderten Handlung.[95] Im Übrigen stünde es der Verwaltung andernfalls frei, gegenüber Beziehern öffentlicher Leistungen oder weitergehend jeglichen Pflichtigen, deren Einkommen die Pfändungsgrenzen voraussichtlich nicht überschreiten wird, statt eines Zwangsgeldes sogleich unmittelbaren Zwang anzudrohen und durchzuführen. Eine derartige Vorgehensweise würde der Bedeutung des Verhältnismäßigkeitsgrundsatzes nicht gerecht, der die Prüfung der Umstände des Einzelfalls umso mehr erfordert, als der unmittelbare Zwang seinerseits in Grundrechte eingreift.[96] Zugunsten der Androhung unmittelbaren Zwangs lässt sich ferner nicht anführen, die bei späterer Uneinbringlichkeit des Zwangsgeldes mögliche Ersatzzwangshaft werde den Pflichtigen stärker belasten als der unmittelbare Zwang. [1244]

---

[94]   OVG Berlin-Brandenburg, Beschluss vom 23.08.2013 – OVG 3 S 41.13 –, juris.
[95]   So auch Engelhardt/App, VwVG, 9. Aufl., 2011, § 11 Rn. 7.
[96]   So bereits OVG Berlin, Beschluss vom 08.02.1965 – OVG I L 13.64 –, OVGE 8, 87.

245   Nicht immer einfach ist die Abgrenzung der Ersatzvornahme zum unmittelbaren Zwang: Sind die Art und Weise der Zwangsanwendung mit der dem Pflichtigen obliegenden Handlung identisch, liegt Ersatzvornahme vor. Ist sie nicht identisch, handelt es sich um unmittelbaren Zwang.

Beispiele:[97]

246   1. Anke Ahlert zündet in Erwartung eines romantischen Abends im Wohnzimmer ein paar Kerzen an. Sie begibt sich ins Musikzimmer, um am Klavier noch einige Takte zu spielen. Kurze Zeit später fängt die Tischunterlage im Wohnzimmer Feuer, dann der Tisch selbst. Zwei Polizeibeamten auf Streifengang fällt die starke Rauchentwicklung auf; sie hören ein weinendes Kind. Als Ahlert nach lautem Rufen und Klingeln nicht öffnet, treten die Polizeibeamten die Wohnungstür ein. ▸ Das gewaltsame Öffnen der Tür ist nach Art und Weise mit der Ahlert obliegenden Handlung, die Tür schlicht zu öffnen, nicht identisch. Das Eintreten der Tür ist unmittelbarer Zwang.
2. Wie im Beispiel 1 verlässt Ahlert die Wohnung, um Wein zu kaufen. Sie kehrt zurück und erreicht die Wohnung zeitgleich mit den Polizeibeamten. Diese fordern sie auf, die Tür zu öffnen. Da sie die Schlüssel vergessen hat, treten sie die Tür ein. ▸ Mangels Schlüssel hätte Ahlert die Wohnung ebenfalls nur mit Gewalt öffnen können. Das gewaltsame Öffnen der Tür ist mit der A. obliegenden Handlung identisch. Es liegt eine Ersatzvornahme vor.

5.   Zwangsräumung

247   Die Zwangsräumung war früher im VwVGBbg (a. F.) nicht ausdrücklich geregelt, sondern wurde als Unterfall des unmittelbaren Zwangs verstanden. § 35 VwVGBbg führt die Voraussetzungen aus Gründen der Rechtssicherheit ausdrücklich auf und regelt vor allem den Umgang mit den beweglichen Sachen, die bei der Räumung eines Hauses oder Schiffes nicht Gegenstand der Vollstreckung sind. Verweigert der Vollstreckungsschuldner die Entgegennahme dieser Sachen und kommt er auch einer Abholungsaufforderung nicht nach, darf die Vollstreckungsbehörde die Sachen versteigern. Durch dieses Recht soll verhindert werden, dass die Vollstreckungsbehörde über einen langen Zeitraum hinweg die beweglichen Sachen lagern muss, was zusätzliche Kosten verursachen würde.

6.   Wegnahme

248   Die Wegnahme von beweglichen Sachen war früher im VwVGBbg (a. F.) nicht geregelt, sondern wurde ebenso als Unterfall des unmittelbaren Zwangs verstanden. § 36 VwVGBbg führt aus Gründen der Rechtssicherheit die Wegnahme ausdrücklich auf und verpflichtet den Vollstreckungsschuldner zur Auskunft über den Verbleib der Sache.

---

[97]   Nach Steinhorst, Polizei- und Ordnungsrecht in Brandenburg, Rn. 783–784 (S. 227).

Übung:

Sachverhalt	Zwangsmittel	Begründung
1. Unangeleinter Hund trotz Leinenzwang		
2. Rückbauverpflichtung Einfamilienhaus		
3. Verbotswidrig (VZ 283) abgestelltes Kraftfahrzeug wird von der Behörde beseitigt		
Sachverhalt	**Zwangsmittel**	**Begründung**
4. Entziehung der Waffenbesitzkarte durch die Waffenbehörde		
5. Bürger wird aufgefordert, seinen Führerschein zurückzugeben		
6. Räumung der Obdachlosenunterkunft		
7. Verkauf eines Tierbestands nach Tierhaltungsuntersagung (Aufforderung zur Abgabe eines Verkaufsangebotes durch Tierhalter bzw. Einverständnis mit der Veräußerung der Tiere)		
8. Betreten einer sog. »Messie-Wohnung« (Abwehr von Infektionsgefahren)		
9. Aufforderung an einen Bürger, den ihm bekannten Namen eines Hundehalters zu nennen		
10. Feststellung der Identnummer eines Pkw		
11. Untersagung der Gewerbeausübung durch einen mittellosen Gewerbetreibenden		
12. Zwangsgeld nicht gezahlt und uneinbringlich		

Aufgabe:
Welches Zwangsmittel wählen Sie aus? Begründen Sie.

Verhältnismäßigkeit

249   Bei der Anwendung von Verwaltungszwang kommt dem Grundsatz der Verhältnismäßigkeit insofern Bedeutung zu:

250   • Zunächst ist zu prüfen, ob die Vollstreckung des Verwaltungsakts überhaupt erforderlich und angemessen ist.
      • Bejahendenfalls ist weiter zu prüfen, ob das gewählte Zwangsmittel verhältnismäßig ist.

251   Das Zwangsmittel muss in einem angemessenen Verhältnis zu seinem Zweck stehen. Dabei ist nach § 29 Abs. 2 VwVGBbg das Zwangsmittel möglichst so zu bestimmen, dass der Vollstreckungsschuldner und die Allgemeinheit am wenigsten beeinträchtigt werden. Ein durch ein Zwangsmittel zu erwartender Schaden darf nicht erkennbar außer Verhältnis zu dem beabsichtigten Erfolg stehen (§ 29 Abs. 3 VwVGBbg). Unmittelbarer Zwang kommt nur als letztes Mittel in Betracht (§ 34 Abs. 2 VwVGBbg). Nach § 34 Abs. 3 VwVGBbg darf unmittelbarer Zwang gegenüber Personen nur angewendet werden, wenn der Zweck der Vollstreckung durch unmittelbaren Zwang gegen Sachen nicht erreichbar erscheint. Das angewandte Mittel muss nach Art und Maß dem Alter und dem Zustand der Person angemessen sein.

252   Für die Erzwingung einer vertretbaren Handlung soll ein Vorrang der Ersatzvornahme vor dem Zwangsgeld bestehen.[98] Entgegen vielfach verbreiteter Auffassung ist Zwangsgeld nicht das mildere Zwangsmittel: Es führt den Erfolg nicht selbst herbei und verursacht, wenn es verhängt wird, zusätzliche Kosten für die pflichtige Person.
      Von den Möglichkeiten der Ersatzvornahme ist die Selbstvornahme durch die Vollzugsbehörde in der Regel günstiger, sodass sich folgende Reihenfolge der »klassischen« Zwangsmittel ergibt:

253   1. Selbstvornahme durch die Vollstreckungsbehörde
      2. Ersatzvornahme durch einen beauftragten Unternehmer (Fremdvornahme)
      3. Zwangsgeld
      4. unmittelbarer Zwang (im engeren Sinne)

Fehlerfreie Ermessensausübung

254   Während spezialgesetzliche Regelungen die Anwendung von Verwaltungszwang zum Teil zwingend vorschreiben (vgl. § 58 Abs. 1 AufenthG, § 16 Abs. 2 IfSG), liegt der Vollzug des Verwaltungsakts nach allgemeinem Vollstreckungsrecht (VwVGBbg) im Ermessen der Behörde. Die Vollstreckungsbehörde muss ihr Ermessen sowohl hinsichtlich der Entschließung als auch der Auswahl unter mehreren möglichen und geeigneten Zwangsmitteln, ggf. auch unter mehreren Vollstreckungsadressaten, pflichtgemäß im Sinne des § 40 VwVfG (i. V. m. § 15 OBG) ausüben.

---

[98]   Ausdrücklich bestimmt dies aber nur § 11 Abs. 1 Satz 2 VwVG (Bund).

Das Entschließungsermessen kann sich auf Null reduzieren. Eine Pflicht zur Vollziehung   1255
des Verwaltungsakts kann sich etwa daraus ergeben, dass ein Dritter einen Rechtsan-
spruch auf Erlass und Durchsetzung des Verwaltungsakts hat.

Als Grundsatz ist davon auszugehen, dass ein erlassener Verwaltungsakt bei Nichtbefol-   1256
gung auch durchgesetzt werden sollte, da inkonsequentes Verhalten die Glaubwürdigkeit
des Staates schwächt.

5.3.3   Gekürztes Verfahren: sofortiger Vollzug

In besonderen Eilfällen ist das gestreckte Verfahren mit den Stufen Androhung, Fest-   1257
setzung und Ausführung zu langwierig, um das mit einer zwangsweisen Durchsetzung
eines Verwaltungsakts angestrebte ordnungsbehördliche Ziel effektiv und schnell zu
erreichen. Für diesen Fall sieht § 27 Abs. 1 Satz 2 VwVGBbg den sofortigen Vollzug, d. h.
die Zwangsmittelanwendung im sog. gekürzten Verfahren, vor. Beim sofortigen Vollzug
wird im Normalfall wegen der Eilbedürftigkeit der Maßnahme weder eine Grundverfügung
erlassen noch die Anwendung von Zwang angedroht oder festgesetzt. Es wird vielmehr
sofort mit der Anwendung des Verwaltungszwangs begonnen. Der sofortige Vollzug ist
also ein besonderes, beschleunigtes Verfahren der Zwangsmittelanwendung.

Die vom Gesetzgeber benutzte Bezeichnung für das gekürzte Verfahren als »sofortiger   1258
Vollzug« ist irreführend, weil grundsätzlich kein Verwaltungsakt vorliegt, der vollzogen
werden könnte. Außerdem darf der sofortige Vollzug nicht mit der Anordnung der sofortigen Vollziehung nach § 80 Abs. 2 Nr. 4 VwGO verwechselt werden. Die Anordnung
der sofortigen Vollziehung ist nur – wie bereits erläutert – eine besondere Anordnung im
Zusammenhang mit der Grundverfügung, die bewirkt, dass Widerspruch und Anfechtungsklage gegen diese keine aufschiebende Wirkung haben. Begriffliche Unklarheiten
und Ungenauigkeiten in der Verwaltungspraxis müssen unbedingt vermieden werden.

Aufbauschema:
I. Ermächtigungsgrundlage   1259
§ 27 Abs. 1 Satz 2 VwVGBbg
II. Formelle Rechtmäßigkeit des sofortigen Vollzugs   1260
1. Zuständigkeit (§ 26 Abs. 1 VwVGBbg)
2. Androhung nur in Teilbereichen des unmittelbaren Zwangs (§ 64 BbgPolG), nicht nach
   VwVGBbg
III. Materielle Rechtmäßigkeit des sofortigen Vollzugs   1261
1. Handeln innerhalb der Befugnisse
   = Prüfung der Rechtmäßigkeit einer fiktiven Grundverfügung
   a) Formelle Rechtmäßigkeit einer fiktiven Grundverfügung
      Regelmäßig nur Zuständigkeit (Verweisung auf II.1.)
   b) Materielle Rechtmäßigkeit einer fiktiven Grundverfügung
      (1)   Ermächtigungsgrundlage
      (2)   Ggf. richtiger Adressat
      (3)   Verhältnismäßigkeit
      (4)   Bei Ermessensakten pflichtgemäße Ermessensausübung
      (5)   Vereinbarkeit mit höherrangigem Recht

    c) Drohende bzw. gegenwärtige Gefahr
    d) Notwendigkeit des sofortigen Vollzugs
2. Ggf. richtiger Vollstreckungsadressat
3. Richtiges Zwangsmittel (§§ 32, 34 VwVGBbg)
4. Verhältnismäßigkeit (§ 29 Abs. 2, 3, § 34 Abs. 2, 3 VwVGBbg)
5. Fehlerfreie Ermessensausübung (§ 40 VwVfG, § 15 OBG)

Formelle Rechtmäßigkeit

262 Zuständig ist in sinngemäßer Anwendung des § 26 Abs. 1 VwVGBbg die Behörde, die eine dem sofortigen Vollzug entsprechende Grundverfügung zu erlassen hätte. Weitere formelle Anforderungen bestehen grundsätzlich nicht, da ja das Zwangsmittel ohne vorausgehenden Verwaltungsakt angewendet wird. Eine Androhung entfällt mit Ausnahme bestimmter vollzugspolizeilicher Maßnahmen (s. o.).

Materielle Rechtmäßigkeit

263 Verwaltungszwang kann gemäß § 27 Abs. 1 Satz 2 VwVGBbg ohne vorausgehenden Verwaltungsakt unter folgenden tatbestandlichen Voraussetzungen angewendet werden. Aus der Formulierung der Norm heraus wird gefordert, dass die Vorschrift die Rechtmäßigkeit eines fiktiven Grundverwaltungsakts verlangt, den die Behörde im gestreckten Verfahren erlassen hätte, wenn dafür Zeit gewesen. wäre. Zu prüfen ist also die Rechtmäßigkeit einer fiktiven Grundverfügung. Die Behörde muss innerhalb ihrer Befugnisse handeln. Dazu ist eine fiktive Prüfung der Rechtmäßigkeit eines Verwaltungsakts notwendig: Hätte die Behörde einen Grundverwaltungsakt erlassen dürfen, der den Betroffenen zu dem Verhalten verpflichtet hätte, das nunmehr sofort erzwungen wird? Es muss also in das vollstreckungsrechtliche Aufbauschema das Prüfschema für die Rechtmäßigkeit eines belastenden Verwaltungsakts,[99] in der Regel einer Polizei- oder Ordnungsverfügung, eingebaut werden.

264 Zweite Voraussetzung ist eine besondere Gefahrenlage. Nach § 27 Abs. 1 Satz 2 VwVGBbg muss eine gegenwärtige Gefahr vorliegen. Eine drohende bzw. gegenwärtige Gefahr ist eine Gefahr, bei der das schädigende Ereignis bereits begonnen hat oder »unmittelbar oder in allernächster Zeit mit einer an Sicherheit grenzenden Wahrscheinlichkeit bevorsteht«.[100] Dritte Voraussetzung ist die Notwendigkeit des sofortigen Vollzugs. Notwendig ist der sofortige Vollzug, wenn der angestrebte Zweck im gestreckten Verfahren nicht erzielt werden kann, weil der Zeitraum zwischen Feststellung der Gefahr und dem (voraussichtlichen) Schadenseintritt zu gering ist. Es muss also die überwiegende Wahrscheinlichkeit bestehen, dass der Zweck der Maßnahme nicht durch Erlass eines Verwaltungsakts, auch nicht mit Anordnung der sofortigen Vollziehbarkeit (§ 80 Abs. 2 Satz 1 Nr. 4 VwGO), erreicht werden könnte.

---

[99] Siehe Abschnitt 4.1.6.
[100] Vgl. Legaldefinition in § 3 Nr. 3 Buchst. b SOG LSA.

5.4 Kosten des Verwaltungszwangs

5.4.1 Kostengrund

Die Durchführung von Gefahrenabwehrmaßnahmen, insbesondere mittels Verwaltungs- **1265**
zwang, ist mit Kosten verbunden, unabhängig davon, ob die Ordnungsbehörden oder der
(Notstands-)Pflichtige gehandelt hat. Deshalb stellt sich nach erfolgter Gefahrenbeseitigung immer die Frage, ob der Handelnde die entstandenen Kosten letztendlich tragen
muss oder Ersatz von einem anderen beanspruchen kann.[101]

Nehmen die Gefahrenabwehrbehörden die ihnen auferlegten öffentlichen Aufgaben wahr, **1266**
so haben sie zwar grundsätzlich auch für die entstandenen Kosten aufzukommen, da
die Kosten für die Wahrnehmung von öffentlichen Aufgaben vom Staat zu tragen sind.
Dies darf aber nicht dazu führen, dass sich der Störer der Kostentragungspflicht entzieht,
indem er den Ordnungsbehörden die Beseitigung der Gefahr überlässt. Deswegen können
dem Pflichtigen die Kosten der Gefahrenbeseitigung – also die Ausübung von Verwaltungszwang – immer dann auferlegt werden, wenn die Ordnungsbehörden anstelle des
Pflichtigen gehandelt haben.[102]

§ 37 Abs. 1 Satz 2 VwVGBbg benennt die Zwecke, die mit der Gebühr verfolgt werden. **126**
Neben dem Zweck der Kostendeckung wird gleichrangig der Zweck genannt, den Schuldner
zur rechtzeitigen Erfüllung der bestehenden Verpflichtung anzuhalten. Es ist anerkannt, dass
an der rechtzeitigen Zahlung der Geldforderungen der öffentlichen Hand ein besonderes
öffentliches Interesse besteht, um die Liquidität des Staates nicht zu gefährden. Deshalb
haben z. B. nach § 80 Abs. 2 Satz 1 Nr. 1 VwGO Klagen gegen Gebührenbescheide im
Regelfall keine aufschiebende Wirkung, entbinden also nicht von der Zahlungspflicht
während der Dauer des gerichtlichen Verfahrens (s. auch lfd. Nr. 5.4.3).

Ein Leistungsbescheid ist rechtmäßig, wenn die Vollstreckungsmaßnahme rechtmäßig ge- **126**
wesen ist, dieser gegen den Pflichtigen gerichtet ist und die Kosten erstattungsfähig sind.
Kostenerstattung kann nur für eine rechtmäßige Vollstreckungsmaßnahme verlangt werden.
Die Einforderung der Kosten der Ersatzvornahme oder des unmittelbaren Zwangs ist
keine Maßnahme der Verwaltungsvollstreckung mehr, sondern erfolgt durch eine neue
Grundverfügung, die im Wege der Beitreibung vollstreckt werden kann. § 37 Abs. 1
Satz 3 VwVGBbg bezeichnet als Gläubigerin der Gebühren und Auslagen genauer die
Körperschaft des öffentlichen Rechts, deren Organ die Vollstreckungsmaßnahme vornimmt
oder bei der die Auslagen entstanden sind. Für die Beitreibung der Kosten sind die
Vollstreckungsbehörden zuständig.

Eine ausdrückliche Formvorschrift besteht für den Leistungsbescheid nicht. Da eine **126**
Beitreibung aber nur aufgrund eines Leistungsbescheids möglich ist, sind die Kosten
durch schriftlichen (oder elektronischen) Bescheid festzusetzen.

---

[101] Sie finden Musterbescheide unter WEKA-Verlag (Google-Stichworte: »Leistungsbescheid Muster«), dort: Musterbescheide »Androhen, Festsetzen und Anwenden einer Ersatzvornahme mit
Anordnung des Sofortvollzugs, Leistungsbescheid«.

[102] Die Kosten des Verwaltungszwangs werden durch schriftlichen Leistungsbescheid geltend gemacht, der nach den Bestimmungen über die Vollstreckung von Geldforderungen zwangsweise
durchgesetzt werden kann.

5.4.2 Erstattungsfähigkeit der Kosten

270 Die der Vollstreckungsbehörde entstandenen Kosten können erstattungsfähig sein. Die aufgrund der Ermächtigung in § 39 VwVGBbg erlassene Brandenburgische Kostenordnung führt in § 15 Abs. 2 Satz 2 Nr. 2 BbgKostO ausdrücklich nur die Beträge auf, welche bei der Anwendung unmittelbaren Zwangs an Hilfspersonen zu zahlen sind. Die übrigen bei der Ersatzvornahme oder der Ausführung des unmittelbaren Zwangs entstandenen Kosten sind der Vollstreckungsbehörde vom Vollstreckungsschuldner nach der allgemeinen Regelung des § 15 Abs. 2 Satz 1 BbgKostO zu erstatten. Dies sind alle Beträge, die die zur Durchführung der Ersatzvornahme beauftragte, ordnungsgemäß ausgewählte Firma der Behörde in Rechnung stellt, wenn nicht grobe Fehler in der Preiskalkulation erkennbar sind oder überflüssige Maßnahmen durchgeführt wurden. Dies ist hier nicht der Fall, sodass die Kosten erstattungsfähig sind.

271 Erstattungsfähig sind auch die Kosten, die der Behörde durch die Ersatzvornahme entstehen. Alle direkt aus der rechtmäßigen Ausführung der Ersatzvornahme tatsächlich entstehenden Kosten dürfen liquidiert werden. Hierzu zählen alle eigenen direkt durch die Ersatzvornahme getroffenen Aufwendungen der handelnden Behörde. Einigkeit besteht aber dahingehend, dass die allgemeinen Grundkosten, wie Personalkosten und Unterhaltskosten von Sachmitteln, die für die Aufgabenerfüllung ohnehin anfallen, nicht erhoben werden dürfen. Nur zusätzliche Kosten sind erstattungsfähig. Die Abwälzung von allgemeinen Grundkosten auf den Bürger geschieht jedoch durch die Erhebung von Verwaltungsgebühren.

272 § 37 Abs. 2 VwVGBbg ordnet die sachliche Gebührenfreiheit bei einer unrichtigen Behandlung der Sache an, und § 37 Abs. 3 VwVGBbg eröffnet die Möglichkeit der Niederschlagung oder des Teilverzichts, wenn die Beitreibung der Vollstreckungskosten eine unbillige Härte bedeuten oder nur neue nicht vertretbare Vollstreckungskosten verursachen würde.

5.4.3 Rechtsschutz gegen Kosten

273 Die Festsetzung des zu erstattenden Kostenbetrages bei der Ersatzvornahme oder beim unmittelbaren Zwang ist ein Verwaltungsakt, der selbstständig durch Anfechtungswiderspruch und -klage angegriffen werden kann. Dabei handelt es sich zwar nicht um »öffentliche Abgaben und Kosten« nach § 80 Abs. 2 Satz 1 Nr. 1 VwGO. Ihre Festsetzung fällt auch nicht unter § 80 Abs. 2 Satz 2 VwGO, wenn die Verwaltungsvollstreckung beendet ist und die Kostenfestsetzung deshalb keinen vollstreckungsfördernden Charakter mehr hat. Rechtsbehelfe haben allerdings nach § 80 Abs. 2 Satz 1 Nr. 3 VwGO i.V.m. § 32 Abs. 3 Satz 2 VwVGBbg spezialgesetzlich bestimmt keine aufschiebende Wirkung.

5.5 Übungsfall

Aufgabe:

74 1. Prüfen Sie Zulässigkeit und Begründetheit des Widerspruchs vom 10.03.2020. Sollten Sie die Unzulässigkeit feststellen, ist die Begründetheit hilfsgutachtlich zu prüfen. Auf die

Frage nach der Tragung der Bestattungskosten ist nicht einzugehen. Sozialrechtliche Aspekte sind nicht zu prüfen. <u>Gehen Sie in Ihrer Bearbeitung nicht auf die Anordnung der sofortigen Vollziehung ein.</u>

2. Skizzieren Sie <u>kurz</u>, ob der Widerspruchsführer Erstattung der Rechtsanwaltskosten nach § 80 VwVfG (i. V. § 1 Abs. 1 BbgVwVfG) von der Stadt Eberswalde verlangen kann.

Sachverhalt:

Am Montag, den 03.02.2020 gegen 8 Uhr morgens verstarb die 90-jährige Leona Seybold in Eberswalde. Seybold hatte allein gelebt und war seit längerer Zeit schwer an Multipler Sklerose erkrankt. Sie war weitgehend vermögenslos. Die Nachbarin Elke Schmidt informierte die Polizei und die – sachlich, örtlich und instanziell zuständige – Bürgermeisterin der Stadt Eberswalde (Ordnungsamt). Nach Durchführung der ärztlichen Leichenschau durch Frau Dr. Eisenhardt gab die Polizei den Leichnam zur Bestattung frei, da keine Anzeichen einer nicht natürlichen Todesursache festgestellt worden waren. Es wurde sogleich ermittelt, dass Seybold eine 68-jährige nichteheliche Tochter hat, Prof. Dr. Michaela Seybold-Meyer, wohnhaft Hofgartenweg 66 in Dresden. Weitere Angehörige existieren nach vorläufiger Auskunft des Melde- und Standesamtes nicht.

Am späten Nachmittag des 04.02.2020 nahm die Sachbearbeiterin der Stadt Eberswalde, Ordnungsamt, Irmgard Hengeler-Müller, telefonischen Kontakt zu Prof. Dr. Seybold-Meyer auf, die den Sterbefall ihrer Mutter zur Kenntnis nahm. Sie möge aber mit der Angelegenheit nicht behelligt werden, da sie mit der verstorbenen Person nichts zu tun habe: »Leona ist nicht mehr meine Mutter!«, äußerte sich Frau Prof. Dr. Seybold-Meyer, um dann das Gespräch abzubrechen. Weiterer telefonischer Kontakt war nicht möglich. Sogleich ließ das Ordnungsamt dann den Leichnam durch die Bestattungsunternehmerin Gundula Lohmeyer GmbH in die Kühleinrichtung des Krankenhauses verbringen.

Da die Kontaktdaten der Tochter im Internet ermittelbar waren, sendete Hengeler-Müller am folgenden Tag eine einfache E-Mail an die Tochter, in der sie ihr ihr Beileid aussprach, die Umstände des Todes ihrer Mutter darlegte und sie auf ihre Bestattungspflicht nach §§ 19, 20 des Gesetzes über das Leichen-, Bestattungs- und Friedhofswesen im Land Brandenburg (Brandenburgisches Bestattungsgesetz – BbgBestG) informierte. Sie kündigte an, gegen sie eine – kostenersatzpflichtige – Ordnungsverfügung zur Durchsetzung seiner Bestattungspflicht zu erlassen, und gab ihr Gelegenheit zur Äußerung bis zum 10.02.2020 (13 Uhr).

Am frühen Morgen des 07.02.2020 ging ein Telefax bei der Behörde ein, in dem sich die Tochter äußerte:

»Ich bin nach dem Bestattungsgesetz nicht zur Bestattung der Leona Seybold verpflichtet. Diese Frau hat zwei volljährige und lebende Geschwister, die bestattungspflichtig sind. Zum einen ist dies Frau Ilse-Kamelia Senkel in Berlin (Adresse unbekannt) und zum anderen ist dies die in Polen lebende Schwester, Frau Edyta Sosna, 75-604 Koszalin, ul. Zwyeictwa 149.

Aus welchem Grund nun das Verwaltungsverfahren ausschließlich gegen mich geführt wird, ist nicht nachvollziehbar.

Außerdem ist meine Inanspruchnahme unbillig: Stellen Sie sich vor, die Frau wäre eine »Missbraucherin« ihrer Tochter, die auf Grund des Bestattungsgesetzes dennoch die Bestat-

*tung zu übernehmen hätte. Die Grenze des Erträglichen wäre wohl evident überschritten!?
Aufgrund der familiären Situation war ich immer gehalten, mich alleine durch das Leben
zu schlagen. Der Abbruch des Kontakts zur Mutter wurde mit dem fünfzehnten Lebensjahr
vollzogen. Seit diesem Zeitpunkt lebe ich auf eigenen Füßen, das heißt: Ich hatte eine
eigene Wohnung und musste von Halbwaisenrente leben. Des Weiteren musste ich da-
mals Aushilfsjobs annehmen, um überhaupt überleben zu können. Der Verpflichtung zum
Unterhalt ist meine Mutter nicht nachgekommen. Durch diese grobe Unterhaltsverletzung
und auch die politische Einstellung meiner Mutter, die sich der damaligen SED-Politik
entgegengestellt hat, konnte ich meinerseits das Abitur auf der EOS nicht vollziehen. Des
Weiteren unterlag die Dame nachweislich dem Alkoholismus. Alles was ich mir aufgebaut
habe, habe ich mit eigenen Händen geschaffen!*

282   *Gemäß diesen Tatsachen, die sich meine Mutter zu Lebzeiten hat zu Schulden kommen
lassen, Verletzung ihrer Unterhaltspflicht, Verletzung ihrer Fürsorgeverpflichtung, ist es
grob unbillig und unzumutbar, wenn ich nun meinerseits für die Bestattung – und das mit
Kosten in Höhe von mehreren Tausend Euro – aufzukommen hätte. Weiterhin ist es die
hoheitliche Aufgabe Ihrer Behörde für den Schutz der öffentlichen Sicherheit und Ordnung
zu sorgen. Hierfür werden von uns Bürgern hohe Steuern entrichtet.*

283   *Sehen Sie bitte davon ab, mich weiter zu behelligen. Ich werde meine Mutter weder bestatten lassen noch in irgendeiner Weise für die Kosten aufkommen.*

*Mit freundlichem Gruß
Prof. Dr. Michaela Seybold-Meyer«*

284   Alsdann werden Überlegungen angestellt, ob eine sofortige Ersatzvornahmebestattung
angeordnet werden soll. Da die Bestattungsfrist des § 19 Abs. 3 BbgBestG indes noch
nicht abgelaufen ist, entschließt sich die Bürgermeisterin der Stadt Eberswalde, die Tochter
der Verstorbenen per Ordnungsverfügung zur Bestattung ihrer Mutter zu verpflichten.
Die am 10.02.2020 verfasste schriftliche Ordnungsverfügung der Bürgermeisterin der Stadt
Eberswalde an Prof. Dr. Michaela Seybold-Meyer wird am 11.02.2020 per Zustellungsurkunde (ZU) zugestellt. Darin wird Seybold-Meyer aufgefordert, ihre verschiedene Mutter
mit Fristsetzung zum 14.02.2020 entsprechend dem BbgBestG bestatten zu lassen. Die
sofortige Vollziehung nach § 80 Abs. 2 Satz 1 Nr. 4 VwGO wird angeordnet. Außerdem
droht die Bürgermeisterin für den Fall der Nichtbefolgung der Ordnungsverfügung »ein
Zwangsgeld von bis zu 50.000 € oder andere geeignete Zwangsmittel« an.

285   In der Verfügung werden die Rechtsgrundlagen angegeben. Weiter heißt es: »Von der
weiteren Begründung dieser Ordnungsverfügung sehe ich wegen der Eilbedürftigkeit ab.«
Es folgt eine ordnungsgemäße Rechtsbehelfsbelehrung.

286   Nachdem auch am 17.02.2020 die Bestattung durch Prof. Dr. Seybold-Meyer nicht durchgeführt wurde, veranlasst die Bürgermeisterin der Stadt Eberswalde eine Ersatzvornahmebestattung (ordnungsbehördliche Bestattung) in Form einer Einäscherung der Leiche der
Leona Seybold und Beisetzung der Urne auf dem örtlichen West-Friedhof am 19.02.2020.
Demnächst soll die Tochter dann zu den angefallenen Kosten herangezogen werden.

287   Am Dienstag, den 10.03.2020 geht beim Landkreis Barnim in Eberswalde ein Widerspruchs-
schreiben von Rechtsanwältin Dr. Anna Steckelberg aus Dresden ein. Unter Versicherung
ordnungsgemäßer Bevollmächtigung sowie Vollmacht in Kopie erhebt Steckelberg im

Namen von Prof. Dr. Seybold-Meyer »Einspruch« gegen die Ordnungsverfügung vom 10.02.2020. U. a. führt die Rechtsanwältin aus: »*Die angefochtene Ordnungsverfügung vom 10.02.2020 – zugestellt am 11.02.2020 – ist rechtswidrig und damit vollumfänglich aufzuheben. Sie ist bereits formell rechtswidrig, da sie nicht mit der erforderlichen Begründung versehen ist. ... Meine Mandantin ist nicht bestattungspflichtig, da seit Jahrzehnten kein familiärer Kontakt zu ihrer Mutter bestand. Hierzu wird auf die Ausführungen in der Anhörung verwiesen, da diese zutreffen. Außerdem wird meine Mandantin das Erbe ausschlagen, denn der Nachlass ist überschuldet. Es ist grob ermessensfehlerhaft und gesetzwidrig, meine Mandantin auf die Bestattung der Verstorbenen in Anspruch zu nehmen. Meine Mandantin wird auch – darauf sei vorsorglich hingewiesen – die Kosten keinesfalls tragen.*«
Durch ein Büroversehen ist der Widerspruch nicht unterschrieben.

Rechtlicher Hinweis:
Nach herrschender Rechtsprechung ist eine **Erledigung einer Ordnungsverfügung** 1288
nicht eingetreten, wenn der Verwaltungsakt als Grundverfügung noch Rechtsgrund
für die Abwicklung der Kostenfrage ist. So OVG Koblenz, NVwZ 1997, S. 1009; OVG
Münster, NWVBI 2003, S. 386:

»Eine Ordnungsverfügung nebst Androhung und nachfolgender Festsetzung erledigt sich 1289
nicht mit der Durchführung der Ersatzvornahme, solange die Heranziehung des Pflichtigen
zu den Kosten der Ersatzvornahme im Streit ist.«

Anlage:

**Gesetz über das Leichen-, Bestattungs- und Friedhofswesen im Land Brandenburg
(Brandenburgisches Bestattungsgesetz – BbgBestG)**

– Auszug –

**§ 1
Grundsätze**

(1) Die würdige Bestattung von verstorbenen Personen ist eine öffentliche Aufgabe. 1290

(2) Mit Leichen, Leichen- und Körperteilen, Aschenresten Verstorbener, Embryonen und 129
Föten aus Schwangerschaftsabbrüchen und Fehlgeborenen darf nur so verfahren werden,
dass keine Gefahren für die öffentliche Sicherheit oder Ordnung, insbesondere für die
Gesundheit und für die Belange der Strafrechtspflege, zu befürchten sind und die Würde
des Verstorbenen und das sittliche Empfinden der Allgemeinheit nicht verletzt werden.

**§ 3
Begriffsbestimmungen**

(1) Leiche im Sinne dieses Gesetzes ist der Körper eines Menschen, bei dem sichere Zei- 129
chen des Todes bestehen oder bei dem der Tod auf andere Weise zuverlässig festgestellt

worden ist. Leblose Teile eines menschlichen Körpers gelten dann einer Leiche zugehörig, wenn ohne sie ein Weiterleben des Individuums unmöglich wäre. Als Leiche gilt auch der Körper eines Neugeborenen, bei dem nach vollständigem Verlassen des Mutterleibes

1293   1. entweder das Herz geschlagen oder die Nabelschnur pulsiert oder die natürliche Lungenatmung eingesetzt hat und das danach verstorben ist oder

1294   2. keines der unter Nummer 1 genannten Lebenszeichen festzustellen war, das Geburtsgewicht jedoch mindestens 500 Gramm betrug (Totgeborenes).

1295   (2) Der Körper eines Neugeborenen mit einem Gewicht unter 500 Gramm, bei dem nach vollständigem Verlassen des Mutterleibes keines der in Absatz 1 Satz 3 Nr. 1 genannten Lebenszeichen festzustellen war (Fehlgeborenes), gilt nicht als Leiche im Sinne dieses Gesetzes.

Abschnitt 3
Bestattungswesen

§ 19
Bestattungspflicht

1296   (1) Jede Leiche muss bestattet werden. ...

1297   (2) ...

1298   (3) Die Erdbestattung oder Einäscherung ist innerhalb von zehn Tagen nach Feststellung des Todes durchzuführen. Die untere Gesundheitsbehörde kann im Einzelfall die Frist verlängern, sofern gesundheitliche oder hygienische Bedenken nicht entgegenstehen, oder die Frist nach Satz 1 aus Gründen der Hygiene verkürzen. Satz 1 gilt nicht für die in § 6 Abs. 3 genannten Todesfälle.

§ 20
Bestattungspflichtige Personen

299   (1) Für die Bestattung haben die volljährigen Angehörigen in folgender Reihenfolge zu sorgen:

300   1. die durch Ehe oder eingetragene Lebenspartnerschaft verbundene Person,
      2. die Kinder,
      3. die Eltern,
      4. die Geschwister,
      5. die Enkelkinder,
      6. die Großeltern und
      7. der Partner einer auf Dauer angelegten nichtehelichen Lebensgemeinschaft.

Kommt für die Bestattungspflicht ein Paar (Nummer 3) oder eine Mehrheit von Personen (Nummern 2 und 4 bis 6) in Betracht, so geht jeweils die ältere Person der jüngeren hinsichtlich der Bestattungspflicht vor. 1301

(2) Sind Bestattungspflichtige im Sinne des Absatzes 1 nicht vorhanden oder nicht zu ermitteln oder kommen sie ihrer Pflicht nicht nach und veranlasst kein anderer die Bestattung, hat die für den Sterbeort zuständige örtliche Ordnungsbehörde auf Kosten des Bestattungspflichtigen für die Bestattung zu sorgen. Tritt der Tod in einem Luftfahrzeug ein, so ist die örtliche Ordnungsbehörde des Ortes zuständig, an dem das Flugzeug landet. 1302

(3) ... 1303

(4) Eine auf Gesetz oder Rechtsgeschäft beruhende Verpflichtung, die Kosten zu tragen, bleibt unberührt. 1304

§ 21
Bestattungsarten

(1) Eine Bestattung kann als Beisetzung von Leichen oder bestattungspflichtigen Körperteilen in der Erde, in einer unterirdischen Gruft oder einem oberirdischen Grabgebäude (Erdbestattung) oder als Einäscherung der Leichen oder der bestattungspflichtigen Körperteile mit anschließender Beisetzung der Totenasche (Feuerbestattung) durchgeführt werden. 1305

(2) Die Art und der Ort der Bestattung richten sich nach dem Willen der verstorbenen Person, soweit gesetzliche Bestimmungen oder zwingende öffentliche Belange nicht entgegenstehen. Bei Verstorbenen, deren Wille nicht bekannt ist, und bei Verstorbenen, die das 14. Lebensjahr nicht vollendet hatten oder die geschäftsunfähig waren, bestimmt die bestattungspflichtige Person die Bestattungsart und den Bestattungsort. 1306

(3) Veranlasst die nach § 20 Absatz 2 zuständige Behörde die Bestattung und ist der Wille der verstorbenen Person unbekannt, ist eine ortsübliche Bestattungsart zu wählen. Nicht zulässig sind in diesem Fall das Verstreuen der Asche und die Urnenbeisetzung auf Hoher See. Handelt es sich um die Leiche einer unbekannten Person, so ist nur die Erdbestattung zulässig. 1307

§ 38
Ordnungswidrigkeiten
(1) Ordnungswidrig handelt, wer vorsätzlich oder fahrlässig
12. entgegen § 20 Abs. 1 und 3 als Bestattungspflichtiger nicht für die Bestattung sorgt, ... 1308

(2) Die Ordnungswidrigkeit kann mit einer Geldbuße bis zu 10 000 Euro geahndet werden. 1309

(3) ... 1310

Kapitel 6
Verwaltungsrechtsschutz

1311   Nach dem Rechtsstaatsprinzip aus Art. 20 Abs. 3 Grundgesetz (GG) ist die Verwaltung an Recht und Gesetz gebunden. Um eine Kontrolle über die Einhaltung dieses Prinzips zu haben, gibt es verschiedene Arten dieser Kontrollmechanismen.

1312   Es kann eine formlose Kontrolle vorgenommen werden durch öffentliche Medien, bestimmte Berufsgruppen oder Verbände oder durch die Bevölkerung wie z. B. durch die Beteiligung und Unterrichtung der Einwohner gemäß § 13 Brandenburgische Kommunalverfassung (BbgKVerf), den Einwohnerantrag gemäß § 14 BbgKVerf oder das Bürgerbegehren und den Bürgerbescheid gemäß § 15 BbgKVerf.

1313   Auch wird in regelmäßigen Abständen eine Eigenkontrolle durchgeführt wie z. B. durch die Rechnungsprüfung.

1314   Darüber hinaus eröffnet Art. 19 Abs. 4 GG jedem Bürger den Rechtsweg in der Regel zu den Verwaltungsgerichten, der durch die öffentliche Gewalt in seinen Rechten verletzt wurde.

6.1   Kontrolle durch die Verwaltung

1315   Kontrollrechte über die nachgeordneten Behörden sind den Aufsichtsbehörden eingeräumt. Sie haben die Rechts- und/oder die Fachaufsicht. Sie können bei der Erteilung von Weisungen die Entscheidungen der nachgeordneten Behörden korrigieren.

1316   Bei Selbstverwaltungsangelegenheiten ist diese Kontrolle jedoch auf die Rechtmäßigkeitsprüfung beschränkt.

1317   Auch der Bürger kann eine Kontrolle von Behördenentscheidungen durch die Erhebung von förmlichen und nichtförmlichen Rechtsbehelfen herbeiführen. Zu den Rechtsbehelfen zählen z. B. das Widerspruchsverfahren und die Klagen. Hiervon zu unterscheiden sind Rechtsmittel. Diese sind prozessuale Mittel zur Verwirklichung eines Rechts, die das Verfahren in eine höhere Instanz übergehen lassen soll (sog. Devolutiveffekt), wie etwa die Berufung und die Revision.

6.1.1   Nichtförmliche Rechtsbehelfe

Die nichtförmlichen Rechtsbehelfe können gegen jedes Verwaltungshandeln erhoben   1318
werden. Sie sind

- an Formen und Fristen nicht gebunden,   1319
- stehen jedermann zur Verfügung und sind
- kostenfrei.

Es gibt folgende vier Arten: 1320

- Gegenvorstellung (Bitte an die erlassene Behörde, ihre Einstellung zu ändern, indem   1321
  sie eine erneute Sachprüfung vornimmt; die Entscheidung liegt im Ermessen der
  Behörde; es ergeht eine formlose Mitteilung)
- Dienstaufsichtsbeschwerde (an Vorgesetzten gerichtet, rügt Aufbau, Arbeitsablauf
  oder Verhalten von Bediensteten, nicht den Inhalt der erlassenen Maßnahme)
- Sach- oder Fachaufsichtsbeschwerde (an vorgesetzte Behörde bzw. Aufsichtsbehörde) gerichtet; Ziel ist die sachliche Überprüfung einer Verwaltungsentscheidung und
  anschließende Weisung der Aufsichtsbehörde an die nachgeordnete Behörde, die
  Verwaltungsmaßnahme zu erlassen oder zu verändern)
- Parlamentspetition (Möglichkeit des Bürgers, sich mit seinem Anliegen an das Parlament zu wenden, vgl. § 16 BbgKVerf/Art. 17 GG)

6.1.2   Widerspruchsverfahren als förmlicher Rechtsbehelf

Der in § 1 Abs. 1 VwVfGBbg in Verbindung mit § 79 VwVfG vorgesehene **Widerspruch**   1322
ist ein förmlicher Rechtsbehelf. Er dient als

- zusätzliche Rechtsschutzmöglichkeit für den Betroffenen, die einfacher, schneller und 1323
  mit geringerem Kostenaufwand zum Ziel führen kann als eine verwaltungsgerichtliche
  Klage,
- Möglichkeit für die Verwaltung, einen Verwaltungsakt zu überprüfen und eventuelle
  Fehler auszubessern,
- Entlastung der Gerichte.

In einigen Bundesländern wurde das Widerspruchsverfahren in vielen Bereichen der Ver-   1324
waltung abgeschafft. Im Land Brandenburg ist es nach wie vor von erheblicher praktischer
Bedeutung; seine Abschaffung ist nicht beabsichtigt.

Das Widerspruchsverfahren hat eine Doppelnatur. Es ist sowohl Rechtsbehelfs- als auch   1325
Verwaltungsverfahren (§§ 68 ff. Verwaltungsgerichtsordnung VwGO, §§ 79, 80 ff. VwVfG).

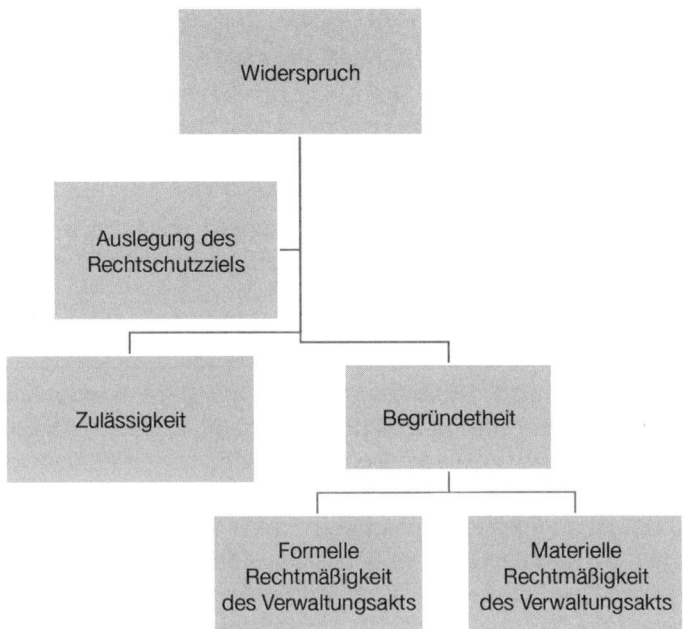

6.1.2.1 Vorliegen eines Widerspruchs

Das Widerspruchsverfahren beginnt mit der Erhebung des Widerspruchs gemäß § 69
VwGO. Der Widerspruchsführer muss dabei nicht zwingend das Wort »Widerspruch«
verwenden. Oftmals erhebt er »Einspruch« oder »ist mit dem Bescheid nicht einverstanden«. Die Behörde muss in diesen Fällen den wahren Willen des Betroffenen erforschen
und seine Willenserklärung auslegen (§§ 133, 157 Bürgerliches Gesetzbuch [BGB] oder
§ 88 VwGO analog). Im Zweifel ist ein förmlicher Widerspruch anzunehmen. In der Praxis
sollen solche Unklarheiten durch Rückfragen beim Betroffenen geklärt werden.
Fehlt eine entsprechende verwaltungsrechtliche Willenserklärung, so darf kein Widerspruchsbescheid ergehen, ein gleichwohl erlassener Bescheid ist rechtswidrig.[103]

6.1.2.2 Zulässigkeit des Widerspruchs

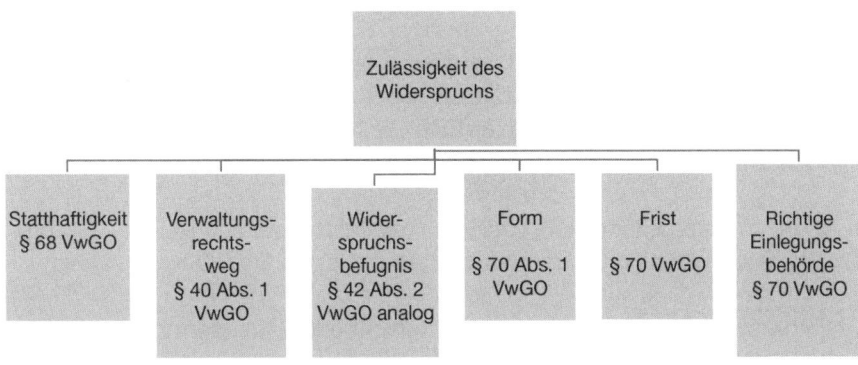

---

[103] VG Bremen, NVwZ-RR 1996, S. 550.

Gemäß § 1 Abs. 1 VwVfGBbg i. V. m. § 79 VwVfG gelten für förmliche Rechtsbehelfe   1326
gegen Verwaltungsakte die VwGO, hier insbesondere §§ 68 ff. VwGO, sowie die zu ihrer
Ausführung ergangenen Rechtsvorschriften, hier das Verwaltungsgerichtsgesetz des
Landes Brandenburg (Bbg VwGG), soweit durch Gesetz nicht etwas anderes bestimmt
ist; im Übrigen gelten die Vorschriften des VwVfG.

Bevor ein Verwaltungsakt auf seine inhaltliche Richtigkeit überprüft wird, müssen be-   1327
stimmte Zulässigkeitsvoraussetzungen des Widerspruchs erfüllt sein.

Statthaftigkeit des Widerspruchs

Der Widerspruch muss gemäß § 68 VwGO statthaft sein. Der Widerspruch ist nur vor   1328
Erhebung einer Anfechtungs- oder Verpflichtungsklage (§ 42 Abs. 1 VwGO) statthaft.
Andere Klagearten kennen also kein vorgeschaltetes Widerspruchsverfahren.

Die Anfechtungsklage ist die richtige Klageart, wenn die Aufhebung eines Verwaltungsakts   1329
begehrt wird. Sofern die Verurteilung zum Erlass eines abgelehnten bzw. unterlassenen
Verwaltungsakts begehrt wird, ist die Verpflichtungsklage die richtige Klageart. Es muss sich
um Anfechtung eines Verwaltungsakts oder Ablehnung eines beantragten Verwaltungsakts
gemäß § 1 Abs. 1 Satz 1 VwVfGBbg i. V. m. § 35 VwVfG handeln. Es müssen objektiv die
Merkmale eines Verwaltungsakts gegeben sein. Liegen die Tatbestandsmerkmale (hoheitliche Maßnahme, Behörde, Regelung, Einzelfall, auf dem Gebiet des öffentlichen Rechts,
Außenwirkung) vor, ist der Widerspruch statthaft. Klausurtechnisch genügt es, wenn diese
Feststellung im Urteilsstil getroffen wird, es sei denn, einzelne Merkmale des Verwaltungsakts sind problematisch. Dann müssen diese erörtert werden. Von einem Vorverfahren
ist abzusehen, wenn eine Ausnahme nach § 68 Abs. 1 Satz 2 VwGO vorliegt, die das
Widerspruchsverfahren entbehrlich macht. Danach bedarf es keines Vorverfahrens, wenn

- ein Gesetz dies bestimmt (z. B. § 75 VwGO, § 1 Abs. 1 VwVfGBbg i. V. m. § 70 VwVfG,   1330
  § 11 Asylverfahrensgesetz),
- ein Verwaltungsakt durch eine oberste Bundes- oder Landesbehörde (vgl. § 3 Lan-
  desorganisationsgesetz-LOG) erlassen wird, jedoch mit der Einschränkung, wenn
  ein Gesetz die Nachprüfung dennoch vorschreibt (z. B. § 54 Beamtenstatusgesetz –
  BeamtStG) oder
- ein Abhilfe- oder Widerspruchsbescheid erstmalig eine Beschwer enthält. Zu denken ist
  dabei an Fälle, in denen sich ein Dritter erstmals gegen einen ihn belastenden Abhilfebe-
  scheid oder der Widerspruchsführer sich im Falle der sog. Verböserung oder reformatio
  in peius gegen einen ihn erstmalig beschwerenden Widerspruchsbescheid wendet.

Wenn diese Ausnahmetatbestände nicht vorliegen, genügt klausurtechnisch der Hinweis,   1331
dass ein Ausnahmetatbestand im Sinne des § 68 Abs. 1 Satz 2 VwGO nicht vorliegt.

Darüber hinaus darf sich der Verwaltungsakt noch nicht erledigt haben. Dann fehlt das   1332
Rechtsschutzbedürfnis. Eine derartige Erledigung der Hauptsache liegt z. B. in folgenden
Fällen vor:

1333
- Ein angefochtener Verwaltungsakt wird außerhalb des Vorverfahrens aufgehoben.
- Ein Antrag auf Erlass eines begünstigenden Verwaltungsakts wird zurückgenommen.
- Ein Vergleich wird abgeschlossen.
- durch Zeitablauf
- bei Unmöglichkeit (der bissige Hund stirbt)
  Durch die Aufhebung eines erledigten Verwaltungsakts hätte der Widerspruchsführer keinen Vorteil. Jedoch müsste im Hinblick auf die in § 113 Abs. 1 Satz 4 VwGO geregelte Fortsetzungsfeststellungsklage in Erwägung gezogen werden, ob und inwieweit ein Fortsetzungsfeststellungswiderspruch statthaft ist. Die überwiegende Meinung[104] geht davon aus, dass der Betroffene lediglich eine gerichtliche Feststellung über die Rechtswidrigkeit des erledigten Verwaltungsakts erreichen kann, ein Widerspruch hingegen ausscheidet. Das Widerspruchsverfahren ist gesetzlich nur für die Anfechtungs- und Verpflichtungsklage vorgesehen (§ 68 Abs. 1 und 2 VwGO), nicht auch für die Fortsetzungsfeststellungsklage gemäß § 113 Abs. 1 Satz 4 VwGO. Im Übrigen wäre eine behördliche Feststellung nicht genauso verbindlich wie eine gerichtliche Feststellung (vgl. § 121 VwGO).

1334
Nach der ständigen Rechtsprechung des BVerwG[105] bedarf es eines Vorverfahrens nicht, wenn sich die beklagte Behörde auf die Klage einlässt, ohne das Fehlen des Vorverfahrens zu rügen. Voraussetzung dafür ist allerdings, dass Widerspruchsbehörde und Ausgangsbehörde identisch sind.

1335
Die Frage, ob sich der Widerspruchsführer gegen einen begünstigenden Verwaltungsakt mit belastenden Nebenbestimmungen allein gegen diese zur Wehr setzen kann, ist umstritten. Die früher vertretene Ansicht (isolierte Anfechtung nur bei Auflage und Auflagenvorbehalt; ansonsten Verpflichtungswiderspruch gegen Befristung, Bedingung und Widerrufsvorbehalt) ist mittlerweile überholt. Es wird für zulässig erachtet, gegen jede belastende Nebenbestimmung mit dem Anfechtungswiderspruch vorzugehen. Klausurtechnisch genügt bei der Begründung dieser Entscheidung in der Regel ein kurzer Hinweis, dass die teilbare Anfechtung eines teilbaren Verwaltungsakts statthaft ist.

Beispiel:

1336
Frank Brömmel hat die Durchführung eines Straßenfestes beantragt. Die Behörde erteilt die Sondernutzungserlaubnis, verbunden mit Auflagen und versehen mit einem Widerrufsvorbehalt und einer Befristung. Brömmel ist mit der Befristung nicht einverstanden und erhebt Widerspruch.

1337
Während früher und teilweise noch heute davon ausgegangen wird, dass bei Nebenbestimmungen gemäß § 36 Abs. 2 Nr. 1–3 VwVfG eine Verpflichtungsklage einschlägig ist und die Nebenbestimmungen gemäß § 36 Abs. 2 Nr. 4 und Nr. 5 VwVfG selbstständig anfechtbar sind, geht die neuere Rechtsprechung des Bundesverwaltungsgerichts[106] da-

---

[104] BVerwGE 26, 165; 43, 291 f.
[105] NJW 1983, S. 683.
[106] BVerwGE 112, 221, 224.

von aus, dass sämtliche Nebenbestimmungen gemäß § 36 Abs. 2 VwVfG selbstständig mit der Anfechtungsklage bzw. dem vorgelagerten Anfechtungswiderspruch angefochten werden können.

Das Bundesverwaltungsgericht hat außerdem seine frühere Differenzierung, ob die Ne benbestimmung einem gebundenen oder einem im Ermessen der Behörde stehenden Verwaltungsakt beigefügt worden ist, nicht mehr aufrechterhalten. Zur Begründung der selbstständigen Anfechtbarkeit von Nebenbestimmungen gemäß § 36 Abs. 2 VwVfG wird insbesondere auf § 113 Abs. 1 Satz 1 VwGO hingewiesen. Die dort enthaltene Formulie rung, »soweit« der Verwaltungsakt rechtswidrig ist, macht deutlich, dass auch Teile des Verwaltungsakts selbstständig angefochten werden können. Ob der Grundverwaltungsakt ohne die Nebenbestimmungen sinnvoll bleibt, ist keine Frage der Statthaftigkeit, sondern eine Frage der Begründetheit des Widerspruchs bzw. der Klage.

Vertiefung für Verwaltungsfachwirte: Gemäß § 78 Abs. 1 Sozialgerichtsgesetz (SGG) ist vor Erhebung der Anfechtungsklage im Rahmen der Sozialgerichtsbarkeit ein Wider spruchsverfahren durchzuführen, in dem die Recht- und Zweckmäßigkeit des Verwal tungsakts nachgeprüft wird. Entbehrlich ist das Vorverfahren nach § 78 Abs. 1 Satz 2 SGG dann, wenn ein Gesetz dies bestimmt, der Verwaltungsakt von einer obersten Bundes- oder obersten Landesbehörde oder von dem Vorstand der Bundesagentur für Arbeit erlassen worden ist und ein Gesetz die Nachprüfung nicht vorschreibt oder ein Land, ein Versicherungsträger oder einer seiner Verbände klagen will. Nach Abs. 3 gilt Abs. 1 entsprechend für die Verpflichtungsklage, wenn der Antrag auf Vornahme des Verwaltungsakts abgelehnt worden ist.

Verwaltungsrechtsweg

Ob im Rahmen der Zulässigkeit das Vorliegen des Verwaltungsrechtswegs geprüft wer den soll, ist umstritten. Da der Widerspruch der Anfechtungs- oder Verpflichtungsklage vorgeschaltet ist, ist dies mit der zumindest in der Literatur ganz überwiegenden Meinung zu bejahen.[107] Bei der Prüfung der Zulässigkeit kann natürlich auch mit der Eröffnung des Rechtswegs begonnen werden.

Den Verwaltungsrechtsweg eröffnet neben Spezialzuweisungen (z. B. § 54 BeamtStG oder § 1 Abs. 1 VwVfGBbg i. V. m. § 48 Abs. 6 VwVfG; sog. aufdrängende Spezialzuweisung) die Generalklausel des § 40 Abs. 1 VwGO. Danach muss es sich um eine öffentlich-rechtliche Streitigkeit nichtverfassungsrechtlicher Art handeln, die nicht durch Bundesrecht einer anderen Gerichtsbarkeit zugewiesen ist.

Wenn bei der Statthaftigkeit das Tatbestandsmerkmal »Verwaltungsakt« bejaht wurde, ist die Streitigkeit auch öffentlich-rechtlich und nichtverfassungsrechtlicher Art, da den Verwaltungsakt eine Behörde und kein am Verfassungsrecht beteiligtes Organ (z. B. Bun destag, Bundesrat) erlassen hat. Darüber hinaus darf keine Sonderzuweisung zu einem

1338

1339

1340

1341

1342

---

[107] So z. B. VwGO Kommentar, Kopp/Schenke § 40 Rn. 2a.

anderen Gericht (z. B. Sozialgericht oder Finanzgericht) vorliegen (sog. abdrängende Spezialzuweisung).

1343   **Vertiefung für Verwaltungsfachwirte:** In sozialgerichtlichen Streitigkeiten liegt eine abdrängende Sonderzuweisung vor. Der Sozialgerichtsweg ist nach § 51 SGG eröffnet. Danach entscheiden die Sozialgerichte über öffentlich-rechtliche Streitigkeiten in den unter Abs. 1 aufgeführten Angelegenheiten.

1344   In allen beitragsrechtlichen Streitigkeiten – also auch Streitigkeiten über Abgabenbescheide der Kommunen – ist der Verwaltungsrechtsweg gemäß § 40 Abs. 1 VwGO eröffnet. Eine abdrängende Sonderzuweisung an die Finanzgerichte liegt hier nicht vor, da für diese Fälle in § 12 Kommunalabgabengesetz (KAG) das Rechtsbehelfsverfahren nach der Abgabenordnung (AO) ausdrücklich ausgenommen wurde. Aus der Eröffnung des Verwaltungsrechtswegs nach § 40 VwGO ergibt sich auch die Anwendung aller weiteren Zulässigkeitsvoraussetzungen nach der Verwaltungsgerichtsordnung.

Ordnungsgemäße Erhebung des Widerspruchs

1345   Der Widerspruch ist gemäß § 70 Abs. 1 Satz 1 VwGO schriftlich oder zur Niederschrift bei der erlassenden Behörde zu erheben. Der **Schriftform** genügt ein Telefax,[108] auch in Form eines Computerfaxes. Eine telefonische Widerspruchserhebung entspricht nicht der Schriftform oder Niederschrift, auch wenn der Sachbearbeiter hierüber einen Vermerk fertigt.

1346   Zur Schriftform gehört gemäß § 126 BGB eine eigenhändige Unterschrift. Allerdings genügt es nach der Rechtsprechung, wenn sich aus anderen Anhaltspunkten eine der Unterschrift gleiche Gewähr für die Urheberschaft und den Rechtsverkehrswillen ergibt, also wenn aus dem Schriftstück der Absender und sein Wille erkennbar sind.[109]

1347   Nach § 3a Abs. 2 VwVfG kann auch, soweit durch eine Rechtsvorschrift die Schriftform angeordnet ist, diese durch die **elektronische Form** ersetzt werden. Voraussetzung hierfür ist nach § 3a Abs. 1 VwVfG zum einen, dass die Behörde hierfür einen Zugang eröffnet hat, und zum anderen, dass der Widerspruch nach § 3a Abs. 2 Satz 2 VwVfG mit einer qualifizierten elektronischen Signatur versehen worden ist. *Für die elektronische Übermittlung rechtsverbindlicher Erklärungen und Anträge an die Behörde kann auch ein DE-Postfach genutzt werden, falls zur Verfügung gestellt.* Die Versendung einer »normalen« E-Mail aus dem Account reicht nach der Rechtsprechung nicht aus.[110] Denn mit der gesetzlich vorgeschriebenen Beifügung einer qualifizierten elektronischen Signatur soll sichergestellt werden, dass das elektronische Dokument dem angegebenen Absender zuzurechnen ist. Hierzu reicht es nach der Rechtsprechung nicht aus, dass aus der Absendererkennung der E-Mail hervorgeht, dass das Dokument von dem persönlichen Postfach

---

[108]   So z. B. BSG, VerwRdschau 1997, S. 142.
[109]   So auch OVG NW, VerwRdschau 1997, S. 248.
[110]   Siehe u. a. VG Neustadt, Urteil vom 09.08.2009, RÜ 2009, 741 ff.

des Beteiligten aus versandt wurde. Auch die Erhebung mittels SMS oder WhatsApp ist nicht formgerecht und daher unzulässig.

Der Widerspruch muss nach der VwGO nicht begründet werden. Die Behörde kann eine Begründung vom Widerspruchsführer erbitten. Ggf. wird ansonsten nach der Aktenlage entschieden.   1348

Der Widerspruch ist gemäß § 70 Abs. 1 Satz 1 VwGO bei der Behörde zu erheben, die ihn erlassen hat. Die Frist wird auch gewahrt, wenn der Widerspruch gemäß § 70 Abs. 1 Satz 2 VwGO bei der **Widerspruchsbehörde** erhoben wird. Das ist gemäß § 73 Abs. 1 Satz 2   1349

- Nr. 1 die nächsthöhere Behörde, die sich aus dem Behördenaufbau des Bundes und der Länder ergibt, der im allgemeinen Organisationsrecht oder in Spezialgesetzen geregelt ist (vgl. Landesorganisationsgesetz); Ausnahme: soweit ein Gesetz eine andere Behörde bestimmt (vgl. z. B. § 54 BeamtStG),   1350
- Nr. 2 wenn die nächsthöhere Behörde eine oberste Landes- oder Bundesbehörde (z. B. wenn der Landrat erlassende Behörde ist) ist, die Behörde, die den Verwaltungsakt erlassen hat,
- Nr. 3 bei Selbstverwaltungsangelegenheiten die Behörde, die den Verwaltungsakt erlassen hat.

Sonderregelungen bestehen für Pflichtaufgaben zur Erfüllung nach Weisung gemäß § 8 Abs. 3 Bbg VwGG. Danach erlässt die Aufsichtsbehörde den Widerspruchsbescheid (vgl. z. B. § 7 Ordnungsbehördengesetz – OBG). Abweichend von § 73 Abs. 1 Satz 2 Nr. 1 VwGO kann durch Gesetz bestimmt werden, dass die Behörde, die den Verwaltungsakt erlassen hat, auch für die Entscheidung über den Widerspruch zuständig ist. So ist z. B. gemäß § 45 Abs. 5 Brandenburgisches Brand- und Katastrophenschutzgesetz (BbgBKG) der Aufgabenträger für die Entscheidung über einen Widerspruch gegen einen Kostenersatzbescheid zuständig, der den Bescheid erlassen hat, obwohl es sich gemäß § 2 Abs. 2 des BbgBKG um Pflichtaufgaben zur Erfüllung nach Weisung handelt.   1351

Die **Frist** für die Erhebung eines Widerspruchs beträgt einen Monat nach Bekanntgabe des angefochtenen Verwaltungsakts gemäß § 70 Abs. 1 Satz 1 VwGO. Die Frist beginnt gemäß § 58 Abs. 1 VwGO jedoch nur zu laufen, wenn der Widerspruchsführer über den Rechtsbehelf ordnungsgemäß belehrt worden ist. Die Bekanntgabe des Verwaltungsakts ist im § 41 VwVfG bzw. die Zustellung im Verwaltungszustellungsgesetz (VwZG) geregelt, das gemäß § 1 Abs. 1 Brandenburgisches Verwaltungszustellungsgesetz (BbgVwZG) Anwendung findet. Danach gilt ein schriftlicher Verwaltungsakt, der im Inland durch die Post übermittelt wird, am dritten Tag nach der Aufgabe zur Post als bekannt gegeben. Ist der Verwaltungsakt nicht oder zu einem späteren Zeitpunkt zugegangen, gilt diese Regelung nicht. Dann muss die Behörde den früheren Zugang nachweisen.   1352

Bei nicht fristgerechter Erhebung muss geprüft werden, ob die Rechtsbehelfsbelehrung richtig erteilt worden ist. Ist diese unterblieben oder unrichtig erteilt worden, so gilt die Jahresfrist nach Zustellung des Bescheids gemäß § 70 Abs. 2, 58 Abs. 2 VwGO. Eine unrichtige Erteilung ist gegeben, wenn die Rechtsbehelfsbelehrung die erforderlichen An-   1353 gaben aus § 58 Abs. 1 VwGO nicht enthält oder Zusätze enthält, die zu einer erschwerten Widerspruchserhebung beim Widerspruchsführer führen können. Zu den zwingenden Bestandteilen einer Rechtsbehelfsbelehrung gehören nach Auffassung des BVerwG[111] nur die in § 58 Abs. 2 VwGO genannten Merkmale:

1354
- Art des Rechtsbehelfs (Widerspruch, Einspruch etc.)
- Behörde oder das Gericht, bei der der Rechtsbehelf einzulegen ist (z. B. Landrat des Landkreises Potsdam-Mittelmark)
- Sitz der Behörde
- Frist z. B. 1 Monat, nicht mehr erforderlich, den Beginn bzw. das den Lauf der Frist auslösende Ereignis (z. B. Zustellung des Bescheids zu benennen).[112]

1355 Es können darüber hinausgehende Hinweise wie z. B. zur Form oder zum Verschulden eines Bevollmächtigten im Rechtsbehelf aufgenommen werden, sofern diese inhaltlich richtig sind.

1356 Für das Land Brandenburg hat das Ministerium des Innern Hinweise zur Gestaltung von Rechtsbehelfsbelehrungen nach der VwGO und dem VwVfG herausgegeben;[113] diese Hinweise sind in der Anlage abgedruckt.

1357 Bei ordnungsgemäßer Rechtsbehelfsbelehrung und Fristversäumnis kommt unter Umständen ein Antrag auf **Wiedereinsetzung in den vorigen Stand** gemäß §§ 70 Abs. 2, 60 VwGO in Betracht. Eine Wiedereinsetzung ist danach möglich, wenn der Beteiligte ohne sein Verschulden die Frist versäumt hat, z. B. verspätete Briefbeförderung wegen Streiks, Naturkatastrophen, Krankheit, bei der zuvor kein Bevollmächtigter beauftragt werden konnte etc. Bei Begründungsmängeln im Ausgangsbescheid oder einer unterlassenen Anhörung gilt das Fristversäumnis als nicht verschuldet gemäß § 1 Abs. 1 VwVfGBbg i. V. m. 45 Abs. 3 VwVfG, wenn dadurch die fristgemäße Anfechtung des Verwaltungsakts unterblieben ist. Die Beweislast liegt in diesem Fall beim Widerspruchsführer.

1358 Die Wiedereinsetzung ist binnen zwei Wochen nach Wegfall des Hindernisses zu beantragen, und die versäumte Handlung ist ebenfalls in dieser Frist vorzunehmen gemäß § 60 Abs. 2 VwGO. Dabei müssen die Gründe für das Fristversäumnis glaubhaft gemacht werden.

1359 Über den Antrag entscheidet die Behörde, die auch über die versäumte Rechtshandlung zu befinden hat, gemäß § 60 Abs. 4 VwGO entsprechend.

1360 Wenn der Widerspruchsführer innerhalb der Zwei-Wochen-Frist den Widerspruch erhebt, er jedoch nicht ausdrücklich einen Wiedereinsetzungsantrag stellt, kann die Behörde auch ohne Antrag gemäß § 60 Abs. 2 Satz 4 VwGO darüber beschließen.

---

[111] NJW 1976, S. 1332.
[112] BVerwG, DVP 3-2019, S. 118 f.
[113] ABl. Nr. 6/18, S. 200

Die Wiedereinsetzung ist ausgeschlossen nach Ablauf eines Jahres seit dem Ende der   1361
versäumten Frist, es sei denn, dass der Antrag aufgrund höherer Gewalt nicht vor Ablauf
der Jahresfrist gestellt werden konnte.

Die Widerspruchsbehörde ist nach h. M.[114] bei einem verspätet erhobenen Widerspruch   1362
nicht dazu verpflichtet, diesen bereits als unzulässig zurückzuweisen. Sie darf als »Herrin
des Verfahrens« auch die Begründetheit prüfen. Zu beachten ist, dass, wenn die Behörde
über einen verfristeten Widerspruch entschieden hat, sie diese Entscheidung insbesondere
im Falle einer Klage gegen sich gelten lassen muss und dem Verwaltungsgericht die volle
rechtliche Überprüfungsmöglichkeit eröffnet ist.

Die **Fristberechnung** erfolgt gemäß §§ 79, 31 Abs. 1 VwVfG i. V. m. §§ 187 – 193 BGB oder   1363
gemäß § 57 Abs. 2 VwGO i. V. m. § 222 Abs. 1 ZPO i. V. m. §§ 187 Abs. 1, 188 Abs. 2 BGB.

Berechnungsbeispiel:
Ein Bescheid wird am 12.03. als einfacher Brief zur Post aufgegeben. Er gilt am dritten   1364
Tag nach Aufgabe zur Post als bekannt gegeben gemäß § 1 Abs. 1 VwVfG Bbg i. v. m.
§ 41 Abs. 2 VwVfG, also am 15.03. Der Fristbeginn ist gemäß §§ 79, 31 Abs. 1 VwVfG
i. V. m. § 187 Abs. 1 BGB der 16.03. (0.00 Uhr). Wichtiger als der Beginn ist jedoch der
Ablauftag der Frist. Gemäß § 188 Abs. 2 BGB endet eine nach Monaten bestimmte Frist
mit dem Ablauf desjenigen Tages des letzten Monats, welcher durch seine Zahl dem Tag
entspricht, in den das Ereignis fällt. Der Ereignistag ist der Tag der Bekanntgabe. Demgemäß ist der Ablauftag der 15.04. (24.00 Uhr). Fällt das Ende der Frist auf einen Sonnabend,
Sonn- oder Feiertag, ist § 193 BGB (oder § 31 Abs. 3 VwVfG oder § 222 Abs. 2 ZPO) zu
beachten. Der Fristablauf verschiebt sich auf den darauffolgenden Werktag.

Fehlt der Tag im darauffolgenden Monat, so endigt die Frist mit dem Ablauf des letzten   1365
Tages dieses Monats gemäß § 188 Abs. 3 BGB (z. B. Bekanntgabetag ist der 31.01., so
endet die Frist am 28. oder 29.02.).

Vertiefung für Verwaltungsfachwirte: Bei Widersprüchen nach dem Sozialgerichtsge-   1366
setz richtet sich die formgerechte Widerspruchserhebung nach dem § 84 Abs. 1 SGG,
wobei auch hier der Widerspruch schriftlich oder zur Niederschrift oder elektronisch bei
der Stelle einzureichen ist, die den Verwaltungsakt erlassen hat. Die Frist gilt nach § 84
Abs. 2 SGG auch dann als gewahrt, wenn der Widerspruch bei einer anderen inländischen
Behörde eingegangen ist.

Für die Fristberechnung in sozialrechtlichen Fällen gelten §§ 62, 26 Abs. 1 SGB X i. V. m.   1367
§§ 187 ff. BGB oder gemäß § 64 SGG. Die Bekanntgabe ist in § 37 SGB X geregelt. Der
Inhalt einer ordnungsgemäßen Rechtsbehelfsbelehrung ist in §§ 84 Abs. 2 Satz 3, 66 Abs. 1
SGG geregelt. Auch hier führt eine fehlende oder fehlerhafte Rechtsbehelfsbelehrung zur
Jahresfrist gemäß § 66 Abs. 2 SGG.

---

[114]   BVerwG, NVwZ 1983, S. 608.

Widerspruchsbefugnis

368   Der Widerspruchsführer muss gemäß § 42 Abs. 2 VwGO analog geltend machen, in seinen eigenen Rechten verletzt worden zu sein. Einerseits reicht eine bloße verbale Behauptung oder das subjektive Gefühl, in seinen Rechten verletzt zu sein, für die Widerspruchsbefugnis nicht aus. Andererseits wird eine tatsächliche Rechtsverletzung erst in der Begründetheit des Widerspruchs geprüft.

369   Nach der sog. Adressatentheorie ist der Adressat eines belastenden Verwaltungsakts immer widerspruchsbefugt, da er geltend machen kann, zumindest in seinen Rechten aus Art. 2 Abs. 1 GG beeinträchtigt zu sein. Die Adressatentheorie hilft jedoch nicht in allen Fällen weiter. Sie ist nicht anzuwenden, wenn der Verwaltungsakt nicht an den Widerspruchsführer, sondern an einen Dritten gerichtet ist. Auch führt sie nicht immer zu sachgerechten Ergebnissen beim Verpflichtungswiderspruch.

370   Nach der herrschenden Möglichkeitstheorie[115] ist der Widerspruchsführer widerspruchsbefugt, wenn er durch den angefochtenen Verwaltungsakt möglicherweise in seinen Rechten verletzt wurde. Beim Verpflichtungswiderspruch kann er insbesondere geltend machen, durch die Ablehnung des beantragten Verwaltungsakts in seinen Rechten verletzt zu sein, wenn es eine Rechtsnorm gibt, die ihm möglicherweise einen Anspruch auf die beantragte Begünstigung einräumt (so z. B. wenn gemäß § 34c GewO kein Versagungsgrund besteht, hat der Antragsteller einen Anspruch auf Erteilung der Erlaubnis). Dient die anspruchsbegründende Norm nicht offensichtlich dem Schutz des Einzelnen, so muss begründet werden, dass und warum der Widerspruchsführer durch die Ablehnung seines Anspruchs möglicherweise in seinen subjektiven Rechten verletzt ist.

371   Auch beim Drittwiderspruch muss geprüft werden, ob sich der Widerspruchsführer auf Rechtsvorschriften berufen kann, die zumindest auch seinem Interesse zu dienen bestimmt sind (Schutznormtheorie). Als Beispiele sind u. a. folgende Fallkonstellationen denkbar:

372   • Anfechtung einer Baugenehmigung durch einen Nachbarn (als »drittschützende« Norm kommt z. B. § 6 BbgBO in Betracht)
      • Anfechtung der Untersagung einer im Gaststättenbetrieb beschäftigten Person wegen Unzuverlässigkeit gemäß § 6 Abs. 3 BbgGastG durch die zu entlassende Person
      • Anfechtung der Nichtversetzung ihres Kindes in die nächsthöhere Klasse durch die Eltern (zum einen können sie als gesetzliche Vertreter des Kindes auftreten, zum anderen stehen ihnen eigene subjektive Eltern- und Erziehungsrechte aus Art. 6 Abs. 2 GG zu)

373   Zu suchen ist primär eine Vorschrift aus einfachgesetzlichen Bestimmungen. Erst wenn diese Suche erfolglos bleibt, ist auf die Grundrechte als drittschützende Normen zurückzugreifen.

374   **Vertiefung für Verwaltungsfachwirte:** In sozialrechtlichen Fällen richtet sich die Widerspruchsbefugnis nach § 54 Abs. 2 SGG analog. Hier ist zu beachten, dass häufig Bedarfs-

---

[115]   Verwaltungsgerichtsordnung Kommentar, Kopp/Schenke, § 42 Rn. 66 mit weiteren Nachweisen.

gemeinschaften betroffen sind. Dann muss jeder Betroffene selbst Widerspruch einlegen, sofern nicht ein Vertreter der Bedarfsgemeinschaft zur Einlegung des Widerspruchs im Namen aller Betroffenen bevollmächtigt ist oder als gesetzlicher Vertreter handelt.

Widerspruchsinteresse

Das **Widerspruchsinteresse**/Rechtsschutzbedürfnis muss gegeben sein. Es ergibt sich   1375 aus dem Zweck des Verwaltungsverfahrens, eine einfache und zweckmäßige Erledigung des Verfahrens durchzuführen. Das Widerspruchsinteresse ist z. B. nicht gegeben:

- wenn der Widerspruchsführer eine Baugenehmigung für ein lediglich anzeigepflichtiges   1376 Vorhaben erstrebt oder
- wenn eine missbräuchliche Inanspruchnahme der Behörde vorliegt (schikanöses Auskunftsverlangen etc.) oder
- wenn mit dem Widerspruch ein Straftatbestand (z. B. Beleidigung oder Volksverhetzung) verbunden ist.

Das Fehlen eines solchen Widerspruchinteresses ist jedoch die Ausnahme. Die Behörde   1377 müsste diesen Punkt von sich aus gegenüber dem Widerspruchsführer geltend machen.

Sonstige Verfahrensvoraussetzungen

Gemäß § 1 Abs. 1 VwVfGBbg i. V. m. § 79 VwVfG gelten die Vorschriften des VwVfG, sofern   1378 in der VwGO keine Regelungen getroffen wurden. Anzuwenden auf das Widerspruchsverfahren sind die §§ 9 ff. VwVfG. Die Beteiligungsfähigkeit des Widerspruchsführers bestimmt sich somit nach §§ 79, 11 VwVfG, seine Handlungsfähigkeit nach §§ 79, 12 VwVfG, seine Vertretung durch einen Bevollmächtigten nach § 79, 14 VwVfG etc. Auf diese Verfahrensregelungen ist klausurtechnisch jedoch nur einzugehen, wenn sie fraglich sind, z. B. wenn ein minderjähriges Kind Widerspruch erhebt.

6.1.2.3   Begründetheit des Widerspruchs

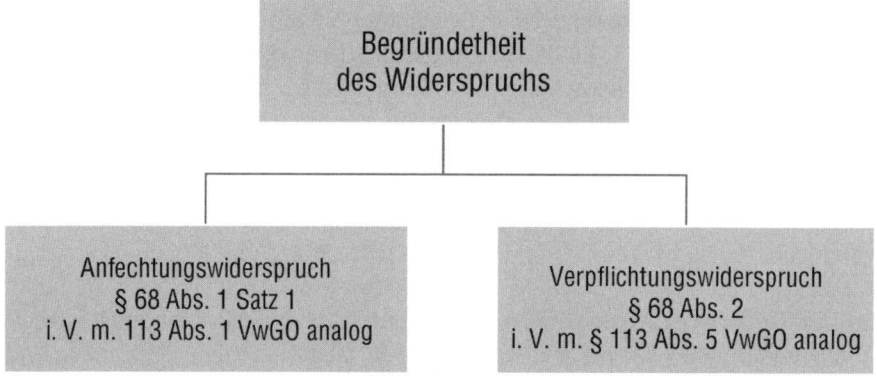

379   Der **Anfechtungswiderspruch** ist begründet, soweit der Verwaltungsakt rechtswidrig und/oder zweckwidrig ist und der Widerspruchsführer dadurch in seinen Rechten verletzt worden ist gemäß § 68 Abs. 1 Satz 1 i. V. m. § 113 Abs. 1 Satz 1 VwGO analog. Es muss in der Begründetheitsprüfung also die formelle und materielle Rechtmäßigkeit des Verwaltungsakts geprüft werden (Kapitel 3).

380   **Vertiefung für Verwaltungsfachwirte:** Der Widerspruch gegen einen Beitragsbescheid nach dem KAG ist begründet, soweit der Bescheid rechtswidrig ist und der Beitragspflichtige in seinen Rechten beeinträchtigt ist.

381   Der Widerspruch nach dem Sozialgerichtsgesetz ist begründet, soweit der Verwaltungsakt rechts- oder zweckwidrig ist, § 78 Abs. 1 SGG.

382   Der **Verpflichtungswiderspruch** ist begründet, soweit die Ablehnung oder Unterlassung eines beantragten Verwaltungsakts rechtswidrig ist und der Widerspruchsführer dadurch in seinen Rechten verletzt worden ist gemäß § 68 i. V. m. § 113 Abs. 5 VwGO analog. Bei Ermessensverwaltungsakten ist dies auch dann der Fall, soweit die Ablehnung des Verwaltungsakts unzweckmäßig ist und die Ermessensnorm zumindest auch den Interessen des Widerspruchsführers zu dienen bestimmt ist. Im Fall des Verpflichtungswiderspruchs wird nicht geprüft, ob der ablehnende Verwaltungsakt formell und materiell rechtmäßig ist, sondern ob ein Anspruch auf den beantragten Verwaltungsakt besteht.

383   **Vertiefung für Verwaltungsfachwirte:** Der Widerspruch nach dem Sozialgerichtsgesetz ist begründet, soweit die Ablehnung des begehrten Verwaltungsakts rechtswidrig oder unzweckmäßig ist (§ 78 Abs. 3 SGG).

6.1.2.4   Ablauf des Widerspruchsverfahrens

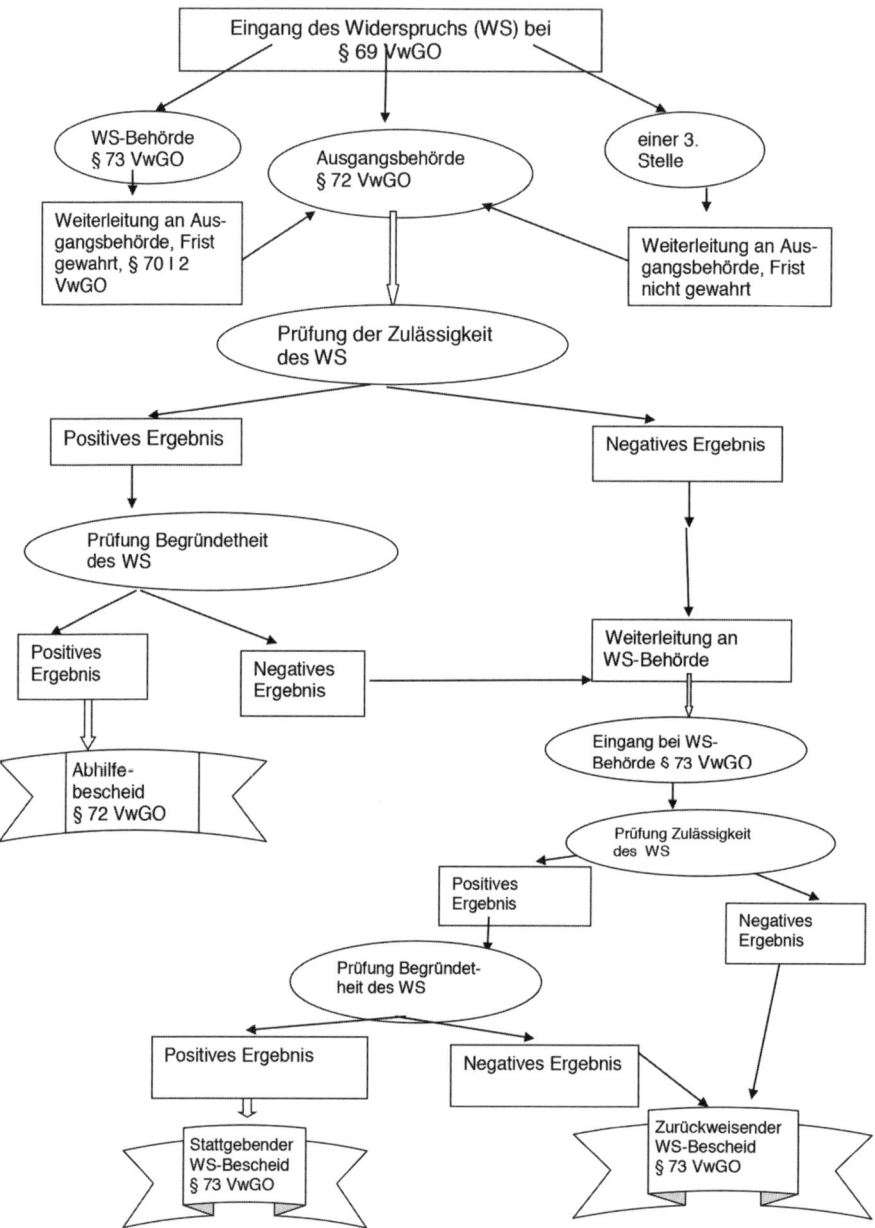

6.1.2.5   Aufschiebende Wirkung des Widerspruchs

Grundsätzlich kommt dem (Anfechtungs-)Widerspruch gegen einen Verwaltungsakt **aufschiebende Wirkung** gemäß § 80 Abs. 1 VwGO zu (sog. **Suspensiveffekt**). Diese Regelung gilt nur für den Anfechtungswiderspruch bzw. die Anfechtungsklage.

138

385   Für die Behörde bedeutet das ein umfassendes Verbot, die Regelung des Verwaltungsakts zu verwirklichen. Während des Bestehens der aufschiebenden Wirkung darf die Behörde insbesondere

386   • keine Zwangsmaßnahmen in der Verwaltungsvollstreckung ergreifen (z. B. die angedrohte Ersatzvornahme durchführen),
      • keinen Verwaltungsakt erlassen, der auf dem angefochtenen Verwaltungsakt aufbaut (z. B. die nachträgliche Androhung eines Zwangsmittels vornehmen) und
      • kein Bußgeld verhängen, das an den Tatbestand des Verwaltungsakts anknüpft (z. B. neben einer Ordnungsverfügung gemäß § 15 Satz 1 LImschG zur Verhinderung von nächtlicher Ruhestörung ergeht nachträglich ein Bußgeldbescheid gemäß § 23 LImschG).

387   Gemäß § 80 Abs. 2 Satz 1 Nr. 1–3 und Satz 2 VwGO entfällt die aufschiebende Wirkung automatisch kraft Gesetzes. Der Verwaltungsakt muss trotz Erhebung eines Rechtsbehelfs verwirklicht werden. Diese Ausnahmen bestehen im Einzelnen

388   • bei der Anforderung von öffentlichen Abgaben (Steuern, Gebühren, Beiträge) und Kosten (Gebühren und Auslagen in einem Verwaltungsverfahren),
      • bei unaufschiebbaren Anordnungen und Maßnahmen von Polizeivollzugsbeamten (z. B. verkehrsregelnde Anordnungen),
      • in anderen durch Bundesgesetz oder für Landesrecht durch Landesgesetz vorgeschriebenen Fällen, insbesondere für Widersprüche und Klagen Dritter gegen Verwaltungsakte, die Investitionen oder die Schaffung von Arbeitsplätzen betreffen (z. B. § 16 VwVG Bbg: Rechtsbehelfe gegen Maßnahmen in der Verwaltungsvollstreckung).

389   Gemäß § 80 Abs. 2 Satz 1 Nr. 4 VwGO entfällt die aufschiebende Wirkung kraft Anordnung durch die Behörde.
      Nach dieser Vorschrift kann die Behörde, die den Verwaltungsakt erlassen hat oder über den Widerspruch zu entscheiden hat, im Einzelfall die sofortige Vollziehung des Verwaltungsakts anordnen. Die Anordnung muss gesondert im Bescheid ausgesprochen werden. Ein bloßer Hinweis in der Rechtsbehelfsbelehrung, dass der Widerspruch keine aufschiebende Wirkung hat, genügt nicht. Dies bedeutet, dass in dem Bescheid ausdrücklich zum Ausdruck gebracht werden muss, dass und wofür die sofortige Vollziehung angeordnet wird.[116]

390   Voraussetzung für die behördliche Anordnung der sofortigen Vollziehung im öffentlichen Interesse ist nach § 80 Abs. 2 Satz 1 Nr. 4, Abs. 3 VwGO ein »besonderes öffentliches Interesse an der Vollziehung des Verwaltungsaktes«. Dieses ist nicht identisch mit dem öffentlichen Interesse, das dem Erlass eines jeden Verwaltungsakts zugrunde liegt. Das von § 80 Abs. 2 Satz 1 Nr. 4 VwGO geforderte »besondere öffentliche Interesse« ist das Vollzugsinteresse (= Interesse der Allgemeinheit oder eines Beteiligten an der Anordnung der sofortigen Vollziehung), das das Suspendierungsinteresse oder Suspensivinteresse

---

[116] So VG Frankfurt, Beschluss vom 05.12.1960, NJW 1961, 845.

(= Interesse des Beteiligten am einstweiligen Nichtvollzug des Verwaltungsakts) über-
wiegen muss. Von der Behörde ist durch Abwägung aller für die sofortige Vollziehung
sprechenden Gründe zu ermitteln, ob ein besonderes öffentliches sofortiges Vollzugsinteresse vorliegt. Im Einzelfall kann es sich auch aus denselben tatsächlichen Gründen
ergeben, die auch den Erlass des Verwaltungsakts rechtfertigen, was insbesondere bei
Verwaltungsakten zur Gefahrenabwehr häufig der Fall ist.

Es bedarf der Prüfung, welche Folgen durch eine Anordnung der sofortigen Vollziehung für   1391
den Betroffenen eintreten und in welchem Umfang Vollzugsmaßnahmen der Verwaltung
für ihn Unabänderliches bewirken.[117] Wenn sich die Folgen als schwer und irreparabel
erweisen, rechtfertigt nur ein besonders großes öffentliches Vollzugsinteresse die Anordnung der sofortigen Vollziehung. Nur wenn die Abwägung der konkreten Umstände ergibt,
dass das öffentliche Vollzugsinteresse das Suspensivinteresse des Betroffenen übersteigt,
weil die Vollziehung des Verwaltungsakts nicht ohne schwerwiegende Beeinträchtigung
des öffentlichen Interesses aufgehoben werden kann, ist eine Anordnung der sofortigen
Vollziehung gerechtfertigt.[118]

Nach § 80 Abs. 3 Satz 1 VwGO ist das besondere Interesse an der sofortigen Vollzie-   1392
hung schriftlich zu begründen. Die Behörde muss die wesentlichen tatsächlichen und
rechtlichen Gründe darlegen, die im Fall ein Vollzugsinteresse ergeben und die zu ihrer
Entscheidung, die Anordnung der sofortigen Vollziehung zu treffen, geführt haben. Als
Begründung genügt keine formularmäßig verwandte allgemeine Begründung, die Verwendung stereotyper, formelhafter, allgemeiner und daher nichtssagender Wendungen,
die Anordnung der sofortigen Vollziehung aufgrund und unter Hinweis auf allgemeine
Verwaltungsvorschriften oder eine Begründung, die den Wortlaut der den VA tragenden
Begründung wörtlich oder sinngemäß wiedergibt oder gar darauf Bezug nimmt, es sei
denn, die Gründe sind identisch.[119]

In Fällen, in denen der Widerspruch keine aufschiebende Wirkung hat, kann der Wider-   1393
spruchsführer die Aussetzung der sofortigen Vollziehung nach § 80 Abs. 4 VwGO bei
der Widerspruchsbehörde beantragen oder gemäß § 80 Abs. 5 VwGO beim zuständigen
Verwaltungsgericht einen Antrag auf Wiederherstellung der aufschiebenden Wirkung stellen (vgl. Kapitel 6.3 Vorläufiger Rechtsschutz). Diesem Antrag kann entsprochen werden,
wenn ernstliche Zweifel an der Rechtmäßigkeit des Verwaltungsakts bestehen und/oder
überwiegende Vollzugsinteressen nicht bestehen.

Wenn ein Dritter einen Rechtsbehelf gegen den an einen anderen gerichteten, diesen   1394
begünstigenden Verwaltungsakt (z. B. Baugenehmigung) einlegt, kann die Behörde gemäß
§ 80a Abs. 1 VwGO auf Antrag des Begünstigten nach § 80 Abs. 4 VwGO die sofortige
Vollziehung anordnen oder auf Antrag des Dritten nach § 80 Abs. 4 VwGO die Vollziehung
aussetzen und einstweilige Maßnahmen zur Sicherung der Rechte Dritter treffen.

---

[117] BVerfG 35, 382 (402).
[118] So BVerwGE 1, 11 (12) = NJW 1953, 1607 und 1936.
[119] Vgl. OVG Münster, NJW 1962, 698; VG Frankfurt, NJW 1961, 845; VG Hannover, DVBl. 1972,
       519; Hess. VGH, DÖV 1974, 606.

395 **Vertiefung für Verwaltungsfachwirte:** Der Widerspruch gegen einen Beitragsbescheid nach dem Kommunalabgabengesetz hat nach § 80 Abs. 2 Nr. 1 VwGO keine aufschiebende Wirkung. Der Beitragspflichtige kann jedoch gemäß § 80 Abs. 4 VwGO bei der Gemeinde oder der Widerspruchsbehörde die Aussetzung der Vollziehung des Bescheids beantragen. Ein derartiger Antrag auf Aussetzung der Vollziehung hat Erfolg, wenn ernstliche Zweifel an der Rechtmäßigkeit des Bescheids bestehen und die Vollziehung für den Beitragspflichtigen eine unbillige, nicht durch überwiegende öffentliche Interessen gebotene Härte zur Folge hätte.

396 Die Einlegung des Widerspruchs in Fällen der Sozialgerichtsbarkeit hat grundsätzlich gemäß § 86a SGG aufschiebende Wirkung. Die Behörde kann den Verwaltungsakt nicht vollziehen. Allerdings kann die Behörde nach § 86a Abs. 2 Nr. 5 SGG die sofortige Vollziehung anordnen, sofern diese im öffentlichen Interesse liegt und die Behörde dies schriftlich begründet.

6.1.2.6 Prüfungsschema eines Anfechtungswiderspruchs

A. Zulässigkeit des Anfechtungswiderspruchs

397 **I. Statthaftigkeit (§ 68 Abs. 1, 42 Abs. 1 Alt. 1 VwGO)**
1. Begehren: Anfechtungsklage in der Hauptsache, Aufhebung eines **Verwaltungsakts** (§ 1 Abs. 1 VwVfGBbg i. V. m. § 35 VwVfG)
2. **Kein Ausschluss** des Widerspruchsverfahrens (§ 68 Abs. 1 Satz 2 VwGO):
   a. kraft besonderer gesetzlicher Vorschrift (§ 68 Abs. 1 Satz 2 Alt. 1 VwGO; z. B. § 1 Abs. 1 VwVfGBbg i. V. m. § 70 VwVfG)[120]
   b. VA von oberster (Bundes- oder) Landesbehörde (§ 68 Abs. 1 Satz 2 Nr. 1 VwGO; Ausnahme: § 54 Abs. 2 Satz 1, Satz 2 BeamtStG) erlassen oder
   c. erstmalige Beschwer durch Abhilfe- oder Widerspruchsbescheid (§ 68 Abs. 1 Satz 2 Nr. 2 VwGO)

398 **II. Eröffnung des Verwaltungsrechtsweges**
1. aufdrängende **Spezialzuweisung** (z. B. § 54 Abs. 1 BeamtStG) oder
2. a. keine abdrängende Spezialzuweisung (z. B. zu den Sozialgerichten) und
   b. Vorliegen der Voraussetzungen der **Generalklausel** (§§ 68 Abs. 1 Satz 1, 40 Abs. 1 VwGO):
   aa. öffentlich-rechtliche Streitigkeit
   bb. nichtverfassungsrechtlicher Art

399 **III. Widerspruchsbefugnis (§ 42 Abs. 2 VwGO analog)**
Adressatentheorie: Der Adressat eines belastenden VA ist grundsätzlich immer widerspruchsbefugt, weil jedenfalls eine Verletzung im Grundrecht aus Art. 2 Abs. 1 GG nicht auszuschließen ist.

---

[120] Wenn im weiteren Verlauf des Schemas vom VwVfG die Rede ist, ist damit immer das VwVfG des Bundes gemeint, das gemäß § 1 Abs. 1 VwVfGBbg Anwendung findet.

IV. Ordnungsgemäße Widerspruchserhebung (§ 70 VwGO)

1. **Form** (§ 70 Abs. 1 Satz 1 VwGO): schriftlich (Unterschrift erforderlich gemäß § 126 BGB) oder mündlich zur Niederschrift bei der Behörde oder elektronisch (§ 3a Abs. 2 VwVfG).
2. **Frist** (Berechnung nach §§ 79, 31 Abs. 1 VwVfG i. V. m. §§ 187 ff. BGB oder § 57 Abs. 2 VwGO i. V. m. § 222 Abs. 1 ZPO i. V. m. § 187 ff. BGB):
   a. Grundsatz: innerhalb eines Monats nach Bekanntgabe (§ 70 Abs. 1 Satz 1 VwGO)
   b. bei fehlender oder unrichtiger Rechtsbehelfsbelehrung: ein Jahr (§§ 70 Abs. 2, 58 Abs. 2 VwGO)
   c. bei Fristversäumnis mit korrekter Rechtsbehelfsbelehrung ist eine mögliche Wiedereinsetzung in den vorigen Stand gemäß §§ 70 Abs. 2, 60 VwGO zu prüfen
   d. bei fehlender Bekanntgabe: keine Frist, aber Verwirkung möglich
3. **Richtige Behörde**
   Fristwahrung durch Einlegung bei Ausgangs- oder Widerspruchsbehörde (§§ 70 Abs. 1 Satz 1, 2, 73 Abs. 1 VwGO)

V. Beteiligungs- und Handlungsfähigkeit, ordnungsgemäße Vertretung des Widerspruchsführers (§§ 79, 11, 12, 14 VwVfG)

B. Begründetheit des Anfechtungswiderspruchs

Der Anfechtungswiderspruch ist begründet, soweit der VA rechtswidrig und der Widerspruchsführer dadurch in seinen Rechten verletzt ist (§ 68 Abs. 1 Satz 1 i. V. m. § 113 Abs. 1 Satz 1 VwGO analog) oder soweit ein Ermessens-VA von der Ausgangsbehörde in zweckwidriger Weise erlassen wurde (§ 68 Abs. 1 Satz 1 VwGO).

I.   Formell-gesetzliche Ermächtigungsgrundlage

II. Formelle Rechtmäßigkeit des VA

1. **Zuständigkeit** der Ausgangsbehörde
2. Einhaltung der für den VA vorgeschriebenen Form (Spezialgesetz, z. B. § 19 Abs. 1 Satz 1 Ordnungsbehördengesetz (OBG) oder § 37 Abs. 2, Abs. 3 VwVfG) und Begründung (§ 39 Abs. 1 VwVfG); falls nein: Heilung gemäß § 45 Abs. 1 Nr. 2 VwVfG möglich
3. Einhaltung des vorgeschriebenen Verwaltungsverfahrens (insbesondere Anhörung § 28 VwVfG); falls nein: Heilung gemäß § 45 Abs. 1 Nr. 3 VwVfG möglich

Bekanntgabe § 41 Abs. 1, 43 Abs. 1 VwVfG)

III. Materielle Rechtmäßigkeit des VA

1. **Tatbestandsvoraussetzungen** der Ermächtigungsgrundlage
2. **Rechtsfolge**
   ggf. Überprüfung auf Ermessensfehler i. e. S. (§ 40 VwVfG, § 15 OBG: Nichtgebrauch, Überschreitung, Fehlgebrauch (auch Art. 3 GG)
3. **Verhältnismäßigkeit** (vgl. z. B. § 14 OBG): Geeignetheit, Erforderlichkeit, Angemessenheit
4. Richtiger **Adressat** der Maßnahme
5. **Bestimmtheit** (§ 37 Abs. 1 VwVfG)

6. Rechtliche und tatsächliche **Durchführbarkeit** der Maßnahme, § 44 Abs. 2 Nr. 4, 5 VwVfG

405   **IV. Kein Ausschluss des Aufhebungsanspruchs durch § 46 VwVfG**
(ist nur bei rechtswidrigen Verwaltungsakten anzusprechen)

406   **V. Verletzung subjektiver Rechte des Widerspruchsführers**
(ist nur bei rechtswidrigen Verwaltungsakten anzusprechen)

407   **Zweckmäßigkeit**
(ist nur bei Ermessensverwaltungsakten zu prüfen)

408   Ausnahmsweise kann sich ein Ermessensverwaltungsakt trotz seiner Rechtmäßigkeit als zweckwidrig erweisen, wenn er aufgrund außerrechtlicher Kriterien, insbesondere sozialer, ökonomischer und verwaltungspolitischer Art, als unzweckmäßig einzustufen ist. Vor allem bei mehreren geeigneten Maßnahmen kann das eine Mittel zweckmäßig sein, das andere nicht.

6.1.2.7 Prüfungsschema eines Verpflichtungswiderspruchs

A. Zulässigkeit des Verpflichtungswiderspruchs

409   **I. Statthaftigkeit (§§ 68, 42 Abs. 1 Alt. 2 VwGO)**
1. Begehren: Verpflichtungsklage in der Hauptsache, Erlass eines abgelehnten oder unterlassenen **Verwaltungsakts** (§ 35 VwVfG)
2. **Kein Ausschluss** des Widerspruchsverfahrens (§ 68 Abs. 2, Abs. 1 Satz 2 VwGO):
   a. kraft besonderer gesetzlicher Vorschrift (§ 68 Abs. 1 Alt. 2, Abs. 2 VwGO; § 70 VwVfG),
   b. VA von oberster (Bundes- oder) Landesbehörde (§ 68 Abs. 1 Satz 2 Nr. 1, Abs. 2 VwGO; Ausnahme: § 54 Abs. 2 Satz 1, 2 BeamtStG) erlassen oder
   c. erstmalige Beschwer durch Abhilfe- oder Widerspruchsbescheid (§ 68 Abs. 1 Satz 2 Nr. 2, Abs. 2 VwGO)

410   **II. Eröffnung des Verwaltungsrechtsweges**
1. aufdrängende **Spezialzuweisung** (z. B. § 54 Abs. 1 BeamtStG) oder
2. a. keine abdrängende Spezialzuweisung (z. B. zu den Sozialgerichten) und
   b. Vorliegen der Voraussetzungen der **Generalklausel** (§ 40 Abs. 1 VwGO):
     aa. öffentlich-rechtliche Streitigkeit
     bb. nichtverfassungsrechtlicher Art

411   **III. Widerspruchsbefugnis (§ 42 Abs. 2 VwGO analog)**
Die Widerspruchsbefugnis liegt vor, wenn der Widerspruchsführer geltend macht, durch die Ablehnung eines Verwaltungsakts in seinen Rechten verletzt zu sein. Dies ist dann der Fall, wenn er möglicherweise einen Anspruch auf den Erlass des beantragten VA bzw. auf ermessensfehlerfreie Entscheidung hat und dieser Anspruch nicht erfüllt wurde, was

voraussetzt, dass die möglicherweise verletzte Rechtsvorschrift auch zum Schutz des Widerspruchsführers erlassen wurde (**Möglichkeitstheorie**).

IV. Ordnungsgemäße Widerspruchserhebung (§ 70 VwGO)   1412

1. **Form** (§ 70 Abs. 1 Satz 1 VwGO): schriftlich (grundsätzlich Unterschrift erforderlich) oder mündlich zur Niederschrift der Behörde oder elektronisch
2. **Frist** (Berechnung nach §§ 79, 31 Abs. 1 VwVfG i. V. m. §§ 187 ff. BGB oder § 57 Abs. 2 VwGO i. V. m. § 222 Abs. 1 ZPO i. V. m. § 187 ff. BGB):
   a. Grundsatz: innerhalb eines Monats nach Bekanntgabe (§ 70 Abs. 1 Satz 1 VwGO)
   b. bei fehlender oder unrichtiger Rechtsbehelfsbelehrung: ein Jahr (§§ 70 Abs. 2, 58 Abs. 2 VwGO)
   c. bei fehlender Bekanntgabe: keine Frist, aber Verwirkung möglich
   d. Fristwahrung durch Einlegung bei Ausgangs- oder Widerspruchsbehörde (§ 70 Abs. 1 Satz 1, 2 VwGO)

V. Beteiligungs- und Handlungsfähigkeit, ordnungsgemäße Vertretung des   1413
Widerspruchsführers (§§ 79, 11, 12, 14 VwVfG)

B. Begründetheit des Verpflichtungswiderspruchs   1414
Der Verpflichtungswiderspruch ist begründet, soweit die Ablehnung des beantragten Verwaltungsakts rechtswidrig und der Widerspruchsführer dadurch in seinen Rechten verletzt ist (§ 68 Abs. 2, Abs. 1 i. V. m. § 113 Abs. 5 VwGO analog) oder soweit die Versagung eines Ermessens-VA in zweckwidriger Weise erfolgt ist (§ 68 Abs. 2 VwGO).

I.   Anspruchsgrundlage   1415

II. Formelle Voraussetzungen des Anspruchs   1416
1. **Antragstellung** durch den Widerspruchsführer (Ausnahmen: z. B. § 18 Abs. 1 SGB XII)
2. bei der für den Erlass des begehrten Verwaltungsakts sachlich und örtlich **zuständigen Behörde**
3. ggf. unter Beachtung besonderer formeller Anforderungen (z. B. § 82 Abs. 1 AufenthG)

III. Materielle Voraussetzungen des Anspruchs   1417
1. **Tatbestandsvoraussetzungen der Anspruchsgrundlage**

Vorliegen von Anspruchsvoraussetzungen (z. B. § 6 Abs. 1 BImSchG) bzw. Nichteingreifen   1418
von Versagungsgründen (z. B. § 33a Abs. 1 Satz 1, Abs. 2 GewO).

2. **Rechtsfolge**   1419
   a. **Gebundene Entscheidung**
      Anspruch auf Erlass des beantragten Verwaltungsakts
   oder
   b. **Ermessensentscheidung**
      aa.   Anspruch des Widerspruchsführers auf ermessensfehlerfreie Entscheidung (Schutzbereich der Anspruchsgrundlage)

    bb. Liegt Ermessensreduzierung auf null vor: Anspruch auf Erlass des beantragten Verwaltungsakts

    cc. Liegt keine Ermessensreduzierung auf null vor: Prüfung auf Ermessensfehler (§ 40 VwVfG, insbesondere Interessenabwägung unter Berücksichtigung der Grundrechte des Antragstellers)

oder

c. **Beurteilungsspielraum**

    aa. Anspruch des Widerspruchsführers auf beurteilungsfehlerfreie Entscheidung (Schutzbereich der Anspruchsgrundlage)

    bb. Prüfung auf Beurteilungsfehler

420   **Beachte:** Keine Prüfung der Ablehnungsentscheidung nach allgemeinen Grundsätzen (Verhältnismäßigkeit, Bestimmtheit u. Ä.)!

421   **V. Verletzung subjektiver Rechte des Widerspruchsführers**
(nur bei rechtswidrigen Verwaltungsakten anzusprechen)

6.1.2.8   Heilung und Unbeachtlichkeit von Fehlern im Widerspruchsverfahren

422   In den §§ 45 und 46 VwVfG hat der Gesetzgeber nur für formelle Fehler eine Heilungsmöglichkeit vorgesehen bzw. deren Unbeachtlichkeit angenommen. Im VwVfG gibt es keine Regelungen über eventuelle Heilungsmöglichkeiten von materiellen Fehlern. Allerdings lässt die Rechtsprechung auch hier etliche Varianten zu, diese materiellen Fehler im Widerspruchsverfahren noch zu beseitigen.

423   Die Widerspruchsbehörde hat aufgrund ihrer Kontrollkompetenz aus § 68 VwGO folgende Befugnisse:

424
- Sie darf die Recht- u. Zweckmäßigkeit des Widerspruchs überprüfen
- Sie darf ihr Ermessen an die Stelle der Ausgangsbehörde setzen
- Sie darf Gründe und die richtige Ermächtigungsgrundlage nachschieben, wenn sich dadurch der Tenor des Ausgangsbescheids nicht wesentlich ändert; die Gründe müssen schon bei Erlass des Verwaltungsakts vorgelegen haben;[121] der Verwaltungsakt darf dadurch nicht in seinem Wesen verändert werden; der Betroffene darf nicht in seiner Rechtsverteidigung beeinträchtigt werden; bei Ermessensverwaltungsakten ist ein Nachschieben verboten, wenn die Widerspruchsbehörde nicht mit der Ausgangsbehörde identisch ist.
- Sie ist immer beschränkt auf den angefochtenen Bescheid
- Sie hat keine Befugnis, weitere rechtlich selbstständige Verwaltungsakte zu erlassen, es sei denn, Widerspruchs- und Ausgangsbehörde sind identisch.

425   Die Kontrollbefugnis der Widerspruchsbehörde ist eingeschränkt:

426
- wenn das Vorverfahren ausgeschlossen ist (§ 68 Abs. 1 Satz 2 VwGO);
- aus der Natur der Sache, z. B. bei Prüfungsentscheidungen.

---

[121] Verwaltungsgerichtsordnung Kommentar, Kopp/Schenke, § 113 Rn. 63.

Anhand der folgenden Übersicht werden mögliche Fehler, deren Folge und die Entscheidung der Widerspruchsbehörde dargestellt:

1427

Mögliche Fehler	Folge
Formelle Fehlerhaftigkeit des Verwaltungsakts	
fehlende Zuständigkeit	
Behörde sachlich oder instanziell unzuständig	Verwaltungsakt formell rechtswidrig; Aufhebung durch Widerspruchsbehörde
Behörde örtlich unzuständig	Verwaltungsakt nichtig gemäß § 44 Abs. 2 Nr. 3 i. V. m. § 3 Abs. 1 Nr. 1 VwVfG; in den übrigen Fällen nicht nichtig gemäß § 44 Abs. 3 Nr. 1 VwVfG, also formell rechtswidrig, dann evtl. unbeachtlich (§ 46 VwVfG), wenn offensichtlich kein Einfluss auf die sachliche Entscheidung, dann Zurückweisung des Widerspruchs, ansonsten Aufhebung des Verwaltungsakts
Verletzung von Form- und Verfahrensvorschriften	
fehlerhafte oder fehlende Rechts-behelfsbelehrung (§§ 58 Abs. 1, 70 VwGO)	Fristverlängerung auf ein Jahr (§ 58 Abs. 2 VwGO), keine Rechtswidrigkeit des Verwaltungs-akts
offenkundige Formalfehler (i. S. d. § 42 VwVfG)	Fehler unbeachtlich, nur Berichtigungsanspruch; Abweisung des Widerspruchs
Behörde nicht erkennbar (§ 37 Abs. 1 VwVfG)	Verwaltungsakt nichtig (§ 44 Abs. 2 Nr. 1 VwVfG); Anspruch auf Feststellung der Nichtigkeit gemäß § 44 Abs. 4 VwVfG
Fehlen der vorgeschriebenen Urkunde	Verwaltungsakt nichtig (§ 44 Abs. 2 Nr. 2 VwVfG); Anspruch auf Feststellung der Nichtigkeit gemäß § 44 Abs. 4 VwVfG
fehlender Antrag	Verwaltungsakt formell rechtswidrig, aber heilbar (§ 45 Abs. 1 Nr. 1, Abs. 2 VwVfG); Zurückweisung des Widerspruchs
fehlende Ausschussbeteiligung	Verwaltungsakt formell rechtswidrig, aber heilbar (§ 45 Abs. Nr. 4, Abs. 2 VwVfG); Zurückweisung des Widerspruchs
fehlende Mitwirkung einer anderen Behörde	Verwaltungsakt formell rechtswidrig, aber heilbar (§ 45 Abs. Nr. 5, Abs. 2 VwVfG); Zurückweisung des Widerspruchs
Anhörung fehlt (§ 28 Abs. 1 VwVfG)	Verwaltungsakt formell rechtswidrig, aber heilbar (§ 45 Abs. Nr. 3, Abs. 2 VwVfG); Zurückweisung des Widerspruchs
Begründung fehlt oder ist unzureichend (§ 39 Abs. 1 VwVfG)	Verwaltungsakt formell rechtswidrig, aber heilbar (§ 45 Abs. Nr. 2, Abs. 2 VwVfG); Zurückweisung des Widerspruchs

Mögliche Fehler	Folge
ausgeschlossene Person erlässt Verwaltungsakt (§ 20 VwVfG)	Verwaltungsakt nicht nichtig gemäß § 44 Abs. 3 VwVfG; wenn Fehler unbeachtlich gemäß § 46 VwVfG, dann Zurückweisung des Widerspruchs; oder Verwaltungsakt nichtig, wenn § 20 Abs. 1 Nr. 1 VwVfG vorliegt (strittig)
befangene Person erlässt Verwaltungsakt (§ 21 VwVfG)	Verwaltungsakt formell rechtswidrig; Heilung möglich durch Austausch des befangenen Amtsträgers im späteren Verfahren; evtl. unbeachtlich (§ 46 VwVfG); dann Zurückweisung des Widerspruchs
Verstoß gegen Akteneinsichtsrecht (§ 29 VwVfG)	Verwaltungsakt formell rechtswidrig, aber heilbar (§ 45 Abs. 2 Nr. 3, Abs. 2 VwVfG analog)[121] sowie evtl. unbeachtlich (§ 46 VwVfG), dann Zurückweisung des Widerspruchs
Verletzung des Rechts auf Hinzuziehung eines Bevollmächtigten oder Beistands (§ 14 VwVfG)	bei rechtswidriger Zurückweisung kann Bevollmächtigter Widerspruch erheben; ansonsten nur gemäß § 44a VwGO anfechtbar; Verwaltungsakt formell rechtswidrig; eventuell unbeachtlich gemäß § 46 VwVfG
Fehlende Bekanntgabe (§ 41 VwVfG)	Verwaltungsakt unwirksam (§ 43 Abs. 1 VwVfG)
Verstoß gegen zwingende Zustellungsvorschriften (§ 1 Abs. Bbg VwZG i. V. m. VwZG)	Verwaltungsakt unwirksam[122] (§ 43 Abs. 1 VwVfG) strittig; nach h. M. nur formell rechtswidrig, aber heilbar (§ 1 Abs. 1 Bbg VwZG i. V. m. § 8 Abs. 1 VwZG), dann Abweisung des Widerspruchs
Androhung eines Zwangsmittels fehlerhaft (§ 28 VwVG Bbg)	je nach Fehler, Androhung rechtswidrig oder heilbar oder unbeachtlich (§§ 45, 46 VwVfG)
Materielle Fehlerhaftigkeit des Verwaltungsakts	
unwirksame oder falsche Ermächtigungsgrundlage oder falsche Subsumtion	Verwaltungsakt materiell rechtswidrig; unter Umständen ist ein Nachschieben von Gründen im Widerspruchsverfahren möglich, sofern die Gründe beim Erlass des Verwaltungsakts schon vorgelegen haben und sich der Tenor des Verwaltungsakts dadurch nicht wesentlich ändert;[123] dann Abweisung des Widerspruchs
falscher Adressat der Maßnahme	Verwaltungsakt materiell rechtswidrig; Aufhebung des Verwaltungsakts
fehlende Bestimmtheit des Verwaltungsakts (§ 37 Abs. 1 VwVfG)	Verwaltungsakt materiell rechtswidrig; ggf. nichtig, wenn gar nicht zu erkennen ist, was vom Adressaten gefordert wird; ggf. konkretere Fassung möglich, dann Teilabweisung des Widerspruchs

---

[122] Vahle, Jürgen, Fehlerhafte Verwaltungsakte und ihre Folgen, Deutsche Verwaltungspraxis 5/04, S. 192.

[123] Kopp/Ramsauer, Verwaltungsverfahrensgesetz (Kommentar), 2. Auflage, § 41 Rn. 25.

[124] BVerwGE 39, 191 (195).

Mögliche Fehler	Folge
Verstoß gegen Verhältnismäßigkeit	Verwaltungsakt materiell rechtswidrig; aber Austausch einer zu weit gehenden Maßnahme durch eine mildere Maßnahme möglich; dann Teilabweisung des Widerspruchs
Ermessensfehler (§ 40 VwVfG)	Verwaltungsakt materiell rechtswidrig; u. U. ist ein Nachschieben von Ermessenserwägungen im Widerspruchsverfahren möglich,[124] sofern die Gründe beim Erlass des Verwaltungsakts schon vorgelegen haben und sich der Tenor des VA dadurch nicht wesentlich ändert; u. U. kann Widerspruchsbehörde eine Ergänzung/Vertiefung (vgl. § 114 Satz 2 VwGO) der Ermessensgründe vornehmen
VA tatsächlich oder rechtlich unmöglich	Verwaltungsakt nichtig (§ 44 Abs. 2 Nr. 4, 5 VwVfG); Anspruch auf Feststellung der Nichtigkeit
Zweckwidrigkeit	entsprechende Änderungsbefugnis gemäß § 68 Abs. 1 Satz 1 VwGO; je nach Änderung Abweisung, Teilabweisung oder Aufhebung

6.1.2.9   Ergebnis der Begründetheitsprüfung

Ergibt die Begründetheitsprüfung, dass der Verwaltungsakt rechtswidrig ist, keine Heilungsmöglichkeit besteht und der Fehler auch nicht unbeachtlich ist, muss die Behörde dem Widerspruch abhelfen, in dem sie ihn aufhebt (§ 72 VwGO; § 113 VwGO analog). Der Tenor eines Abhilfebescheids enthält die Entscheidung in der Hauptsache:

»Meinen Bescheid vom … hebe ich auf.«

Hält die Behörde ihren Verwaltungsakt für rechtmäßig, so hat sie unter Abgabe einer Zwischennachricht den Vorgang an die Widerspruchsbehörde weiterzuleiten, sofern Ausgangs- und Widerspruchsbehörde nicht identisch sind. Kommt auch die Widerspruchsbehörde zu dem Ergebnis, dass der Verwaltungsakt rechtmäßig ist, erlässt sie einen zurückweisenden Widerspruchsbescheid:

»Ihren Widerspruch vom … gegen den Bescheid des … weise ich zurück.«

Falsch wäre es, die Begriffe »Rücknahme« oder »Widerruf« zu verwenden, da diese den §§ 48, 49 VwVfG vorbehalten sind.

Hält die Widerspruchsbehörde den Verwaltungsakt für rechtswidrig, so ergeht ein stattgebender Widerspruchsbescheid, der inhaltlich dem Tenor des Abhilfebescheids entspricht. Dieser Fall tritt in der Praxis selten auf. Vielmehr würde die Widerspruchsbehörde den Vorgang an die Ausgangsbehörde zurückgeben mit dem rechtlichen Hinweis auf den Erlass eines Abhilfebescheids.

Bei Vorliegen eines Verpflichtungswiderspruchs wird der beantragte Verwaltungsakt erlassen. Es empfiehlt sich aus Klarstellungsgründen allerdings eine zweiteilige Entscheidung,

---

[125] BVerwGE 106, 351.

in der der ablehnende Bescheid aufgehoben wird und eine Entscheidung über den Antrag auf Erlass eines begünstigenden Verwaltungsakts getroffen wird. »Ich hebe den Bescheid des … vom … auf. Ich erteile Ihnen die Erlaubnis …«

435   Sofern der Widerspruch nur teilweise begründet ist, ergeht ein Teilabhilfebescheid und ein Widerspruchsbescheid. Ein solcher Teilabhilfebescheid enthält keine Kostenentscheidung und keine Rechtsbehelfsbelehrung. Rechtlich ist eine Teilabhilfe möglich (vgl. hierzu § 113 Abs. 1 VwGO analog … soweit …). Stattdessen kann auch die Widerspruchsbehörde eine einheitliche Entscheidung mittels teilweise stattgebendem Widerspruchsbescheid treffen.

6.1.2.10   Reformatio in peius

436   »Reformatio in peius« wird mit »Änderung zum Schlechten« übersetzt. Diese würde dann vorliegen, wenn der von dem Widerspruchsführer angegriffene Verwaltungsakt zu dessen Lasten belastender gestaltet, d. h. verbösert, wird.

437   Die Reformatio in peius ist im Widerspruchsverfahren nach h. M. zulässig.[126] Teilweise wird diese Möglichkeit mit der Erwägung abgelehnt, das Risiko der Verböserung könne den Beteiligten von der Einlegung eines Widerspruchs abhalten. Die Reformatio in peius sei eine Belastung der verfahrensrechtlichen Stellung des Bürgers, für die es in den §§ 68 ff. VwGO keine Gesetzesgrundlage gebe. Eine andere Auffassung hält die Reformatio in peius grundsätzlich für zulässig. Eine mögliche Verschlechterung der Stellung des Widerspruchsführers ergebe sich zum einen bereits aus der umfassenden Rechtmäßigkeits- und Zweckmäßigkeitskontrolle durch die Widerspruchsbehörde. Dieser Kontrollfunktion könne die Widerspruchsbehörde nur bei einer unbeschränkten Prüfungskompetenz nachkommen. Außerdem könne der Widerspruchsführer nicht darauf vertrauen, dass seine Rechtsstellung im Verfahren unangetastet bleibe. Teilweise wird auch auf §§ 79 Abs. 2 Satz 1 VwGO verwiesen, der zeige, dass der Gesetzgeber eine zusätzliche Beschwer für den Widerspruchsführer durch den Widerspruchsbescheid für möglich halte. Insbesondere die Tatsache, dass das Widerspruchsverfahren auch der Rechtskontrolle durch die Verwaltung selbst diene, spreche gegen eine Begrenzung des Entscheidungsspielraums der Widerspruchsbehörde. Stelle sie einen Fehler fest, so müsse dieser auch in vollem Umfang behoben werden können.

438   Eine Reformatio in peius liegt nur dann vor, wenn der Entscheidungsausspruch geändert wird, nicht jedoch, wenn Gründe nachgeschoben werden. Nach wie vor umstritten ist, unter welchen Voraussetzungen eine Verböserung zulässig ist:

439   • Nach der Rechtsprechung ist diese möglich nach Spezialgesetzen, ansonsten nach den Grundsätzen über Rücknahme und Widerruf;[127] i. d. R. ist das Vertrauen des Widerspruchsführers weniger schutzwürdig, da er durch den Widerspruch den Verwaltungsakt nicht hat bestandskräftig werden lassen.
      • Zumindest in den Fällen, in denen gegenüber der Ausgangsbehörde ein Weisungs- oder Selbsteintrittsrecht besteht, ist ein Recht der Widerspruchsbehörde zur »Verböserung« anzuerkennen.[128]

---

[126] Kopplschenke, Verwaltungsgerichtsordnung Kommentar § 68, Rn. 10 mit weiteren Nachweisen.
[127] BVerwG, NVwZ 1987, S. 215.
[128] VGH Mannheim, NVwZ-RR 2002, S. 3; OVG Rheinland-Pfalz, DÖV 1992, S. 315.

- Eine Anhörung ist gemäß 71 VwGO erforderlich (der Widerspruchsführer kann den Widerspruch dann auch zurücknehmen).

6.1.2.11   Rücknahme des Widerspruchs

Für die Form der Rücknahme eines Widerspruchs muss die Form des § 70 VwGO eingehalten werden. Eine erneute Widerspruchserhebung innerhalb der Widerspruchsfrist ist möglich. Nach h. M.[129] ist die Rücknahme nur bis zum Erlass des Widerspruchsbescheids möglich.

Bei der Rücknahme des Widerspruchs durch den Widerspruchsführer ist keine Entscheidung in der Sache mehr möglich. Dennoch ist eine Kostenentscheidung erforderlich (§ 80 VwVfG gilt nicht; nach dem Verwaltungskostengesetz und dem brandenburgischen Gebührengesetz [GebGBg] besteht Kostenfreiheit hinsichtlich der Gebühren).

Der Tenor der Verfügung könnte lauten:

»Das Widerspruchsverfahren wird eingestellt. Kosten werden nicht erstattet. Verwaltungskosten werden nicht erhoben.«

6.1.2.12   Verzicht auf die Durchführung des Widerspruchsverfahrens

Ein Rechtsbehelfsverzicht ist nur zulässig, wenn er

- nach Bekanntgabe des Verwaltungsakts ergeht und
- keine unzulässige Beeinflussung des Widerspruchsführers erfolgt ist und
- wenn der Betroffene die Konsequenzen seines Verzichts kennt.

Nach einem Verzicht ist keine erneute Widerspruchserhebung möglich. Auch eine Klage wäre unzulässig, weil ein Vorverfahren nicht durchgeführt wurde (§ 68 VwGO).
Ein Rechtsbehelfsverzicht kommt z. B. bei Subventionsbescheiden vor. Der Beteiligte erhält die Subvention vor Ablauf der Rechtsbehelfsfrist, und die Behörde kann sicher sein, dass mit keinen Rechtsbehelfen gegen die Nebenbestimmungen zu rechnen ist.

6.1.2.13   Kostenentscheidung im Widerspruchsverfahren

Über die Kosten ist im Abhilfe- und Widerspruchsbescheid zu entscheiden (§§ 72, 73 Abs. 3 VwGO). Die Kostenentscheidung betrifft zum einen die Frage der Kostenerstattung zwischen Widerspruchsführer und Ausgangsbehörde und zum anderen die Festsetzung und Höhe der Verwaltungskosten der Widerspruchsbehörde nach besonderen Rechtsvorschriften (bei Bundesverfahrensrecht gilt das Verwaltungskostengesetz, bei Landesrecht das Gebührengesetz des Landes Brandenburg und bei Selbstverwaltungsangelegenheiten das Kommunalabgabengesetz des Landes Brandenburg).

§ 80 VwVfG regelt, wer die Kosten in welchem Umfang zu tragen hat. § 80 VwVfG gilt gemäß § 2 Abs. 2 VwVfG Bbg nicht in Verwaltungsverfahren, in denen Rechtsvorschriften

---

129   Kopp/Schenke § 69 Rn. 8 m. w. Nachweisen; andere Auffassung OVG Lüneburg NVwZ 1993, S. 1214.

der Abgabenordnung (AO) anzuwenden sind. Da gemäß § 12 Kommunalabgabengesetz (KAG) Vorschriften der AO auf Kommunalabgaben Anwendung finden, ist § 80 VwVfG also nicht anwendbar. Rechtsanwaltskosten können dann allerdings über das Staatshaftungsgesetz der DDR als fortgeltendes Landesrecht liquidiert werden.

449   Soweit der Widerspruch erfolgreich ist, hat der Rechtsträger, dessen Behörde den angefochtenen Verwaltungsakt erlassen hat, demjenigen, der Widerspruch erhoben hat, die zur zweckentsprechenden Rechtsverfolgung oder Rechtsverteidigung notwendigen Aufwendungen zu erstatten. Dies gilt auch, wenn der Widerspruch deshalb keinen Erfolg hatte, weil die Verletzung eines Verfahrens- oder Formfehlers im Sinne von § 45 VwVfG unbeachtlich war.

450   Wenn der Verwaltungsakt formell rechtswidrig, materiell aber rechtmäßig ist, greift § 80 Abs. 1 Satz 2 VwVfG. Würde der formelle Fehler nicht gemäß § 45 VwVfG geheilt, so müsste der Rechtsträger, dessen Behörde den Verwaltungsakt erlassen hat, die Kosten tragen gemäß § 80 Abs. 1 Satz 1 VwVfG, denn ohne die Heilung hätte der Widerspruch Erfolg gehabt. Umstritten ist, ob eine entsprechende Anwendung des § 80 Abs. 1 Satz 2 VwVfG auf die Fälle der Unbeachtlichkeit des formellen Mangels nach § 46 VwVfG in Betracht kommt.[130] Die überwiegende Meinung lehnt die Analogie aufgrund der eindeutigen Gesetzesfassung jedoch ab.

451   Soweit der Widerspruch erfolglos geblieben ist, hat derjenige, der den Widerspruch eingelegt hat, die zur zweckentsprechenden Rechtsverfolgung oder Rechtsverteidigung notwendigen Aufwendungen der Behörde, die den Verwaltungsakt erlassen hat, zu erstatten. Erstattungsfähig sind demnach nur die notwendigen Aufwendungen der Ausgangsbehörde, nicht die Kosten der Widerspruchsbehörde.[131]

452   Soweit der Widerspruch teilweise erfolglos geblieben ist, muss eine Kostenquotelung vorgenommen werden.

453   Die Kostenlastentscheidung bestimmt unter Umständen gemäß § 80 Abs. 2 VwVfG auch, ob die Hinzuziehung eines Rechtsanwalts notwendig war. Die Notwendigkeit der Hinzuziehung eines Rechtsanwalts richtet sich aus der Sicht einer verständigen und verantwortungsvollen Partei im Zeitpunkt der Bevollmächtigung nach der Schwierigkeit der Sache.[132] Nach der neueren Rechtsprechung ist die Hinzuziehung in der Regel notwendig, da die Behörde dem Beteiligten immer sowohl in personeller als auch in fachlicher Hinsicht überlegen ist. Nur besondere Gründe, wie z. B. Fachkenntnisse beim Widerspruchsführer, rechtfertigen die Ablehnung der Notwendigkeit, was von der Behörde darzulegen ist.

---

[130] Mit weiteren Nachweisen Verwaltungsverfahrensgesetz, Beck'scher Kompakt-Kommentar, Huck/ Müller, § 80 Rn. 15.

[131] Verwaltungsverfahrensgesetz, Beck'scher Kompakt-Kommentar, Huck/Müller, § 80 Rn. 20.

[132] Verwaltungsverfahrensgesetz, Beck'scher Kompakt-Kommentar, Huck/Müller, § 80 Rn. 26.

Der Widerspruchsführer kann z. B. geltend machen: Porto, Telefon, Verdienstausfall, Kosten der Beschaffung von Urkunden, Sachverständigen-/Gutachterkosten, Fahrtkosten und Rechtsanwaltskosten.

1454

Die Ausgangsbehörde kann geltend machen: Fahrtkosten, Porto, Telefon, Sachverständigen-/Gutachterkosten. Anwaltskosten sind in der Regel ausgeschlossen, da die Behörde fachlich dazu in der Lage sein muss, über die Recht- und Zweckmäßigkeit des Verwaltungsakts im Abhilfeverfahren gemäß § 72 VwGO zu entscheiden.[133]

1455

Die Kostenlastentscheidung im Widerspruchsbescheid der Widerspruchsbehörde ist ein selbstständiger Verwaltungsakt und daher anfechtbar.[134]

1456

6.1.2.14   Widerspruchsbescheid

Nach § 73 Abs. 3 VwGO ist der Widerspruchsbescheid zu begründen, mit einer Rechtsmittelbelehrung zu versehen und zuzustellen. Wie bereits oben ausgeführt, muss eine Kostenentscheidung getroffen werden.

1457

Subsidiär gelten die Vorschriften der Verwaltungsverfahrensgesetze, wie z. B. §§ 79, 39 VwVfG, für die Begründung des Widerspruchsbescheids.

1458

Grundsätzlich sollte dem Bescheidstil der Vorzug gegeben werden, also mit direkter Anrede und in der Ich-Form abgefasst. Die Beschlussform ist dagegen unpersönlich (»der Widerspruchsführer hat …«).

1459

Einzelheiten ergeben sich aus dem folgenden Aufbauschema.

1460

---

[133]   VGH Mannheim, NVwZ-RR 1993, S. 111.
[134]   Verwaltungsverfahrensgesetz, Beck'scher Kompakt-Kommentar, Huck/Müller, § 80 Rn. 32.

Übersicht über den Aufbau eines Widerspruchsbescheids

461

Widerspruchsbehörde Anschrift	Sachbearbeiter Aktenzeichen Datum

Zustellungsvermerk

Empfänger und Anschrift

Betreff/Bezug

Widerspruchsbescheid

Anrede

1. Entscheidung in der Sache

2. ggf. Entscheidung nach § 80 Abs. 2 Nr. 4 VwGO

3. Kostenlastentscheidung

4. ggf. Gebührenfestsetzung

Begründung:

I. Sachverhaltsdarstellung

II. Rechtliche Würdigung

1. Zuständigkeit der Widerspruchsbehörde
2. Zulässigkeit des Widerspruchs
3. Begründetheit des Widerspruchs
4. ggf. Begründung gemäß § 80 Abs. 3 VwGO
5. Begründung der Kostenentscheidung

Rechtsbehelfsbelehrung

Grußformel

In Vertretung/Im Auftrag

Unterschrift

Aufbauschema für die Anfertigung eines Widerspruchsbescheids

1462

Absender § 1 Abs. 1 VwVfG Bbg i. V. m. §§ 79, 37 Abs. 3 VwVfG	Widerspruchsbehörde = gemäß § 73 Abs. 1 Satz 2 Nr. 1–3 VwGO; § 8 Abs. 3 BbgVwGG Dienststelle Aktenzeichen Datum
Zustellungsvermerk § 73 Abs. 3 VwGO z. B. Zustellungsurkunde	
Empfänger Ggf. der Bevollmächtigte (§ 1 Abs. 1 BbgVwZG i. V. m. § 7 VwZG) Anschrift	
Betreff	Ungenehmigte Baumaßnahme auf Ihrem Grundstück ………
Bezug	Ihr Widerspruchsschreiben vom …
Überschrift	Widerspruchsbescheid
Anrede	
Tenor (§§ 79, 37 Abs. 1 VwVfG)	
1.) Entscheidung in der Hauptsache a) Bestätigung eines angefochtenen Bescheids	Ihren WS vom … gegen den Bescheid des Bürgermeisters … vom … weise ich zurück.
	(Unter Umständen: Ihren Antrag auf Aussetzung der sofortigen Vollziehung weise ich ebenfalls zurück.)
b) Aufhebung eines angefochtenen Bescheids	Auf ihren WS vom … hebe ich die Verfügung des … vom … auf.
	(Unter Umständen: Ihr Antrag auf Aus- setzung der sofortigen Vollziehung ist damit gegenstandslos geworden)
c) teilweise Aufhebung eines angefochtenen Bescheids	Die Verfügung des … hebe ich insoweit auf, als …
	(Unter Umständen: Ich setze die sofortige Vollziehung aus.)

	Im Übrigen weise ich Ihren WS (sowie Ihren Antrag auf Aussetzung der Vollziehung) zurück.
d) stattgebende Bescheidung	Unter Aufhebung des Bescheids des … erteile ich Ihnen die Erlaubnis … oder:
	Ich hebe die Verfügung des … auf. Ich werde veranlassen, dass die erlassende Behörde Ihnen gemäß Ihrem Antrag vom …
e) teilweise stattgebende Bescheidung	Die Verfügung des … hebe ich insoweit auf, als … Ich entspreche Ihrem Antrag teilweise, d.h. soweit … Oder: Ich hebe die Verfügung des … auf. Ich werde die erlassende Behörde anweisen, Ihrem Antrag teilweise stattzugeben, und zwar …

2.) Kostenentscheidung:
§ 73 Abs. 3 VwGO, §§ 79, 80 VwVfG

Zu 1 a):	Die Kosten des WS-Verfahrens sind von Ihnen zu tragen.
Zu 1 b) und 1 d):	Die Kosten des WS-Verfahrens trägt … (Rechtsträger, dessen Behörde den angefochtenen VA erlassen hat). Die Zuziehung eines Bevollmächtigten war (nicht) notwendig.
Zu 1 c) und e)	Die Kosten des WS-Verfahrens sind zur Hälfte (einem Drittel) von Ihnen und zur Hälfte (zu zwei Dritteln) von … zu tragen. Die Zuziehung eines Bevollmächtigten war (nicht) notwendig.

3.) Gebührenfestsetzung
(falls nach den einschlägigen Gebührenvorschriften vorgesehen):

Zu 1 a), 1 c) und 1 e)	Für die Entscheidung wird eine Gebühr i.H.v. … erhoben. Der Betrag ist innerhalb von … unter Angabe … auf das Konto … zu zahlen.

Begründung
§ 73 Abs. 3 VwGO, §§ 79, 39 Abs. 1 VwVfG

Soweit der WS zulässig und begründet ist, kann man in dem Bescheid i. d. R. auf eine Begründung verzichten. Rechtliche Erwägungen erfolgen in einem solchen Fall entweder in einem vorangestellten Aktenvermerk oder in einem Begleitschreiben an die Behörde, die den VA erlassen hat.

I. Sachverhalt

Unbestrittene Tatsachen

Sie betreiben seit …

Verfahren vor der erlassenden Behörde einschließlich Vorbringen der

Verfahrensbeteiligten

Mit Schreiben … vom beantragten Sie…

Tenor der angefochtenen Verfügung

Mit Verfügung vom … hat der BM der Gemeinde … Ihnen aufgegeben, …

Wesentliche Gründe

Zur Begründung führte der BM aus …

Widerspruchsverfahren

Erhebung des WS
Hiergegen richtet sich Ihr WS vom …

Vorbringen der Verfahrensbeteiligten (Behauptungen, Rechtsansichten)

Sie tragen nunmehr vor …
Gegenüber der Auffassung des BM wenden Sie ein, …

Ergebnis einer eventuellen Beweisaufnahme

Die Anhörung des … hat ergeben …

II. Rechtliche Würdigung

ggf. Auslegung bzw. Umdeutung des Antragsbegehrens
Entscheidungskompetenz

Ihre als »Einspruch« gekennzeichnete Eingabe fasse ich als WS auf.

Ich bin gemäß § 73 Abs. 1 Satz 2 Nr. 1 VwGO i. V. m. § 8 Abs. 3 Bbg VwGG für die Entscheidung über Ihren WS zuständig.

Zulässigkeit des WS (Ausführungen nur, soweit Zweifel bestehen)	Ihr WS ist zulässig …
Begründetheit des WS	Ihr WS ist zulässig und begründet. Ihr WS ist zulässig, aber unbegründet.
Formelle Rechtmäßigkeit:	
Zuständigkeit der erlassenden Behörde	Der BM war gemäß § … für den Erlass des angefochtenen Bescheids zuständig.
Form des VA	Es ist gemäß § … nicht zu beanstanden, dass die Anordnung mündlich erfolgte.
Verfahren	Ihre erforderliche Anhörung hat am … stattgefunden.
Materielle Rechtmäßigkeit:	
Übereinstimmung mit gesetzlicher Grundlage	Der Bescheid hat seine gesetzliche Grundlage in § … Diese Bestimmung setzt voraus, dass …
	Diese Voraussetzungen sind vorliegend gegeben. Daher musste/konnte der BM …
Übereinstimmung mit höherrangigem Recht	Die infrage stehende Rechtsverordnung
Ggf. Überprüfung der Zweckmäßigkeit	beruht ihrerseits auf einer hinreichenden gesetzlichen Grundlage. Die angefochtene Entscheidung wird zwar durch § … getragen, ist rechtmäßig.
	Gleichwohl ist sie aus folgenden Gründen unzweckmäßig und daher aufzuheben …
Falls Verwaltungszwang aufrechterhalten wird, ist dies zu begründen	Die Androhung eines … ist zu Recht erfolgt, weil …
Falls sofortige Vollziehung aufrechterhalten wird, ist auch dies zu begründen	Die Anordnung der sofortigen Vollziehung ist aus folgenden Gründen gerechtfertigt …

III. Begründung der Kostenentscheidung	Die Kostenentscheidung ergibt sich aus § 73 Abs. 3 Satz 2 VwGO i. V. m. § 80 VwVfG.
IV. Ggf. Begründung der Gebühren- erhebung	Die Gebührenerhebung beruht auf ...

Rechtsbehelfsbelehrung (§ 73 Abs. 3 VwGO):

Notwendiger Inhalt (§ 70 Abs. 2, 58 Abs. 1 VwGO):	Gegen den Bescheid vom ... kann innerhalb eines Monats nach Zustellung dieses WS-Bescheids Klage beim Verwaltungsgericht ... (Anschrift) schriftlich oder zur Niederschrift des Urkundsbeamten der Geschäftsstelle erhoben werden. Die Klage kann stattdessen auch in elektronischer Form bei der elektronischen Poststelle des Verwaltungsgerichts ... unter www. ... eingereicht werden, wenn das elektronische Dokument mit einer qualifizierten elektronischen Signatur nach dem Signaturgesetz versehen ist. Die Klage muss den Kläger, den Beklagten und den Gegenstand des Klagebegehrens bezeichnen.
Zusätzliche Rechtsbehelfsbelehrung im Falle einer Gebührenerhebung für die WS-Entscheidung	Gegen die Gebührenentscheidung kann innerhalb eines Monats nach Zustellung dieses WS-Bescheids WS erhoben werden. Der WS ist schriftlich oder zur Niederschrift bei Behörde/Sitz zu erheben.

Grußformel
Im Auftrag

Unterschrift
(Dienstbezeichnung)

6.1.2.15 Sachverhalt zur Prüfung der Zulässigkeit und Begründetheit eines Widerspruchs

Aktenauszug:

1463

Stadt Posam
Der Oberbürgermeister
Amtshausstraße 5
14465 Posam

AZ: XY/65/10
Sachbearbeiter:
Dunst
Tel.: 02303/5051
Datum: 12.03.20...

Gegen Zustellungsurkunde

Herrn
Otto Wild
Buchsbaumweg 8

14465 Posam

Ordnungsverfügung

1464

Sehr geehrter Herr Wild,

1. ich gebe Ihnen auf, Ihren Kleinlastwagen mit dem amtlichen Kennzeichen P AB 8655, auf dem sich Werbung für ein sog. Internet-Erotikportal befindet, sofort nach Zustellung dieses Bescheids aus dem öffentlichen Straßenraum der Stadt Posam zu entfernen. Das Fahrzeug darf nicht im öffentlichen Straßenraum genutzt werden, solange sich die Werbung für das Internet-Erotikportal sichtbar auf dem Fahrzeug befindet.
2. Die sofortige Vollziehung der o. g. Maßnahme ordne ich an. Sie ist geboten, da der öffentliche Straßenraum in hohem Maße beeinträchtigt ist.
3. Für den Fall, dass Sie die mit dieser Verfügung ausgesprochene Anordnung nicht befolgen, drohe ich Ihnen die Festsetzung eines Zwangsgeldes oder einer Ersatzvornahme an.

Begründung:

1465

Sie sind Eigentümer und Halter des Kleinlastwagens mit dem o. g. amtlichen Kennzeichen. Durch mich wurde am 26.02.20.. erstmalig festgestellt und seither regelmäßig protokolliert, dass in Posam der o. g. Kleinlastwagen ständig im öffentlichen Straßenraum anzutreffen ist. Auf dem Kleinlastwagen befindet sich Werbung für ein sog. Internet-Erotikportal. Eine Abbildung auf der Hecktür des Fahrzeugs zeigt das entblößte Gesäß einer Frau, das die Breite des Fahrzeugs etwa zu zwei Dritteln ausfüllt. Kopf, Schultern und Beine der Frau sind abgeschnitten. Seitlich sind Darstellungen mit jeweils einer nur spärlich bekleideten, maskierten Frau angebracht. Die Maske ist tierähnlich. Viele besorgte Eltern und Lehrer haben mich seit Februar mehrfach telefonisch darüber informiert, dass Ihr Fahrzeug mit der Werbung in Potsdam gesichtet wurde.

Mit Schreiben vom 26.02.20.. informierte ich Sie über meine Feststellung und bat Sie, den betreffenden Kleinlastwagen bis zum 07.03.20.. aus dem öffentlichen Straßenland zu entfernen bzw. die Werbung zu entfernen. Ich teilte Ihnen mit, dass ich ansonsten per Ordnungsverfügung mit Zwangsandrohung gegen Sie vorgehen würde. Somit habe ich Ihnen auch die Möglichkeit eingeräumt, sich im Vorfeld zu der Ordnungsverfügung zu äußern.

1466

Hiervon haben Sie Gebrauch gemacht. Sie teilten mir mit Schreiben vom 28.02.20.. mit, dass es mittlerweile ja sogar das Prostitutionsgesetz gebe und man daher auch durchaus Werbung für Prostitution betreiben könne.

1467

Meine Ermittlungen haben ergeben, dass Ihr Kleinlastwagen nicht, wie gefordert, bis zum 07.03.20.. aus dem öffentlichen Straßenraum entfernt wurde, sondern nach wie vor durch Posam fährt.

1468

Ich konnte notwendige Schritte einleiten, da Ihr Kleinlastwagen gegen § 119 Abs. 1 und 3 OWiG verstößt. Danach handelt ordnungswidrig, wer öffentlich in einer Weise, die geeignet ist, andere zu belästigen, oder in grob anstößiger Weise durch Verbreiten von Schriften, Ton- oder Bildträgern, Abbildungen oder Darstellungen oder durch das öffentliche Zugänglichmachen von Datenspeichern Gelegenheit zu sexuellen Handlungen anbietet, ankündigt, anpreist oder Erklärungen solchen Inhalts abgibt. Nach § 119 Abs. 3 OWiG handelt ferner ordnungswidrig, wer öffentliche Schriften, Ton- oder Bildträger, Datenspeicher, Abbildungen oder Darstellungen sexuellen Inhalts an Orten ausstellt, anschlägt, vorführt, oder sonst zugänglich macht, an denen dies grob anstößig wirkt. Eine solche Ordnungswidrigkeit kann nach Abs. 4 mit einer Geldbuße bis zu 1.000 bzw. 10.000 € geahndet werden.

1469

Es handelt sich hier um eine grob anstößige Wirkung, die nicht mehr zumutbar erscheint. Die Werbung ist besonders groß und aufdringlich angebracht. Verkehrsteilnehmer werden z. B. an Ampeln oder in Staus damit konfrontiert, ohne sich der Werbung entziehen zu können. Auch Kinder und Jugendliche werden ungewollt mit der anstößigen Werbung in Berührung kommen. Das Gesetz zur Regelung der Rechtsverhältnisse der Prostituierten ändert daran nichts.

1470

Gemäß § 3 VwVG Bbg kann ich eine Maßnahme, die auf ein Handeln gerichtet ist, mit Zwangsmitteln durchsetzen. Um die Durchführung der o. g. Maßnahme sicherzustellen, ist es erforderlich, Ihnen ein Zwangsgeld oder die Ersatzvornahme anzudrohen.

1471

Sie können im Übrigen durch Beachtung der behördlichen Anordnung die Festsetzung bzw. Betreibung des Zwangsgeldes jederzeit abwenden.

1472

Rechtsbehelfsbelehrung:

Gegen diese Verfügung kann innerhalb eines Monats – vom Tage des Zugangs an gerechnet – Widerspruch erhoben werden. Der Widerspruch ist zur Niederschrift bei der im Briefkopf genannten Behörde einzulegen.

1473

Hinweis:

1474   Der Widerspruch hat nach § 80 Abs. 2 Ziff. 4 VwGO keine aufschiebende Wirkung, da hier die sofortige Vollziehung im öffentlichen Interesse angeordnet werden musste.

Im Auftrag

Dunst

1475   Der Bescheid wird Herrn Wild am 15.03.20.. zugestellt. Herr Wild ist mit dem Bescheid nicht einverstanden und erhebt am 23.04.20.. zur Niederschrift Widerspruch. Er gibt an, mit dem Bescheid nicht einverstanden zu sein. Es handele sich hier um erlaubte Werbung nach dem Prostitutionsgesetz. Außerdem könne man Werbung für Erotikportale in jeder Tageszeitung in den Kleinanzeigen finden. Das sei ja wohl auch nicht verboten.

1476   Er habe darüber hinaus gegen die Anordnung der sofortigen Vollziehung bereits einen Antrag beim zuständigen Gericht gestellt.

Aufgabe:

Prüfen Sie gutachtlich die Zulässigkeit und Begründetheit des Widerspruchs vom 23.04.20..!

Auszug aus dem Prostituiertenschutzgesetz vom 21.10.2016 (BGBl. I S. 2372)

Abschnitt 3

Erlaubnis zum Betrieb eines Prostitutionsgewerbes; anlassbezogene Anzeigepflichten

§ 12 Erlaubnispflicht für Prostitutionsgewerbe; Verfahren über einheitliche Stelle

1477   (1) Wer ein Prostitutionsgewerbe betreiben will, bedarf der Erlaubnis der zuständigen Behörde. Die Erlaubnis kann befristet werden. Die Erlaubnis ist auf Antrag zu verlängern, wenn die für die Erteilung der Erlaubnis maßgeblichen Voraussetzungen fortbestehen.

1478   (2) Die Erlaubnis für das Betreiben einer Prostitutionsstätte wird zugleich für ein bestimmtes Be-triebskonzept und für bestimmte bauliche Einrichtungen, Anlagen und darin befindliche Räume erteilt.

1479   (3) Die Erlaubnis für die Organisation oder Durchführung von Prostitutionsveranstaltungen wird für ein bestimmtes Betriebskonzept erteilt. Sie kann als einmalige Erlaubnis oder als Erlaubnis für mehrere gleichartige Veranstaltungen erteilt werden.

1480   (4) Die Erlaubnis für das Bereitstellen eines Prostitutionsfahrzeugs wird für ein bestimmtes Betriebskonzept und für ein bestimmtes Fahrzeug mit einer bestimmten Ausstattung erteilt. Sie ist auf höchstens drei Jahre zu befristen und kann auf Antrag verlängert werden.

(5) Die Erlaubnis ist bei der zuständigen Behörde zu beantragen. Dem Antrag sind beizufügen: 1481
1. das Betriebskonzept,
2. die weiteren erforderlichen Unterlagen und Angaben zum Nachweis des Vorliegens der Erlaubnisvoraussetzungen sowie
3. bei einer natürlichen Person Name, Geburtsdatum und Anschrift derjenigen Person, für die die Erlaubnis beantragt wird, oder bei einer juristischen Person oder Personenvereinigung deren Firma, Anschrift, Nummer des Registerblattes im Handelsregister sowie deren Sitz.

(6) Verwaltungsverfahren nach diesem Abschnitt oder nach einer aufgrund dieses Gesetzes erlassenen Rechtsverordnung können über eine einheitliche Stelle nach den Vorschriften des Verwaltungsverfahrensgesetzes abgewickelt werden.   1482

(7) Erlaubnis- oder Anzeigepflichten nach anderen Vorschriften, insbesondere nach den Vorschriften des Gaststätten-, Gewerbe-, Bau-, Wasser- oder Immissionsschutzrechts, bleiben unberührt."   1483

6.1.2.16   Sachverhalt zum Entwurf eines Widerspruchsbescheids

Aktenauszug:

Stadt S   Amtsstraße 8   1484
Der Bürgermeister   14567 Stadt S, den 4. September
... Ordnungsamt   Tel.: 0256/1230
                                          Sachbearbeiter K
                                          AZ: xyz/0071

Per Übergabeeinschreiben

Herrn
Alfons Abramscheck
X-Straße 8
14575 B-Stadt

Ihr Grundstück in der Stadt S, Seestraße 14

Sehr geehrter Herr Abramscheck,

gegen Sie erlasse ich folgende

Ordnungsverfügung:

1. Ich fordere Sie auf, binnen zwei Wochen nach Eintritt der Bestandskraft dieses   1485
   Bescheids ein gut lesbares Schild (mindestens 20 x 20 cm) mit Ihrer Hausnummer 14 an der Einfriedung des Grundstücks Seestraße 14 in S-Stadt neben der Gartenpforte anzubringen.

2. Für den Fall, dass Sie dieser Aufforderung nicht innerhalb der gesetzten Frist nachkommen, drohe ich Ihnen ein Zwangsmittel an.

Angewandte Vorschriften: §§ 1, 3, 4, 5, 13 Abs. 1, 14 Abs. 1, 2 des Ordnungsbehördengesetz des Landes Brandenburg (OBG) in der zur Zeit geltenden Fassung vom … (GVBl. I …)
§ 6 der ordnungsbehördlichen Verordnung der Stadt S (VO) vom 9. Juli 1998
§§ 3, 27, 28, 30 des Verwaltungsvollstreckungsgesetzes für das Land Brandenburg (VwVG Bbg) in der zurzeit geltenden Fassung (GVBl. I …)

Begründung:

Sie sind Eigentümer des Hauses Seestraße 14 in der Stadt S. Dieses Haus haben Sie an den Mieter M vermietet. Nach § 6 der ordnungsbehördlichen Verordnung über die Aufrechterhaltung der öffentlichen Sicherheit und Ordnung der Stadt S sind Hausnummern so anzubringen, dass sie von der Straße aus zu erkennen sind. Ihr Haus genügt diesen Anforderungen nicht. Die Hausnummer ist neben der Eingangstür, die sich nicht an der Vorderseite, sondern an der rechten Längsseite des Hauses befindet, angebracht.

Zusätzlich wird die Sicht auf das Haus noch durch einen dicht bewachsenen Vorgarten stark behindert. Ihr Haus steht in einem erheblichen Abstand zu den Nachbarhäusern. Eine Orientierung an den laufenden Nummern wird dadurch erschwert. Aus diesen Gründen ist es unmöglich, von der Straße aus die Hausnummer zu erkennen. Mit Schreiben vom 15. August … habe ich Sie auf diesen Missstand hingewiesen und um Abhilfe bis zum 30. August … gebeten. Sie haben von dieser Möglichkeit der Äußerung keinen Gebrauch gemacht. Eine Überprüfung am 1. September …. hat ergeben, dass Sie der Aufforderung nicht nachgekommen sind. Daher ergeht nun diese Ordnungsverfügung. Die Kosten für die Anbringung einer Hausnummer sind gering. Die Maßnahme ist daher nicht mit Nachteilen verbunden, die Ihre Aufwendungen als unangemessen erscheinen lassen.
Als Hauseigentümer sind Sie für die ordnungsgemäße Beschilderung Ihres Hauses verantwortlich.

Rechtsbehelfsbelehrung:
Gegen diese Ordnungsverfügung können Sie innerhalb eines Monats nach Bekanntgabe schriftlich oder zur Niederschrift Widerspruch einlegen. Der Einspruch ist bei der Stadt S, Der Bürgermeister, Amtsstraße 8, 14567 Stadt S, einzulegen.

Mit freundlichem Gruß
im Auftrag

Karl Unwissend
Sachbearbeiter

Die Verfügung wurde am 4. September … zur Post gegeben.

Bei der Stadt S ging sechs Wochen später folgendes Schreiben ein:

Stadt S   Alfons Abramscheck
Der Bürgermeister   X-Str. 8
Amtsstraße 8   14575 B-Stadt
14567 Stadt S

Mein Haus in der Stadt S
Ihr Schreiben vom 4. September 20..

Sehr geehrter Herr Bürgermeister,

gegen Ihre Ordnungsverfügung vom 4. September 20.., bei mir eingegangen am
6. September 20.. lege ich Widerspruch ein. Sie dürfen mir gar keine Ordnungsverfügung schicken, da ich in B-Stadt wohne und, wie jedermann weiß, der Wohnsitz des
Betroffenen für die Zuständigkeit ausschlaggebend ist. Folglich brauche ich nur den
ordnungsbehördlichen Anordnungen der B-Stadt nachkommen. Außerdem können
Sie mich doch nicht zu etwas zwingen, ohne dass ich zuvor dazu meine Meinung
gesagt habe. Schließlich leben wir in einem demokratischen Rechtsstaat, in dem
auch nur das Parlament Rechtsvorschriften erlassen kann. Eine ordnungsbehördliche
Verordnung hat daher keinerlei Bedeutung. Weiterhin ist eine Hausnummer an mei-
nem Haus in der Stadt S total überflüssig. Ich habe das Haus an den Schauspieler G
vermietet. Den kennt jeder im Ort. Im Übrigen ist das eine Sache, die Sie mit Herrn G
selbst ausmachen müssen.

Mit freundlichen Grüßen

A. Abramscheck
(Unterschrift)

Die Stadt S hilft dem Widerspruch nicht ab und legt den gesamten Vorgang dem Land-   1491
kreis T zur Entscheidung vor.

Aufgabe:

Entwerfen Sie einen vollständigen Widerspruchsbescheid! Sollten Sie Erwägungen für   1492
wesentlich halten, die nicht im Widerspruchsbescheid dargestellt werden können, fassen
Sie diese Erwägungen bitte in einem Vermerk oder einem Begleitschreiben an die Stadt
S zusammen!

Hinweis: § 6 Abs. 1–4 der ordnungsbehördlichen Verordnung über die Aufrechterhaltung   1493
der öffentlichen Sicherheit und Ordnung der kreisangehörigen, amtsfreien Stadt S vom
09.07.1998 (VO) ist ordnungsgemäß zustande gekommen und lautet folgendermaßen:

1494   (1)   Jedes bebaute Grundstück ist von dem Eigentümer mit der dem Grundstück zugeteilten Nummer zu versehen. Ausgenommen hiervon sind Bauwerke vorübergehender Art, die keinen Wohn-, Gewerbe- oder ähnlichen Zwecken dienen.

          (2)   Die Hausnummern sind unmittelbar neben dem Haupteingang so anzubringen, dass sie sich etwa in Höhe der Oberkante der Haustür befinden. Liegt der Hauseingang nicht an der Straßenseite, so sind sie an der zur Straße gelegenen Hauswand oder Einfriedung des Grundstücks, und zwar an der dem Haupteingang zunächst liegenden Hausecke, anzubringen. Ist ein Vorgarten vorhanden, der das Hauptgebäude zur Straße hin verdeckt oder sonst wie das Hausnummernschild nicht erkennen lässt, so ist es neben der Einfriedung neben der Eingangstür zu befestigen.

          (3)   Die örtliche Ordnungsbehörde bestimmt in Zweifelsfällen, wo die Hausnummernschilder anzubringen sind.

          (4)   Die Nummernschilder müssen gut lesbar und in ordnungsgemäßem Zustand sein. Die Ziffern haben sich von dem Untergrund deutlich abzuheben.

Entwurf des Widerspruchsbescheids[135]

1495

Landkreis T	Sachbearbeiter
Der Landrat	Datum
Platz der Freiheit 1	AZ:
007 F-Stadt	

<u>Per Zustellungsurkunde</u>
Herrn
Alfons Abramscheck
X-Straße 8
14575 B-Stadt

**Ordnungsverfügung des Bürgermeisters der Stadt S vom 4. September …
(Az: xyz/007)**

Ihr Widerspruch vom …

---

[135]   Der Lösung liegt folgende Literatur zugrunde: Finke/Haurand/Sundermann/Vahle, Allgemeines Verwaltungsrecht; VwGO Kopp/Schenke.

Widerspruchsbescheid

Sehr geehrter Herr A,   1496

1. Aufgrund Ihres Widerspruchs gegen den Bescheid des Bürgermeisters der Stadt S vom 4. September … hebe ich die darin verfügte Maßnahme unter Nr. 2 auf. Im Übrigen weise ich Ihren Widerspruch zurück.
2. Die Kosten des Widerspruchsverfahrens tragen zu zwei Dritteln Sie und zu einem Drittel die Stadt S.

Begründung:
I.
Sie sind Eigentümer des Grundstücks in der Stadt S, Seestraße 14. Die Hausnummer   1497
Ihres Grundstücks ist neben der Eingangstür, die sich nicht an der Vorderseite, sondern an der rechten Längsseite des Hauses befindet, angebracht. Die Sicht auf das Haus wird durch einen dicht bewachsenen Vorgarten stark behindert. Ihr Haus befindet sich in einem erheblichen Abstand zu den Nachbarhäusern. Eine Orientierung an den laufenden Nummern wird dadurch zusätzlich erschwert. Aus diesen Gründen ist es unmöglich, von der Straße aus die Hausnummer zu erkennen.

Das Ordnungsamt der Stadt S wies Sie in seinem Schreiben vom 15. August … auf   1498
diesen Missstand hin, mit der Bitte, bis zum 30. August … Abhilfe zu schaffen. Bei einem Vororttermin am 1. September … wurde festgestellt, dass es keine Veränderung der Situation gibt. Daraufhin erließ der Bürgermeister der Stadt S am 4. September … eine Ordnungsverfügung, in der Sie aufgefordert wurden:

1. binnen zwei Wochen nach Eintritt der Bestandskraft des Bescheids ein gut lesba-   1499
res Schild (mindestens 20 x 20 cm) mit Ihrer Hausnummer an der Einfriedung des Grundstücks Seestraße 14 in S-Stadt neben der Gartenpforte anzubringen.
2. Für den Fall, dass Sie dieser Aufforderung nicht innerhalb der gesetzten Frist nach-kommen, wurde Ihnen ein Zwangsmittel angedroht.

Die Verfügung stützte sich auf § 13 OBG in Verbindung mit § 6 der ordnungsbe-   1500
hördlichen Verordnung der Stadt S. Im Wesentlichen wurden in der Begründung die mangelnde Einsehbarkeit des Grundstücks und die fehlende Orientierungsmöglichkeit angegeben.

Gegen diese Ordnungsverfügung haben Sie mit Schreiben vom … Widerspruch ein-   1501
gelegt, den Sie wie folgt begründen:

Das Ordnungsamt der Stadt S dürfe Ihnen gar keine Ordnungsverfügung schicken, da   1502
Sie in der Stadt B wohnen und jedermann wisse, dass der Wohnsitz des Betroffenen für die Zuständigkeit ausschlaggebend sei. Außerdem könne man Sie nicht zu etwas zwingen, ohne dass Sie zuvor dazu Ihre Meinung gesagt hätten. Schließlich lebten wir in einem Rechtsstaat, in dem auch nur das Parlament Gesetze erlassen dürfe. Eine

ordnungsbehördliche Verordnung habe daher überhaupt keine Bedeutung für Sie. Weiterhin sei eine Hausnummer an Ihrem Haus in der Stadt S total überflüssig. Sie haben das Haus an den Fußballer Meier vermietet. Den kenne jeder im Ort. Im Übrigen sei das eine Sache, die die Behörde mit Herrn Meier persönlich ausmachen müsse.

503   Der Bürgermeister der Stadt S hat Ihrem Widerspruch nicht abgeholfen und mir zur Entscheidung vorgelegt.

II.

504   Gemäß § 73 Abs. 1 Satz 2 Nr. 1 Verwaltungsgerichtsordnung (VwGO), §§ 3, 7 Abs. 1 Ordnungsbehördengesetz (OBG) und § 8 Abs. 3 Verwaltungsgerichtsgesetz des Landes Brandenburg (VwGG) bin ich für die Entscheidung über Ihren Widerspruch zuständig.

505   Der Widerspruch ist zulässig und in dem aus dem Tenor ersichtlichen Umfang teilweise begründet.

506   Die in der Ordnungsverfügung unter Nr. 2 angedrohte Maßnahme, wonach Ihnen ein Zwangsmittel angedroht wurde, verstößt gegen § 28 Abs. 3 Verwaltungsvollstreckungsgesetz Brandenburg (VwVG Bbg). Die Maßnahme ist völlig unbestimmt, rechtswidrig und war aufzuheben.

507   Die unter Nr. 1 verfügte Regelung ist im Ergebnis jedoch nicht zu beanstanden.

508   Entgegen Ihrer Auffassung ist der Bürgermeister der Stadt S für Ihren Fall zuständig. Gemäß § 4 Abs. 1 des Ordnungsbehördengesetzes des Landes Brandenburg (OBG) ist die Ordnungsbehörde immer örtlich zuständig, in deren Bezirk die zu schützenden Interessen verletzt oder gefährdet wären. Da Ihr Haus mit der nicht lesbaren Hausnummer und damit die zu schützenden Interessen auf dem Gebiet der Stadt S liegen, ist die Ordnungsbehörde der Stadt S örtlich zuständig. Ausführendes Organ für diese Aufgaben ist gemäß §§ 54 Abs. 1 Nr. 3, 53 Abs. 1 BbgKVerf der Bürgermeister.

509   Ihre Rüge, dass man Sie nicht zu etwas zwingen könne, ohne dass Sie zuvor Ihre Meinung gesagt hätten, trifft zwar zu. Gemäß § 1 Abs. 1 Verwaltungsverfahrensgesetz Brandenburg (VwVfG Bbg) in Verbindung mit § 28 Abs. 1 Verwaltungsverfahrensgesetz (VwVfG) müsste vor Erlass der Ordnungsverfügung dem Betroffenen Gelegenheit gegeben werden, sich zu entscheidungserheblichen Tatsachen äußern zu können. Hier liegt ein Verstoß gegen das Anhörungsgebot vor.

510   Dieser Fehler kann gemäß § 45 Abs. 1 Nr. 3 VwVfG geheilt werden, was bereits geschehen ist.

511   Da Sie Ihren Widerspruch mit Gründen versehen haben und ich mich mit diesen Gründen auseinandergesetzt habe, ist die Anhörung nach einer Auffassung, die in der Rechtsprechung vertreten wird, bereits nachgeholt worden.

Zwar ist auch die Begründung des Bescheids unvollständig. Dies führt jedoch nicht zu   1512
deren Aufhebung, da die Widerspruchsbehörde einen Begründungsmangel im Sinne
des § 39 VwVfG nach näherer Maßgabe des § 45 Abs. 1 Nr. 2 VwVfG noch heilen kann.
Zu Recht ist der Bürgermeister der Stadt S davon ausgegangen, dass die Aufforderung, eine gut sichtbare Hausnummer anzubringen, seine Stütze in § 13 Abs. 1 OBG
in Verbindung mit § 6 der ordnungsbehördlichen Verordnung (VO) der Stadt S findet.

Gemäß § 13 Abs. 1 OBG können Ordnungsbehörden notwendige Maßnahmen tref-   1513
fen, um eine im einzelnen Falle bestehende Gefahr für die öffentliche Sicherheit oder
Ordnung abzuwehren.

Von Ihrer von der Straße aus nicht lesbaren Hausnummer geht eine Gefahr für die   1514
öffentliche Sicherheit aus.

Die öffentliche Sicherheit ist u. a. dann beeinträchtigt, wenn gegen öffentlich-rechtliche   1515
Normen verstoßen wurde. Hierzu zählen u. a. Verordnungen. Das Zustandekommen
der ordnungsbehördlichen VO der Stadt S ist nicht zu beanstanden. Sie führen in
Ihrem Widerspruch aus, dass nur das Parlament Gesetze erlassen könne und eine
ordnungsbehördliche Verordnung daher keinerlei Bedeutung für Sie habe. Die Verordnung findet ihre rechtliche Grundlage in § 26 Abs. 1 OBG. Danach können u. a. örtliche
Ordnungsbehörden (Stadt S) zur Abwehr von Gefahren für die öffentliche Sicherheit
oder Ordnung Verordnungen erlassen.

Die ordnungsbehördliche Verordnung der Stadt S dient der Abwehr von Gefahren für   1516
die öffentliche Sicherheit und durfte erlassen werden. Zuständiges Gremium ist hierfür
gemäß § 26 Abs. 3 OBG die Gemeindevertreter- bzw. Stadtverordnetenversammlung.

Durch die nicht von der Straße aus sichtbare Nummerierung Ihres Grundstücks ver-   1517
stoßen Sie gegen § 6 der ordnungsbehördlichen VO der Stadt S. Gemäß § 6 Abs. 2
der VO sind die Hausnummern unmittelbar neben dem Haupteingang so anzubringen,
dass sie sich etwa in Höhe der Oberkante der Haustür befinden. Liegt der Hauseingang
nicht an der Straßenseite, so sind sie an der zur Straße gelegenen Hauswand oder
Einfriedung des Grundstücks, und zwar an der dem Haupteingang zunächst liegenden
Hausecke, anzubringen. Ist ein Vorgarten vorhanden, der das Hauptgebäude zur Straße hin verdeckt oder sonst wie das Hausnummernschild nicht erkennen lässt, so ist
es neben der Einfriedung neben der Eingangstür zu befestigen. Zwar haben Sie eine
Hausnummer angebracht, diese ist jedoch nicht von der Straße aus lesbar. Die Sicht
auf das Haus wird durch einen dicht bewachsenen Vorgarten stark behindert. Ihr Haus
steht in einem erheblichen Abstand zu den Nachbarhäusern. Eine Orientierung an den
laufenden Nummern wird dadurch erschwert. Aus diesen Gründen ist es unmöglich,
von der Straße aus die Hausnummer zu erkennen.

Eine konkrete Gefahr liegt dann vor, wenn bereits ein Schaden eingetreten ist. Ihr Ver-   1518
stoß gegen die ordnungsbehördliche Verordnung währt an bis zum Zeitpunkt der Anbringung einer gut sichtbaren Hausnummer. Ihre Behauptung, jeder im Ort kenne Ihren
Mieter, weshalb sich die Anbringung eines Hausnummernschilds erübrige, entbindet Sie

keineswegs von der durch die Verordnung vorgegebenen Verpflichtung. Darüber hinaus ist Ihre Argumentation auch nicht schlüssig, da die schnelle Auffindbarkeit des Hauses z. B. auch für auswärtige Rettungsdienste wie Feuerwehr und Notarzt gewährleistet sein muss. Der Bürgermeister der Stadt S konnte notwendige Maßnahmen treffen.

519   Die Behörde hat sich hier in richtiger Weise zum Eingriff entschieden, da eine Gefahr für öffentliche Sicherheit vorliegt.

520   Sie sind auch der richtige Adressat der Ordnungsverfügung.

521   Da es um die Nummerierung Ihres Grundstücks, Seestraße 14, in S geht, sind Sie als Eigentümer des Grundstücks gemäß § 6 Abs. 1 der VO verpflichtet, die Hausnummer anzubringen. Gemäß § 16 Abs. 1 OBG sind die Maßnahmen an den Verursacher der Gefahr zu richten. Sie haben eine Gefahr verursacht, da Sie eine rechtlich vorgeschriebene Handlung unterlassen haben. Ihr Mieter ist dafür nicht verantwortlich.

522   Darüber hinaus ist die Aufforderung, eine gut lesbare Hausnummer anzubringen, auch verhältnismäßig gemäß § 14 Abs. 1, 2 OBG. Sie ist geeignet, da sie den durch die Verordnung vorgeschriebenen Zustand herstellt. Sie ist auch erforderlich, da dieser Zustand nicht durch ein milderes Mittel erreicht werden kann. Die Maßnahme ist auch nicht mit Nachteilen verbunden, die ihre Anwendung als unangemessen erscheinen lassen. Die Kosten für die Anbringung der Hausnummer sind gering.

523   Die Kostenentscheidung beruht auf § 73 Abs. 3 Verwaltungsgerichtsordnung (VwGO), § 80 Abs. 1 VwVfG.

Rechtbehelfsbelehrung:
524   Gegen die Ordnungsverfügung des Bürgermeisters der Stadt S können Sie innerhalb eines Monats nach Zustellung dieses Widerspruchsbescheids schriftlich oder mündlich zur Niederschrift beim Urkundsbeamten der Geschäftsstelle Klage beim Verwaltungsgericht in P, Adresse, erheben. Die Klage kann auch in elektronischer Form bei der elektronischen Poststelle des Verwaltungsgerichts .... unter www. ... eingereicht werden, wenn das elektronische Dokument mit einer qualifizierten elektronischen Signatur versehen ist. Für die elektronische Übermittlung rechtsverbindlicher Erklärungen und Anträge an das Verwaltungsgericht steht folgendes DE-Mail-Postfach zur Verfügung: ....
Die rechtlichen Grundlagen hierfür sowie die weiteren technischen Anforderungen sind unter der Internetseite .... abrufbar."

Hochachtungsvoll

Im Auftrag
Unterschrift

Begleitschreiben an die Stadt S

Landkreis T Datum   1525
Der Landrat   AZ
Platz der Freiheit 1
007 F-Stadt

Stadt S
Der Bürgermeister
Amtsstraße 8
14575 Stadt S

Ordnungsverfügung des Bürgermeisters der Stadt S vom 4. September …
(AZ: xyz/007)
Widerspruch vom …

Sehr geehrter Herr Bürgermeister …,

in der Anlage übersende ich eine Durchschrift meines Widerspruchsbescheids vom   1526
heutigen Tage zur Kenntnis mit folgenden Anmerkungen:

Bitte sorgen Sie zukünftig für eine hinreichende Bestimmtheit (vgl. Nr. 2 der Ord-   1527
nungsverfügung, § 28 Abs. 3 VwVG) und Begründung Ihrer Ordnungsverfügungen
(vgl. § 39 VwVfG). Auch sollte das Anhörungsgebot aus § 28 VwVfG beachtet werden.
Ich empfehle die Androhung eines von Ihnen näher zu bestimmenden Zwangsmittels.
Ihren Verwaltungsvorgang füge ich zu meiner Entlastung bei.

Achten Sie zukünftig auch auf eine ordnungsgemäße Rechtsbehelfsbelehrung, die   1528
den Vorgaben der §§ 58 Abs. 1, 70 Abs. 1 VwGO entsprechen muss. Der Widerspruch
wurde sechs Wochen nach der Bekanntgabe eingereicht und wäre damit verfristet.
Die Frist für einen Rechtsbehelf beginnt nach §§ 70 Abs. 2, 58 Abs. 1 VwGO jedoch
nur zu laufen, wenn der Beteiligte über den Rechtsbehelf, die Verwaltungsbehörde,
bei der der Rechtsbehelf einzulegen ist, deren Sitz und die einzuhaltende Frist belehrt
worden ist. Richtiger Rechtsbehelf ist gemäß § 70 Abs. 1 VwGO der Widerspruch.
Fehlerhaft ist die vorliegende Rechtsbehelfsbelehrung bezüglich »Einspruch« und dem
fehlenden Hinweis »nach Bekanntgabe bzw. nach Zustellung«. Daher verlängerte sich
gemäß § 58 Abs. 2 VwGO die Widerspruchsfrist auf ein Jahr.

Freundliche Grüße

Im Auftrag
Unterschrift

6.1.2.17   Wiederholungsfragen zum Widerspruchsverfahren und Widerspruchsbescheid

529

1.   Welchen Funktionen hat das Widerspruchsverfahren (WS-Verfahren)?
2.   Welche Rechtsgrundlagen gelten für das WS-Verfahren?
3.   In welchen Stufen läuft das WS-Verfahren ab?
4.   Was versteht man unter Abhilfe?
5.   Welche Behörde ist für den Erlass des WS-Bescheids zuständig?
6.   Welche formellen Anforderungen stellt das Gesetz an den WS-Bescheid?
7.   Welche Voraussetzungen bestehen für die Zulässigkeit des WS?
8.   Wann ist der Verwaltungsrechtsweg eröffnet?
9.   Wann ist der WS statthaft?
10. Welche Form ist für den WS vorgeschrieben?
11. Wo ist der WS zu erheben?
12. Welche WS-Frist ist einzuhalten?
13. Nach welchen Vorschriften berechnet sich die WS-Frist?
14. Wann beginnt und wann endet sie?
15. In welchen Fällen darf sachlich über einen WS entschieden werden, obwohl die Frist nicht gewahrt ist?
16. Wer ist widerspruchsbefugt?
17. Wann ist der WS begründet?
18. Darf der VA im WS-Verfahren zum Nachteil des WS-Führers verschlimmert werden?
19. Wie sieht die Kostenentscheidung im WS-Verfahren aus?
20. Welche Anforderungen stellt die VwGO an Widerspruchsbescheide?
21. Wie ist der Widerspruchsbescheid zu überschreiben?
22. Wie ist in der Hauptsache zu tenorieren, wenn der Widerspruch erfolglos geblieben ist?
23. Wie ist der Tenor bei einem im vollen Umfang erfolgreichen Anfechtungswiderspruch zu fassen?
24. Welche Möglichkeiten der Tenorierung gibt es, wenn ein Verpflichtungswiderspruch in vollem Umfang Erfolg hat?
25. Wie ist der Tenor bei teilweisem Erfolg in der Hauptsache zu gestalten?
26. Welche Nebenentscheidungen kommen in Betracht?
27. Was ist bei den tatsächlichen Gründen des Widerspruchsbescheids zu beachten?
28. Welche Feststellungen können vor den rechtlichen Gründen zu treffen sein?
29. Muss die Zulässigkeit umfassend dargelegt werden?
30. Wie sind die Ausführungen zur Begründetheit einzuleiten?
31. Inwieweit besteht auf jeden Fall eine Begründungspflicht?

6.2   Gerichtliches Verfahren

6.2.1   Gerichtsbarkeiten

Art. 20 und 95 des Grundgesetzes (GG) gliedern die »dritte Gewalt« in fünf selbstständige   1530
Gerichtsbarkeiten: die ordentliche, die Verwaltungs-, die Finanz-, die Arbeits- und die
Sozialgerichtsbarkeit. In diesen Gerichtsbarkeiten sind die höchsten Gerichte die obersten
Gerichte des Bundes. Die übrigen Gerichte sind Gerichte der Länder.

6.2.1.1   Ordentliche Gerichtsbarkeiten

Die ordentliche Gerichtsbarkeit umfasst die Zivil- und Strafjustiz sowie die freiwillige   1531
Gerichtsbarkeit. Zivilrechtliche Streitigkeiten können zwischen Privatpersonen oder
auch juristischen Personen stattfinden. Darunter fallen Streitigkeiten aus sämtlichen
zivilrechtlichen Verträgen sowie Erbschafts- und Familienangelegenheiten, Unterlassungs-
ansprüchen sowie Nachbarschaftsrecht. Daneben sind die ordentlichen Gerichte auch
zuständig für Angelegenheiten der freiwilligen Gerichtsbarkeit, wozu u. a. Betreuungs-,
Grundbuch-, Nachlass- und Registersachen zählen. Zur ordentlichen Gerichtsbarkeit
gehören die Amtsgerichte, die Landgerichte, das Brandenburgische Oberlandesgericht
und der Bundesgerichtshof in Karlsruhe.

6.2.1.2   Verwaltungsgerichtsbarkeit

Die allgemeine Verwaltungsgerichtsbarkeit ist gemäß § 40 Abs. 1 VwGO zuständig für   1532
alle öffentlich-rechtlichen Streitigkeiten nichtverfassungsrechtlicher Art, soweit diese
nicht durch Gesetz einer anderen Gerichtsbarkeit – wie z. B. der Sozialgerichtsbarkeit –
übertragen sind. Öffentlich-rechtliche Streitigkeiten sind vornehmlich solche zwischen
Bürgern einerseits und Verwaltungsbehörden andererseits. Die allgemeine Verwaltungsgerichtsbarkeit umfasst die Verwaltungsgerichte in Potsdam, Cottbus, Frankfurt/Oder
gemäß § 1 BbgVwGG, das Oberverwaltungsgericht Berlin-Brandenburg in Berlin und
das Bundesverwaltungsgericht in Leipzig.

6.2.1.3   Finanzgerichtsbarkeit

Das Finanzgericht ist gemäß § 33 FGO für Steuer-, Zoll- und Kindergeldstreitigkeiten   1533
zuständig. Zur Finanzgerichtsbarkeit gehört das Finanzgericht als Landesgericht und der
Bundesfinanzhof in München. Derzeit hat das Finanzgericht im Land Berlin-Brandenburg
seinen Sitz in Cottbus.

6.2.1.4   Arbeitsgerichtsbarkeit

Die Arbeitsgerichtsbarkeit umfasst die Regelung aller Konflikte zwischen Arbeitnehmer   1534
und Arbeitgeber, die mit dem Arbeitsleben bzw. Arbeitsvertrag zu tun haben. Die Arbeitsgerichte entscheiden gemäß § 2 ArbGG über Streitigkeiten aus dem Arbeitsverhältnis
sowie über Streitigkeiten der Tarifpartner untereinander und solche, die das Betriebsver-
fassungsrecht betreffen. Zur Arbeitsgerichtsbarkeit gehören die Arbeitsgerichte, das
Landesarbeitsgericht Berlin-Brandenburg in Berlin und das Bundesarbeitsgericht in Erfurt.

6.2.1.5   Sozialgerichtsbarkeit

1535   Die Sozialgerichte entscheiden in Auseinandersetzungen zwischen Bürgern und den Trägern der Sozialversicherung sowie den Behörden der Sozialverwaltung. Dazu gehören gemäß § 51 SGG Streitigkeiten in Angelegenheiten der Sozialversicherung, der Arbeitslosen-
versicherung, der Sozialhilfe, des Schwerbehindertenrechts sowie der Pflegeversicherung.
Die allgemeine Sozialgerichtsbarkeit umfasst die Sozialgerichte, das Landessozialgericht
Berlin-Brandenburg in Potsdam und das Bundessozialgericht in Kassel.

6.2.2   Verfahrensgrundsätze im verwaltungsgerichtlichen Verfahren

536   Im verwaltungsgerichtlichen Verfahren gelten folgende Grundsätze:

537   • Dispositionsmaxime (Verfügungsgrundsatz) = die Beteiligten bestimmen, welchen
      Sachverhalt sie dem Gericht unterbreiten und in welchem Umfang sie Rechtsschutz
      begehren wollen; das Verwaltungsgericht darf nicht über den Antrag hinaus entschei-
      den § 88 VwGO)
   • Inquisitionsmaxime (Untersuchungsgrundsatz) = das Gericht hat den Sachverhalt von
      Amts wegen zu ermitteln (§ 86 VwGO)
   • Grundsatz des Amtsbetriebs = die Verfahrensführung obliegt dem Gericht, wird von
      Amts wegen bestimmt (Zustellungen, Terminbestimmungen gemäß §§ 56 Abs. 2, 85,
      116 VwGO)
   • Konzentrationsmaxime = der Rechtsstreit soll möglichst in einer mündlichen Verhand-
      lung erledigt werden (§§ 87, 87a, 87b, 104 VwGO)
   • Grundsatz der Mündlichkeit = i. d. R. erfolgt eine Entscheidung aufgrund mündlicher
      Verhandlung (§ 101 VwGO)
   • Grundsatz der Unmittelbarkeit = das gesamte Verfahren hat vor dem erkennenden
      Gericht zu erfolgen, damit dieses einen unmittelbaren Eindruck von der Streitsache
      hat (§ 96 VwGO)
   • Grundsatz der Öffentlichkeit = bei Verhandlungen vor den Verwaltungsgerichten kann
      ein unbestimmter Personenkreis anwesend sein (§ 55 VwGO)
   • Grundsatz des rechtlichen Gehörs = alle für die Beteiligten wichtigen Angriffs-
      und Verteidigungsmittel müssen erörtert werden (Art. 103 GG; § 108 Abs. 2 VwGO)
   • Beschränkter Anwaltszwang = vor dem BVerwG und dem OVG besteht Vertretungs-
      zwang gemäß § 67 Abs. 1, 2 VwGO, nicht jedoch vor den Verwaltungsgerichten

6.2.3   Entscheidungen der Gerichte

538   Die Gerichte können entscheiden durch:

539   • Urteil (§§ 107, 113, 117, 116, 118, 119, 120 VwGO) (Prozessurteile, die das Verfahren
      bei Fehlen von Prozessvoraussetzungen abschließen; Sachurteile, die die Sache selbst
      entscheiden; Endurteile, die in erster Instanz endgültig entscheiden; Zwischenurteile,
      die über einzelne Streitfragen gemäß §§ 109, 111 VwGO entscheiden; Vollurteile, die
      über die Klage in vollem Umfang entscheiden; Teilurteile, die nur über einen Teil der
      Klage gemäß § 110 VwGO entscheiden)

- Gerichtsbescheid (§ 84 VwGO) ohne mündliche Verhandlung, wenn die Sache keine Schwierigkeiten tatsächlicher oder rechtlicher Art aufweist und der Sachverhalt geklärt ist
- Beschluss ist die Regelform, wenn verfahrensbeendende Entscheidungen ohne mündliche Verhandlung getroffen werden, z. B. gemäß § 80 Abs. 5 oder § 123 VwGO; vgl. auch § 122 VwGO oder Entscheidungen innerhalb des Verfahrens, z. B. Beweisbeschluss gemäß § 86 VwGO, Einstellungsbeschluss bei Klagerücknahme gemäß § 92 Abs. 2 Satz 4 VwGO)
- Verfügung ist eine prozessrechtliche Anordnung, die der Vorsitzende allein erlässt (§ 87 Abs. 1 VwGO) oder gemäß § 95 VwGO die Anordnung des persönlichen Erscheinens
- Vergleich gemäß § 106 VwGO, wodurch das Verfahren unmittelbar beendet wird.

6.2.4   Klagearten

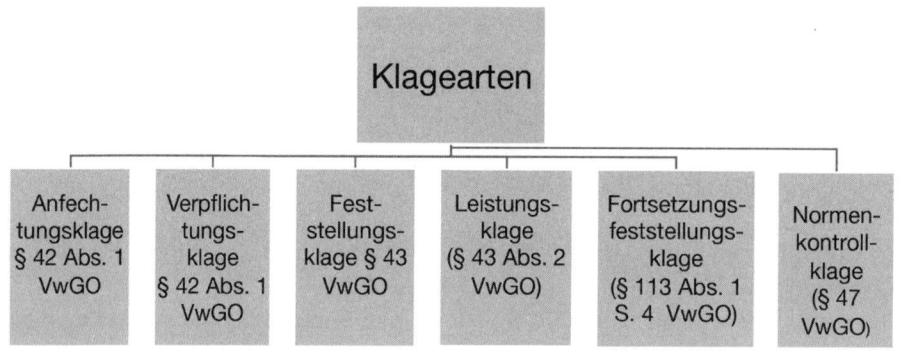

Nachfolgende Klagearten werden unterschieden: 1540

- **Anfechtungsklage** (§ 42 Abs. 1 VwGO), mit der die Aufhebung eines Verwaltungsakts 1541 begehrt wird
- **Verpflichtungsklage** (§ 42 Abs. 1 VwGO), mit der der Erlass eines Verwaltungsakts begehrt wird
- **Feststellungsklage** (§ 43 VwGO), mit der das Bestehen oder Nichtbestehen eines Rechtsverhältnisses oder die Nichtigkeit eines Verwaltungsakts festgestellt werden soll
- **Leistungsklage** (§§ 43 Abs. 2, 111 VwGO), mit der die Vornahme oder die Abwehr schlichten Verwaltungshandelns begehrt wird
- **Fortsetzungsfeststellungsklage** (§ 113 Abs. 1 Satz 4 VwGO), mit der die Feststellung der Rechtswidrigkeit eines erledigten Verwaltungsakts begehrt wird
- **Normenkontrollklage** (§ 47 VwGO, § 4 BbgVwGG), mit der die Gültigkeit einer unter dem Landesrecht stehenden Rechtsnorm überprüft werden soll

6.2.4.1   Allgemeine Zulässigkeits- und Begründetheitsvoraussetzungen

Auch die Gerichte überprüfen die Zulässigkeit und Begründetheit der Klagen ähnlich wie 154 im Widerspruchsverfahren.

Klageart	Anfechtungsklage (Gestaltungs–klage)	Verpflichtungs–klage (Leistungsklage)	Leistungsklage	Fortsetzungs–feststellungs–klage (Ffk) (Fest–stellungsklage)	Feststellungs–klage
Grund–lage	§ 42 Abs. 1 Alt. 1 VwGO	§ 42 Abs. 1 Alt. 2 VwGO	Erwähnt in §§ 43 Abs. 2, 111 VwGO	Ableitung aus § 113 Abs. 1 Satz 4 VwGO	§ 43 Abs. 1 VwGO
Abgrenzung	Bei Nichtigkeit des VA Feststellungs–klage; bei Erledi–gung des VA Ffk	Bei Erledigung des Begehrens Ffk analog	Wenn VA Gegenstand des Verfahrens Anfechtungs–, Verpflichtungs– oder Fest–stellungsklage	VA oder Begehren nicht erledigt Anfechtungs– oder Leistungs–klage	Subsidiär zur Anfechtungs– oder Verpflich–tungsklage gemäß § 43 Abs. 2 Satz 1 VwGO
Zulässigkeit der Klage					
Vorüberlegung	Deutsche Gerichtsbarkeit gemäß §§ 18 ff. GVG				
Eröffnung des Verwaltungs–rechtswegs	Spezialzuweisung zur Verwaltungsgerichtsbarkeit (aufdrängende Sonderzuweisung, z. B. § 54 BeamtStG) Ansonsten Generalklausel des § 40 Abs. 1 VwGO (öffentlich–rechtliche Streitigkeit, nicht verfas–sungsrechtlicher Art) Keine abdrängende Sonderzuweisung zu anderer Gerichtsbarkeit, z. B. § 51 SGG				
Statthaftigkeit	§ 42 Abs. 1 Alt. 1 VwGO Begehren auf Auf–hebung eines VA gerichtet	§ 42 Abs. 1 Alt. 2 VwGO Begehren auf Erlass eines abgelehnten oder unterlassenen VA gerichtet	§§ 43 Abs. 2, 111 VwGO Begehren auf Vornahme oder (vorbeugende) Abwehr eines schlichten Verwaltungshan–delns gerichtet (Leistungs–, Beseitigungs–, Duldungs– oder Unterlassungs–begehren ≠ VA)	§ 113 Abs. 1 Satz 4 VwGO (ggf. analog) Begehren auf Feststellung der Rechts–widrigkeit eines erledigten VA oder Rechtmäßigkeit eines erledigten VA–Begehrens gerichtet	§ 43 Abs. 1 Alt. 1 und 2 VwGO Begehren auf Feststellung des (Nicht–)Beste–hens eines Rechts–verhältnisses oder der Nichtigkeit eines VA gerichtet

Klageart	Anfechtungsklage (Gestaltungs- klage)	Verpflichtungs- klage (Leistungsklage)	Leistungsklage	Fortsetzungs- feststellungs- klage (Ffk) (Fest- stellungsklage)	Feststellungs- klage
Klagebefugnis	§ 42 Abs. 2 VwGO Geltendmachung der Verletzung subjektiver Rechte (Adressaten- oder Möglichkeits- theorie)	§ 42 Abs. 2 VwGO Geltendmachung der Verletzung subjektiver Rechte (Mög- lichkeitstheorie)	§ 42 Abs. 2 VwGO analog (strittig) Geltendmachung der Verletzung subjektiver Rechte durch die abzu- wehrende Ver- waltungshandlung oder durch Verweigerung, Unterlassung einer Verwal- tungshandlung aus Grundrechten oder einfachge- setzlicher Rege- lung (Möglich- keitstheorie)	§ 42 Abs. 2 VwGO analog Je nach ur- sprünglich ein- gelegter Klage bzw. die hätte erhoben werden können, wenn Erledigung nicht eingetreten wäre	§ 43 Abs. 1 Alt. 1 u. 2 VwGO Nur bei Be- stehen eines Rechtsschutz- bedürfnisses
Vorverfahren	§§ 68 ff. VwGO Muss zur Prüfung der Recht- und Zweckmäßigkeit durchgeführt werden; Ausnahmen: § 68 Abs. 1 Satz 2 VwGO; entbehrlich, wenn Zweck des Vorver- fahrens anders erreicht werden kann (rügelose Einlassung der Wider- spruchsbehörde im Klageverfahren)		Kein Vorverfahren (Ausnahme: § 54 BeamtStG)	§§ 68 ff. VwGO analog Bei Erledigung nach Klage- erhebung war Vorverfahren erforderlich; Bei Erledigung vor Klageerhebung und nach Ablauf der WS-Frist Vorverfahren erforderlich; vor Ablauf der WS-Frist nicht erforderlich	Kein Vorverfahren (Ausnahme: § 54 BeamtStG)
Klagefrist	§ 74 Abs. 1, 2 VwGO ein Monat ab Zustellung des WS- Bescheids (§§ 56 Abs. 2, 57 VwGO i.V.m. ZPO) ein Monat ab Bekanntgabe im Fall des § 68 Abs. 1 Satz 2 VwGO bei fehlerhafter Rechtsbehelfsbeleh- rung ein Jahr (§ 58 Abs. 2 VwGO)		Keine Klagefrist (Ausnahme: § 54 BeamtStG)	§ 74 VwGO analog wenn Vorverfah- ren durchgeführt vgl. Anfechtungs- und Verpflich- tungsklage, wenn Vorverfahren nicht erforderlich: • § 74 Abs. 1 Satz 2 VwGO analog (strittig) • § 58 Abs. 2 VwGO Jahres- frist	Keine Klagefrist (Ausnahme: § 54 BeamtStG)

Klageart	Anfechtungsklage (Gestaltungs- klage)	Verpflichtungs- klage (Leistungsklage)	Leistungsklage	Fortsetzungs- feststellungs- klage (Ffk) (Fest- stellungsklage)	Feststellungs- klage
Klagegegner	§ 78 Abs. 1 Nr. 1 VwGO Rechtsträger der Ausgangsbehörde; § 78 Abs. 1 Nr. 2 VwGO i.V. m. § 8 Abs. 1 BbgVwGG Ausgangsbehörde; §§ 78 Abs. 2, 79 Abs. 2 Satz 3 VwGO bei isolierter Anfechtung des WS– Bescheids die Widerspruchsbehörde bzw. deren Rechtsträger		§ 78 VwGO analog	§ 78 VwGO analog	§ 78 VwGO analog
Allgemeines Rechtsschutz- bedürfnis/ Feststellungs- interesse	Klageziel darf nicht auf andere Weise und einfacher erreichbar sein		Rechtschutzbe- dürfnis i.d.R. nicht vorhanden, wenn Anspruch vorher nicht bei der Behörde geltend gemacht wurde; qualifiziertes Rechtschutz- bedürfnis	Fortsetzungs- feststellungs- interesse berechtigtes Interesse an der Feststellung Beeinträchtigung wesentlicher Grundrechts- positionen Wiederholungs- gefahr Rehabilitations- interesse Zur Vorbereitung von Schadens- ersatz– oder Entschädigungs- prozessen (121 VwGO)	Feststellungs- interesse Berechtigtes (wirtschaftliches, rechtliches oder ideelles) Interesse an der baldigen Fest- stellung Qualifiziertes Interesse bei erledigtem Rechtsverhältnis (Wiederholungs- gefahr, Rehabili- tationsgefahr) und bei vorbeugender Feststellung (Abwarten unzumutbar für Kläger)
Allgemeine Sachentschei- dungsvoraus- setzungen	Ordnungsgemäße Klageerhebung (§§ 81, 82 VwGO) Keine anderweitige Rechtshängigkeit (§ 17 Abs. 1 Satz 2 GVG) oder Rechtskraft (§ 121 VwGO) Ggf. Klageänderung (§ 91 VwGO)				
Begründetheit	§ 113 Abs. 1 Satz1 VwGO VA rechtswid- rig und Kläger dadurch in seinen Rechten verletzt	§ 113 Abs. 5 VwGO Ablehnung oder Unterlassung des begehrten VA rechtswidrig (d. h. Kläger hat Anspruch auf Erlass des VA) und Kläger dadurch in seinen Rechten verletzt	§ 113 Abs. 5 Satz 2 VwGO analog Anspruch des Klägers auf begehrte Hand- lung, Duldung oder Unterlassung	§ 113 Abs. 1 Satz 4 VwGO (analog) Erledigter VA rechtswidrig oder Nichterlass des begehrten VA bzw. (Nicht-)Vornahme schlichten Ver- waltungshandelns ist rechtswid- rig und Kläger dadurch in seinen Rechten verletzt	§ 43 Abs. 1 VwGO Behauptetes Rechtsverhältnis besteht oder besteht nicht oder VA ist gemäß § 44 VwVfG nichtig

Darüber hinaus muss das Gericht auch noch folgende Punkte überprüfen: 1543

Zuständigkeit des Gerichts:

- Sachliche Zuständigkeit (§§ 45–50 VwGO): Verwaltungsgericht zuständig in 1. In-   1544
  stanz
- Instanzielle Zuständigkeit (§§ 46, 49 VwGO): Oberverwaltungsgericht (OVG) zu-
  ständig in 1. Instanz in Normenkontrollverfahren; § 48 VwGO Großprojekte, Ab-
  fallbeseitigungsanlagen; es ist Rechtsmittelgericht, Berufungen gegen Urteile des
  Verwaltungsgerichts und Beschwerden; Bundesverwaltungsgericht (BVerwG) =
  Rechtsmittelgericht § 49 VwGO Revision gegen Urteile des OVG gemäß § 132
  VwGO und gegen Urteile des VG gemäß §§ 134, 135 VwGO
- Örtliche Zuständigkeit (§§ 52, 53 VwGO)

- **Beteiligtenfähigkeit** (§ 61 i. V. m. §§ 63–66 VwGO) = Parteifähigkeit im Zivilprozess;
  natürliche und juristische Personen, Vereinigungen; Beteiligte = alle Personen, die am
  Prozess mit eigenen Rechten teilnehmen
- **Prozessfähigkeit** (§ 62 VwGO) = Fähigkeit, Verfahrenshandlungen vornehmen zu
  können, Prozess selbst zu führen, Anträge zu stellen, Rechtsmittel einzulegen
- **Prozessbevollmächtigung** (§ 67 VwGO); Anwaltszwang nur vor OVG und BVerwG

6.2.4.2   Rechtsmittel
Folgende Rechtsschutzmöglichkeiten hat der Betroffene gegen Urteile oder sonstige   1545
Entscheidungen der Gerichte:

- **Berufung** zum Oberverwaltungsgericht (OVG) gemäß §§ 124, 124 a VwGO gegen   1546
  Urteile des Verwaltungsgerichts (VG), wenn sie zugelassen wurde
- **Revision** zum Bundesverwaltungsgericht (BVerwG) gegen Urteil eines OVG gemäß
  § 132 VwGO, wenn sie zugelassen wurde
  - Grundsatzrevision = Streitigkeiten von grundsätzlicher Bedeutung
  - Divergenzrevision = Abweichung von Entscheidung des BVerwG oder des Bun-
    desverfassungsgerichts (BVerfG), die entscheidungsrelevant ist
  - Verfahrensrevision = wesentliche Verfahrensmängel
- **Beschwerde** § 146 VwGO gegen Entscheidungen des Gerichts, die nicht Urteile oder
  Gerichtsbescheide sind, auch gegen Nichtzulassung der Revision

6.2.4.3   Übungsfälle zu den Klagearten

Sachverhalt 1:
Student S will seine Finanzen aufbessern und mietet eine leer stehende Gewerbehalle   1547
in der Stadt Potsdam an, um dort eine Spielhalle zu eröffnen. Ihm ist aufgrund seines
Studiums bekannt, dass er dafür eine Erlaubnis benötigt. S wendet sich an die zuständige
Ordnungsbehörde der Stadt, reicht alle Unterlagen ein und beantragt die erforderliche
Erlaubnis. Zwei Wochen später erhält er ein Schreiben von der Stadt, in dem diese aus-
führt, S sei die Erlaubnis zu versagen. Er besitze nicht die erforderliche Zuverlässigkeit,

weil er, was stimmt, vor einem Jahr wegen illegalen Glücksspiels rechtskräftig verurteilt wurde. Die Behörde hat das Schreiben am 02.02. mittels einfachen Briefs bei der Post aufgegeben. Einen Tag später ist es bei S eingetroffen.

548   Das Schreiben lässt S zunächst liegen. Er legt am 05.03. schriftlich Widerspruch bei der Behörde ein. Drei Wochen später erhält er einen negativen Widerspruchsbescheid, gegen den er unmittelbar danach Klage erhebt.

Ist die Klage zulässig?

Sachverhalt 2:

549   Elvira Rausch wird vom Straßenverkehrsamt der Stadt Posam aufgefordert, ein Gutachten über ihre Eignung zum Führen von Kfz vorzulegen, nachdem sie wegen Trunkenheit und mehrfachen Fahrens unter Einfluss von Drogenkonsum aufgefallen ist. Frau Rausch möchte sich dagegen zur Wehr setzen und überlegt, ob sie gegen diese Aufforderung Klage erheben kann.

Ist eine Klage statthaft?

Sachverhalt 3:

550   Kathrin Kiefer handelt in der kreisfreien Stadt Bandenburg mit Gebrauchtwagen. Ihr Geschäft geht sehr gut, denn sie bezieht regelmäßig fast neue Mercedes-Benz vom Autodieb Klau, die sie dann günstig weiterverkauft. Im September wird Frau Kiefer jedoch rechtskräftig wegen Hehlerei zu einer Freiheitsstrafe verurteilt, die auf Bewährung ausgesetzt wird. Am 26.09. untersagt ihr die Stadt Bandenburg gemäß § 35 GewO die Weiterführung ihres Gewerbes, weil sie unzuverlässig sei. Der dagegen eingelegte Widerspruch wird mit einem am 10.10. zugestellten Widerspruchsbescheid zurückgewiesen. Am 11.11. erhebt Kathrin Kiefer Klage beim Verwaltungsgericht. Sie meint, das Verbot sei rechtswidrig.

Ist die Klage zulässig?

Sachverhalt 4:

551   Der Modeboutique-Betreiber Schick aus Posam möchte seine Ladenkette erweitern und zwei neue Geschäfte eröffnen, eines in Brandenburg und eines in Tiltow. Der Stadt Brandenburg zeigt er den Betriebsbeginn mit dem vorgeschriebenen Formblatt an. Als er die Empfangsbescheinigung für diese Anzeige nach sechs Wochen immer noch nicht erhalten hat, fragt er schriftlich danach, erhält jedoch keine Antwort. Nach weiteren drei Monaten Wartezeit erhebt Schick Verpflichtungsklage auf Erteilung des Gewerbescheins beim Verwaltungsgericht.

552   Nun beginnt er in Tiltow ebenfalls mit der Geschäftseröffnung. Weil er sich nach den Erfahrungen in Werder nichts mehr davon verspricht, unterlässt er diesmal die Anzeige. Die zuständige Stelle der Stadt Tiltow erfährt jedoch davon. Sie fordert ihn schon drei Tage später schriftlich auf, seiner Anzeigepflicht aus § 14 Abs. 1 GewO nachzukommen. Schick

ist der Auffassung, die Behörde wisse doch nun schon, dass er sein Geschäft eröffnet habe. Unnötige Arbeit und damit auch Kosten wolle er sich nicht aufladen lassen. Nach erfolglos durchgeführtem Vorverfahren erhebt er deshalb form- und fristgerecht Klage gegen die Aufforderung beim zuständigen Verwaltungsgericht. Sind die Klagen statthaft?

6.3 Vorläufiger Rechtsschutz

Der vorläufige Rechtsschutz soll dem Bürger auch dann die Möglichkeit geben, zu seinem Recht zu kommen, wenn ein Klageverfahren zu lange dauern oder zu spät kommen würde. Aufgrund der langen Dauer eines verwaltungsrechtlichen Verfahrens wäre der Kläger oftmals auf nachträglichen Rechtsschutz angewiesen gemäß § 113 Abs. 1 Satz 4 VwGO. Um dem entgegenzuwirken, greift in diesen Fällen der vorläufige Rechtsschutz (sog. »Eilverfahren«).

Welche Form des vorläufigen Rechtsschutzes zum Tragen kommt, ist abhängig davon, ob der Antragsteller den Vollzug eines belastenden Verwaltungsakts oder den Eintritt eines drohenden Nachteils abwehren oder einen Vorteil erlangen will. Wenn in der Hauptsache als Klageart eine Anfechtungsklage in Betracht kommt, richtet sich der vorläufige Rechtsschutz nach § 80 Abs. 4 bzw. Abs. 5 VwGO. Handelt es sich in der Hauptsache um eine Feststellungsklage, Verpflichtungsklage, allgemeine Leistungsklage oder Normenkontrollklage, so kann ein Antrag auf Erlass einer einstweiligen Anordnung gemäß § 123 VwGO oder § 47 Abs. 6 VwGO gestellt werden (setzt voraus, dass ein Normenkontrollverfahren in der Hauptsache anhängig ist).

6.3.1 Prüfung eines Antrags auf Aussetzung der Vollziehung (§ 80 Abs. 4 VwGO) und Anordnung/Wiederherstellung der aufschiebenden Wirkung (§ 80 Abs. 5 VwGO)

Gegen die sofortige Vollziehung eines Verwaltungsakts gemäß § 80 Abs. 2 VwGO kann der Betroffene gemäß § 80 Abs. 5 VwGO beim zuständigen Verwaltungsgericht einen Antrag auf Anordnung bzw. **Wiederherstellung der aufschiebenden Wirkung** oder bei der Behörde, die den Verwaltungsakt erlassen hat, einen Antrag gemäß § 80 Abs. 4 VwGO auf **Aussetzung Vollziehung** stellen. Die Aussetzung der Vollziehung durch die Behörde kann auf Antrag oder von Amts wegen durch die Behörde erfolgen[136].

Der vorläufige behördliche Rechtsschutz dient dazu, dass die aufschiebende Wirkung eines Rechtsbehelfs wiederhergestellt wird. In der Regel wird dann verlangt, dass der Antragsteller auch zeitnah den Rechtsbehelf in der Hauptsache einlegt[137]. Es muss ein belastender Verwaltungsakt vorliegen, der mit einem Anfechtungswiderspruch oder einer Anfechtungsklage angefochten werden kann.

1553

1554

1555

1556

---

[136] So auch BVerwG NVwZ-RR 2002, S. 153.
[137] VG Lüneburg, DVP 2006, 524 f.

1557   Zuständig für eine Aussetzungsentscheidung gemäß § 80 Abs. 4 Satz 1 VwGO ist die Ausgangsbehörde bzw. auch die Widerspruchsbehörde, sofern der Widerspruch bereits eingelegt wurde und an die Widerspruchsbehörde weitergeleitet wurde. Erst wenn die Ausgangsbehörde dem Widerspruch nicht abhilft, kommt der Widerspruchsbehörde die Entscheidungskompetenz zu. Die Aussetzung der Vollziehung kann bis zur Unanfechtbarkeit des Verwaltungsakts getroffen werden.

1558   Die Behörde prüft dann bei öffentlichen Abgaben und Kosten gemäß § 80 Abs. 4 Satz 3 VwGO, ob ernstliche Zweifel an der Rechtmäßigkeit des angefochtenen Verwaltungsakts bestehen oder die Vollziehung für den Pflichtigen eine unbillige, nicht durch überwiegende öffentliche Interessen gebotene Härte zur Folge hätte. Ernstliche Zweifel bestehen, wenn die Rechtswidrigkeit des Bescheids überwiegend wahrscheinlich ist.[138] Eine unbillige Härte liegt vor, wenn dem Pflichtigen durch die Vollziehung des Verwaltungsakts wirtschaftliche Nachteile drohen, die über die eigentliche Zahlung hinausgehen und die nicht oder nur schwer wiedergutzumachen wären oder die wirtschaftliche Existenz durch die Zahlung gefährdet wäre.[139] Gemäß § 80 Abs. 4 Satz 3 VwGO soll in den o. g. Fällen die Aussetzung der Vollziehung erfolgen, d. h., in der Regel hat dann eine Aussetzung zu erfolgen.

1559   Für die anderen in § 80 Abs. 2 Satz 1 Nr. 2–4 VwGO geregelten Fälle ist im Gesetz kein Prüfungsmaßstab vorgesehen. In einem summarischen Verfahren wird dann die Rechtmäßigkeit des angefochtenen Verwaltungsakts geprüft. Sollten ernstliche Zweifel an der Rechtmäßigkeit bestehen, wird man an der Aufrechterhaltung der sofortigen Vollziehung nicht festhalten können. Es bietet sich folgendes Prüfungsschema für einen Antrag gemäß § 80 Abs. 4 VwGO an:

560   I. Formelle Voraussetzungen
        1. Statthaftigkeit gemäß § 80 VwGO, Vollziehung eines belastenden VA
        2. Verfahrenseinleitung von Amts wegen oder auf Antrag
        3. Zuständigkeit
        4. Form
        5. Zeitliche Grenze

561   II. Materielle Voraussetzungen
        1.a. bei § 80 Abs. 2 Satz 1 Nr. 1 VwGO
            • ernstliche Zweifel an der Rechtmäßigkeit (§ 80 Abs. 4 Satz 3 VwGO) oder
            • unbillige Härte (§ 80 Abs. 4 Satz 3 VwGO) oder
            • Interessenabwägung
        b. bei § 80 Abs. 2 Satz 1 Nr. 2, 3 VwGO
            • ernstliche Zweifel an der Rechtmäßigkeit/Interessenabwägung
        c. Bei § 80 Abs. 2 Satz 1 Nr. 4 VwGO
            • ernstliche Zweifel an der Rechtmäßigkeit/Interessenabwägung

---

[138] OVG Berlin-Brandenburg, Beschluss vom 14.07.2015 AZ – 9 S 44.14.
[139] OVG Schleswig-Holstein, NVwZ-RR 2006, S. 65, 6.

Die Aussetzungsentscheidung durch die Behörde ist kein Verwaltungsakt, da keine   1562
Regelung getroffen wird. Die eigentliche Regelung ist in dem Grund-Verwaltungsakt ent-
halten. Sie ist als verfahrensrechtliche Nebenentscheidung zu qualifizieren. Sie stellt die
aufschiebende Wirkung des Rechtsbehelfs wieder her. Der Verwaltungsakt darf dann nicht
vollzogen werden. Gegen die Aussetzungsentscheidung ist kein Rechtsbehelf vorgesehen.
Der Antragsteller kann dann allerdings die Widerspruchsbehörde beteiligen oder einen
Antrag gemäß § 80 Abs. 5 VwGO beim zuständigen Verwaltungsgericht stellen. Folgende
Punkte hat das Gericht dann zu überprüfen gemäß § 80 Abs. 5 VwGO:

A. Zulässigkeit

I.   Statthaftigkeit des Antrags: Vollziehung eines belastenden VA gemäß § 80   1563
           VwGO (= Anfechtungsklage in der Hauptsache).
           Die Statthaftigkeit des Antrags nach § 80 Abs. 5 VwGO setzt einen belastenden
           Verwaltungsakt voraus.

II.   Verwaltungsrechtsweg in der Hauptsache eröffnet (§ 40 Abs. 1 VwGO)   1564
           Die Zulässigkeit des Antrags nach § 80 Abs. 5 VwGO erfordert in analoger An-
           wendung des § 40 Abs. 1 Satz 1 VwGO das Vorliegen einer öffentlich-rechtlichen
           Streitigkeit. Es gelten dieselben Grundsätze wie im verwaltungsgerichtlichen
           Klageverfahren.

III.   Antragsbefugnis gemäß § 42 Abs. 2 VwGO analog gegeben, wenn Klagebefugnis   1565
           in der Hauptsache (Adressatentheorie) gegeben.

IV.   Antragsgegner § 78 VwGO analog = Klagegegner in der Hauptsache   1566
V.   Allgemeines Rechtsschutzbedürfnis: 1567
           1. Rechtsbehelf (Widerspruch oder Anfechtungsklage) eingelegt
           2. Rechtsbehelf nicht offensichtlich unzulässig
           3. Rechtsbehelf hat keine aufschiebende Wirkung gemäß § 80 Abs. 2 VwGO.
              Eine weitere Voraussetzung ist, dass der belastende Verwaltungsakt sofort
              vollziehbar ist. Das ist der Fall, wenn die aufschiebende Wirkung eines
              Widerspruchs oder einer Klage kraft Gesetzes (§ 80 Abs. 2 Satz 1 Nr. 1–3
              und Satz 2 VwGO) oder aufgrund einer behördlichen Anordnung nach § 80
              Abs. 2 Satz 1 Nr. 4 VwGO nicht gegeben ist.
           4. Vorheriger Antrag an die Behörde auf Aussetzung der Vollziehung nur im
              Rahmen des § 80 Abs. 6 VwGO, wenn es sich um öffentliche Abgaben und
              Kosten handelt
              In den Fällen des § 80 Abs. 2 Satz 1 Nr. 1 VwGO ist die Wahlfreiheit des
              Adressaten eines belastenden Verwaltungsakts eingeschränkt. Nach § 80
              Abs. 6 Satz 1 VwGO ist der Aussetzungsantrag beim Verwaltungsgericht
              grundsätzlich nur dann zulässig, wenn zuvor ein Aussetzungsantrag nach
              § 80 Abs. 4 VwGO gestellt worden ist. Nur bei Vorliegen der Voraussetzungen
              des § 80 Abs. 6 Satz 1 VwGO können die Aussetzungsanträge nach § 80
              Abs. 4 und § 80 Abs. 5 VwGO wahlweise oder gleichzeitig gestellt werden.

B. Begründetheit

568   I.   Im Fall des § 80 Abs. 2 Nr. 4 VwGO: ordnungsgemäße Anordnung der sofortigen
                Vollziehung
                1. Zuständigkeit der anordnenden Behörde, § 80 Abs. 2 Satz 1 Nr. 4 VwGO
                2. Schriftliche Anordnung § 80 Abs. 3 Satz 1 VwGO
                3. Besondere Begründung des Vollzugsinteresses § 80 Abs. 3 Satz 1 VwGO

569   II.   Interessenabwägung
                Antrag begründet, wenn eine Interessenabwägung ergibt, dass das Interesse
                des Betroffenen am einstweiligen Nichtvollzug (Suspensivinteresse) das Inte-
                resse der Allgemeinheit oder eines Beteiligten an der sofortigen Vollziehung
                (Vollzugsinteresse) überwiegt.
                1. Überwiegen des Suspensivinteresses richtet sich nach Erfolgsaussichten in
                    der Hauptsache, insbesondere danach, ob der angegriffene Verwaltungsakt
                    rechtmäßig/rechtswidrig ist (es erfolgt aber nur eine summarische Prüfung)
                    a) Bestehen »ernstliche« Zweifel an der Rechtmäßigkeit des VA (in den Fäl-
                        len des § 80 Abs. 2 Satz 1 Nr. 1–3 VwGO) oder ist der VA offensichtlich
                        rechtswidrig (im Fall des § 80 Abs. 2 Satz 1 Nr. 4 VwGO): Antrag begründet
                    b) Ist der VA offensichtlich rechtmäßig: Antrag unbegründet
                2. bei offenen Erfolgsaussichten:
                    1. Antrag unbegründet in den Fällen des § 80 Abs. 2 Satz 1 Nr. 1–3 VwGO
                        (Vorrang des Vollzugsinteresses), es sei denn besonders starke Interes-
                        sen des Beteiligten überwiegen
                    2. Im Fall des § 80 Abs. 2 Satz 1 Nr. 4 VwGO: umfassende Abwägung der
                        beteiligten Interessen

6.3.2   Prüfung eines Antrags auf einstweilige Anordnung (§ 123 VwGO)

570   Eine einstweilige Anordnung kommt nur in Betracht, wenn es sich in der Hauptsache um eine
Verpflichtungs-, Leistungs-, Feststellungs- oder Normenkontrollklage handelt. Eine einstweilige
Anordnung darf das Gericht nur dann in Bezug auf den Streitgegenstand erlassen, wenn die
Gefahr besteht, dass durch eine Veränderung des bestehenden Zustands die Verwirklichung
eines Rechts des Antragstellers vereitelt oder wesentlich erschwert werden kann (Sicherungsanordnung, § 123 Abs. 1 Satz 1 VwGO). Des Weiteren darf eine einstweilige Anordnung
getroffen werden zur Regelung eines vorläufigen Zustands bezüglich eines streitigen Rechtsverhältnisses, wenn die Regelung nötig erscheint, um wesentliche Nachteile abzuwenden
oder drohende Gewalt zu verhindern (Regelungsanordnung, § 123 Abs. 1 Satz 2 VwGO). Die
Sicherungsanordnung dient dem Schutz gegen eine drohende Veränderung des bestehenden
Zustands, der die Verwirklichung eines Rechts des Antragstellers vereitelt oder wesentlich
erschwert. So z. B. ein beamtenrechtlicher Konkurrentenstreit, vorläufige Nichtbesetzung der
Stelle oder vorläufige Baueinstellung zugunsten eines Nachbarn. Bei der Regelungsanordnung
sind vorläufige Regelungen in Bezug auf ein streitiges Rechtsverhältnis möglich, so z. B. eine
vorläufige Zulassung zu einer Prüfung oder vorläufige Gewährung von Sozialleistungen.
Das Gericht überprüft auch in diesen Fällen die Zulässigkeit und Begründetheit der Anträge folgendermaßen:

A. Zulässigkeit

I.	Verwaltungsrechtsweg in der Hauptsache § 40 Abs. 1 VwGO	157
II.	Statthaftigkeit des Antrags: kein Fall des § 80 VwGO; nur, wenn es in der Hauptsache um Verpflichtungs-, Leistungs-, Feststellungs- oder Normenkontrollklage geht	
III.	Antragsbefugnis § 42 Abs. 2 VwGO analog, Möglichkeitstheorie	
IV.	Antragsgegner, richtet sich nach der Klageart in der Hauptsache; bei Verpflichtungsklage § 78 VwGO analog	
V.	Keine Antragsfrist; Schriftform gemäß § 81 Abs. 1 Satz 1 VwGO analog	
VI.	Allgemeines Rechtsschutzbedürfnis:	

  - vorheriger Antrag an zuständige Behörde
  - Hauptverfahren nicht offensichtlich unzulässig
  - kein einfacherer und schnellerer Weg ersichtlich (z. B. bei Vorhandensein eines in der Sache vorläufig vollstreckbaren Titels)

B. Begründetheit

Sicherungsanordnung	Regelungsanordnung	157
(§ 123 Abs. 1 Satz 1 VwGO)	(§ 123 Abs. 1 Satz 2 VwGO)	
Sicherung des Status quo	Erweiterung des Rechtskreises	
Beispiel: Unterlassung der Durchführung staatlicher Bauarbeiten	Beispiel: vorläufige Zulassung zu einer Prüfung oder vorläufige Versetzung in die nächsthöhere Klasse	

I.   Glaubhaftmachung eines Anordnungsanspruchs

Recht des Antragstellers: Erfolgsaussichten des in der Hauptsache verfolgten Anspruchs; Glaubhaftmachung ist gegeben, wenn wahrscheinlich ist, dass Antragsteller einen Anspruch auf die begehrte Leistung hat	streitiges Rechtsverhältnis: Erfolgsaussichten des in der Hauptsache verfolgten Anspruchs	157

II.   Glaubhaftmachung eines Anordnungsgrundes

Vereitelung oder Erschwerung der Rechtsverwirklichung durch drohende Veränderung des bestehenden Zustands	Regelung zur Nachteilsabwendung »nötig«	157

III.   Gerichtliche Entscheidung

1.	Erlass der einstweiligen Anordnung, wenn Antrag zulässig und begründet ist	157
2.	Inhalt der einstweiligen Anordnung	

- Anordnung nach freiem Ermessen
- Aber grundsätzlich keine Vorwegnahme der Hauptsache (Ausnahme: wenn die Entscheidung notwendig ist, um effektiven Rechtsschutz zu gewähren, wenn z. B. ohne die einstweilige Anordnung die Folgen für den Antragsteller irreparabel wären)
- Antragsteller darf nicht mehr erhalten, als er in der Hauptsache bekommen würde

6.3.3   Sachverhalt zur Prüfung eines Antrags im vorläufigen Rechtsschutz

576   Seit Ende Juni trat Peter Höhnel (H) mit der Bereitschaft, Suizide zu begleiten, in Posam an die Öffentlichkeit. H bot gegen ein Honorar von mehreren Tausend Euro Sterbewilligen konkrete Hilfe an. In fünf Fällen kam es zu Suiziden, die von H begleitet wurden. Diese fünf Personen nahmen in Gegenwart des H eine von ihm empfohlene Mischung verschreibungspflichtiger Medikamente in tödlicher Dosierung ein. Die Arzneimittel besorgte H. Im Oktober wirbt H nun wieder in einer Tageszeitung in Posam mit seiner Sterbehilfe. Daraufhin wird dem H von der Stadt Posam die Gelegenheit eingeräumt, sich zu den Vorfällen, insbesondere der neuen Zeitungswerbung zu äußern. H gibt an, dass es sich bei seiner Suizidhilfe um ein ganz normales, erlaubnisfreies Gewerbe handelt. Es hätten sich auf die Anzeige hin auch schon drei potenzielle »Kunden« gemeldet. Er werde auch weiterhin Sterbehilfe betreiben. Im Übrigen sei diese auch nicht strafbar.

577   Daraufhin erließ die Stadt Posam gegen H folgende Verfügung:

578
Stadt Posam Der Oberbürgermeister Friedrich-Ebert-Str. 79–81 14469 Posam	Az: XY30.100.17 Sachbearbeiter: Dunst Tel.: 0331/5051
Gegen Zustellungsurkunde	Datum: 12.10.

Herrn
Peter Höhnel
Buchsbaumweg 8

14469 Posam

Ordnungsverfügung

Sehr geehrter Herr Höhnel,

579   1. ich untersage Ihnen ab sofort jegliche Form der Sterbehilfe mit verschreibungspflichtigen Medikamenten und der Werbung für Sterbehilfe in Posam.

580   2. Die sofortige Vollziehung der o. g. Maßnahme ordne ich an.

3. Für den Fall, dass Sie die mit dieser Verfügung ausgesprochene Anordnung nicht be-
    folgen, drohe ich Ihnen für jeden Verstoß ein Zwangsgeld von 150,00 bis 200,00 € an.

Begründung:

Seit Juni bieten Sie gegen ein Honorar von mehreren Tausend Euro Sterbewilligen
konkrete Hilfe an. In fünf Fällen kam es zu Suiziden, die von Ihnen begleitet wurden.
Diese fünf Personen nahmen in Ihrer Gegenwart eine von Ihnen beschaffte Mischung
verschreibungspflichtiger Medikamente in tödlicher Dosierung ein. Im November
warben Sie nun wieder in einer Tageszeitung in Posam mit Ihrer Sterbehilfe. Daraufhin
wurde Ihnen von mir die Gelegenheit eingeräumt, sich zu den Vorfällen, insbesondere
der neuen Zeitungswerbung, zu äußern. Sie gaben an, dass es sich bei Ihrer Suizidhilfe
um ein ganz normales, erlaubnisfreies Gewerbe handele. Es hätten sich auf die Anzeige hin auch schon drei potenzielle »Kunden« gemeldet. Sie würden auch weiterhin
Sterbehilfe betreiben. Die von Ihnen praktizierte Sterbehilfe sei auch nicht strafbar.

Es handelt sich nicht um ein Gewerbe im Sinne der Gewerbeordnung. Ihre frei verfügba-
re kommerzielle Erleichterung des Selbstmords mittels Umgehung der Vorschriften des
Arzneimittelgesetzes birgt die erhebliche Gefahr, dass dadurch Menschen ums Leben
kommen, die auf sich allein gestellt diesen letzten Schritt nicht gewagt hätten. Mit
erheblicher Wahrscheinlichkeit ist zu befürchten, dass ohne mein ausgesprochenes
Verbot Ihrer Aktivitäten das Leben von Menschen gefährdet ist. Nach eigenen Angaben
haben sich bereits drei Personen auf Ihre Anzeige hin bei Ihnen gemeldet. Sie führen
die Sterbehilfe verbotswidrigerweise mit verschreibungspflichtigen Arzneimitteln aus.
Ich konnte daher notwendige Schritte gegen Sie einleiten.

Gemäß § 3 VwVG Bbg kann ich eine Maßnahme, die auf ein Handeln gerichtet ist, mit
Zwangsmitteln durchsetzen. Voraussetzung dafür ist u. a. dass, wie hier, die Anordnung
der sofortigen Vollziehung getroffen wurde. Um die Durchführung der o. g. Maßnahme
sicherzustellen, ist es erforderlich, Ihnen jeweils ein Zwangsgeld anzudrohen.

Sie können im Übrigen durch Beachtung der behördlichen Anordnung die Festsetzung
bzw. Betreibung des Zwangsgeldes jederzeit abwenden.

Rechtsbehelfsbelehrung:

Gegen diese Verfügung kann innerhalb eines Monats – vom Tage der Bekanntgabe an
gerechnet – Widerspruch erhoben werden. Der Widerspruch ist zur Niederschrift bei
der im Briefkopf genannten Behörde einzulegen.

Hinweis:
Der Widerspruch hat nach § 80 Abs. 2 Nr. 4 keine aufschiebende Wirkung, da hier die
sofortige Vollziehung im öffentlichen Interesse angeordnet werden musste.

Im Auftrag

Gez. Dunst

588 Der Bescheid wird H am 16.10.2017 zugestellt. H ist mit dem Bescheid nicht einverstanden und erhebt am 23.11.2017 zur Niederschrift Widerspruch bei der Stadt Posam. Er gibt an, mit dem Bescheid nicht einverstanden zu sein. Es handele sich hier um ein Gewerbe, das nicht erlaubnispflichtig sei. Gleichzeitig stellt er einen Antrag auf Wiederherstellung der aufschiebenden Wirkung beim zuständigen Verwaltungsgericht.

Aufgabe:
Prüfen Sie gutachtlich die Zulässigkeit und Begründetheit des Antrags auf Wiederherstellung der aufschiebenden Wirkung!

Auszug aus dem Gesetz über den Verkehr mit Arzneimitteln (Arzneimittelgesetz - AMG)

589 »Arzneimittelgesetz in der Fassung der Bekanntmachung vom 12. Dezember 2005 (BGBl. I S. 3394), das zuletzt durch Artikel 3c des Gesetzes vom 10. Februar 2020 (BGBl. I S. 148) geändert worden ist«

§ 48 Verschreibungspflicht
590 (1) Arzneimittel, die
1. durch Rechtsverordnung nach Absatz 2, auch in Verbindung mit den Absätzen 4 und 5, bestimmte Stoffe, Zubereitungen aus Stoffen oder Gegenstände sind oder denen solche Stoffe oder Zubereitungen aus Stoffen zugesetzt sind,
2. nicht unter Nummer 1 fallen und zur Anwendung bei Tieren, die der Gewinnung von Lebensmitteln dienen, bestimmt sind oder
3. Arzneimittel im Sinne des § 2 Absatz 1 oder Absatz 2 Nummer 1 sind, die Stoffe mit in der medizinischen Wissenschaft nicht allgemein bekannten Wirkungen oder Zubereitungen solcher Stoffe enthalten,
   dürfen nur bei Vorliegen einer ärztlichen, zahnärztlichen oder tierärztlichen Verschreibung an Verbraucher abgegeben werden.

§ 97 Bußgeldvorschriften
591 (1)...
(2) Ordnungswidrig handelt auch, wer vorsätzlich oder fahrlässig
1 ....
   12. Arzneimittel, die ohne Verschreibung an Verbraucher abgegeben werden dürfen, entgegen § 47 Abs. 1 an andere als dort bezeichnete Personen oder Stellen oder entgegen § 47 Abs. 1a abgibt oder entgegen § 47 Abs. 2 Satz 1 bezieht,.................

Kapitel 7
Öffentliches Sachenrecht

7.1 Allgemeines

Das Recht der öffentlichen Sachen ist ein Teilgebiet des Allgemeinen Verwaltungsrechts. 159
Der Begriff ist dabei missverständlich, weil das Recht der öffentlichen Sachen nicht
besondere Sachen, sondern eine besondere rechtliche Zuordnung der Sachen zu dem
Eigentümer zum Gegenstand hat. Es regelt insbesondere die Benutzung der Sachen
im Interesse des gemeinen Wohls durch die Allgemeinheit oder besondere Berechtigte.

7.2 Öffentliche Sachen

Der öffentliche Sachbegriff im weiteren Sinne umfasst nicht nur körperliche Gegenstände 159
(Sachen gemäß § 90 BGB), sondern auch nichtkörperliche »Gegenstände« wie z. B. Luft,
Elektrizität oder das offene Meer. Sachen im Sinne der öffentlichen Sachen sind somit
nicht auf den privatrechtlichen Sachbegriff beschränkt, müssen also nicht körperlich sein.
Öffentliche Sachen im engeren Sinne sind z. B. Sachen, die der öffentlichen Verwaltung
zur Erfüllung ihrer Aufgaben dienen (z. B. Straßen, Wasserstraßen, Verwaltungsgebäude,
Dienstfahrzeuge). Zur Sicherung der öffentlichen Funktion von Sachen, die dem Allgemeinwohl dienen, bezweckt das Recht der öffentlichen Sachen eine teilweise »Herausnahme«
dieser Sachen aus dem auf Privatnützigkeit ausgerichteten bürgerlichen Sachenrecht
des BGB.

Öffentliche Sachen entstehen durch Widmung, durch die sie ihre öffentliche Zweckbe- 159
stimmung erhalten. Der entsprechende Widmungsakt kann erfolgen durch

- Gesetz (Bundeswasserstraßen, § 5 WaStrG; Luftraum, § 1 LuftVG), 159
- Rechtsverordnung, z. B. Gewässer zweiter Ordnung (§ 3 Abs. 1, 2 BbgWG),
- Satzung (z. B. Festsetzung eines öffentlichen Parkplatzes im Bebauungsplan gemäß
  § 10 Abs. 1 i. V. m § 9 Abs. 1 Nr. 11 BauGB),
- Verwaltungsakt gemäß § 35 Satz 2 Alt. 2 VwVfG (z. B. öffentliche Straßen, § 6 Abs. 1
  BbgStrG; Bundesfernstraßen, § 6 FStrG),
- schlicht hoheitliches Handeln, nämlich die tatsächliche Zurverfügungstellung (z. B.
  Belegung eines Friedhofs über mehrere Jahrzehnte) und sogar durch

- Gewohnheitsrecht mittels langjähriger Übung nach formloser Indienststellung (z. B. Meeresstrand) erfolgen.

596 Ein typischer Fall der Widmung durch Verwaltungsakt findet sich insbesondere im Straßenrecht. Nach § 6 BbgStrG versteht man unter der Widmung eine sachbezogene/dingliche Allgemeinverfügung (§ 35 Satz 2 Alt. 2 VwVfG), durch die Straßen, Wege und Plätze die Eigenschaft einer öffentlichen Straße erhalten. Sie ist mit Rechtsbehelfsbelehrung öffentlich bekannt zu machen und wird frühestens im Zeitpunkt der öffentlichen Bekanntmachung wirksam. Voraussetzung für die Widmung ist, dass der Träger der Straßenbaulast Eigentümer des der Straße dienenden Grundstücks ist oder der Eigentümer und ein sonst zur Nutzung dinglich Berechtigter der Widmung zugestimmt hat (§ 6 Abs. 3 BbgStrG).

597

Stadt X   Datum
Der Bürgermeister

598
Widmungsverfügung

Gemäß § 6 des Brandenburgischen Straßengesetzes ((BbgStrG) vom … (Fundstelle) in der zur Zeit gültigen Fassung … (Fundstelle) wird die Straße »Birkenweg«, gelegen zwischen Leineweg und Schillerstraße, als Gemeindestraße im Sinne des § 3 Abs. 1 Nr. 3 BbgStrG mit Wirkung vom … für den öffentlichen Verkehr gewidmet.
Die Widmung erstreckt sich auf folgende Flurstücke der Gemarkung X, Flur 8:
Flurstücke …
Die Straße darf nur mit Fahrzeugen bis zu einem Gesamtgewicht von … Tonnen benutzt werden.
Ein Plan, aus dem die Lage der gewidmeten Flächen ersichtlich ist, liegt während der Dienststunden … im Rathaus … zur Einsicht aus.

Rechtsbehelfsbelehrung: Gegen diese Widmung kann innerhalb eines Monats nach Bekanntmachung Widerspruch erhoben werden. Der Widerspruch ist schriftlich, elektronisch oder zur Niederschrift bei der Stadt X … einzulegen …

Beispiele:
599 1. Die Stadt Cottbus eröffnet ein Bürgerhaus und widmet dieses als öffentliche Einrichtung kulturellen, geselligen und politischen Zwecken. Damit beschreibt die Stadt Cottbus die Zweckbestimmung, innerhalb derer sich die Zulassung zur Nutzung durch die Bürger bewegt.
2. Die Stadt Bad Belzig erklärt eine neu gebaute Straße in einer durch einen Bauträger errichteten Wohnsiedlung zur Fußgängerzone. In einer Satzung bestimmt die Stadt Bad Belzig, welche Tätigkeiten zulassungsfrei erlaubt sind und welche einer besonderen Zulassung bedürfen.

600 Die Widmung schließt die Normierungen des Bürgerlichen Rechts nicht vollständig aus, weil auch die öffentlichen Sachen grundsätzlich Gegenstände des privaten Eigentums sind

und insoweit (auch) der einheitlichen Eigentumsordnung des BGB unterfallen. Aufgrund der Widmung für einen öffentlichen Zweck wird das fortbestehende Privateigentum durch ein beschränkt-dingliches öffentliches Recht überlagert. Dieses verleiht dem widmenden öffentlichen Sachherrn bestimmte öffentlich-rechtlichen Nutzungsbefugnisse und begrenzt im Rahmen der öffentlich-rechtliche Zweckbestimmung zugleich die Ausübung privater Rechte (Theorie des modifizierten Privateigentums). So haben etwa privatrechtliche Verfügungen (Eigentumsübertragung) oder Maßnahmen der Zwangsvollstreckung keine Auswirkungen auf die Widmung.

Vor der Widmung:

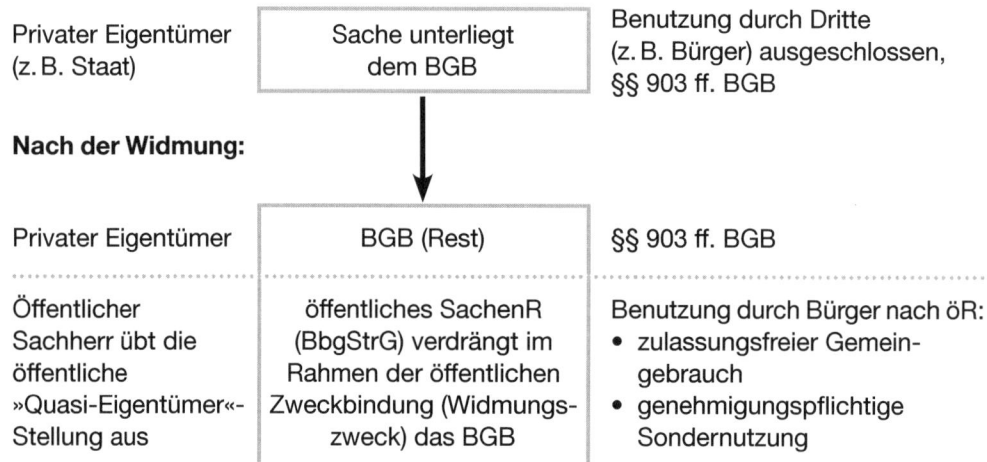

| Privater Eigentümer (z. B. Staat) | Sache unterliegt dem BGB | Benutzung durch Dritte (z. B. Bürger) ausgeschlossen, §§ 903 ff. BGB |

Nach der Widmung:

| Privater Eigentümer | BGB (Rest) | §§ 903 ff. BGB |
| Öffentlicher Sachherr übt die öffentliche »Quasi-Eigentümer«-Stellung aus | öffentliches SachenR (BbgStrG) verdrängt im Rahmen der öffentlichen Zweckbindung (Widmungs-zweck) das BGB | Benutzung durch Bürger nach öR:
 • zulassungsfreier Gemein-gebrauch
 • genehmigungspflichtige Sondernutzung |

Beispiel:
Die als Fußgängerzone gewidmete Straßenfläche in der Wohnsiedlung in Bad Belzig (Beispiel 2) gehört entsprechend der Grundbucheintragung weiterhin dem Bauträger Köhler-Bau. Er kann diese nicht mehr nach Belieben nutzen oder sie gar beseitigen, da die Befugnisse aus § 903 BGB durch die Widmung als öffentliche Sache (Straße gemäß § 2 Abs. 1 BbgStrG) überlagert bzw. zurückgedrängt werden.

Die Rückgängigmachung der Widmung (Entwidmung oder Teilentwidmung) erfolgt durch einen entsprechenden actus contrarius, bezüglich dessen Voraussetzungen auf den ursprünglichen Akt abzustellen ist. Im öffentlichen Straßenrecht spricht man insoweit von »Einziehung« der Straße. Einziehung ist nach § 8 Abs. 1 Satz 1, 2 BbgStrG die Allgemein-verfügung, durch die eine gewidmete Straße die Eigenschaft einer öffentlichen Straße verliert, Teileinziehung ist die Allgemeinverfügung, durch die die Widmung einer Straße nachträglich auf bestimmte Benutzungsarten, Benutzungszwecke oder Benutzerkreise beschränkt wird. Im Straßenrecht gibt es auch das Institut der Umstufung: Die öffentlichen Straßen sind nach ihrer Verkehrsbedeutung in verschiedene Straßengruppen eingeteilt (auf Landesebene etwa in Landstraßen, Kreisstraßen, Gemeindestraßen und sonstige Straßen entsprechend § 7 BbgStrG). Ändert sich die Verkehrsbedeutung einer Straße auf Dauer, so ist sie in die entsprechende Straßengruppe umzustufen (Abstufung, Aufstufung).

160

160

7.3   Arten der Benutzung

1603   Die Benutzung öffentlicher Sachen kann sehr unterschiedlich ausgestaltet sein. Zur Verdeutlichung soll folgende Übersicht dienen:

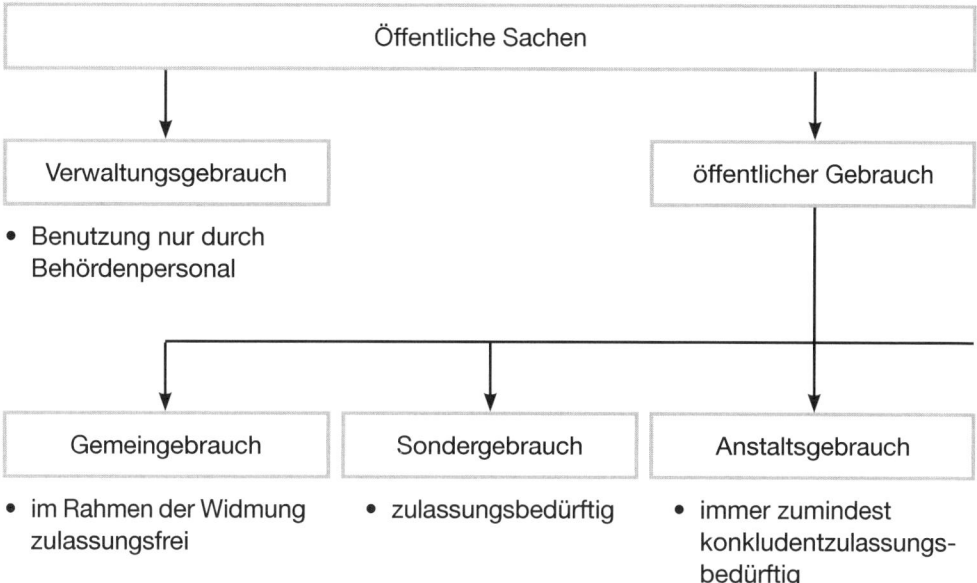

7.3.1   Gemeingebrauch und Sondernutzung

1604   Bezüglich der Benutzung der öffentlichen Sachen ist zwischen dem Gemeingebrauch und der Sondernutzung zu unterscheiden.

7.3.1.1   Gemeingebrauch

1605   Gemeingebrauch liegt vor, wenn die öffentliche Sache im Rahmen ihrer öffentlichen Zweckbestimmung (der Widmung) jedermann ohne besondere Zulassung zur Benutzung offensteht. Der Bürger hat grundsätzlich einen Anspruch auf Nutzung der öffentlichen Sache im Rahmen ihrer Widmung; es handelt sich um ein subjektiv-öffentliches Recht.

1606   Die bedeutendsten Fälle des Gemeingebrauchs sind:
- Straßen: Der Gebrauch der öffentlichen Straße ist nach § 14 Abs. 1 Satz 1 BbgStrG jedermann im Rahmen der Widmung und der Straßenverkehrsvorschriften innerhalb der verkehrsüblichen Grenzen gestattet (Gemeingebrauch).
- Wasserstraßen (§§ 5, 6 WaStrG)
- Meeresstrand
- Luftraum (§ 1 LuftVerkG, streitig)
- Friedhof (Bestattung verstorbener Personen)

1607   Es gibt dabei keine Begrenzung auf bestimmte Personenkreise (z. B. auf Deutsche oder Gemeindeeinwohner). Die Begrenzung auf »den Rahmen der Widmung« bezieht sich auch auf die bau- und verkehrstechnische Beschaffenheit der Straße. Eine besondere Zulassung zur gemeingebräuchlichen Nutzung der Straße ist nicht erforderlich. Das bisherige Prinzip der Unentgeltlichkeit der Gemeingebrauchsnutzung hat in jüngster Zeit gewisse Lockerungen erfahren (etwa durch Mautregelungen).

Nutzungen zum Zwecke des Verkehrs erfassen zunächst die Fortbewegung in der Absicht der Ortsveränderung sowie den Transport von Gütern. Da Fortbewegung ohne Start und Ziel kaum denkbar ist, wird vom Verkehrsbegriff auch der ruhende Verkehr (parkende Fahrzeuge) erfasst. Damit bewegt sich auch ein mögliches Dauerparken im Rahmen des Gemeingebrauchs. Voraussetzung ist jedoch, dass das Fahrzeug zugelassen und verkehrsbereit ist und zum Zwecke späterer Inbetriebsetzung abgestellt worden ist.[140] Kein Verkehrszweck ist indes anzunehmen, wenn beispielsweise ein Kraftfahrzeug (oder ein abgekoppelter Anhänger) zu gewerblichen Zwecken abgestellt worden ist. Gerade das Abstellen von Kfz-Anhängern führt in städtischen Regionen zu Problemen. So werden heute Anhänger hergestellt, die ausschließlich der Bewerbung von Dienstleistungen und Waren von Gewerbetreibenden dienen. Ob mit deren Abstellen eine über den Gemeingebrauch hinaus gehende Sondernutzung vorliegt, ergibt sich aus einer Gesamtbetrachtung, in der die Umstände, wie die Art der gewerbsmäßigen Aufmachung des Anhängers, die fehlende Ankopplung an ein Zugfahrzeug, das Aufstellen auf vielbefahrenen Straßen sowie die Dauer der Abstellzeiten mit einzubeziehen sind.[141]

An innerörtlichen Straßen und Plätzen beschränkt sich der Gemeingebrauch nicht nur auf den engen – am Fortbewegungsgedanken orientierten – Verkehrsbegriff. Eine innerörtliche Straße bzw. ein Platz dient auch der Kontaktaufnahme und Kommunikation (kommunikativer Gemeingebrauch). Die Gerichte haben den Widmungszweck »im Lichte des Grundgesetzes« erweiternd interpretiert.[142] So wird im Hinblick auf Art. 5 Abs. 1 GG das Verteilen von Flugblättern und das Tragen von Plakaten vom Gemeingebrauch erfasst. Aber auch die Nutzung der Straße für künstlerische Zwecke oder religiöse Betätigungen kann u. U. vom Gemeingebrauch gedeckt sein.[143] Das Verbreiten religiöser Flugblätter sowie die Missionierung als kommunikatives Element wird im Hinblick auf Art. 4 Abs. 1 GG ebenfalls vom Gemeingebrauch erfasst. Dagegen ist das gewerbliche Ansprechen von Passanten, auch dort, wo es aus religiösen Motiven heraus erfolgt, nicht mehr dem Gemeingebrauch zuzuordnen.[144]

Beispiele:

1. Spediteur Axel Baumann stellt seinen zugelassenen Lkw über Nacht und am Wochenende auf einer öffentlichen Straße ab.

2. Hans Clüver betreibt ein Straßencafé und verkauft Eis von einem Fenster zur Straße hin. Auch hier liegt Gemeingebrauch vor, weil Clüver für das Anbieten der Ware nicht den öffentlichen Straßenraum beansprucht, der der Allgemeinheit vorenthalten werden könnte.

3. Mitglieder der C-Partei sprechen in der Fußgängerzone der Landeshauptstadt Potsdam

Randnummern am rechten Rand: 1608, 1609, 1610

---

[140] BVerwGE 34, 320 ff.; BVerwG, NJW 1982, S. 2332 f.; OVG Münster, NVwZ 2002 S. 218 (219).

[141] Vgl. OLG Frankfurt a. M., NVwZ-RR 2003, S. 387 mit Anmerkung von Weidemann, DVP 2005 S. 374.

[142] Siehe nur BVerfG, NVwZ 1992, S. 53.

[143] BVerwG, NJW 1990, S. 2011 (2012).

[144] Vgl. nur BVerwG, NJW 1997, S. 406 (407); OVG Lüneburg, NVwZ 1996, S. 247 (248); VG Karlsruhe, NJW 2002, S. 160.

während des Wahlkampfes Passanten an und werben um Stimmen für ihre Partei. Der Begriff des Gemeingebrauchs ist vor dem Hintergrund von Art. 5 und Art. 21 GG weit auszulegen.

4. Die Gewerkschaft Verdi führt eine 1.-Mai-Versammlung in Oranienburg auf dem Markt-platz durch; wegen Art. 8 Abs. 1 GG unterfällt diese – trotz der Behinderungen des Verkehrs Dritter – dem Gemeingebrauch.

611 Eine gesteigerte Form des Gemeingebrauchs ist der Anliegergebrauch (vgl. § 14 Abs. 4 BbgStrG): Eigentümer und Besitzer von Grundstücken, die an einer öffentlichen Straße gelegen sind (Straßenanlieger), dürfen danach innerhalb der geschlossenen Ortslage die an die Grundstücke angrenzenden Straßenteile über den Gemeingebrauch hinaus auch für Zwecke der Grundstücke benutzen, soweit diese Benutzung zur Nutzung des Grund-stücks erforderlich ist, den Gemeingebrauch nicht dauernd ausschließt oder erheblich beeinträchtigt und nicht in den Straßenkörper eingreift.

612 Beispiele:
- vorübergehende Lagerung von Baumaterialien auf dem Gehweg
- Baugeräte aufstellen
- über den Bürgersteig in die Garage fahren
- Abstellen von Abfallbehältern auf dem Gehweg am Tag der Leerung

7.3.1.2 Sondernutzung

613 Demgegenüber spricht man von Sondernutzung, wenn eine öffentliche Sache außerhalb ihres Widmungszwecks benutzt wird. Bei den öffentlichen Straßen liegt eine Sondernut-zung grundsätzlich dann vor, wenn sie nicht zu Verkehrszwecken benutzt werden (vgl. § 18 Abs. 1 Satz 1 BbgStrG).

Beispiele:

614 1. Der Clubbetreiber Jan Kowalski spricht auf einem Platz in Eberswalde Passanten an und betreibt dabei kommerzielle Werbung für seine Veranstaltungen. So könnte man versucht sein, das Verteilen von Werbematerialien dem kommunikativen Gemeingebrauch zuzu-ordnen. Doch hier steht nicht die zwischenmenschliche Kommunikation im Vordergrund, sondern der »flüchtige Kontakt« dient primär gewerblichen Zwecken. Generell wird die gewerbliche Nutzung des Straßenraums nicht vom straßenrechtlichen Verkehrsbegriff erfasst. Daher liegt eine Sondernutzung vor.

615 2. »Grillwalker« Peter Meier betreibt eine Verkaufstätigkeit von einem »Bauchladen« aus; auch hier liegt eine gewerbliche (Sonder-)Nutzung vor. Gleiches gilt für reine Werbefahrten im Straßenverkehr.

616 3. Malerin Marie Günter versieht ihr Fahrzeug mit einer Reklameaufschrift und stellt es am Straßenrand in der Innenstadt von Frankfurt/Oder ab. Das Abstellen von Kfz zu gewerb-lichen Zwecken stellt eine Sondernutzung dar, da der öffentliche Straßenraum insoweit lediglich als Ausstellungsraum gebraucht wird.

617 4. Bei dem Abstellen von Reisemobilen oder anderen Fahrzeugen auf der Straße, um in diesen Fahrzeugen die Prostitution auszuüben, handelt es sich nicht mehr um eine Teil-nahme am Straßenverkehr, sondern um eine verkehrsfremde, gewerbliche Nutzung des öffentlichen Straßenraums durch den Vollzug des Geschlechtsverkehrs.[145]

Wegen der Nutzung über den Widmungszweck hinaus ist eine besondere Zulassung   1618
erforderlich (für das Straßenrecht vgl. § 18 Abs. 1 Satz 2 BbgStrG). Streitigkeiten über
Notwendigkeit oder Erteilung der Sondernutzungserlaubnis sind öffentlich-rechtlicher
Natur und vor den Verwaltungsgerichten anhängig zu machen. Bezüglich der statthaften
Widerspruchs- bzw. Klageart gelten folgende Erwägungen: Ist dem Antragsteller bekannt,
dass er einer Sondernutzungserlaubnis bedarf und weigert sich die Behörde, diese zu
erteilen, ist der Verpflichtungswiderspruch (-klage) statthaft. Ist strittig, ob es für ein
Vorhaben überhaupt einer Sondernutzungserlaubnis bedarf, ist die Feststellungsklage
statthaft; ein Widerspruchsverfahren findet vor Erhebung der Feststellungsklage nicht
statt. Möchte ein Dritter die dem Begünstigten erteilte Sondernutzungserlaubnis abwehren,
kann er (Dritt-)Anfechtungswiderspruch bzw. -klage erheben.

7.3.2   Öffentliche Einrichtungen

Auch öffentliche Einrichtungen und Anstalten unterfallen dem (weitergehenden) Begriff   1619
der öffentlichen Sachen. Ihre bestehenden Besonderheiten sollen nachfolgend dargestellt
werden. Eine Anstalt des öffentlichen Rechts ist eine mit einer öffentlichen Aufgabe betraute Institution, deren Aufgabe ihr gesetzlich oder satzungsmäßig zugewiesen worden
ist. Ihre staatlichen oder kommunalen Aufgaben werden in ihrer Satzung festgelegt. Sie
bündelt sachliche Mittel (Gebäude, Einrichtungen, Fahrzeuge etc.) und Personal in einer
Organisationseinheit. Im kommunalen Sektor handelt es sich meist um unselbstständige
Anstalten in der Trägerschaft der Kommune (als Körperschaft).

Öffentliche Einrichtungen wie z. B. Schwimmbäder, Museen, Büchereien sowie die in ihnen   1620
zur Benutzung bereitstehenden Einzelgegenstände (Bücher), Theater, Stadthallen, Kreis-
laufwirtschaftseinrichtungen (Abfalldeponien) etc. sind öffentlichen Zwecken gewidmete
Leistungseinrichtungen im Bereich der Daseinsvorsorge (Leistungsverwaltung), die der
Bürger auch im Rahmen der öffentlichen Zweckbestimmung (Widmung) nur nach besonderer Zulassung nutzen kann. Die Zulassung ist ein Verwaltungsakt (§ 35 Satz 1, 2 VwVfG),
der grds. formfrei erfolgen kann (§§ 10, 37 Abs. 2 Satz 1 VwVfG); er kann auch konkludent
(z. B. durch Aushändigung einer Eintrittskarte) ausgesprochen werden. Der Begriff der »öffentlichen Einrichtung« (vgl. § 12 Abs. 1 BbgKVerf) ist weitergehender als der traditionelle
Anstaltsbegriff, weil die »Anstalt« nur *eine* Art der Organisierung der Leistungserbringung ist.

Öffentliche Einrichtung i. S. d. § 12 Abs. 1 BbgKVerf ist also jede Leistungsvorrichtung,   162
die von der Gemeinde im öffentlichen Interesse unterhalten und durch Widmungsakt der
Allgemeinheit – den Nutzern – zur Verfügung gestellt wird.

7.3.2.1   Ordentliche Benutzung und Sonderbenutzung

Ordentliche Benutzung liegt vor, wenn sich die Inanspruchnahme der Sache nach Art,   162
Umfang und Benutzerkreis im Rahmen der durch Widmung festgelegten Zweckbestimmung (Anstaltszweck) hält.

---

[145] VG Hamburg, NVwZ-RR 2010, S. 370–372.

1623   Sonderbenutzung liegt vor, wenn

1624   • die öffentliche Sache von Personen benutzt wird, die nicht dem Personenkreis ange-
          hören, dem die Sache zu dienen bestimmt ist,
        • die Art der Benutzung außerhalb der Zweckbestimmung der Sache liegt,
        • die Inanspruchnahme der Sache das in der Zweckbestimmung vorausgesetzte Maß
          erheblich übersteigt, insbesondere die ordentliche Benutzung anderer beeinträchtigt.

1625   Sofern die Benutzungsordnung nicht entsprechend ausgestaltet ist, besteht bei der
        Sonderbenutzung weder ein Anspruch auf Zulassung noch ein Anspruch auf ermes-
        sensfehlerfreie Entscheidung.[146]

Beispiel:

1626   Ordentliche Benutzung des kommunalen Friedhofs ist die Bestattung verstorbener Per-
        sonen sowie die Nutzung zu Grün- und Erholungszwecken, während die Durchführung
        von Filmaufnahmen für einen »Tatort«-Krimi oder das Picknicken eine anstaltsfremde
        Sonderbenutzung darstellen.

7.3.2.2   Öffentliche Sachen zur internen Nutzung durch Verwaltungsbehörden

1627   Eine öffentliche Sache befindet sich im Verwaltungsgebrauch, wenn sie der verwaltungs-
        internen Nutzung zu dienen bestimmt ist.

Beispiele:

1628   Rathaus, Büromaterial, Dienstwagen

7.3.3   Zulassungsanspruch

Beispiel:

629   Die Stadt Seelow hat ihre Stadthalle bereits mehrfach politischen Parteien für die Durch-
        führung von Veranstaltungen zur Verfügung gestellt. Betrieben wird die Stadthalle durch
        eine Betreiber-GmbH (Stadthalle Seelow GmbH), deren Geschäftsanteile die Stadt Seelow
        zu 100 % hält. Es werden mit den Nutzern privatrechtliche Mietverträge gemäß §§ 535 ff.
        BGB geschlossen. Möchte nun die umstrittene N-Partei einen Parteitag abhalten, wie
        dies auch bereits verschiedenen politischen Parteien erlaubt worden ist, und sollte sich
        die Betreibergesellschaft weigern, die Stadthalle diesbezüglich zur Verfügung zu stellen,
        stellt sich die Frage nach dem Zulassungsanspruch.

7.3.4   Zwei-Stufen-Theorie

630   Bei der Benutzung kommunaler oder staatlicher öffentlicher Einrichtungen gilt, dass die
        Entscheidung über die Zulassung zur Benutzung stets öffentlich-rechtlich durch Verwal-
        tungsakt erfolgt (1. Stufe). Das Benutzungsverhältnis, bei dem es um die Abwicklung der
        Nutzung geht (Dauer der Nutzung, Höhe des Entgelts, Haftungsfragen und Verhaltens-

---

[146] BVerwGE 39, 235.

pflichten), ist der 2. Stufe zuzuordnen. Anders als bei Subventionen ist diese 2. Stufe nicht stets dem Privatrecht zuzuordnen. Es ist zu unterscheiden:

Betreibt die öffentliche Hand die Einrichtung in Eigenregie bzw. durch einen Eigenbetrieb, hat sie Formenwahlfreiheit: Sie ist frei in der Entscheidung, ob sie das Benutzungsverhältnis öffentlich-rechtlich oder privatrechtlich ausgestaltet. Gestaltet sie das Benutzungsverhältnis öffentlich-rechtlich per Benutzungssatzung, Benutzungsgebühr und unter Hinweis auf öffentlich-rechtliche Rechtsbehelfe aus, so sind Streitigkeiten auch hinsichtlich der Benutzungsmodalitäten öffentlich-rechtlicher Natur. Die Zwei-Stufen-Theorie ist hier nicht notwendig. Handelt es sich indes um eine privatrechtliche Ausformung des Benutzungsverhältnisses, was anzunehmen ist, wenn die Benutzungsregeln durch AGB festgelegt werden oder wenn ein Benutzungsentgelt statt einer Benutzungsgebühr erhoben wird, entscheiden hinsichtlich der Zulassung (1. Stufe) die Verwaltungsgerichte und hinsichtlich der Benutzungsmodalitäten (2. Stufe) die Zivilgerichte. Kann nicht zweifelsfrei festgestellt werden, ob das Benutzungsverhältnis öffentlich-rechtlich oder privat-rechtlich ausgestaltet ist, spricht die Vermutung für ein öffentlich-rechtliches Handeln. **1631**

Ist Betreibergesellschaft eine juristische Person des Privatrechts, dann gelten einige Besonderheiten. Es ist den Kommunen nicht verwehrt, auch auf dem Gebiet der öffentlichen Daseinsvorsorge juristische Personen des Privatrechts (insbesondere GmbH, AG) zu gründen oder sich an ihnen zu beteiligen, um diese mit dem Betrieb einer öffentlichen Einrichtung zu beauftragen. Da aber eine staatliche Stelle wegen Art. 1 Abs. 3 und Art. 20 Abs. 3 GG der Gesetzes- und Grundrechtsbindung unterliegt, darf das Betreiben einer öffentlichen Einrichtung durch eine juristische Person des Privatrechts nicht zur Folge haben, dass sich der Träger der öffentlichen Gewalt dieser öffentlich-rechtlichen Bindungen entledigt (Stichwort: »Keine Flucht ins Privatrecht« mangels Kontrahierungszwang im Privatrecht). Es muss daher eine zureichende behördliche Einflussmöglichkeit sichergestellt sein. Die Gemeinde muss also entweder sämtliche Anteile an der juristischen Person des Privatrechts halten (Alleingesellschafter/Alleinaktionär) oder einen bestimmenden Einfluss ausüben (z. B. als Mehrheitsaktionär oder aufgrund vertraglicher Regelung).[147] **1632**

Als Anspruchsgegner kommt der hinter der GmbH oder AG stehende Träger der öffentlichen Gewalt in Betracht. Denn das Betreiben einer öffentlichen Einrichtung durch eine Privatperson darf nicht zur Folge haben, dass sich der Träger der öffentlichen Gewalt seiner öffentlich-rechtlichen Bindung entledigte. Würde also die Kommune die öffentliche Einrichtung selbst betreiben und bestünde etwa aufgrund der bisherigen Vergabepraxis über Art. 3 Abs. 1 GG eine Selbstbindung der Verwaltung und daher ein Zulassungsanspruch, kann nichts anderes gelten, wenn sich die Kommune zur Erfüllung ihrer ihr obliegenden Aufgaben einer Privatperson bedient. **1633**

Daher hat der Bürger auch unmittelbar gegen die Kommune einen öffentlich-rechtlichen Zulassungsanspruch. **1634**

Klagt der Abgewiesene somit verwaltungsgerichtlich gegen die Kommune auf Zulassung, stellt dieser geltend gemachte Zulassungsanspruch nach der Terminologie der Zwei-Stufen-Theorie die 1. Stufe dar. Ist der Anspruch begründet, muss die Behörde dann ihren **1635**

---

[147]   Vgl. auch OVG Bautzen SächsVBl 2005 S. 15 f.; OVG Bautzen SächsVBl 2003, S. 147.

Einfluss auf die privatrechtlich organisierte Betreibergesellschaft dahingehend ausüben, dass diese die öffentliche Einrichtung zur Verfügung stellt. Seitens des Klägers besteht ein öffentlich-rechtlicher Einwirkungsanspruch als Folge des Benutzungsanspruchs aus § 12 Abs. 1 BbgKVerf, wonach jedermann im Rahmen des geltenden Rechts berechtigt ist, die öffentlichen Einrichtungen der Gemeinde zu benutzen.

7.4   Übungsfall (VFA/VFW): »Sammelcontainer«

636   Sie sind als Sachbearbeiterin beim Bauamt, Garten- und Tiefbauabteilung der kreisfreien Stadt Waldburg in Brandenburg, mit der Bearbeitung des im nachfolgenden Aktenauszug (Sachverhalt) dargestellten Vorgangs befasst. Fragen in Bezug auf Abfallrecht und Verpackungsverordnung bleiben außen vor.

Aufgabe:

637   Nehmen Sie gutachtlich Stellung zu der Frage, ob die Ablehnung der beantragten Sondernutzungserlaubnis des Manfred Modrow (M.) formell und materiell rechtmäßig erfolgt ist.

Sachverhalt:

638   Manfred Modrow (M.) ist seit 2015 Kunstmaler. Er übt seine Maltätigkeit in der Regel in der Innenstadt der kreisfreien brandenburgischen Stadt Waldburg (W.) aus, wo er Ölgemälde, Aquarelle und Federzeichnungen anfertigt. Hierzu stellt er eine Staffelei sowie einen Klappstuhl auf im Straßenraum der Walther-Schreiber-Straße. Dabei legt er eine Anzahl bereits von ihm fertiggestellter Bilder aus, die er ebenso wie das in Arbeit befindliche Bild den Passanten auch außerhalb der Ladenöffnungszeiten zum Verkauf anbietet. Zu Komplikationen ist es bislang nicht gekommen; insbesondere wird die Leichtigkeit des Fußgängerverkehrs nicht nennenswert eingeschränkt.

639   Außerdem hat er im Frühjahr 2020 einen karitativen Altkleider-Sammelcontainer (3 m² Fläche) auf dem örtlichen Walther-Schreiber-Platz aufgestellt, in den Bürger gebrauchte Kleidung einwerfen können, die dann der sandinistischen Freiheitsbewegung in Nicaragua zugutekommen soll (»Campagna de General Ortega«).

640   Die Behörde teilt dem M. auf informellem Wege mit, dass er durch seine Betätigung gegen die Gewerbeordnung sowie das BbgStrG verstoße. Insbesondere bedürfe er hierzu einer straßenrechtlichen Sondernutzungserlaubnis. Er möge sich dazu äußern. Demgegenüber hält M. sein Vorgehen für rechtmäßig. Er schreibt an die Behörde, er sei der Meinung, hier liege gar keine Sondernutzung vor. Notfalls beantrage er die Erlaubnis hiermit.

641   Siehe nachfolgendes Schreiben des M.:

18. Juni 2020

Stadt Waldburg   1642
Bauamt / Garten- und Tiefbauabteilung
Rotebrückenweg 26
14167 Waldburg

Eingang Stadt Waldburg:
19.06.2020

Sehr geehrter Herr Oberbürgermeister-Top-Bürokratenhengst, alter Esel,

ich bin sehr erstaunt: Seit über zehn Jahren male ich jeden zweiten Tag vor dem Bahn-   1643
hof in Waldburg. Nie hat sich jemand darüber beschwert oder sich darum gekümmert.
Und nun muss ich plötzlich eine Sondernutzungserlaubnis beantragen? Ha!

Weil es der Sache zu dienen scheint, will ich dies aber gerne tun: Ich beantrage also,   1644
mir zu erlauben, jeden zweiten Tag von 10 bis 19 Uhr auf der Walther-Schreiber-Straße
eine Straßenmalerei durchführen zu dürfen. Ich brauche etwa 5 m². In Gottes Namen
auch die Sondernutzungserlaubnis für meine Altkleidertonne. Woanders will ich auf
keinen Fall hin.

Ohne staatliche Unterstützung engagiere ich mich privat zusammen mit einigen   1645
Freunden für die Freiheitsbewegung in Nordafrika. Für Menschen, die eine Perspek-
tive suchen. Ich bitte um eine rasche Entscheidung. Die Freiheitskämpfer brauchen
unsere Hilfe.

Mit freundlichen Grüßen
(Unterschrift)

Die Polizei Waldburg teilt der Stadt unter dem 03.07.2020 mit:

Ihre Anfrage wird wie folgt beantwortet:

Eine Sondernutzungserlaubnis wird nicht befürwortet. Die Malerei und die Aufstellung   1646
der Sammeltonne wird an einer Stelle auf dem Platz vorgenommen, der in unmittelbarer Nähe zu einer Bushaltestelle liegt, die für Stadtrundfahrten und von Reisebussen
angefahren wird. Bei den durchgeführten Malereien und wegen der Tonne konnte
beobachtet werden, dass die Busfahrgäste und Nutzer der Stadtrundfahrten durch
die Vielzahl der Bedürftigen behindert worden sind. Es hat erhebliche Schwierigkeiten
beim Ein- und Aussteigen gegeben. Ein idealer Ausweichstandort wäre die Ebert-
Straße.

gez. Schniedler, Polizeikommissarin

1647 Daraufhin erlässt die Stadt W. unter dem 21.07.2020 (Zustellung mit Zustellungsurkunde: 24.07.2020) einen Ablehnungsbescheid. Die begehrte Sondernutzungserlaubnis wird abgelehnt. Die Rechtsgrundlage wird nicht genannt. Es handele sich insgesamt um eine erlaubnisbedürftige Sondernutzung, die im Ermessen der Behörde stehe. Es werden die o. g. Gründe der Polizei wiederholt. Außerdem weist die Behörde darauf hin, dass die von M. genannte angebliche »Freiheitsbewegung« in Nordafrika es nicht wert sei, aus Deutschland unterstützt zu werden. Zudem werde die Erlaubnis auch deshalb nicht erteilt, weil M. (neben seiner Unterstützung dieser Gruppe) sehr lange straßenrechtlich illegal gehandelt habe; dies könne nicht toleriert werden.

1648 M. ist mit dem Bescheid nicht einverstanden und meint, es liege Erlaubnisfreiheit sämtlicher Betätigungen in Bezug auf die vermeintliche Sondernutzung vor, hilfsweise sei die beantragte Sondernutzungserlaubnis zu erteilen; jedenfalls hält M. den Ablehnungsbescheid für rechtswidrig.

1649 Auszug aus dem Urteil des VG Gießen vom 02.11.2009 – 10 K 1099/09.Gl –, juris, wegen Nichterteilung einer Sondernutzungserlaubnis zum Aufstellen von Altkleidercontainern:

1650 »Eine gesetzliche Verpflichtung, wonach die Beklagte zwingend die begehrte Sondernutzungserlaubnis erteilen müsste, besteht nicht. Vielmehr steht der Beklagte nach § 16 Abs. 1 des Hessischen Straßengesetzes (HStrG) bei ihrer zu treffenden Entscheidung Ermessen zu, und eine Ermessensreduktion auf Null ist nicht feststellbar. Nach § 16 Abs. 1 HStrG bedarf der Gebrauch der öffentlichen Straße, und insoweit umfasst der Begriff der Straße ohne Rücksicht auf Art und Umfang des zulässigen Gebrauchs und die technische Beschaffenheit sowohl die (öffentlichen) Straßen als auch die (öffentlichen) Wege, Plätze, Durchgänge, Stege usw. (§ 2 Abs. 2 HStrG), über den Gemeingebrauch hinaus der Erlaubnis der zuständigen Straßenbaubehörde. Die Beklagte ist gemäß § 43 HStrG die zuständige Straßenbaubehörde für ihre Gemeindestraßen und -plätze.

1651 Der Kläger beabsichtigt, Sammelcontainer für Altkleider und/oder Schuhe auf öffentlichen Straßen, Plätzen oder Wegen im Gemeindegebiet der Beklagten aufzustellen. Diese Art der Nutzung geht ohne Weiteres über den nicht erlaubnispflichtigen Gemeingebrauch im Sinne des § 14 HStrG hinaus, sodass es für die Aufstellung der Container einer straßenrechtlichen Sondernutzungserlaubnis bedarf, was vorliegend auch nicht in Streit steht.

1652 Die Entscheidung über die Erteilung der Sondernutzungserlaubnis ist keine gebundene, sondern eine Ermessensentscheidung, was allerdings nicht heißt, dass die zur Entscheidung über den Antrag berufene Behörde gerichtlich nicht überprüfbar sei, also »frei« entscheiden dürfte. Vielmehr hat die Behörde gemäß § 40 VwVfG die gesetzlichen Grenzen des Ermessens einzuhalten und von dem Ermessen in einer dem Zweck der Ermächtigung entsprechenden Weise Gebrauch zu machen.

1653 Hiernach erweist sich die von der Beklagten getroffene Ermessensentscheidung als ermessensfehlerfrei. Zunächst hat die Beklagte hinreichend beachtet, dass die Versagung der beantragten Sondernutzungserlaubnis einen sachlichen straßen- und wegerechtlichen Bezug haben muss, sich also die Ermessensausübung an straßenrechtlichen Gesichtspunkten zu orientieren hat. Hier durfte die Beklagte in ihre Ermessenserwägungen die Bewirtschaftung der Verkehrsflächen und die von Containern ausgehenden Beeinträchtigungen ebenso einstellen wie städtebauliche oder baugestalterische Aspekte. Demgegenüber begründet die von dem Kläger im Widerspruchsverfahren herangezogene Rechtsprechung nicht, dass ihm ein Anspruch auf Erteilung der begehrten Sondernutzungserlaubnis zusteht, weil die von dem Kläger zitierte Rechtsprechung sich nicht mit dem gewerblichen Aufstellen von Wertstoffcontainern in dem hier zur Entscheidung stehenden Rahmen befasst. Die von der Beklagten hinreichend dargelegten Missstände in Bezug auf die früheren Standorte von Containern der streitbefangenen Art rechtfertigen die grundsätzliche und auch von der Stadtverordnetenversammlung beschlossene Entscheidung, Sondernutzungserlaubnisse für die Aufstellung von Containern der streitbefangenen Art auf öffentlichen Straßen und Plätzen im Stadtgebiet der Beklagten nicht zu erteilen. Die Gründe der Entscheidung haben hinreichend straßenrechtlichen Bezug und lassen einen Ermessensfehlgebrauch nicht erkennen.«

Kapitel 8
Staatshaftung

8.1 Allgemeines

1654 Das Staatshaftungsrecht ist der Bereich der Haftung für staatliches Unrecht. Es gibt kein einheitliches Staatshaftungsgesetz; vielmehr existieren nebeneinander unterschiedliche und unübersichtliche Anspruchsgrundlagen.[148] Für den Bereich der Kommunalverwaltung liegt der Fokus auf der Amtshaftung und den ordnungsrechtlichen Entschädigungsansprüchen. Ansprüche des geschädigten Bürgers werden immer gegenüber der Behörde, nicht aber persönlich gegenüber dem handelnden Mitarbeiter begründet.

Übersicht: Struktur Staatshaftung

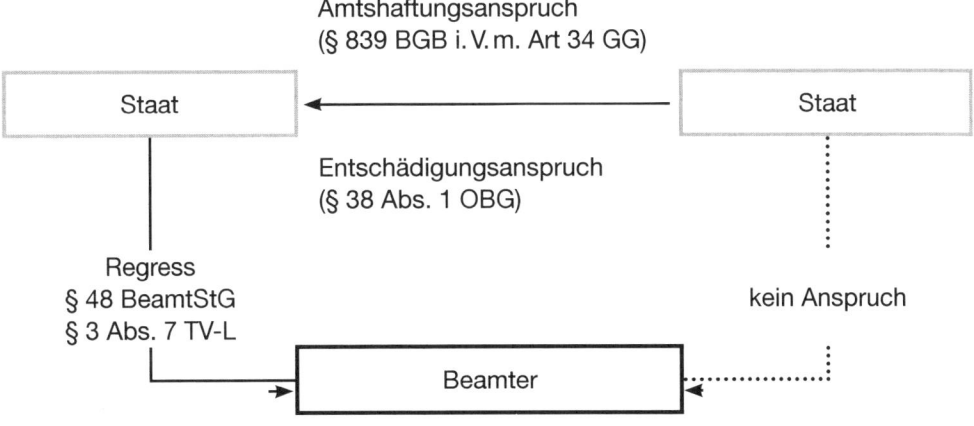

---

[148] Ausführlich Maurer/Waldhoff, Allgemeines Verwaltungsrecht, 19. Aufl., München 2017, 7. Teil – Das Recht der staatlichen Ersatzleistungen.

8.2 Amtshaftung

Die Eigenart des Amtshaftungsanspruchs aus der Anspruchsgrundlage § 839 BGB i. V. m. Art. 34 Satz 1 GG liegt darin, dass bei ihr die persönliche Haftung des handelnden Amtswalters auf den Staat übergeleitet wird.[149] Der Anspruch hat seine Grundlage im Rechtsstaatsprinzip (Art. 20 Abs. 3 GG): Rechtsverletzungen, die auf staatlicher Gewalt beruhen, sollen durch Leistung von Schadensersatz ausgeglichen werden. Gemäß der einheitlichen Anspruchsgrundlage des § 839 BGB i. V. m. Art. 34 Satz 1 GG ist ein Amtshaftungsanspruch gegeben, wenn jemand in Ausübung eines ihm übertragenen öffentlichen Amtes die ihm gegenüber einem Dritten obliegende Amtspflicht schuldhaft verletzt und dadurch einen Schaden verursacht hat, ohne dass ein Haftungsausschluss vorliegt.

1655

8.2.1 Ausübung eines öffentlichen Amtes

§ 839 BGB knüpft an eine Amtspflichtverletzung durch einen »Beamten« an.

1656

8.2.1.1 Haftungsrechtlicher Beamtenbegriff

Die Norm meint mit dem Begriff des »Beamten« nicht nur Beamte im staatsrechtlichen Sinne.[150] § 839 BGB wird insoweit durch Art. 34 Satz 1 GG erweitert, der als Tatbestandsmerkmal »jemand« nennt. Entscheidend ist danach nicht der rechtliche Status, sondern die hoheitliche Funktionsausübung.[151] Diesem sog. haftungsrechtlichen Beamtenbegriff unterfallen alle Personen, denen von der zuständigen Stelle die Ausübung eines öffentlichen Amtes anvertraut worden ist. Dies können insbesondere sein:

1657

- Beamte im staatsrechtlichen Sinne
- Tarifbeschäftigte (Angestellte, Arbeiter, Auszubildende)
- Personen in einem sonstigen öffentlich-rechtlichen Dienstverhältnis (z. B. Soldaten, Zivildienstleistende, Richter)
- Parlamentsabgeordnete, Minister, Bürgermeister, Mitglieder kommunaler Vertretungskörperschaften
- Beliehene
- Verwaltungshelfer

1658

---

[149] Instruktiv Durner, Grundfälle zum Staatshaftungsrecht, JuS 2005, S. 793 ff. und S. 900 ff. – Der zweiteilige Beitrag behandelt im ersten Teil vor allem die Amtshaftung (Art. 34 GG i. V. m. § 839 BGB), die bei rechtswidrigen Maßnahmen der Polizei- und Ordnungsbehörden in Betracht kommt. Siehe auch Kümper, Übungsfall Staatshaftungsrecht: Jagd auf entlaufene Kühe, ZJS 2013, S. 389–396, Frage 2, mit ausführlicher Lösung (S. 392–396), http://zjs-online.com/dat/artikel/2013_4_714.pdf (Abrufdatum: 01.08.2020); Fall mit Musterlösung nach brandenburgischem Recht »Mäharbeiten und ein beschädigter Pkw« siehe http://www.juraexamen.info/bgh-lehrbuchfall-zur-amtshaftung-nach-%C2%A7-839-bgb-i-v-m-art-34-gg/ (Abrufdatum: 01.08.2020).

[150] Personen, die in einem öffentlich-rechtlichen Dienst- und Treueverhältnis zum Staat oder zu einer anderen juristischen Person des öffentlichen Rechts stehen, in das sie unter Aushändigung der gesetzlich vorgeschriebenen Ernennungsurkunde berufen worden sind (vgl. § 2 Abs. 1, § 6 Abs. 1 BBG, § 2 Abs. 1, § 3 Abs. 1 BeamtStG i. V. m. § 1 Abs. 1 LBG).

[151] BGH, NJW 2002, S. 3172 (3173).

1659   Mittlerweile geklärt ist die staatshaftungsrechtliche Einbeziehung selbstständiger privater Unternehmer, derer sich der Staat auf der Grundlage eines privatrechtlichen Vertrags zur Erfüllung öffentlich-rechtlicher Aufgaben bedient, z. B. der im Rahmen einer Ersatzvornahme eingeschaltete Abschleppunternehmer oder der beim öffentlichen Straßenbau vom Träger der Straßenbaulast beauftragte Bauunternehmer.

1660   Der BGH hat einen Katalog flexibler Zurechnungskriterien für maßgeblich erklärt:
»Je stärker der hoheitliche Charakter der Aufgabe in den Vordergrund tritt, je enger die Verbindung zwischen übertragener Tätigkeit und von der Behörde zu erfüllender hoheitlicher Aufgabe und je begrenzter der Entscheidungsspielraum des Unternehmers ist, desto näher liegt es, ihn als Beamten im haftungsrechtlichen Sinne anzusehen.«[152]
Danach könne »sich die öffentliche Hand jedenfalls im Bereich der Eingriffsverwaltung der Amtshaftung ... grundsätzlich nicht dadurch entziehen, dass sie die Durchführung einer von ihr angeordneten Maßnahme durch privatrechtlichen Vertrag auf einen privaten Unternehmer überträgt«.

Beispiel:

1661   Im Fall des Abschleppens eines verkehrswidrig abgestellten Kfz durch einen von der Stadt Brandenburg/Havel beauftragten Abschleppunternehmer haftet, wenn es zu einer Beschädigung des Kfz durch den Unternehmer oder einen seinen Mitarbeiter kommt, (ausschließlich) die Stadt, die den Unternehmer beauftragt hat.[153]

1662   Der Anspruchsteller muss den verantwortlichen Amtsträger nicht individualisieren, was in großen bürokratischen behördlichen Organisationen oftmals unmöglich wäre. Ausreichend ist der Nachweis, dass überhaupt ein Amtsträger der in Anspruch genommenen Körperschaft gehandelt und eine bestehende Amtspflicht verletzt hat.

8.2.1.2   Öffentlich-rechtliche (hoheitliche) Betätigung

1663   Art. 34 Satz 1 GG setzt voraus, dass der Amtswalter in Ausübung eines öffentlichen Amtes handelt. Die Amtshaftung erstreckt sich danach nicht auf privatrechtliches Handeln der öffentlichen Hand. Entscheidendes Kriterium ist die Rechtsform des staatlichen Verhaltens, nicht hingegen seine Zielsetzung. Der Amtswalter muss auf der Grundlage und nach Maßgabe des öffentlichen Rechts handeln.[154] Zur Begründung wird darauf verwiesen, nur bei einer Amtsausübung auf der Grundlage und nach Maßgabe des öffentlichen Rechts trete die Verwaltung in einer rechtlichen Überlegenheit auf, die eine besondere Schutzbedürftigkeit des Bürgers begründe und die den Grund für die verfassungsrechtliche Garantie der Haftungsübernahme durch den Staat darstelle. Die Abgrenzung zwischen öffentlich-rechtlichem (hoheitlichem) und privatrechtlichem Handeln erfolgt dabei nach allgemeinen Grundsätzen: Bei rechtlichem Handeln kommen die bekannten »Theorien« (insbesondere die modifizierte Subjektstheorie) zur Anwendung.

---

[152]   BGHZ 121, 161 (164 ff.) – privater Abschleppunternehmer (Beamteneigenschaft im Sinne des Haftungsrechts bejaht). Bestätigt durch BGHZ 125, 19 (24 f.) – planender Ingenieur (Beamteneigenschaft verneint), und BGHZ 161, 6 (10) – BSE-Test durch privates Labor (Beamteneigenschaft bejaht).

[153]   Vgl. Maurer/Waldhoff, a. a. O., 7. Teil, Rn. 13 m. N.

[154]   BGHZ 116, 312 (314).

Ausgehend hiervon lassen sich aus der umfangreichen Rechtsprechung beispielhaft   1664
einige Fallgruppen benennen:

- Benutzung öffentlicher Einrichtungen: abhängig von Ausgestaltung des Benutzungs-   1665
  verhältnisses
- Teilnahme am Straßenverkehr: öffentlich-rechtlich bei hoheitlicher Zielsetzung (Fahrt
  dient Wahrnehmung öffentlicher Aufgaben)
- Straßenverkehrsregelungspflicht (§ 44 Abs. 1, § 45 Abs. 1 Satz 1, Abs. 3, 4 StVO):
  öffentlich-rechtlich

Die (Straßen-)Verkehrssicherungspflicht ist in Brandenburg grundsätzlich privatrecht-   1666
lich organisiert.

8.2.1.3   Handeln »in Ausübung« des öffentlichen Amtes

Der Amtswalter muss »in Ausübung« eines öffentlichen Amtes gehandelt haben, nicht   1667
hingegen nur »bei Gelegenheit« der Amtsausübung. Zwischen Amtsausübung und Scha-
denszufügung muss also ein äußerer und ein innerer Zusammenhang bestehen.[155] Dies
entspricht der Parallele bei der Haftung für Verrichtungsgehilfen nach § 831 BGB.

Beispiel:

Wird das Behördenfahrzeug von dem zur Benutzung befugten Amtswalter zu dienstlichen   1668
Zwecken, aber entgegen den Dienstvorschriften, die einen Einsatz des Fahrzeugs für das
konkrete Amtsgeschäft verbieten, benutzt, so liegt dennoch eine Tätigkeit in Ausübung
eines öffentlichen Amtes vor.[156] Dasselbe gilt für den gesetzeswidrigen oder dienstvor-
schriftswidrigen Einsatz einer Schusswaffe zu dienstlichen Zwecken.[157]

Auch ein Missbrauch des Amtes zu eigennützigen, schikanösen oder gar strafbaren Zwe-   1669
cken, eine Pflichtwidrigkeit aus eigensüchtigen oder rein persönlichen Gründen, schließt
den für das Handeln in Ausübung des Amtes maßgeblichen inneren Zusammenhang
zwischen Amtsausübung und schädigendem Verhalten nicht von vornherein aus.

Beispiel:

Die Amtsleiterin Inge Oltmann missbraucht ihre hervorgehobene Amtsstellung in einer im   1670
Einzelfall mehr oder weniger auf einen konkreten dienstlichen Anlass bezogenen Art und
Weise dazu, eine Mitarbeiterin systematisch und fortgesetzt zu beleidigen, zu schikanieren
und zu diskriminieren (Mobbing). Diese Verhaltensweise erfordert eine einheitliche Beurteilung, die dann, wenn das Mobbing im Rahmen eines bestehenden Beamtenverhältnisses
stattfindet, zur Anwendung von Amtshaftungsrecht führt.

Ein hinreichender Zusammenhang mit der Amtsausübung besteht auch, wenn mit der   1671
Ausübung hoheitlicher Gewalt betraute Bedienstete zum Zwecke der Verbesserung ihrer
Arbeitsbedingungen in streikähnlicher Weise ihre Amtstätigkeit einstellen oder verzögern.[158]

---

[155] BGH, NJW 2002, S. 3172 (3173).
[156] BGHZ 1, 388 (394).
[157] BGH, NJW 1992, S. 1227 (1228).
[158] BGHZ 61, 128 (132 ff.) – Fluglotsenstreik.

1672   Etwas anderes gilt nur bei überwiegend durch sachfremde persönliche Gründe moti-
viertem Handeln ohne hinreichenden Bezug auf eine hoheitliche Funktionsausübung
(Exzess, Missbrauch).

Beispiele

1673   • Benutzung eines Dienstfahrzeugs zu privater Schwarzfahrt[159]
• Tötung eines Einbrechers durch einen Polizisten, der zwar im Dienst, aber allein aus
Rache handelt[160]

8.2.2   Verletzung einer Amtspflicht

1674   Amtspflichten sind die persönlichen Verhaltenspflichten des Amtswalters in Bezug auf
seine Amtsführung. Haftungsgrund ist die Verletzung einer im Innenverhältnis zwischen
Dienstherr und Amtswalter bestehenden Dienstpflicht. Amtspflichten können sich ergeben
aus Außenrechtssätzen (Rechtsnormen), aber auch aus Innenrechtssätzen (Verwaltungsvorschriften) sowie verwaltungsinternen Weisungen.
Nach der Rechtsprechung bestehen die Amtspflichten

1675   • zu rechtmäßigem Verhalten (Art. 20 Abs. 3 GG) und dabei insbesondere
• zur Unterlassung unerlaubter Handlungen i. S. d. § 823 Abs. 1 BGB,
• zu zuständigkeits- und verfahrensgemäßem Verhalten,
• zur fehlerfreien Ermessensausübung (§ 40 VwVfG, § 15 OBG),
• zur Schonung unbeteiligter Dritter,
• zur Wahrung des Grundsatzes der Verhältnismäßigkeit (§ 14 Abs. 1, 2 OBG),
• zur Erteilung richtiger Auskünfte, Belehrungen, Hinweise, Warnungen (vgl. § 25 Abs. 1,
2 VwVfG),
• zu rascher Sachentscheidung (§ 10 Satz 2 VwVfG, § 75 VwGO),
• zu konsequentem Verhalten,
• zur Beachtung höchstrichterlicher Rechtsprechung,[161]
• zur Erfüllung von Verkehrssicherungspflichten.

1676   Bei der Beurteilung, ob eine Amtspflichtverletzung vorliegt, sind die Zivilgerichte übri-
gens an rechtskräftige verwaltungsgerichtliche Entscheidungen in der gleichen Sache
gebunden (sog. materielle Rechtskraft des verwaltungsgerichtlichen Urteils).[162]

Beispiel:

1677   Hat das VG Potsdam einen Verwaltungsakt der Gemeinde Nuthe-Urstromtal als rechtswidrig aufgehoben, so steht dessen Rechtswidrigkeit für die Beurteilung der Amtspflicht-

---

[159] BGH, NJW 1969, S. 421 (422).
[160] Vgl. auch BGHZ 11, 181 (186 ff.).
[161] Es besteht aber keine Bindung. Zu beachten ist jedoch die faktische Leit- und Orientierungs-
funktion der Rechtsprechung für die Verwaltungspraxis: Der Beamte darf sie nicht ignorieren,
sondern muss sich mit ihr auseinandersetzen, sie berücksichtigen, aber nicht notwendig befolgen, wenn ein Abweichen aus triftigen Gründen geboten ist.
[162] BGHZ 134, 268 (273 f.).

verletzung bindend fest.[163] Hat – umgekehrt – das VG Potsdam die Anfechtungsklage gegen den Verwaltungsakt wegen dessen Rechtmäßigkeit abgewiesen, so ist eine Amtspflichtverletzung nicht gegeben.

Bei nicht verwaltungsgerichtlich überprüften – auch bestandskräftigen – Verwaltungsakten besteht eine derartige Bindung hinsichtlich der Rechtmäßigkeit jedoch nicht. Die Zivilgerichte sind also berechtigt und verpflichtet, die Rechtmäßigkeit des Verwaltungsakts zu prüfen. Dies gilt sowohl für die Ablehnung eines begünstigenden als auch für den Erlass eines belastenden Verwaltungsakts.   1678

Insoweit ist aber stets zu prüfen, ob nicht § 839 Abs. 3 BGB einem Amtshaftungsanspruch entgegensteht.   1679

Beispiel:

Hat der Adressat des Gebührenbescheids diesen durch schuldhaftes Absehen von Widerspruch und Anfechtungsklage bestandskräftig werden lassen, ist der Amtshaftungsanspruch gemäß § 839 Abs. 3 BGB ausgeschlossen. Demgegenüber greift der Anspruchsausschluss dann aber nicht, wenn der Beamte auf Nachfrage – sachlich unzutreffend – erklärt hat, beim Erlass des Gebührenbescheids sei die richtige Berechnungsgrundlage zugrunde gelegt worden, sodass der Adressat keinen Anlass hatte, an der Rechtmäßigkeit des Bescheids zu zweifeln.[164]   1680

8.2.3   Drittbezogenheit der Amtspflicht

Das Erfordernis der Drittbezogenheit der Amtspflicht ist seiner Funktion nach ein haftungsbegrenzendes Tatbestandsmerkmal. Zur Bestimmung der Drittbezogenheit bietet sich folgendes gestuftes Vorgehen an: 1681

- Ist die verletzte Amtspflicht überhaupt drittschützend?   1682
- Ist der Geschädigte dem geschützten Personenkreis zuzurechnen (persönliche Drittbezogenheit)?

Drittbezogene Amtspflichten sind z. B. absolute Amtspflichten, die gegenüber jedermann bestehen, wie etwa die Pflicht zur Unterlassung unerlaubter Handlungen, d. h. von Verletzungen der in § 823 Abs. 1 BGB genannten Rechte und Rechtsgüter.   1683

Relative Amtspflichten, die nur gegenüber bestimmten Personen bestehen, erkennt man – vereinfacht gesagt –, wenn dem Geschädigten die Widerspruchs- bzw. Klagebefugnis (§ 42 Abs. 2 VwGO) gegen eine schädigende Maßnahme der Behörde zusteht.

Keine drittgerichteten Amtspflichten sind jedenfalls solche, die ausschließlich im Innenverhältnis bestehen, z. B. Pflicht zur Einhaltung der Arbeitszeitordnung oder zur Verwendung bestimmter Farben bei der Unterschrift.

---

[163] Die Bindungswirkung umfasst aber nicht die Begründung, warum der Verwaltungsakt rechtswidrig sei, vgl. BGHZ 134, 268 (273 f.).

[164] BGHZ 113, 17 ff.

8.2.4   Schaden und (haftungsausfüllende) Kausalität

1684   Es gelten die allgemeinen zivilrechtlichen Grundsätze, insbesondere die Adäquanztheorie

8.2.5   Verschulden

1685   Es gelten die §§ 276, 827, 828 BGB. Maßstab ist dabei ein pflichtgetreuer Durchschnitts-
beamter im jeweiligen Amt. Dabei ist ausreichend, dass »die Behörde« ein Verschulden
trifft, d. h., die Benennung des konkreten Amtswalters ist also nicht erforderlich. Außerdem
wird von der Rechtsprechung eine Objektivierung des Verschuldensmaßstabs durch die
Anerkennung der Möglichkeit eines »Organisationsverschuldens« vorgenommen. Dies
bedeutet, eine Behörde ist in sachlicher und personeller Hinsicht so auszustatten und so
zu leiten bzw. zu beaufsichtigen, dass sie ihren Pflichten Dritten gegenüber nachkommen
kann. Eine Überlastung oder Überforderung der konkret handelnden Amtsträger, Ausfälle
wegen Krankheit oder Urlaubs oder Nichteinstellung bzw. Nichtzurverfügungstellung des
zur Aufgabenerfüllung erforderlichen Personals schließen also wegen des Organisationsverschuldens den schuldhaften Amtspflichtverstoß nicht aus, auch wenn ein persönlicher
Schuldvorwurf gegenüber individuellen Amtsträgern nicht möglich wäre.

Beispiel:

686   Die Straßenverkehrsbehörde unterlässt es, ein erforderliches Verkehrszeichen anzuordnen und aufzustellen, weil die intern zuständige Sachbearbeiterin im Urlaub ist und
keine Vertretungsregelung besteht. Dadurch passiert ein schwerer Verkehrsunfall. Die
Behördenleiterin (Landrätin) muss sich ein Organisationsverschulden vorwerfen lassen.

687   Es gilt kein milderer Sorgfaltsmaßstab für ehrenamtlich tätige Personen, etwa Mitglieder
kommunaler Vertretungskörperschaften (kein »laienhaftes Ermessen«).
Probleme können bezüglich der unrichtigen Rechtsanwendung bestehen. Natürlich
sind mangelhafte Gesetzeskenntnis bzw. Unkenntnis der Gesetzesauslegung durch
die Rechtsprechung fahrlässig.[165] Kein Verschulden wird aber bei objektiv zweifelhafter
Rechtslage und – im Nachhinein sich als »falsch« erweisender – Entscheidung aufgrund
sorgfältiger rechtlicher und tatsächlicher Prüfung und vertretbarer Rechtsauffassung
angenommen.[166]

8.2.6   Keine anderweitige Ersatzmöglichkeit (§ 839 Abs. 1 Satz 2 BGB)

688   Gemäß § 839 Abs. 1 Satz 2 BGB kann der Beamte, fällt ihm nur Fahrlässigkeit zur Last,
nur dann in Anspruch genommen werden, wenn der Verletzte nicht auf andere Weise Ersatz zu erlangen vermag. Diese Anspruchsvoraussetzung wird als »Verweisungsprivileg«
oder »Subsidiaritätsklausel« bezeichnet. Zu »anderweitigen Ersatzmöglichkeiten« zählen
grundsätzlich sämtliche Leistungsverpflichtungen, aufgrund derer Dritte dem Verletzten unmittelbar für den Schadensfall und die daraus sich ergebenden Folgen einzustehen haben.

---

[165] BGHZ 106, 323 (330).
[166] BGHZ 119, 365 (369 f.).

Der frühere Sinn des Verweisungsprivilegs lag in der Erhaltung und Steigerung der Ent- 1689
schlussfreude und Entscheidungskraft des für Amtspflichtverletzungen seinerzeit noch
persönlich haftenden Beamten. In Folge der heute vorgesehenen Haftungsüberleitung
auf den Staat (Art. 34 Satz 1 GG) ist dieser Zweck entfallen. Die Haftungsfreistellung
kommt nunmehr letztlich dem Staat zugute, der von seiner Entschädigungspflicht
freigestellt wird. Das Verweisungsprivileg ist insbesondere in folgenden Fällen nicht
anwendbar:

- Wenn der anderweitige Anspruch wiederum gegen den gleichen oder einen anderen 1690
  Verwaltungsträger gerichtet ist.
- Lohnfortzahlungsanspruch
- Ansprüche aus gesetzlicher oder privater Versicherung des Geschädigten, denn die
  Versicherungszahlung beruht auf eigener Leistung des Geschädigten und soll diesen
  absichern, nicht den Schädiger begünstigen (vgl. §§ 67 VVG, 116 SGB X)
- Dienstliche Teilnahme am allgemeinen Straßenverkehr

Die anderweitige Ersatzmöglichkeit muss durchsetzbar und zumutbar, mithin faktisch 1691
realisierbar sein.[167] Typischer Anwendungsfall des § 839 Abs. 1 Satz 2 BGB ist der Er-
satzanspruch gegen einen Mitschädiger oder dessen Versicherung.

8.2.7 Rechtsmittelversäumung (§ 839 Abs. 3 BGB)

§ 839 Abs. 3 BGB ist eine besondere Ausprägung des Gedankens des Mitverschuldens, 1692
der in § 254 BGB in allgemeiner Form verankert ist. Im Rahmen des § 839 Abs. 3 BGB
führt jede Form der schuldhaften Schadensmitverursachung zum vollständigen An-
spruchsverlust. Die Funktion der Vorschrift, die ursprünglich im Schutz des persönlich
haftenden Beamten lag, wird heute in der Sicherung des Vorrangs der Primärrechts-
schutzes gesehen.[168]
Der BGH versteht unter »Rechtsmittel« alle Rechtsbehelfe, die eine Beseitigung der 1693
pflichtwidrigen Amtshandlung bezwecken und ermöglichen und die geeignet sind, Schaden abzuwenden, der aus der Amtspflichtverletzung erwächst. Erfasst sind danach alle
förmlichen und nicht förmlichen Rechtsbehelfe gegen die pflichtwidrige Amtshandlung
(außer Verfassungsbeschwerde), also:

- Widerspruch und Klage nach VwGO 1694
- einstweiliger Rechtsschutz
- Dienstaufsichtsbeschwerde
- sonstige (formlose) Gegenvorstellungen und Beschwerden

Die Rechtsmittelversäumung muss schuldhaft (mindestens fahrlässig) erfolgt sein; an 1695
diesem Kriterium scheitern in der Praxis Amtshaftungsansprüche häufig.

---

[167] BGHZ 120, 124 (126).
[168] BGHZ 98, 85 (91 f.).

8.2.8   Verjährung (§ 195 BGB)

696   Die Verjährung richtet sich nach § 195 BGB, der Verjährungsbeginn nach § 199 Abs. 1
BGB, die Höchstfristen nach § 199 Abs. 2, 3 BGB.

8.2.9   Anspruchsinhalt

697   Der Anspruchsinhalt ist gerichtet auf Schadensersatz, nicht aber auf Naturalrestitution (§ 249
BGB) durch Vornahme einer Amtshandlung, denn der Staat haftet wegen der Haftungsüberleitung wie der Beamte, dieser ist – als Person – zur Vornahme von Amtshandlungen aber
nicht in der Lage. Daneben kann ein Schmerzensgeldanspruch bestehen (§ 253 Abs. 2 BGB).

8.2.10   Anspruchsgegner

698   Gemäß Art. 34 Satz 1 GG haftet der Staat oder die Körperschaft, in deren Dienst der
Beamte steht. »Körperschaft« meint alle juristischen Personen des öffentlichen Rechts
mit Dienstherrenfähigkeit.

8.2.11   Rechtsweg

699   Der ordentliche Rechtsweg ist zum Landgericht gegeben (Art. 34 Satz 3 GG, § 40 Abs. 2
Satz 1, 1. Halbsatz Var. 3 VwGO »Verletzung öffentlich-rechtlicher Pflichten«). Die immer
bestehende erstinstanzliche Landgerichtszuständigkeit folgt aus § 71 Abs. 2 Nr. 2 GVG.

8.2.12   Amtshaftungsanspruch – Prüfungsschema

700
I.   Handlung in Ausübung eines öffentlichen Amtes
II.   Verletzung einer drittgerichteten Amtspflicht
III.   Verschulden
IV.   Schaden
V.   Kausalität
VI.   Kein Haftungsausschluss
VII.   Art und Umfang des Schadensersatzes
VIII.   Verjährung
IX.   Anspruchsgegner

8.3   Entschädigungs- und Schadensersatzansprüche

701   Neben der Amtshaftung kommen Entschädigungs- und Schadensersatzansprüche des
Bürgers gegen die Behörde in Betracht, die im Wesentlichen polizei- und ordnungsrecht-
licher Natur sind.[169]

---

[169] Vertiefend: Sydow, Entschädigungsansprüche im Polizei- und Ordnungsrecht, Jura 2007, S. 7 ff.;
Steiner, Polizei- und Ordnungsrecht in Brandenburg, Berlin 2010, Kap. K (S. 245–253).

8.3.1   Entschädigung bei rechtmäßigen Maßnahmen

Der rechtmäßig in Anspruch genommene Störer hat grundsätzlich keinen Anspruch auf Entschädigung.[170] Allerdings haben in Folge der sog. „Corona-Krise" im Jahr 2020 die Entschädigungsansprüche nach dem IfSG aus den besonderen Entschädigungstatbestände in § 56, 65 und § 56 IfSG analog eine größere Bedeutung erlangt. § 56 Abs. 1 Satz 1 IfSG enthält eine Entschädigungsregelung in Gestalt des Verdienstausfalls für die Auswirkungen von Verbotsmaßnahmen, denen die Betroffenen in Ausübung ihrer bisherigen Tätigkeit unterworfen wurden. Auch existiert ein neuer Entschädigungsanspruch für Verdienstausfälle von Eltern, die wegen der Schließung von Kitas und Schulen ihre unter 12-jährigen Kinder „selbst betreuen, weil sie keine anderweitige zumutbare Betreuungsmöglichkeit sicherstellen können" und dadurch einen Verdienstausfall erleiden (§ 56 Abs. 1a IfSG).

Ansonsten erhält der Nichtstörer, also derjenige, der nach § 18 OBG zur Gefahrenabwehr herangezogen wurde, einen Schadensausgleich nach der Anspruchsgrundlage in § 38 Abs. 1 Buchst. a OBG. Nach § 70 BbgPolG findet die Regelung des OBG auch für die Polizei entsprechende Anwendung. Ausgeglichen wird das Sonderopfer, das in der Heranziehung zur Gefahrenabwehr trotz fehlender Verantwortlichkeit für die Gefahrensituation liegt. Es handelt sich mithin um einen sog. »besonderen Aufopferungsanspruch«. Auch – bzw. erst recht – der rechtswidrig in Anspruch genommene Nichtstörer erhält eine Entschädigung.

Dem Nichtstörer gleichgestellt ist der unbeteiligte Dritte, der unbeabsichtigt aus Anlass einer rechtmäßigen Maßnahme geschädigt wird. § 38 Abs. 1 Buchst. a OBG wird in diesen Fällen analog angewendet.

1702

1703

Beispiel:
Bei einem Polizeieinsatz erleidet der Journalist Ingo Springer bei einem Wasserwerfer-einsatz gegen militante Demonstranten versehentlich eine Körperverletzung durch den abirrenden scharfen Wasserstrahl.

1704

8.3.2   Entschädigung und Schadensersatz bei rechtswidrigen Maßnahmen

Nach § 38 Abs. 1 Buchst. b OBG (§ 70 BbgPolG) sind Schäden, die jemand durch rechtswidrige Maßnahmen der Polizei- oder Ordnungsbehörden erleidet, zu ersetzen. Der Begriff der »Maßnahme« ist dabei weit auszulegen (Verwaltungsakte, aber auch Realakte/schlicht-hoheitliches Verwaltungshandeln). Auf ein Verschulden (vorsätzliche oder fahrlässige Begehung der Pflichtverletzung) kommt es – im Gegensatz zum Amtshaftungsanspruch (§ 839 BGB i. V. m. Art. 34 GG) – nicht an. Im Gegensatz zu § 38 Abs. 1 Buchst. a OBG ist der Kreis der Anspruchsberechtigten nicht auf Nichtstörer beschränkt. Erfasst werden Störer und Nichtstörer ebenso wie unbeteiligte Dritten und letztlich »jedermann«. Der Schaden muss durch die Maßnahme verursacht worden sein, was nach überwiegender Ansicht – dem Aufopferungscharakter entsprechend – Unmittelbarkeit voraussetzt.

1705

---

[170] Ausnahmen aber z. B. in § 66 Abs. 1 Nr. 1 TierSchG; § 56 Abs. 1 Satz 1 IfSG:

8.3.2.1   Art und Umfang, Verjährung

706   Der Anspruch aus § 38 Abs. 1 Buchst. b OBG ist nicht auf den vollständigen Schadensersatz, sondern nur auf Entschädigung (= angemessener Schadensausgleich) gerichtet. Der Ausgleich wird gemäß § 39 Abs. 1 Satz 1 OBG nur für Vermögensschäden gewährt. Nichtvermögensschäden, also immaterielle Schäden (z. B. Schmerzensgeld), sind nicht erstattungsfähig. Bei der Höhe der Entschädigung ist ein Mitverschulden des Betroffenen zu berücksichtigen (§ 39 Abs. 4 OBG). § 38 Abs. 2 OBG enthält ausdrücklich einen Haftungsausschluss. Für die Ansprüche ist eine Verjährungsfrist von drei Jahren (§ 40 OBG) maßgeblich.

8.3.2.2   Anspruchsgegner

707   Entschädigungspflichtig ist grundsätzlich die Körperschaft, in deren Dienst der handelnde Mitarbeiter der Ordnungsbehörde (= Anstellungskörperschaft) steht. Der »Kostenträger« im Sinne des § 41 Abs. 1 OBG weicht nicht von der Anstellungskörperschaft ab (vgl. § 44 OBG). Bei Polizeibeamten haftet somit das Land Brandenburg, bei Mitarbeitern der Ordnungsbehörden entweder das Land oder die Ämter, Gemeinden, Landkreise und kreisfreien Städte. Im Streitfall ist gegen diese Körperschaften als Anspruchsgegner Klage zu erheben. Über die Entschädigungsansprüche nach § 38 Abs. 1 OBG entscheiden die ordentlichen Gerichte (§ 42 Abs. 1 OBG).

8.4   Fortgeltendes Staatshaftungsgesetz der DDR

708   Neben § 38 Abs. 1 Buchst. b OBG findet auch die in Brandenburg als Landesrecht geltende verschuldensunabhängige Staatshaftungsregelung in § 1 Abs. 1 des weiter fortgeltenden Staatshaftungsgesetzes der DDR (StHG)[171] Anwendung. Für Schäden, die einer natürlichen oder einer juristischen Person hinsichtlich ihres Vermögens oder ihrer Rechte durch Mitarbeiter oder Beauftragte staatlicher oder kommunaler Organe in Ausübung staatlicher Tätigkeit rechtswidrig zugefügt werden, haftet danach das jeweilige staatliche oder kommunale Organ.[172] Verschulden ist nicht erforderlich. § 1 Abs. 1 StHG gewährt auch Ersatz für immaterielle Schäden. Die Verjährungsfrist beträgt nur ein Jahr. Diese Anspruchsgrundlage findet in der Praxis nur selten Anwendung.[173] Ein Anwendungsfall ist die Erstattung von Rechtsanwaltskosten in Streitigkeiten nach KAG, soweit der erhobene Widerspruch erfolgreich ist; § 80 VwVfG ist in diesen Fällen durch § 2 Abs. 2 Nr. 1 BbgVwVfG ausgeschlossen.

---

[171] Gesetz zur Regelung der Staatshaftung in der Deutschen Demokratischen Republik vom 12.05.1969 (GVBl. I S. 34).

[172] Hierzu Gelen, Staatshaftungsgesetz in Brandenburg und Änderungen des Anwendungsbereichs, LKV 2009 S. 15 ff.

[173] Vgl. OLG Brandenburg, Urteil vom 17.07.2007 – 2 U 26/06 –, juris.

8.5   Übungsfall: »Feindliches Grün«

Kai Kohler (K.) befuhr mit seinem VW Golf die Goethestraße in der (kreisfreien) Stadt   1709
Cottbus. Als er sich der Kreuzung Schillerstraße/Ottostraße näherte, zeigte die für ihn
geltende Ampel Grün.

K. fuhr deshalb in den Kreuzungsbereich hinein, wo es jedoch zu einem Zusammenstoß   1710
mit dem Wagen des Geißler (G.) kam, der die Schillerstraße Richtung Stadtmitte befuhr.
Auch für den G. hatte die Ampelanlage grünes Licht gezeigt, obwohl diese bereits seit
2018 mit der Signalsicherung »S 34« der Firma Siemens versehen ist, die die Aufgabe
hat, die gleichzeitige Freigabe einander feindlicher Verkehrsströme (»feindliches Grün«)
zu verhindern.

Es stellt sich heraus, dass sich am Unfalltag in der Kreuzung bereits vorher ein Ver-   1711
kehrsunfall ereignet hatte. Dabei hatten die Ampeln für die beiden daran beteiligten
Fahrzeugführer jeweils rotes und gelbes Licht gleichzeitig gezeigt. Die daraufhin nach
Ausschaltung der Anlage durch die Stadt Cottbus veranlasste Überprüfung führte nicht
zu einer Feststellung des Fehlers. Es lagen auch keine Anhaltspunkte für einen Dauerde-
fekt, etwa durch schadhafte elektronische Bauelemente, vor, sodass die Ampel wieder
eingeschaltet worden war.

K. verlangt nunmehr von der Stadt Cottbus Ersatz für den materiellen Unfallschaden (Sach-   1712
schaden an dem VW des K. in Höhe von 4.245,00 € und Heilungskosten von 234,00 €)
sowie ein angemessenes Schmerzensgeld.

Demgegenüber macht die Stadt geltend, sie habe die Ampelanlage ständig überprüfen   1713
und warten lassen, und weist die Ansprüche deshalb zurück.

Aufgabe:
Stehen dem K. die beanspruchten Entschädigungsleistungen zu?   1714

Mitarbeiterregress
Soweit die Anstellungskörperschaft für den Schaden gegenüber dem Dritten aufkommt,   1715
kann sie gegen den Amtsträger, der den Schaden verursacht hat, ggf. Regress nehmen.
Gegenüber dem Dienstherrn im Innenverhältnis richtet sich die Haftung des Beamten für
Landesbeamte nach § 48 BeamtStG. Die Vorschriften regeln abschließend die vermö-
gensrechtliche Haftung des Beamten gegenüber dem Dienstherrn. Unterschieden werden
insoweit unmittelbar das Vermögen des Dienstherrn schädigende Pflichtverletzungen (z. B.
Beschädigung von Einrichtungsgegenständen im Dienstgebäude, sog. Eigenschäden)
und mittelbare Schädigungen (z. B. wenn während eines Polizeieinsatzes ein Fahrzeug
eines anderen Verkehrsteilnehmers beschädigt wird, sog. Fremd- oder Drittschäden). Ein
Regressanspruch besteht nur bei vorsätzlichem oder grob fahrlässigem Handeln, d. h. der
Beamte muss nur dann für einen Schaden aufkommen, wenn dieser absichtlich herbei-
geführt wurde oder der Beamte sicher damit rechnen musste, dass ein Schaden eintritt.
In § 3 Abs. 7 TVöD bzw. § 3 Abs. 7 TV-L ist für Tarifbeschäftigte vereinbart, dass für die
Schadenshaftung der Beschäftigten die Bestimmungen, die für die Beamten gelten,
entsprechende Anwendung finden.

Beispiel:

1716 Eine Polizeibeamtin muss im Regresswege ihres Dienstherrn Schadensersatz leisten, nachdem sie einen Verkehrsunfall verursachte hatte, indem sie bei einer Sonderrechtsfahrt nur mit Blaulicht, aber ohne Horn bei Rot in eine Kreuzung einfuhr.[174]

---

[174] VG Potsdam, Urteil vom 24.02.11 – 2 K 832/07 –, http://www.michaelbertling.de/beamtenrecht/ rechtsprechung/vgpotsdam110224.html (Abrufdatum: 01.08.2017).

Literaturverzeichnis

Beaucamp, Guy/Lechelt, Rainer 2014: : Prüfungsschemata Verwaltungsrecht, 6., neu
    bearbeitete Auflage, Heidelberg: C.F. Müller.
Brühl, Raimund, Verwaltungsrecht für die Fallbearbeitung, Anleitungen zum Erwerb prü-
    fungs- und praxisrelevanter Kenntnisse und Fertigkeiten, 9. Auflage, Stuttgart 2018:
    Kohlhammer.
Bundestagsdrucksache, Deutscher Bundestag, 7. Wahlperiode, Drucksache 7/910.
Bundestagsdrucksache, Deutscher Bundestag, 13. Wahlperiode, Drucksache 13/3995 vom
    06.03.1996 im Rahmen des Gesetzes zur Beschleunigung von Genehmigungsverfahren.
Bydlinski, Franz 2005: Grundzüge der juristischen Methodenlehre, Wien: Facultas.

Erichsen, Hans-Uwe/Ehlers, Dirk (Hrsg.) 2010: Allgemeines Verwaltungsrecht, 14., neu
    bearbeitete Auflage, Berlin/New York: de Gruyter.

Finke, Werner/Haurand, Günter/Sundermann, Welf/Vahle, Jürgen, Allgemeines Verwal-
    tungsrecht, 10. Auflage, Hamburg 2006: Maximilian-Verlag

Hamann, Wolfram 1991: Juristische Methodik, 7. Auflage, Essen: Verlag Karin Hamann
Haug, Volker 2008: Staats- und Verwaltungsrecht, 7., überarbeitete Auflage, Heidelberg:
    C.F. Müller.
Haurand, Günter, Schaubilder und Prüfungsschemata zur Aufhebung von Verwaltungs-
    akten nach Verwaltungsverfahrensrecht, in: DVP 5/14, 65. Jahrgang. Hamburg:
    Maximilian Verlag.
Heilmann, Johannes, Die Heilung von Anhörungsfehlern – Zum Beschluss des Hessi-
    schen Verwaltungsgerichtshofes vom 23.09.2011 – Az. 6B 1701/11, in: DVP 4/13,
    64. Jahrgang, S. 141 ff.
Hofmann, Harald/Gerke, Jürgen 2005: Allgemeines Verwaltungsrecht, 9., neu bearbeitete
    Auflage, Stuttgart: Kohlhammer.
Huck/Müller, Verwaltungsverfahrensgesetz, Beck'scher Kompakt-Kommentar, 2. Auflage 2016.

Kopp, Ferdinand/Schenke, Wolf-Rüdiger, Verwaltungsgerichtsordnung-Kommentar,
    25. Auflage 2019, München: Verlag C.H. Beck.
Kopp, Ferdinand O./Ramsauer, Ulrich, Verwaltungsverfahrensgesetz (Kommentar), 21. Auf-
    lage, München 2020: Verlag C.H. Beck

Maurer, Hartmut/Waldhoff, Christian, Allgemeines Verwaltungsrecht, 19., überarbeitete
    und ergänzte Auflage 2017, München: Verlag C.H. Beck.
Mayer, Otto, Deutsches Verwaltungsrecht, Band I, Leipzig 1895, in:
    http://www.deutschestextarchiv.de/book/view/mayer_verwaltungsrecht01_1895?
    p=9 (Abruf: 10.08.2020).

Schmidt, Rolf 2007: Allgemeines Verwaltungsrecht, 11., neu bearbeitete u. akt. Auflage,
    Grasberg: Rolf Schmidt Verlag.

Schwacke, Peter 1995: Juristische Methodik, 3. Auflage, Köln: Kohlhammer.

Stelkens/Bonk/Sachs, Verwaltungsverfahrensgesetz, Kommentar, 9., neu bearbeitete Auflage 2017, München: C. H. Beck.

Suckow, Horst/Weidemann, Holger 2014: Allgemeines Verwaltungsrecht und Verwaltungsrechtsschutz, 16., überarbeitete Auflage, Stuttgart: Kohlhammer.

Tettinger, Peter J./Erbguth, Wilfried/Mann, Thomas 2012: Besonderes Verwaltungsrecht, 11., neu bearbeitete Auflage, Heidelberg: C. F. Müller.

Vogel, Joachim 1998: Juristische Methodik, Berlin/New York: de Gruyter.

Wallerath, Maximilian 2009: Allgemeines Verwaltungsrecht, 6., völlig neu bearbeitete und wesentlich erweiterte Auflage, Berlin: Erich Schmidt Verlag.

Wolff/Bachof, Verwaltungsrecht I, Juristische Kurzlehrbücher, 9. Auflage 1974, München: C. H. Beck.

Abkürzungsverzeichnis

ABl.	Amtsblatt für Brandenburg
AIG	Akteneinsichts- und Informationszugangsgesetz
AO	Abgabenordnung
ArbGG	Arbeitsgerichtsgesetz
AsylG	Asylgesetz
AufenthG	Aufenthaltsgesetz
BauGB	Baugesetzbuch
BauNVO	Verordnung über die bauliche Nutzung der Grundstücke
BbgBO	Brandenburgische Bauordnung
BbgStrG	Brandenburgisches Straßengesetz
BbgKVerf	Kommunalverfassung des Landes Brandenburg
BbgVwGG	Brandenburgisches Verwaltungsgerichtsgesetz
BeamtStG	Gesetz zur Regelung des Statusrechts der Beamtinnen und Beamten in den Ländern
BNatSchG	Gesetz über Naturschutz und Landschaftspflege
BGB	Bürgerliches Gesetzbuch
BImSchG	Bundes-Immissionsschutzgesetz
BbgGastG	Brandenburgisches Gaststättengesetz
BbgVwZG	Brandenburgisches Verwaltungszustellungsgesetz
BbgWG	Brandenburgisches Wassergesetz
BGBl.	Bundesgesetzblatt
BGHZ	Entscheidungen des Bundesgerichtshofs in Zivilsachen
BMG	Bundesmeldegesetz
BSG	Bundessozialgericht
BT-Drucksache	Bundestags-Drucksache
BVerfG	Bundesverfassungsgericht
BVerfGG	Gesetz über das Bundesverfassungsgericht
BVerfGE	Bundesverfassungsgerichtsentscheidung
BVerwG	Bundesverwaltungsgericht
BVerwGE	Bundesverwaltungsgerichtsentscheidung
DÖV	Die Öffentliche Verwaltung
DVBl.	Deutsches Verwaltungsblatt
DVP	Deutsche Verwaltungspraxis
FGO	Finanzgerichtsordnung
FStrG	Bundesfernstraßengesetz
GewO	Gewerbeordnung
GG	Grundgesetz
GVBl.	Gesetz- und Verordnungsblatt für das Land Brandenburg
GVG	Gerichtsverfassungsgesetz

HandwO	Gesetz zur Ordnung des Handwerks
Hess. VGH	Hessischer Verwaltungsgerichtshof
HundehV	Ordnungsbehördliche Verordnung über das Halten und Führen von Hunden
IFSG	Infektionsschutzgesetz
juris	www.juris.de – Das Rechtsportal
LBG	Beamtengesetz für das Land Brandenburg
LOG	Gesetz über die Organisation der Landesverwaltung
LImschG	Landesimmissionsschutzgesetz
LuftVG	Luftverkehrsgesetz
MDR	Monatsschrift für Deutsches Recht
NamÄndVwV	Allgemeine Verwaltungsvorschrift zum Namenänderungsgesetz
NJW	Neue Juristische Wochenschrift
NVwZ	Neue Zeitschrift für Verwaltungsrecht
NVwZ-RR	NVwZ-Rechtsprechungs-Report Verwaltungsrecht
OBG	Gesetz über Aufbau und Befugnisse der Ordnungsbehörden
OVG	Oberverwaltungsgericht
OWiG	Gesetz über Ordnungswidrigkeiten
PBefG	Personenbeförderungsgesetz
ProdSG	Produktsicherheitsgesetz
SGB I, VIII, X	Sozialgesetzbuch, Erstes, Achtes, Zehntes Buch
SGG	Sozialgerichtsgesetz
SOG LSA	Gesetz über die öffentliche Sicherheit und Ordnung des Landes Sachsen-Anhalt
StGB	Strafgesetzbuch
StVG	Straßenverkehrsgesetz
StVO	Straßenverkehrs-Ordnung
TierSchG	Tierschutzgesetz
TV-L	Tarifvertrag für den öffentlichen Dienst der Länder
TVöD	Tarifvertrag für den öffentlichen Dienst
VerwRdschau	Verwaltungsrundschau
VG	Verwaltungsgericht
VwGO	Verwaltungsgerichtsordnung
VwVfG	Verwaltungsverfahrensgesetz (des Bundes)
VwVfGBbg	Verwaltungsverfahrensgesetz für das Land Brandenburg
VwVGBbg	Verwaltungsvollstreckungsgesetz für das Land Brandenburg
VwZG	Verwaltungszustellungsgesetz
WaStrG	Bundeswasserstraßengesetz
ZPO	Zivilprozessordnung